GALIGNANI'S
NEW
PARIS GUIDE:

CONTAINING

A detailed and accurate Description of all the Public Edifices, Gardens, etc.; an Account of the Political, Scientific, Commercial, Religious, and Moral Institutions of the Capital; an Abstract of the Laws interesting to Foreigners; with an Historical Sketch of Paris, and all necessary and useful Directions to the Traveller previous to his setting out, upon his landing in France, and upon his arrival and during his residence at Paris; and an Account of the different Roads from the Coast to the Capital: to which is added an Historical and Picturesque

DESCRIPTION OF THE ENVIRONS,

INCLUDING A VERY AMPLE ACCOUNT OF THE PALACE, PARK, AND TOWN OF VERSAILLES;

ALSO CONTAINING

A PLAN FOR VIEWING PARIS IN A WEEK;

A COMPARATIVE SCALE OF WEIGHTS AND MEASURES, VALUE OF COINS, THE DUTIES ON GOODS ENTERING ENGLAND, A DIRECTORY OF PARISIAN BANKERS, TRADESMEN, ETC. WITH MANY INTERESTING PARTICULARS NOT TO BE FOUND IN ANY OTHER WORK OF THE KIND.

SEVENTEENTH EDITION,
WITH MAPS, TWELVE ENGRAVINGS, ETC.

PARIS:
PUBLISHED BY A. AND W. GALIGNANI,
AT THE ENGLISH, FRENCH, ITALIAN, GERMAN AND SPANISH LIBRARY, N° 18, RUE VIVIENNE.

JULY, 1830.

新到巴黎的美国人不可或缺的《加里格兰尼新巴黎指南》标题页

里沃利大街，左面是卢浮宫

作家纳撒尼尔·威利斯从开始就喜欢巴黎，不过他得出的结论是："发现自己是外国人是很奇怪的感觉。"

《塞缪尔·摩尔斯二十七岁自画像》

《詹姆斯·库柏》，约翰·威斯利在库柏三十一岁所画

奥利弗·温德尔·霍姆斯

亨利·鲍迪奇

乔纳森·梅森·沃伦

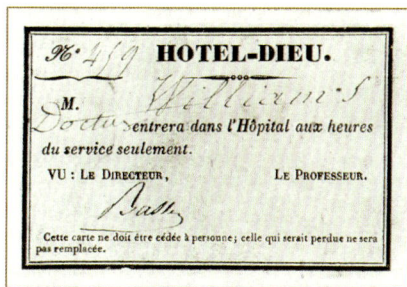

学生进入医院的票据

皮埃尔·夏尔·亚历山大·路易医生

纪尧姆·杜沛伊特朗医生

奥尔良大街的解剖室

巴黎最古老也是最大
的主恩医院的正门

《查尔斯·萨姆纳》，
伊斯特曼·约翰逊作

《亨利·欧·泰纳》，
赫曼·杜德雷·墨菲作

萨姆纳在巴黎的日记，图上是1838年1月20日所写。看到黑人学生在索邦"很难被接受"时，他写道："那时我感到，美国人中自由黑人和白人之间的隔阂并不是与生俱来的，而是教育的结果。"

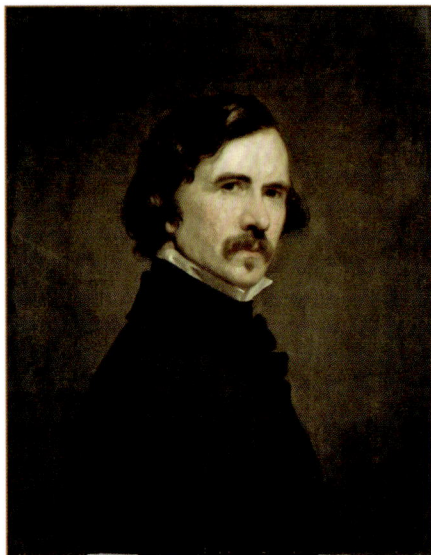

《乔治·希利三十九岁时自画像》

《托马斯·阿博顿》，罗伯特·斯科特·劳德作

《托马斯·阿尔瓦·爱迪生》，亚伯拉罕·安德森作。人们对爱迪生的兴趣太大了，他在巴黎的许多时间都躲在美国朋友安德森那里，安德森利用这个机会为他画了肖像

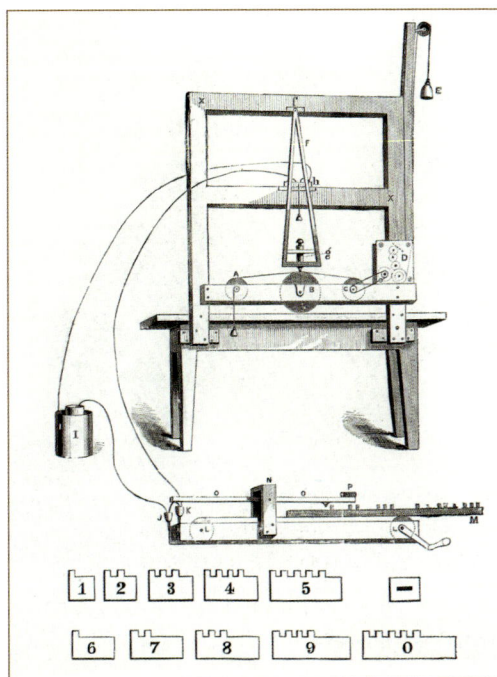

塞缪尔·摩尔斯的
第一台电报机

早期银板照相机照的巴黎，前景是艺术桥，远处是新桥和巴黎圣母院的高塔

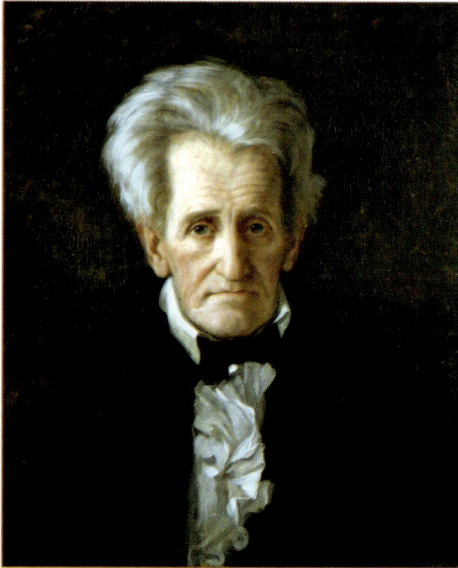

《安德鲁·杰克逊》，乔治·希利作，绘于1845年杰克逊临终前几日，这是应路易·菲利普国王所请，希利画的美国名人系列之一

威廉·威尔斯·布朗，逃亡奴隶，激烈的废奴主义者

伊丽莎白·布兰科威尔，美国第一位女医生

P.T.巴纳姆和"拇指汤姆"

钢琴家路易斯·莫尔茹·高特肖克

《乔治·坎特林》，威廉·菲斯科作

《小狼》，乔治·坎特林作

托马斯·埃文斯医生，受欢迎的美国牙科医生，在第二帝国灭亡之时，安排欧也妮皇后冒险逃亡到英国

欧也妮皇后

在"大宾馆"展示的第二帝国的富庶

美国驻法大使埃利胡·沃什波恩

罗伯特·亨利

1870年12月25日沃什波恩日记选，整个围城期间他每天写日记

1871年5月23—24日巴黎火焰映红了夜空

《巴黎大主教乔治·达尔布瓦》，
让－路易·维克多·威格多威钮作。
大主教在警察总长拉乌尔·里高的
命令下被逮捕、关押和秘密杀害

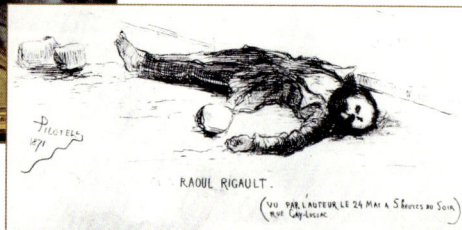

拉乌尔·里高死在臭水沟旁

亨利·詹姆斯

《玛丽·卡萨特自画像》

约翰·辛格·萨金特

1889年世界博览会场地和新建的埃菲尔铁塔，是当时世界上最高的建筑

《奥古斯塔斯·古熙》，
托马斯·杜文作

奥古斯塔斯·圣高登斯所绘的赫歇
尔街3号公寓内景图

《沃农·李》，约翰·萨金特作

萨金特在读莎士比亚（上）和他作画
时的速写（下），由其同学和室友詹
姆斯·卡洛·贝克维斯作

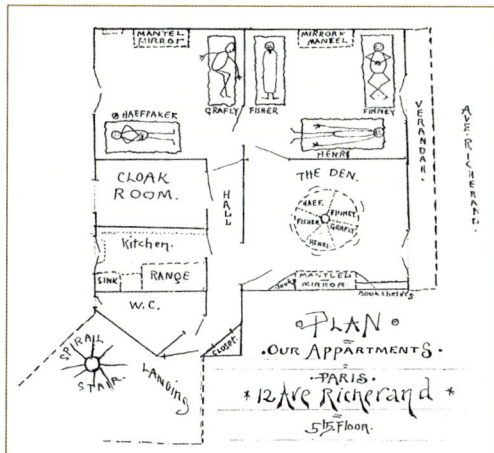

亨利所画的他和另外四个美国艺
术学生合住的公寓及他们在"小
铁床"上睡觉的位置

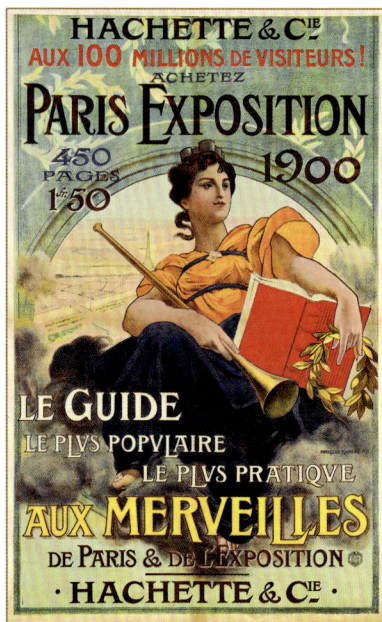

亨利·亚当斯

1900年世博会指南封面（上）

1900世博会门票（右）

盛会持久的兴奋——从埃菲尔铁塔上看巴黎

Americans

in

Paris

THE

GREATER

JOURNEY

美国人在巴黎

〔美〕大卫·麦卡洛（David McCullough）｜著

孙万军｜译

《世界文学》主编 余中先｜审校

中国 友谊出版公司

图书在版编目（ＣＩＰ）数据

美国人在巴黎 / （美）大卫·麦卡洛著；孙万军译.
－－北京：中国友谊出版公司，2017.8
　　书名原文：The Greater Journey: Americans in Paris
　　ISBN 978-7-5057-4048-8

　　Ⅰ.①美… Ⅱ.①大…②孙… Ⅲ.①人物-生平事
迹-美国-1830-1900 Ⅳ.①K837.120.43

中国版本图书馆 CIP 数据核字(2017)第 105002 号

著作权合同登记　图字：01-2017-3980
Simplified Chinese Translation copyright
by Beijing Standway Books Co.,Ltd
arranged with Andrew Nurnberg Associates International Ltd.
THE GREATER JOURNEY：Americans in Paris
Original English Language edition Copyright © 2011 by David McCullough
All Rights Reserved.
Published by arrangement with the original publisher, Simon & Schuster, Inc.

书名	美国人在巴黎
作者	（美）大卫·麦卡洛
译者	孙万军
出版	中国友谊出版公司
发行	中国友谊出版公司
经销	新华书店
印刷	北京鹏润伟业印刷有限公司
规格	880×1230 毫米　32 开
	15 印张　16 彩插　350 千字
版次	2017 年 8 月第 1 版
印次	2017 年 8 月第 1 次印刷
书号	ISBN 978-7-5057-4048-8
定价	89.00 元
地址	北京市朝阳区西坝河南里 17 号楼
邮编	100028
电话	（010）64668676

生活是现实的，我们总是要面对实际问题，处理铸工、承包商、起重机、石匠、卡车、垃圾、石膏等无穷无尽的琐事，但我们从未放弃过努力，以待一飞冲天。

——十九世纪美国最伟大的雕塑家

奥古斯塔斯·圣高登斯

代序：一批美国人在巴黎

那还是在我上大学的 20 世纪 70 年代末期，从学校举办的各种各样的文化艺术讲座中，我得知了美国音乐家格什温的音乐诗作品《一个美国人在巴黎》，第一次听到了掺杂在经典交响乐和爵士乐中的怪腔怪调，竟然有如此奇异的城市噪音，明显的是汽车的喇叭声，隐约的好像是各种叫喊，总之，人声鼎沸，喧哗与骚动。格什温的《一个美国人在巴黎》从声音上活灵活现地再现了一个落后的美国"乡巴佬"来到先进文明之都城巴黎时眼花缭乱的感受。

而眼前的美国历史学家大卫·麦卡洛（David McCullough）的这一部著作《美国人在巴黎》（*Americans in Paris*）是从文字上，把一大批美国人在巴黎生活的情景展现在了读者面前。

无论是那部音乐诗，还是这本历史记录，主题都是"美国人在巴黎"，但与格什温不同的是，大卫·麦卡洛书中的美国人是一大批人。当然，他们依然还是文化人、科学人、艺术人。另一方面，时间上也不同了：格什温写的应是 20 世纪 20 年代的巴黎，而麦卡洛笔下美国人看到的则是 19 世纪的巴黎。

19 世纪是美国人向法国人学习的世纪，一批又一批有志的美国青年来到巴黎学习。《美国人在巴黎》几乎就是一部"美国文化名人巴黎游

I

学记"。这些青年来巴黎时大概还是毛头小子，多年后，结束了这"伟大的历程"而离开巴黎时，却已经是功成名就的艺术家、文学家、科学家了。当然，他们后来或多或少又来过巴黎，或为了事业，或为了生活，或干脆就是为了再次来到巴黎，来巴黎再看一看。

这些医生、雕塑家、画家、小说家、物理学家、教育学家中，有詹姆斯·库柏、塞缪尔·摩尔斯、爱玛·哈特·薇拉德、奥利弗·温德尔·霍姆斯、小詹姆斯·杰克逊、乔纳森·梅森·沃伦、威廉与理查德·莫里斯·亨特兄弟、查尔斯·萨姆纳、奥古斯塔斯·圣高登斯、约翰·辛格·萨金特、梅森·沃伦、拉尔夫·沃尔多·爱默生、托马斯·阿博顿、亨利·朗费罗、玛丽·卡萨特……他们都是仰慕当时法国在科学和艺术上的先进和发达，不远万里，从美国乘船渡过大西洋而来巴黎学习深造的。我们在书中可以了解到这些人的留学生活，其艰辛，其刻苦，其勤奋，其有趣，其五彩缤纷，其满怀希望，其孜孜不倦，其婀娜多姿……不一而足。

同时，《美国人在巴黎》也从一大批美国文化人的角度，写下了19世纪巴黎的历史，说得更广一些，甚至是法国的历史。读者在书中看到了1830年"七月革命"仅仅持续了3天的动荡，看到了1848年火山爆发一般的巴黎起义，看到了拿破仑三世的政变和统治，看到了第二帝国时期奥斯曼主持的巴黎城市大改造，看到了普法战争风云突变的硝烟，看到了巴黎饥寒交加的围困，看到了巴黎公社破坏性的动乱，看到了第三共和国在激愤中的诞生，看到了让巴黎这个现代都市扬眉吐气的几次世界博览会的盛景，看到了凯旋门的多年建造，看到了埃菲尔铁塔的骄傲矗立，看到了巴黎歌剧院的横空出世……

这本书也让我们见识到了法国与美国的某种民间交往史。书中提到了一些人与事，是我们中国读者可能不太知道的，如那位传奇人物拉法耶特将军在法美关系中的地位和作用。还有，被一些人误认为是"美国制造"的自由女神像的设计、建造和赠送。

传奇人物拉法耶特将军（1757—1834）出生于贵族家庭，早年参加过美国独立战争，同美洲殖民地的人们共同抗击英军，被任命为少将，与美军总司令华盛顿结下了深厚友谊。他在战斗中立下赫赫战功，被誉为"两个世界的英雄"。回国后，在法国大革命期间也有所作为，曾向议会提出过著名的《人权和公民权宣言》。"多年来在巴黎的美国人形成了一个习惯，每当7月4日独立日时，都要举行盛大的国庆宴会，每次拉法耶特将军都是特邀嘉宾。"1824到1825年拉法耶特侯爵返美访问时，他作为一个神话般的"老英雄"而广受欢迎。他在巴黎的府邸，简直就是美国驻法国的第二大使馆。1830年，他还指挥国民自卫军，推翻国王查理十世，帮助路易·菲利普登位。老年的拉法耶特俨然是一个"老兵"的形象。顺便说一句，中国游客熟悉的巴黎老佛爷商店，就是以拉法耶特的名字"Lafayette"命名的。

至于自由女神像，也就是人们通常说的纽约自由女神像，还真的是法国人在1876年美国独立百年庆典时送给美国的一份大礼。它的设计者是法国雕塑家弗雷德里克·奥古斯特·巴托尔迪。他到过美国，走了一些地方，结识了许多珍惜美法友谊的美国人。巴托尔迪返回法国后计划完成一个纪念法美友谊的艺术作品，即在纽约港入口处的小百德娄岛上建一座巨大的雕像，叫"自由女神照亮世界"。

今天，不仅在纽约，在巴黎的塞纳河上，我们也可以见到一尊自由女神像：靠近法兰西广播大楼的格雷奈尔桥下有一条长长的河心大堤，名"天鹅小道"。天鹅小道顶南端，竖立着一尊自由女神像。这个自由女神像虽不如雕塑家巴托尔迪送给纽约的那一尊名气响，"身材"也不如纽约的那一尊高，但千真万确是后者的按比例缩小，而且是由侨居巴黎的美国人送的回礼。

还有一些历史人物的面目，是我们原本不太清楚，而这本《美国人在巴黎》可以帮我们认识的。如1830年上台的法国七月王朝的国王路易·菲利普，他早年曾在美国长途游历，说得一口流利的英语，还曾走访印第安人的部落，明显是一个"文化人"的形象。书中提到："路易·菲利普出身于法国奥尔良有势力的贵族家族，这位新的统治者年轻时就支持1789年的大革命，在1793年逃离'恐怖'之前，一直在共和军中担任军官，作战勇敢。他在外流亡多年，不能返回法兰西。"① 路易·菲利普曾说过："我年轻时到过很多美国印第安人的棚屋，他们非常友善地招待我，我喜欢他们。"② 此书也展现了一个国王的多重面貌。

还有一些历史事件，我们过去可不是那样认识的，例如巴黎公社期间的一些奇闻，尤其是对大主教乔治·达尔布瓦的残杀：1871年，巴黎公社起事两月有余，行将失败之际，于"流血周"期间的5月24日匆匆处死了多位著名人质，包括不少天主教教士，其中就有大主教达尔布瓦。这也让美国大使馆花费了好几个星期的外交斡旋终为泡影。当然，《美国人在巴黎》一书中对凡尔赛政府对巴黎公社社员的屠杀，也是揭露到淋漓尽致的地步。当时的美国驻法大使埃利胡·沃什波恩在一封给国务卿费什的函件中这样报告："凡尔赛部队的所为和公社这些史无前例的暴行并无二致……杀戮、撕碎、刀刺、毒打、火烧那些男女老少，不管是有

---

① 见本书第12页。
② 见本书第176页。

罪还是清白，这些政府军的所作所为将会玷污法国近代的历史，对这些行为负责的那些人的名字会被记录到人类暴行的清单上，让人性蒙羞……"① 这恐怕也从一个角度体现出美国人对当年那段错综复杂的欧洲历史相对公平的眼光。

没读《美国人在巴黎》之前，我曾有疑问：在中国出版这样的书，讲美国人在巴黎，是不是会有读者？是不是有文化价值？阅读之后，答案自然就出来了，应该是肯定的。

美国和法国一直是中国人比较关注的两个大国。一个是当今的经济、军事超级强国，一个则是老牌的文化和历史大国。一个是我们要学习并且想赶超的，一个则是我们常常拿来做比较和衡量的。

当今的美国相比于中国是比较先进的，然而，在19世纪，相比于法国，美国的落后则是显而易见的，尤其在前半叶比较明显。故而当时有那么多美国人到法国学习和游历，来取经和寻找榜样，所以才有了这一段"伟大的历程"。一个有意思的例子是医学。19世纪初期，法国的医学研究、教学和实践要大大先进于美国，因此美国留学生中有相当多的人是来学医的。而到了19世纪下半叶，美国的医学就迎头赶了上来，国内的工作和研究条件明显改善，所以到巴黎留学的医科生也明显少了很多。

相比较20世纪最后20来年和本世纪十几年的中国人留学欧美的历史，当年美国人留法的历程确实可以提供一面镜子。19世纪的美国和当今的中国，同是比较落后的一方，应该向先进学什么，也是一目了然的。当年美国留学生与当今中国留学生的学习和生活态度，也是很有意思的

---

① 见本书第327页。

V

讨论话题：美国留法学生对专业、对生活大多持积极态度，学习刻苦，生活简单，对故乡更是思念情切，拳拳报国之心明月可鉴；当然也有一些人耽于他乡优厚的生活条件，一心图谋在欧洲的发展和出名，这就不去说了。什么时候、什么国家都有那样的人嘛。

《美国人在巴黎》书中有一句话很是发人深省，再度游历法国的圣高登斯在信中告诉威尔·娄，回到巴黎是一段"美好的经历"，他发现了许多惊人的方面，尤其是，只是在这时候他才"发现我在多大程度上是美国人"①。我想，这应该也是我们中国赴欧美的留学生的心声。

我是学法国文学的，20世纪80年代也曾留学法国，而且就是在巴黎待了4年多，在那里的左岸和右岸有过很多曲折的经历。归国后则在法国文学这方面做了很多的介绍、翻译、批评工作，算是小有成果吧。如今读到这本《美国人在巴黎》，自然会生出很多感叹，一言难尽。

而今天，我对麦卡洛这本《美国人在巴黎》的中译本所做的审阅和校改工作，则是又一个相关的小小成果。

这本书中有句话非常精彩，至少，它给我留下了极深刻的印象。我愿把它摘录在此：

一百多年前，亨利·亚当斯的曾祖父约翰·亚当斯独自一人在巴黎的一张书桌旁写下了他生活的目的：

> 我必须研究政治和战争，就是为了让我的孩子们能自由地来研究数学和哲学。我的孩子们应当研究数学、哲学、地理、自然、历史、造船学、航海、商业和农业，目的是让他们的孩

---

① 见本书 427 页。

子们有权利研究绘画、诗歌、音乐、建筑、雕塑、编织和陶瓷。①

这句话在亚当斯家族中流传了下来，成了一条家训。这其实也是我对我们的留学生的希望。

余中先

2013 年 6 月 28 日

于北京蒲黄榆

---

① 见本书 449 页。

目 录

Part 3

第一部分

Part 1

第一章　越洋之路

一想到要远涉重洋，我的心就狂跳不已。

——查尔斯·萨姆纳

一

他们当时是把去巴黎作为一生的梦想来谈论的，虽然许多人在此都遭遇了各种各样的艰难与挫折，但他们仍然把这段经历看作自己一生中最具价值的时光。

19世纪30年代，越来越多有抱负、有才华的美国人拥向巴黎，他们就是这拥向巴黎大潮中的第一浪。他们中没有人像早期的本杰明·富兰克林、约翰·亚当斯或者是托马斯·杰斐逊那样在外交或政治领域声名卓著，也没有人企图在实业或者商业方面取得成功。好像只有一个青年作家有点儿固定的工资收入，也不过就是为纽约的一家报社打打工赚点工资而已。但是，他们并不认为自己是难民，也不认为自己是背井离乡的流亡者。他们旅行的目的不是寻欢作乐，更不是想要在海外引起什么轰动。

他们的目标不同寻常，几乎每个人的目标都是那么具体，每个人的追求都是那么认真。他们志存高远、雄心勃勃，都希望在自己所热爱的

3

事业上有所成就。他们把在巴黎的时光、在巴黎的经历看作实现梦想的必由之路——当然，就像詹姆斯·库柏在解释为什么他需要那段在巴黎的经历时所说的那样：其中不可避免地"有一点儿快乐隐藏在杯底"。

他们来自波士顿、纽约、费城、俄亥俄、北卡罗来纳、路易斯安那，当时构成美利坚合众国的 24 个州中，几乎每个州都有人来到巴黎。除个别人以外，他们中的大多数都受过良好的教育，本身生活富足，要不就是父母很富有。他们中多数人都是二十几岁的单身男子，身材相貌各不相同。以奥利弗·温德尔·霍姆斯为例，他身材不高、温文尔雅，是一个经常面带笑容的波士顿人，看上去比他 25 岁的年龄还要年轻一些。他诙谐地提到，他的身高是 5.3 英尺（约合 1.62 米），"这是穿着带跟的靴子量的结果"。而他的朋友查尔斯·萨姆纳则和他形成了鲜明的反差：查尔斯有着竹竿一样的身材，高 6.2 英尺（约合 1.89 米），说话声音洪亮，长着浓密的眉毛，看上去年龄好像在 30 开外，其实他比温德尔还小两岁。

有几个人，也就是六七个吧，他们比其他人大 10 岁左右，其中的三个已经小有名气了。像库柏，他已经凭借其作品，特别是《最后一个莫希干人》，成为美国最著名的小说家；塞缪尔·摩尔斯已经是一个成名的肖像画家；爱玛·薇拉德是爱玛·薇拉德特洛伊女校的创办者，是第一个公开支持美国妇女接受高等教育的女性。

同时还有一点很值得一提，那就是这三个人各自在 1824 年拉法耶特侯爵返回美国的事件中都扮演了重要的角色。库柏参与组织了纽约市欢迎拉法耶特的盛大仪式；摩尔斯为纽约市绘制了拉法耶特的画像；而拉法耶特在哈德逊流域访问的一个亮点就是参观爱玛·薇拉德特洛伊女校。这三位都公开地表达了对老英雄的敬爱，他们各自做出漂洋过海、来到法兰西的决定中也包含了想再见这位老英雄一面的愿望。

库柏出发到法国的时间比别人要早很多，那是 1826 年，他时年 37 岁。当时，他带着妻子和五个 2 到 13 岁的孩子和一个 16 岁的侄子就上路了。在那个年代，全家一起闯北大西洋是一件非同小可的事情。后来据他们年龄最大的孩子作休回忆说："我亲爱的母亲听到这个想法时简直惊呆了。"按照库柏的说法，他们去欧洲是为了他的健康——他的脾胃已经"完全紊乱"，同时也是为了让孩子们受到更好的教育。

当他们的船从纽约出发时，有一条小艇从旁边经过，艇上的人认出了库柏，于是朝他大声喊道："你准备离开多久？"

"五年。"库柏回答道。

"你永远不会回来了。"那人喊道。

这几句对话让库柏终生难忘。

1829 年年末，摩尔斯 38 岁，在经历了意外的丧妻之痛之后，他把三个未成年的孩子托付给了亲戚照看，自己独自踏上了旅程。

而爱玛·哈特·薇拉德已经是年近 50 的媚妇了。尽管人们普遍认为海上旅行的艰苦对于一个文雅的女士来说是太过分了，除非万不得已，还得有一个合适的旅伴，否则是不可行的。然而，在爱玛的概念里，没有那么多针对女性的条条框框，她的事业就是建立在冲破对女性偏见的基础上的。她的医生也曾建议她进行海上旅行，因为她之前有一段时间身体不好，而在当时的很长一段时间里，人们都认为海上的空气对各种疾病有治疗效果。不过她似乎是一个很有主见的人，别人的意见对她影响甚微。

薇拉德女士除了创办和管理她的学校外，还编写地理和历史课本。

她出版的《美利坚共和国历史》一书就足以让她在经济上不依赖任何人。她是一个有着"古典美"的女人，长得棱角分明，罗马人的鼻子赋予了她特有的坚毅气质。作为校长，她总爱穿质地上等的黑色绸缎衣服，头戴白色无边帽。据她的一个学生回忆："她是一个仪表非凡的女人，她年轻时完全符合我心目中女王的形象。"薇拉德女士总爱对学生们说："发挥出你的最大才能，你的才能也会更加完善的。"

她把学校交由妹妹照管，在 20 岁的儿子约翰的陪伴下，登上了驶往法兰西的航船，准备勇敢地面对人生旅途中以后一切的未知。去看一看期盼已久的欧洲、拓展自己的视野是她"一生的期望"，她决心在有限的时间内尽可能地汲取能够学到的一切知识，不仅仅要让自己和学生受益，也要让自己祖国的妇女姐妹们受益。

奥利弗·温德尔·霍姆斯，人们常叫他温德尔，也是抱着强烈的求知欲望去巴黎的。他毕业于哈佛大学，是一个诗人，他的诗《老铁壁》已经为他赢得了名声，这是一首对美国"宪法号"军舰的颂歌，就是这首诗把这艘具有历史意义的战舰从废铁堆中拯救了出来。

啊，撕下她破烂的国旗！
它已高高飘扬了很久，
许多人都看到，
那面旗在天空飘扬，
旗下曾响过战斗的呼喊，
迸发过大炮的怒吼——
海洋上空的流星，

将不再扫过云层。

他写道:"我已经品尝过作品问世时那醉人的快意。"但他不满足于只把写作当作生活的全部。他曾上过一年的法学院,后来又转向医学。就在他的医学学习即将完成之时,他和几个波士顿的年轻人一起出发去了巴黎,因为巴黎当时被许多人认为是世界医学和医疗学习之都。

和他一起去巴黎的有小詹姆斯·杰克逊和乔纳森·梅森·沃伦,他们的父辈是波士顿著名的医师——詹姆斯·杰克逊和约翰·柯林斯·沃伦,是马萨诸塞总医院的创办者。对于这两个年轻人来说,去巴黎不仅仅是他们自己的愿望,同时也是其父辈的梦想。

温德尔·霍姆斯的情况则完全不同,他得说服强烈反对他的父亲。他的父亲是一个神父,温德尔去巴黎对他来说是一笔花费,同时他非常担心在巴黎那样一个臭名昭著的纵欲之地,他儿子的道德会堕落成什么样子。但是温德尔坚决要去,他说如果他在医学上想要有所成就,不仅仅满足于做一个"只会发放药剂的农村配药员"的话,他至少需要两年在巴黎医院的经验。另外,他渴望逃离生活的"单调"和家庭中浓重的加尔文教义的气氛。霍姆斯后来在回忆起他、姐姐和哥哥所受的家庭教育时写道:"我们被告知是一群堕落的小可怜虫,要面对上帝的愤怒,而引起上帝愤怒的原因是一些我们无能为力的事情。我想我们一点儿也不相信这一套……"

查尔斯·萨姆纳关掉了自己在波士顿刚建立的律师事务所,从朋友那里借了 3000 美元来实现自己海外求学的愿望。他上中小学时并没有表现出什么才华,上哈佛时虽然受到了大家的喜爱,但学业并不出众,单数学这门课就令他头痛不已。有一次,一位教授提问他时,他回答说自己对数学一无所知，教授吼道："数学！数学！你看不出区别吗？我的问题不是关于数学，而是物理的。"不过萨姆纳热爱读书，在法学院时，情况就不一样了，据说他变成了"一个不知疲倦、无所不学的学生"，他的眼睛"由于熬夜读书总是红红的"，从此以后他再也没有懈怠过。他从小就渴望去看看欧洲，于是他决定学法语，以便尽可能多地听索邦神学院那些著名专家的课。

这种对学问的热爱也可能会给人带来实际生活中的好处。才几年前，萨姆纳的朋友亨利·瓦兹沃思·朗费罗旅居欧洲回来，由于他在法语、西班牙语、意大利语和德语上都有相当的造诣，虽年仅28岁，哈佛大学也给他提供了一个现代语言教授的位置，这个机会改变了他的生活。

"一想到要远涉重洋，我的心就狂跳不已。"萨姆纳写道，"当我自己想着去欧洲的事情时，我觉得就像想着一个可爱姑娘的姣好面容一样，我爱上了欧罗巴。"

也有许多艺术家和作家怀揣梦想奔向巴黎，他们希望和自己志同道合的人们一起学习生活，聆听大师们的教诲，感受完全不同于美国的那种文化的震撼。

甚至像塞缪尔·摩尔斯那样已经成功的人士也认为巴黎经历是极其必要的。摩尔斯在耶鲁上大学时就一直绘画，28岁时被指定给詹姆斯·门罗总统画像；1822年，他决定开始画众议院议员开会的肖像，这是一个以前从未尝试的题材；1825年，当拉法耶特访问纽约时，他受命为纽约市画一幅拉法耶特将军的全身像，这使他的事业上了一个新台阶。摩尔斯跟随拉法耶特到了华盛顿，拉法耶特同意在华盛顿出席几次会议，摩尔斯因此非常兴奋。然而，在毫无征兆的情况下，摩尔斯的世界崩塌了：噩耗传来，他的妻子卢克利希亚在生下他们的第三个孩子三周后去世了。他悲恸欲绝，几近崩溃。此时，他更加感到时不我待，为了事业的发展，他必须去巴黎。

他坚持认为自己需要巴黎，"没有在巴黎的经历，作为一名画家，他所接受的教育就不是完善的"。他已经厌倦了画肖像画，决定跳出这个领域，继承美国绘画大师本杰明·韦斯特和约翰·杜木布尔的传统，成为一名历史画家。为了避免误解，他在自己护照上的职业一栏里填写了"历史画家"。

对于年轻得多、还在奋斗的无名艺术爱好者、来自波士顿的乔治·希利来说，巴黎更是希望之地。当摩尔斯希望跳出肖像画这一领域时，年轻的希利却全身心地投入到了其中。希利的父亲是天主教徒，母亲是新教徒，他是家里五个孩子中的老大。因为作为船长的父亲的收入不足以养家糊口，希利从小就成了母亲的"小帮手"，在各个方面帮着维持家庭的正常运转。值得一提的是，他父亲的画像是吉尔博特·斯图亚特画的，而他外祖母的水彩画画得"相当不错"。不过希利直到16岁才拿起画笔，一旦拿起画笔，他就再也放不下了。

他身材不高，用他自己的话来说，性格"相当腼腆"。在同龄人中他异常努力，身上有一种异于他人的气质，很讨人喜欢。作为一个没有经过正规训练的人来说，他绘画的才能显然是非凡的。

波士顿一家书店的老板对希利非常友好，他同意把希利的一幅早期习作陈列到书店的橱窗里。那是希利临摹17世纪意大利绘画大师圭多·雷尼的印刷版《戴荆冕的耶稣像》。一位天主教神父花了10美元买下了这幅画，要知道，10美元对于一个孩子来说已经是一笔不小的收入了。18岁时，希利第一次接受了来自一位成名艺术家认真的鼓励。这位艺术家是托马斯·萨利。他在看了希利的油画后说他应当把绘画当作专业。

于是，人们眼中的"小希利"租下了一间工作室，开始画肖像画。他愿意为任何一位肯坐下来让他画像的人画。当然，他主要还是画自己的肖像，一遍又一遍地画。

最重要的是，希利鼓起勇气，爬上了灯塔山，说服了当时被公认为"波士顿社交界的女王"、参议员哈里森·格雷·奥提斯的夫人萨莉·佛斯特·奥提斯，同意让希利给她画肖像。

"我告诉她我是艺术家，我的愿望是为一位漂亮的女士画像，我请求她让我为她画像。"为奥提斯夫人画像的结果是让希利有了更多的机会，为波士顿一批属于奥提斯夫人"这一类型"的女士画像。一幅小小的、特别可爱的肖像画让希利的才华展露无疑。灯塔山上的一户显赫人家以及他们的后代一直珍藏着希利的一幅作品，那是弗朗西斯（范妮）·阿博顿年轻时的肖像，她当时就住在奥提斯夫人的隔壁。

不过希利清楚地知道，要达到自己所期冀的艺术水平，还有许多需要学习的地方，并且下定决心要到巴黎去。他后来解释说："在当时，美国没有艺术学校，没有绘画学习班，没有练习绘画所需的高质量的石膏像，也没有举办过几次画展。"在一点一滴地积攒下了去欧洲所需的钱，以及母亲一两年的生活费后，希利开始把自己的计划付诸实施了。

> 我在法国举目无亲，对法语一窍不通，我不知道到了法国该怎么办；我还不到 21 岁，但无知者无畏，我有巨大的勇气，有时勇气是非常管用的，我还有要做得最好的愿望。

希利就像查尔斯·萨姆纳、塞缪尔·摩尔斯、温德尔·霍姆斯以及其他人一样，他不仅仅想去巴黎，而且决心要去，决心要"努力学习"。

作家中有纳撒尼尔·威利斯，他像摩尔斯一样，也是耶鲁大学的毕业生，25 岁时他就以自己的诗和发表在杂志上的短文蜚声全国了。威利斯就是那个担任着类似于记者工作的作家，《纽约镜报》指派给他的任务是写系列的"来信"来描述其海外旅程。他是一个喜欢社交的人，相貌出众，甚至在某种程度上可以说有点儿漂亮，一头飘逸的淡黄色长发，有点儿像花花公子。温德尔·霍姆斯后来描述说他像"提前版的奥斯卡·王尔德"。此外，威利斯还才华横溢。

同样有才气的还有约翰·桑德逊，一名五十几岁的教师，他在家乡费城以文学才华而闻名。他去巴黎部分是由于健康方面的原因，同时也是要把他的所见所闻以系列书信的形式记录下来，希望将来"有一天能让它们以某种形式在公众面前抛头露面"。

除库柏和摩尔斯外，那些出发去法国的人对美国之外的生活几乎一无所知，对国外生活的不同之处几乎毫无概念。他们中几乎没有人走出过国门，这些波士顿人甚至都没有离家旅行超过 500 英里。除了库柏及其家人在出发前花了一年的时间学习法语，其他人没几个学过法语。即使像霍姆斯和萨姆纳那样学过一点儿法语的人，也从来没有尝试过去真正地说说这门语言。

他们在波士顿、纽约和费城读过的报纸偶尔会刊登一点最近的巴黎时尚、简短的法国政治以及犯罪方面的报道，同时会定期有一些关于新运来的法国葡萄酒、壁纸、刺绣或男式手套等货物的通告，他们对法国的认识也就仅此而已。他们想象中的巴黎大部分就是那些出现在旧书或廉价杂志等印刷品上的著名桥梁、宫殿等景观的复合体。

他们中的许多人从小就熟悉拉封丹寓言，或者读过伏尔泰、拉辛或莫里哀作品的英译本，不过这也就是他们法国文学的全部概念了。当然，没有人能够提前预知 19 世纪三四十年代的巴黎将见证维克多·雨果、巴尔扎克、乔治·桑以及波德莱尔伟大时代的开端，更谈不上有人能知道画家德拉克罗瓦，音乐家肖邦和李斯特了。

但是，他们应当知道法国陆军、海军以及法郎在美国独立战争中的作用；他们知道拉法耶特的重要地位，知道随着 1826 年杰斐逊和亚当斯的相继去世，拉法耶特成了为美国独立而战的英雄中仅存于世的元勋了；他们知道拿破仑，还有 1789 年的法国大革命，以及"恐怖时期"的可怕；最新的印象应当是最近的动荡，也就是 1830 年的"七月革命"，在这次仅持续了三天的动乱中就有约 3000 条性命丧生于新的"平民国王"路易·菲利普手中。

路易·菲利普出身于法国奥尔良有势力的贵族家族。这位新的统治者年轻时就支持 1789 年的大革命，在 1793 年逃离"恐怖"之前，一直在共和军中担任军官，作战勇敢。他在外流亡多年，不能返回法兰西。路易·菲利普被认为是一个温和的人，他成为国王主要是靠人气很旺的拉法耶特的支持。

当"七月革命"的消息传到美国时，人们举国欢庆，三色旗飘扬在美国的各个城市，剧场戏院到处响起《马赛曲》的旋律，纽约游行庆祝的队伍排出了 2.5 英里。美国人知道路易·菲利普离开法国流亡期间，在美国生活了 3 年，到过这个国家的大部分地方。他二十几岁，彬彬有礼，没有多少财产，走到哪里都给人留下了很好的印象。他曾在波士顿的一家牡蛎店当过服务员，还曾到过弗农山庄成为乔治·华盛顿的座上宾，所有这些，加上拉法耶特的拥护，都决定了美国人对巴黎的新政权作出的反应。

除了库柏和摩尔斯之外，19 世纪 30 年代去巴黎的人当中没有几个人出过海，连一艘海船也没有乘过，不管前景多么诱人，一想到要海上航行就让人头疼。

摆在他们面前的有两条路：一是先航行到英国，然后再渡过海峡；另一条就是直接航行到勒阿弗尔港。第二条路是大家认可的路线。但不管走哪条路线，都意味着 3000 英里的航行，有从纽约到太平洋海岸那么远。如果受风向不定的干扰，航行距离甚至还要远，风的干扰是不可避免的，而且一路上没有可以停靠的地方。

当时汽艇已经频繁出现在美国的江河及沿海了，但是直到 1838 年，蒸汽动力的轮船才横渡了大西洋。当时帆船的海上航行时间并不比本杰明·富兰克林 1776 年去法国海上航行的平均时间短。人们希望能用 3 周的时间完成航行，如果条件理想的话，也许用的时间更短，但事实上很可能航行要历时一个到一个半月。

另外，船也不是正规的客轮，有人订的船票是邮轮，往好里说，也只能算是货船载客了。不过，即使是最好的舱位也跟豪华的概念相差甚远。也许连续几天甚至几周会遭遇风浪，可能会甲板倾斜，瓷器、家具横飞，更别说晕船和事故了。拥挤的船舱里根本没有隐私，难以下咽的饭菜，再加上无法忍受的单调都是可以预见的，而且随时都有可能掉到海底。人人都知道大洋的凶险。

1822 年，"阿尔比恩"号邮轮载着 28 名乘客从纽约出发，在爱尔兰沿海遭遇了巨大风浪，船撞上了礁石，只有两名乘客获救，遇难的乘客中就有几个人是去巴黎的。1826 年春天，就在詹姆斯·库柏及全家航行去巴黎的那个时候，一艘名字恰好是"危机"号的伦敦邮轮，在海上失踪了近三个月，事实上后来也音信全无。

所有那些航海去往法国的人都把自己的命运交到了别人手中。为了去法国，他们远离了朋友、家人和家乡，从自己熟悉的环境中完全地脱离了出来，数月甚至也可能在将来的数年间离开自己所热爱的一切。在许多外出的游子们都很熟悉的《札记集》一书中，华盛顿·欧文描述了他第一次横渡大西洋的情形。他说，在陆地上旅行总有"连续不断的风景"给人一种仍然和家乡连接在一起的感觉。

> 但是远距离的海上航行就把我们和家乡之间的联系一下子
> 切断了，我们意识到自己被从稳定实在的生活状态中抛出，投
> 入到了一个漂浮不定、没有安全感的世界里。我们和家乡之间
> 凭空多出了一条鸿沟，这条鸿沟不是仅存在于想象中的，而是
> 实实在在的。这条鸿沟里有暴风雨，有恐惧和不安，我们看到
> 了显而易见的距离以及返回途中的重重危险。

航船的班次定期在报纸上列出，重要的是要挑一艘好船。当时，大部分的船都是双桅船：用来装运各种各样货物的两个桅杆的横帆船。最好的位置是靠近船中间的位置，因为那里最少颠簸。不过，到勒阿弗尔港的船票很贵，约140美元。

出发前的一天是忙碌的一天，得把旅行用的衣服准备好，选一些书来打发海上的时光，把所有的行李都装进一只黑色的大旅行箱里。以前去过巴黎的熟人建议要准备好足够的肥皂。

最后是登门和朋友们告别，不管是出于什么理由去欧洲，总有些朋友会刨根问底地追问这样冒险旅行的原因。时间都花在了写告别信、表达离情别意和给孩子或弟妹们留言上了。查尔斯·萨姆纳于航行的前夜，

在纽约阿斯塔公寓自己的房间里给 10 岁的妹妹写道："亲爱的，一想起你的笑脸，我就感到快乐。无论在海上还是陆地上旅行，我都会把你的笑脸珍藏在心底……不要哭……当你情绪失控，要发脾气之前，先停下来，数到 60，然后再说或做什么。"

在另一封信中，萨姆纳对一个年轻的弟弟说道："亲爱的小伙子，要选择一种高尚的事业，贡献出你全部的时间，这项事业会带给你地位和荣誉。另外，要做一些对你周围的人有好处的事情，不要把时间都浪费在琐事上。"

航海者的父母们会觉得这种离别是非常痛苦的，其中许多人还承担了儿女航行的全部费用。他们不停地提醒孩子花钱要有计划，要注意身体。他们特别关注的是孩子的健康，尤其担心国外那些人口密集的城市里会流行天花、伤寒、霍乱，更别说梅毒了，唯恐稍不留神疾病就有可能降临到他们毫无防备的心肝宝贝身上。他们反复地提醒年轻人要谨慎交友，要清楚自己的身份，回来时不要沾染欧洲旧大陆的那些娇柔和堕落。

波士顿著名的医生约翰·柯林斯·沃伦给他学医的儿子写下的"出国指示"有 40 页之多，从他必须学习什么、如何整理笔记，到他应该或不应该吃什么、喝什么。医生告诫儿子梅森要小心交友，特别要远离那些"喜欢去剧场和挥霍"的人。

离别的前夜是情感爆发的时刻，郁闷犹豫之中点缀着强烈的兴奋和激动是常见的情景。查尔斯·萨姆纳在日志中写道："这是悲伤的时刻，充满着焦虑、怀疑和担忧，同时混杂着对未来的憧憬。"塞缪尔·摩尔斯一想到要离开孩子和祖国就有一种要发狂的感觉，他陷入了"深深的抑郁中，有人告诉我，他们都为我的身体甚至是神经担忧"。

不过一旦这些航海者上了船，一切按部就班地进行时，几乎所有人都强打起了精神。对许多人来说，他们所不熟悉的航船的移动开始影响他们的心情了。"我们离开了码头，旁边跟着一艘汽船（拖船）"，萨姆纳在乘坐着"奥尔巴尼"号船离开纽约时写道：

> 微风吹起，我们很快就要离开了，驶向大西洋！再见了，我的朋友、我的事业、我的家乡、我的祖国！每一个汹涌的海浪都带着我渐行渐远，摇晃的船舱让我的笔锋难下。现在我的大脑感到微微的眩晕，我的想象却把美好的前景展现……

从费城出发的纳撒尼尔·威利斯描绘了有 10 到 15 艘大船排在航道中，等待着领航艇的壮观景象：

> 当她顺河道而下时，他们都一起起锚，我们出发了。那是一片美丽的景观——那么多船帆紧密排列，在微风吹拂下猎猎作响……

威利斯写道："我人生的梦想就要实现了，我踏上了去法国的航程。"不过，并不是所有的先驱者都到了西方。

二

他们在不同的年份从不同的港口起航，塞缪尔·摩尔斯于 1829 年 11 月从纽约出发，彼时的天空中正吹着他认为的"最美妙的风"。爱玛·薇拉德是在 1830 年的秋天出发的；医学院学生小詹姆斯·杰克逊是 1831

年春天上路的；纳撒尼尔·威利斯出发在 1831 年秋天；温德尔·霍姆斯在 1833 年出发；怀揣梦想的画家乔治·希利在 1834 年横渡大洋；费城的教师约翰·桑德逊是在 1835 年出海；查尔斯·萨姆纳则于 1837 年踏上了求学之路。

恰巧就在美国人纷纷来到法国的时候，一个年轻的法国贵族，阿列克西·德·托克维尔却决定从相反的方向横渡大西洋，他 1831 年从勒阿弗尔港起航，出发去了美洲。托克维尔 25 岁，身材矮小，相貌并不出众。他说此行的目的就是要在美国"对一切进行探寻，看看这个共和国究竟是什么样子的"。之前他从来没有和美国人说过话，也从未出过海。

塞缪尔·摩尔斯对自己的跨洋之行评论不多，此行历时 26 天，包括五天五夜的大风暴。这五天五夜，船在风浪中颠簸，无人能够入眠。纳撒尼尔·威利斯乘坐的是新的"太平洋"号双桅船，由法国船长掌控，海上风平浪静。不过，在度过了对他来说极为难熬的一周之后，晚餐上的所见终于让他笑逐颜开。

"在风浪大的情况下，一个人要在桌子旁坐稳都很难；而要护住菜盘、瓶子和调料瓶，让它们不至于随船体的颠簸一起倾倒，则需要水手的技巧和冷静。"在《纽约镜报》娱乐读者的一篇生动的描述中，威利斯写道：

> 风浪来袭，船长大喊一声："小心!"眨眼之间，所有的东西尽在掌握之中，只待船体倾斜，其动作之干净利落就是著名作家塞缪尔·约翰逊的笔触也难以企及。船长一手抓住汤盘，另一只手扶住汤碗边，一口咬住葡萄酒瓶，胳膊肘压住倾斜的桌角，坐在横板上稳如泰山，一脸严肃，同时眼睛还警惕地盯

着盛着面条的碗在晃动。久经风浪的老大副以魔术师般的灵敏，伸腿支撑在了后面仪表舱的舱壁上，同时胸脯顶住了桌子，抓住了自己的盘子和调料瓶，并控制了一两个小盘子。船员们，能站稳的人看住了菜，站不稳的人单膝跪下，尽可能接住从餐桌上滑落的东西。

风平浪静之后，威利斯心情愉快极了，他沐浴着海风，享受着平稳的航行。"这是让人热爱生活的一天，"他在一个阳光明媚的早晨写道，"成百上千的海鸟在我们周围飞翔……水手们赤着脚光着头，散布在各处的索具旁，做着'好天气'的工作……"

威利斯是这艘船上唯一的乘客，他的处境和温德尔·霍姆斯完全不同。霍姆斯乘坐的是"费城"号邮轮，从纽约出发，和他同船的还有30名其他乘客在普通舱，15名乘客在下等舱里。"费城"号被认为是这条航线上最好的船。广告上说："为旅客提供的食宿条件优越，丰富多样"，床、卧具、葡萄酒还有"质量上乘的日用品"是不缺的。乘客中大部分都来自波士顿，其中有几个是霍姆斯的朋友，包括一个喜爱交际的哈佛毕业生托马斯·古尔德·阿博顿。他是灯塔山阿博顿兄弟中的一个（范妮的弟弟）。他正在成为作家还是艺术家之间进行抉择，同时也过着快乐的生活。

他们四月航行，几乎一路上都风平浪静，这是旅行者梦寐以求的情况。阿博顿的日志证实，每天的日子都很平静无波：

> 我一点儿也没有感到预想中那种无所事事的无聊。我变着花样找乐趣，并发现我的活动都很有意思。我和霍姆斯博士谈

18

一些感想，然后用半生不熟的法语和维克托琳（一位女乘客的女佣）调情，很快就又和克提斯先生以及我们的两位医生一起打嘴仗。

大家情绪都很高。一天晚饭后，大家在夜色中唱起歌来，"下等舱传来的一个人的歌声让我们感觉到了民歌的激动人心"，这让那个夜晚尤其难忘。

然而，第二天早晨，"前几天的平静生活开始随着大海的节奏改变了"。阿博顿挣扎着从铺位上下来，差一点儿从船舱的窗户上一头栽下去。"连摔带擦"，他总算穿上了衣服，朝上面走去。船上的活鸡活鸭都"惊恐地叫着"，船长用喇叭朝着那些"以难以置信的精妙的角度站在甲板上的"船员们喊着"精练的口令"。

那天早晨没几个人去吃早饭，去吃晚饭的人更少。然而不久，平静又恢复了，阿博顿有了一种要画画的冲动。他研究着"深沉美丽蔚蓝"的大海，"那种蓝色我听说过，但是以前从来没见过。当我们的航船劈开水波的时候，海水窸窸窣窣地从船体的两边散开，形成长长的带着泡沫的波纹，显现出最完美的蓝宝石般的色彩"。

在另一篇日志中他写道："这是一个让人神清气爽的傍晚，像白盘子一般的月亮发出一点儿淡淡的光，就是这点儿光也很快隐没到了乌云编织的、长长的、深褐色的帘子后面了。我们周围一片黑暗，唯一能看到的就是水。这是多么奇妙的情形呀！"几天后，他心情愉快地回味着：

> 我们的生活是多么的奇怪，无所事事！早晨的懒觉、笑话……甲板上转一转，随便聊几句，拿起一本书看上一两个小

时，再到甲板上转一转；铃响了，我们冲进餐厅，三道菜、笑声、蜡烛、茶，还有月亮……

只有第二天晚上，船长提到可能会遭遇大片的冰川时，船上的气氛变了。"这个消息让大家确实感到惊恐。"阿博顿写道，"我不能入睡，在想象中听到了我们的船体和冰山碰撞的破裂声……"到了早晨，危险过去了，船上的生活又恢复了轻松愉快的基调。

像这样的轻松和惬意横渡大洋是个别的例子。其他几乎所有的航海者都遭遇了多日怒号的狂风和凶暴的大海，此时死神就在身旁徘徊。对于乘坐"查理大帝"号轮船从纽约出发的爱玛·薇拉德来说，这的确是一次"艰难的航行"。她出国的重要原因是出于对其健康的考虑，她没有解释说自己究竟有什么病。她不断听人谈起天气，她写道："有些老的旅行者吓唬捉弄那些新的胆小旅行者。"因此，她并没有在意。可后来真的变天了，和白天的狂风相比，风力减小后大海的狂怒更加可怕，"海水迅速集聚，海面不断升高，有时好像要把船推到天国一般，然后又像要把船一下子摔向地狱；有时海水吐着泡沫冲向轮船，然后迎头砸下来，以骇人的力量狠砸甲板"。最让人害怕的是晚上排山倒海般的浪头袭击轮船。

我们的上面、下面和周围都是大自然的暴怒，没有什么东西把我们和这种暴怒隔开，只有一条帆船，它的桅杆在发抖，它的船板吱呀作响，就像要解体了一般；当时的感觉就是一条船在保护人的生命安全方面不起什么作用，真正起作用的只有上帝。当时人们脑子里自然地产生了会葬身大海的念头。

让薇拉德夫人惊奇的是，她一点儿也没有晕船。相反，天气的暴虐、"在船上的摇晃和摔打"、把宝贵的生命寄托在"某个固定的物体上……紧紧抓住，以免被甩出船舱，晚上抓牢床铺，害怕滚落下来"，这一切似乎对她的健康有益。

面对如此凶险的航行，她开始认真地考虑，如果她能活着完成这次航行，留在法兰西是否是更加明智的选择。

约翰·桑德逊在回忆他在船上的经历时写道："如果你们村里有哪位女士有一位不尽责的丈夫，或者有哪个儿子殴打他的母亲，就让她送他出海吧。"

查尔斯·萨姆纳在出海的头几天晕船晕得一塌糊涂，他甚至不能忍受想象食物的味道，更别说把他拉上餐桌了。"我的的确确被'关、困和固定在'了我的铺位上，什么也不能吃，什么也不能做……"到了第四天，他虚弱得连一本书也拿不动了。不能阅读对萨姆纳来说是不幸的最高程度了。后来，让人惊讶的是，他的胃口恢复得像"饿狼一样"，他既回到了饭桌也回到了书桌旁边。

圣诞节是在英吉利海峡度过的，长长的旅程也临近结束，萨姆纳在私人日记中表达了他的种种感想：

> 以我现在的年龄和状况出国，我感觉是大胆或者说是冒险的一步……不过我的目的是接受教育，以满足思想深处存在已久的渴望……有人曾提醒过我不要被欧洲所诱惑……我谨祈祷能够平安地完成这一切……但愿我回国之时对我的朋友和祖国的热爱不减，思想不受欧洲老大陆堕落观念的腐蚀，举止上不

沾染矫揉造作之风，心甘情愿、无怨无悔地担当起一个美国人
的责任！

三

他们会几个小时地站在甲板上，眺望着远方出现的大陆的轮廓，观察着陆地上的景物慢慢变大，变得清晰。在家时那片陆地被称为"旧大陆"，对此时的他们来说，这是一片全新的土地。

无论他们是到达塞纳河口的巴黎大港——勒阿弗尔港，还是从英国渡海，在加来或布伦港登陆，上岸后的前几个小时，他们的情绪中既有轻松又有兴奋，还不免夹杂着要面对如此多的新鲜和陌生而产生的困惑。这些情绪混杂在一起，没有几个人可以做到心情平静。

刚一上岸，他们的美国护照就被法国当局收走了，说要送到巴黎。他们被告知，到巴黎后到就近的警察局去领取，并换取他们所需要的一种票据。同时，大批推推搡搡、吵吵嚷嚷、混乱不堪的搬运工和拉人拉货的马车夫都争相拉客人。行李箱、行李袋都运到海关去通关。除了衣服之外，其他的个人物品都得检查和上税。任何人携带密封的信件都有可能遭到罚款，如果有人觉得他们有可疑迹象，他们就会遭到检查。许多人对当局这样搜查他们的行李，甚至对人进行检查的"无礼"行为感到不能接受。急于避开搬运工那"一串串不知所云的法语"，纳撒尼尔·威利斯和别人一样多付给了他三倍的钱数。

即使没有这些"无礼"，办理护照的整个过程——花费、"让人烦恼的程序"等的繁琐就足以让这些美国人反感了。约翰·桑德逊在和一个说英语的法国人聊天时提到，在美国没人随身携带护照，外国游客也不用。法国人不明白：那样怎么能保证人身安全呢？桑德逊解释说，一个

22

人如果习惯了看到某事的做法，就很难想象变换成其他做法的可能性。

最后终于办完了要进入法国的各种手续，桑德逊径直去了最近的教堂，"去向圣母玛利亚进献一磅蜡烛，来表达对于保佑我平安渡海的谢意"。

大多数旅行者愿意在勒阿弗尔待上一两天，休息一下再赶路。虽然这里的一切和他们习惯了的东西都大不一样，但是让他们感受最深的是，一切都显得那么古老。许多人不喜欢这种景象，从一开始就不喜欢。查尔斯·萨姆纳是个例外，对历史的热爱让他一下子就对周围充溢着的历史感产生了激情。"一切都很古老……我路过的每一栋建筑似乎都有其历史。"他看到只有一条街边上铺着人行道，大部分的街道都很泥泞，非常难走。男男女女都穿着走起路来嘎嗒嘎嗒响的木鞋，和其祖辈穿的没什么两样儿。萨姆纳觉得，这里所有经历了时间检验的东西都是最好的，而在美国没什么东西"超越了变革和试验的阶段"，美国的任何东西都"没有那种岁月的荣耀"。

从勒阿弗尔到巴黎是一段朝东南走的、距离有 110 英里的路程。他们乘坐一种公共马车旅行。那是一种看上去巨大笨重的马车，每辆车有普通公共马车的两辆半那么大，据说为了使用方便，也就不管什么好看不好看了。车上有 15 个乘客的小房间，分为三"栋"，车前部有三个房间，中间有六个房间，后部有六个房间。每部分和其他部分都是分隔开的，这样就把乘客分为了上中下三等。桑德逊写道："如果你感觉自己是贵族，你可以包下整个前部，这样你和女眷一起，就有了足够私密的空间。"在车的顶上还有三个位子，这里是堆放行李的地方，车夫也就是"驾驶员"在这里是绝对的权威。

这样一个笨重的家伙可以载三吨重的乘客和行李，由五匹马拉着，三匹套在前，两匹紧跟在后。后面两匹马其中的一匹背上，骑坐着穿着黑马靴、甩着鞭子的"副驾驶"。这种车上路的正常速度是每小时 7 英里，这就意味着到达巴黎的旅程，再加上路上停下来休息的时间，差不多是 24 小时。

车在黎明前出发了。上路后，这些美国人发现，路况出乎意料的好——宽阔、平坦、结实，没有石头，车的摇晃让人感觉出奇得舒服。从出发时看到的第一处灯光开始，他们大部分人都对一路的景色欣赏有加。他们顺着塞纳河河谷，走过平整的农田，大部分路段上都能望得到宽阔的河流，蜿蜒流淌，连绵不绝，河道中间不时还有小岛点缀。

离大海越来越远，又一次浸没在美丽的景色中，听着鸦鸣，这时人人都感到欣喜的变化。一切都是那么诱人，大地平静又富足。每片田野都得到了很好的开垦，河边的山坡都用白色石灰石垒成的防护墙加固。每个村庄和城堡看上去都古色古香，别具一格。纳撒尼尔·威利斯写道：

> 我看着不断出现的老修道院的废墟，还有现在仍在使用的宏伟教堂，看到了门口石头台阶上一处处的凹坑，那是千年来修士们和穿着铁甲的骑士们踩踏出来的；还有那悬在门槛之上的石制十字架，它凝聚了上百代的人的目光，千百年来人们从它的下面走过。看到这一切，我血管中的血液开始沸腾了。

最让人难忘的是这次远途旅行中的一站——鲁昂，它位于到巴黎的半路上。在这里，他们看到了位于市中心的大教堂。这些美国人从来没有见过任何哪怕是一点儿可以和它相媲美的建筑物。这是他们第一次见到哥特式经典建筑，也是法国人引以为荣的建筑之一，是用石灰石建造的。这比起这些美国人见过的任何建筑都要壮观，更别说它那几百年的历史了。

当时美国规模最大的建筑物就是华盛顿的国会大厦了。国内从北到南即使是最古老的房子和教堂的历史，也只能追溯到 18 世纪中叶。就像费城的独立厅，这样具有历史意义的地标式建筑也只有不到 100 年的历史。

仅看 1822 年鲁昂大教堂加的一个铁尖顶就高达 440 英尺，比华盛顿的国会大厦足足高 300 英尺。大教堂的原始部分是 13 世纪初建造的，比哥伦布出发去美洲要早 200 多年，光建造时间就花了 3 个世纪。

仅主门廊外表的装饰雕刻和无数雕像本身就让人倍感新鲜。当时美国全国的建筑物，无论新旧，也没有用石头雕刻来装饰外表的。接着往里走，长长的教堂中殿一下子升起到了高出石头地板 90 英尺的空间。

这是他们首次见到雄伟的天主教圣殿，它的宏大气势和对圣徒及古代法典精致的表现，对于这些全都是新教教徒的美国人来说，是一种心灵的震撼。爱玛·薇拉德在她的日记中，努力寻找一些词句来表达她所感受到的那种"无以言表的魅力"和"崇高"：

> 我曾经听说过有的建筑要花费 50 甚至 100 年的时间来建造，我常常不明白怎么会这样；但当我看到这座庄严神圣的圣殿时，我的怀疑烟消云散了。这些奇妙雅致的石头雕刻，现在呈暗灰色，就像你在我们最古老的墓地中所见的一些古老的墓碑一样。成千上万的圣徒和天使默默地站立着，弹奏着无音的竖琴，或者永远展开着那不动的翅膀——翅膀上有一半是刻着云朵的石头浮雕。我进入到了圣殿里面，凭借着黯淡朦胧的灯

光，我看到了长长的长廊、高高升起的穹顶，还有支撑起穹顶的巨大石柱……我的心灵充溢着圣洁的情感，这种情感太强烈了，几乎让一个尘世的生命难以承受。我站立着，凝视着。随着灯光的逐渐明亮，我的观察也越来越仔细，我的眼前似乎呈现出了一幅新的图景——画家和雕刻家所塑造的圣徒和殉教者——常披着修士和修女的庄严的圣带，有时身着丧服。圣婴和圣母、十字架上受难的耶稣、周围围着敬慕的天使和殉道的圣徒，来自天国的光从许多七彩玻璃的窗户上透过，随着外面的天色越来越亮，为眼前的景象披上了一层无法用语言表达的肃穆的神圣。

查尔斯·萨姆纳几乎按捺不住他的欣喜之情，还没有哪座建筑给过他如此的震撼。这个大教堂是"法兰西北方的一头巨大的雄狮……超出了我全部的想象"。他以前读过许多有关这座教堂历史的资料，他知道，在这里埋葬着第一代诺曼底公爵的遗骸，他的儿子威廉·朗斯武德、狮心王的父亲亨利二世，甚至狮心王理查本人的心脏都安葬在这里。

我，一个美国人，来到了这里。在这个教堂建造之时，我们的大陆还没有被发现。和这座教堂建造的历史相比，我们国家的建立只能算得上就在昨天。来自于新世界的我现在被引到了历史的遗骸面前，踏着大主教以及红衣主教的尘埃，站在各朝国王的纪念碑前……

他过去经常怀疑，历史上的这些伟人以及传说中他们的伟业是否真的存在过，现在这些疑问一下子就消散了。

詹姆斯·库柏在描写他第一次来到鲁昂，感受到大教堂对他以及别的同行美国人的震撼时说，他们都有一种共同的感受：哪怕只是来看看大教堂，横渡大西洋的路途艰辛也是值得的。

离巴黎还有 80 英里的路程，大多数旅行者选择在鲁昂停下来休息。像纳撒尼尔·威利斯等人则渴望早一点儿见到巴黎。于是，他们爬上了一辆夜间公共马车，朝巴黎进发了。

他们有一种预感：虽然他们的海上历程已算伟大，但一个更加伟大的历程才刚刚开始，他们将会从这一历程中学到更多的东西，带回去更多的东西，这次历程将给他们自己及其祖国带来的益处是无法估算的。

第二章　这就是巴黎！

巴黎的起源以及最初居民是什么样子的自然很难说得清楚。根据大家都认可的历史学家的说法，在遥远的过去，一个游牧部落得到了塞农人（Senones）的允许，在离他们不远的塞纳河两岸定居了。他们在现在叫做西岱岛的岛上建造了棚屋。这些棚屋是他们的堡垒，在相邻的部落入侵时，他们就带着牲畜和财物撤退到这里。他们把这些"堡垒"命名为吕得斯（Lutece），把自己称为"巴黎西人"（Parisii），这个词很可能来源于他们邻近的塞农部落，在塞农部落的语言中，Par 和 bar 是同义词，都指边疆。根据这一起源，"巴黎西人"（Parisii）就是指边疆的居民。

——《加里格兰尼新巴黎指南》

一

第一印象通常是令人大失所望的。

19 世纪 30 年代的巴黎基本上仍然是一个中世纪的城市。这些来自美国的探险者突然发现，马车把他们从鲁昂平坦的林荫大道上，带入了一个狭窄、肮脏，散发着臭味，而且到处都是岔路的迷宫：路边到处都是古老的石头建筑，有些经过了几百年的烟熏火燎变得黑乎乎的；载客载货的马车和推着手推车叫卖的小贩阻塞了街道；可以看出人们的生活极其贫困。不需要多少想象力就能描绘出这些下层民众的生活状态。

"这就是巴黎！"车夫在车顶上喊道，"巴黎到了！"

"我满脑子都是在书本上见到的宽阔广场、宏伟建筑和大桥，而现在几乎不能相信自己已经到了巴黎。"纳撒尼尔·威利斯写道。约翰·桑德逊描述说："街道弯弯曲曲，互相碰撞，好像它们自己也不知道该延伸到什么地方。至于街上的噪音，我根本不需要加以描绘。"

> 那些只习惯普通噪音和人类声音的耳朵面对这样永不止歇的喧嚣会怎么想呢？——出租马车叮叮当当的铃声，各种车辆碾轧碎石的声音，公共马车车轮的隆隆声。和大街上各种喊叫和嘈杂相比，锯锉的声音反而会让人觉得更好听些。

即便看到了塞纳河上著名的桥梁、公园和辉煌的宫殿以及荣军院那金光闪闪的穹顶，那种骇人的贫穷和无法度量的财富之间仅距咫尺的景象也令人惊叹和不安。在巴黎生活了几年之后，詹姆斯·库柏说他还是对这样的情形不适应，这是一个由"肮脏和辉煌……臭虫和花环"混合而成的国家。

许多人像爱玛·薇拉德一样，到达巴黎时已经筋疲力尽，在这样的环境中没有什么可以让他们高兴起来的事情。她在鲁昂大教堂所感受到的"崇高"早已无影无踪了，"我们身处肮脏、混乱、困乏之中……似乎总有陌生的眼睛对我们怒目而视"。

不过，很快巴黎这个伟大城市的魅力和活力就让他们折服了。这些美国人一辈子也没见过这样的公园和宫殿，没见过那么漂亮和那么多的桥梁，没见过那么多各种各样的人。对于那些住豪华宾馆的人来说，巴黎的舒适和悦目很快就抚平了他们一开始感到的失望。

对纳撒尼尔·威利斯来说，位于凡尔赛宫附近的微微安大街的"异乡宾馆"，正是一个疲惫的旅行者所向往的地方。经过了一整夜的旅途颠簸，天还下着雨，威利斯于上午10点左右到达了宾馆。在这里，他感受到了全面的谦恭有礼的服务。他挑选了几个"相当雅致"的房间。他觉得这儿的床是世界上最好的："五层床垫整齐地铺在优质的桃花心木床架上"，有18英寸厚。枕头本身就是"一个杰作"，没有什么枕头能像法国枕头那样让人依恋。随着早饭上桌，一天开始了。

> 没有什么用钱买来的东西能比一顿法国早餐更让人愉悦的了。如果你在房间用餐，你会见到两个小车形的器皿，一个里面装了咖啡，另一个里面是热牛奶；有两种面包，上面涂着薄薄一层均匀的黄油；你可以从三十多种菜中挑选一两种，这些菜肴的美味让人不想离开餐桌，不过我不知道菜的原料和做法。咖啡的香味很特别，和我喝过的咖啡完全不同；"小面包"是一种介于面包和饼之间的一种小巧的饼干，温暖香脆，让人回味无穷。

和美国国内的牛排咖啡早餐相比，价格只占其三分之一，而服务周到，其价值足超所付价格的三倍。

宾馆位于繁华的微微安大街的黄金地段，顺街朝着塞纳河向南走不远就是著名的充满诱惑力的王宫、卢浮宫和杜勒里公园。朝相反方向走的话就是"交易所"。多利安式大圆柱让这所建筑看上去更像宫殿或庙宇，而不像一座证券交易所。

最好的一点是，人们非常喜欢的一个聚集地——加里格兰尼图书馆——一家英语书店及其阅览室，就在宾馆的街对面。在那里可以长时间舒舒服服地翻阅各类英国甚至是美国的报纸。巴黎人对读报的欲望不亚于世界上任何一个民族。巴黎每天发行的日报有大约 34 种，多数的报纸在阅览室的几个大桌子上就可以找到。最受欢迎的英语报纸是加里格兰尼自办的《音讯报》，从周一到周五，既有晨报也有晚报。对于这些新来的美国人来说，经历了一个多月没有美国的任何消息之后，这些英文报纸和美国报纸简直就是像金子一样珍贵。

在巴黎的几个可借阅的图书馆中，只有加里格兰尼有英文图书。英文版《加里格兰尼新巴黎指南》是不可或缺的，没有几个美国人不带着这本皮革包边的厚重书籍。在厚达 839 页的书页里，充满了有见地的思想和信息，还有地图。

就像纳撒尼尔·威利斯一样，爱玛·薇拉德校长也对自己在黎世留大街"欧罗巴宾馆"里的第一顿早饭感到欣喜。她特别喜欢加奶咖啡。她写道，没有什么比这个更好的了，又补充说："面包不错，黄油很棒。"经过了一夜的睡眠和恢复，她也感觉好多了。

吃完早饭后，由一位年轻女士陪同，薇拉德夫人满怀希望地开始了她在巴黎的第一次漫步。这位女士是和父亲一起来巴黎的，与薇拉德在船上认识的。在薇拉德与她父亲的信中，这位女士被称作"D 小姐"。她们沿着黎世留大街朝塞纳河的方向走去，来到了王宫那豪华的公园和拱廊。这个巨大的公园及其喷泉飞舞的景象是"精彩和美丽的"。公园四周被宫殿所包围，和喧嚣繁华的街道隔开，形成了一个独立的世界，让薇拉德欣赏的是"其中流淌着众多的优雅和时尚。"

> 我们绕行在拱廊下，走在精致的大理石人行道上……我们
> 从未见过有什么可以和这里商店的华丽相提并论……你一点儿
> 也想不到某些彩绘瓷器的优雅和质地……还有珠宝，大量的珠
> 宝光彩眩目……各种各样时尚的帽子，上面装饰着雪白的羽
> 毛……

她和女伴买了几件"可穿的东西"后返回了宾馆，宣称她们找到了
期待见到的巴黎。

在回旅馆的路上，薇拉德夫人给拉法耶特将军写了一个字条，"告
知"将军她到了。考虑到拉法耶特将军在新政府中担任军队指挥官的重
要职务，她预计几天之内不会有回音的。但第二天早晨将军本人就来了，
带着十二分的热情。他们用了近一个小时回忆将军参观她的学校的事情，
谈论彼此的家庭，并探讨了政治以及新政府的事情。"他的心灵就像对自
己的亲姐妹一样敞开着。"薇拉德带着无限的自豪写道。没什么能比在巴
黎受到如此的欢迎更让她高兴的了，就像他以前和蔼地向她保证一样，
那次的学校之行不会是他们唯一见面的机会。

塞缪尔·摩尔斯刚在旅馆打开行囊就接到了一份请柬，邀请他去拉
法耶特家参加一个晚会。他到达晚会现场时，将军对他热情的欢迎让他
喘不过气来。"我一进门，他就认出了我。他紧握我的双手说他一直等着
在法国见到我，他已经看过了美国的报纸，知道了我出发的消息。"

王宫、卢浮宫和杜勒里公园都处于巴黎 12 个区中的第一区，是最好
的王家地区。就像温德尔·霍姆斯在给他父母报告情况的信中写的那样，
王宫是巴黎奢华和辉煌的最中心。

而他自己则很"舒适地住在"了塞纳河对岸的第六区。这是一个完全不同的区，位于塞纳河左岸的拉丁区。那里有古老的索邦大学和法学院。同时那里也有医学院和几所大医院。因此是医学院学生聚集的地区。学生们住在高高的黑暗的旧房子里。这些旧房子簇拥在狭窄的街道两侧。街道没有铺街砖，中间是水沟，基本没有人行道。霍姆斯描写说留给行人有两种选择："如果他选择靠近墙根行走，他可能踩到某种动物或烂菜；如果他一直走中间，几乎可以肯定，他会被那些抢道的马溅一身烂泥。"这样拥挤的街区里还住着贩卖医学书籍的书贩、仪器制作人、医学艺术家、收集和制作天然或人工骨架的人。除此之外，还有那些世界最知名的教授和讲师，而他们对医学发展的贡献比世界其他任何地方的人都要大。

霍姆斯和他的伙伴，波士顿的小詹姆斯·杰克逊还有梅森·沃伦都在王子街找房子住下了。这是一条宽度仅够两辆马车通过的街道。霍姆斯秉性乐观，对此没有抱怨。

像霍姆斯或桑德逊他们一样，在 6 月底或 7 月初才到的人们从开始就心情不错，因为北欧夏季的白天长。他们得提醒自己，巴黎的位置和纽芬兰一样靠北，在晚上 10 点钟还能像白天一样出门是多么有意思呀！不过，他们到 12 月份就会发现，早晨 8 点钟时，天还一片漆黑，而下午 4 点钟，夜晚就又来临了。冬天也会有没完没了的雨雪、泥泞和雾，经常是大雾。人们都说巴黎冬天刺骨的寒冷要胜过伦敦。

查尔斯·萨姆纳是在 12 月份抵达的。他在索邦大学附近找了一间屋子，准备先学习法语。他没有料到，让他郁闷的是那阴冷透骨的天气，熊熊的炉火也不起什么作用。

他在日志中写道：

寒冷仍然无法忍受，尽管我想尽了办法，我的屋子还是让我寒冷难耐。今天为了逃避严寒，我比以往更早上床休息——此刻钟敲了半夜 12 点。陪伴我的是我的法语语法。

早晨，他尽可能贴近炉火坐着，把脖子缩到大衣里，"我的后背冻僵了，我的头发非常寒冷，我都不敢用手去碰"。

不过，生活从来没有这样让人愉快。在给老家朋友的信中萨姆纳写道："我在航行中的损失都已得到补偿——晕船的痛苦、时间、金钱等——我得到了数倍的补偿。"

他们真的在巴黎了！巴黎不再是在家里阅读的材料，也不再是海上谈论的话题了。他们来了——这几乎成了他们每天早晨醒来后的第一个念头。巴黎就在窗外、在门外，多数人都有一种出去走一走的冲动，当然，要看一看自己所处的方位。同时，他们也发现巴黎是一个让人想走一走的地方，去哪儿呢——就像这个法语词所说的 flaner（无目的闲逛），其实是一种生活方式。"在巴黎闲逛！"巴尔扎克写道，"这是一种多么让人高兴惬意的生活呀！闲逛是一种科学，是眼睛的盛宴。"

这些美国人在信件和日记中，兴高采烈地描述了在大街宽阔的人行道上、在"高贵"的栗子树下的林荫大道上散步，或到"魅力无限"的无尽小巷中去探险。1 英里不算什么，要饱眼福的话，一个人不知不觉就可以走上一天。有时，散步是为了磨去那挥之不去的思乡之情。这种思乡情绪会在人毫无防备之下袭来。有意思的是，当时流行的一首歌《家乡，可爱的家乡》就是出自一位在巴黎的美国人之手。约翰·霍华德·佩恩在歌中写道："在欢乐和宫殿中徜徉，我们心头萦绕着的却是家乡，尽管她没有如此的繁华。"

法国人对于距离的概念和美国人是不一样的，如果说一个地方就"几步远"，但它有可能让你走上几英里。一天结束，腿脚酸痛是常见的现象。波士顿（或纽约或费城）的好鞋底在这里以出人意料的速度磨薄。

如果走不动了，巴黎有著名的公共马车。这是高头大马拉的车，可以把你载到这个城市的各个地方，从上午 8 点到晚上 11 点都有。有些美国人找到了一个缓解思乡和忧郁的更好的方法："如果你情绪不佳，"约翰·桑德逊写道，"公共马车是能想出的最好的解药。"

> 不知是由于其在不平的道路上的颠簸还是什么其他原因，你总有一种禁不住要笑的感觉……我经常花六个苏只为体验公共马车带给人的这种喜剧性的感觉。随着马车轧过石块那剧烈的颠簸，互相看不见却相邻的乘客互相碰撞，让人血往上涌，浮想联翩。
>
> 加里格兰尼

不过，他们最常进行的还是散步。他们惊讶地发现，成千上万的巴黎人也喜欢散步，而且他们很友好。《加里格兰尼新巴黎指南》上说"各个阶层的人都彬彬有礼"看来是真的。"的确，"霍姆斯写道，"人们唯一遇到的难以相处的人往往是英国人。"

在 19 世纪 30 年代，这个城市的外国人中，美国人只占很小部分，可能还不到一千人。和在巴黎的英国人、德国人和意大利人的人数相比的话，只能算是凤毛麟角。

令这些美国人不安的是，他们发现法国人对美国的了解太少了，尽管后来阿列克西·德·托克维尔男爵写的《论美国的民主》一书给法国人补了不少有关美国知识的课。德·托克维尔用了九个月的时间游历了美国，用了一年多的时间在巴黎的一间阁楼上写出了一本研究美国的著作，这本书的洞察力和价值比得上任何一部已出版的美国研究著作。在书中他探讨了美国政治的性质、奴隶制的罪恶、美国人对金钱的喜爱，还有如何从最开始"美国文明的来源在国民教育准则中得到清楚的阐述"。这部著作的第一卷于1835年出版，第二卷则于1840年问世。

随着时间的慢慢流逝，这些美国人越来越清楚地看到巴黎是完完全全"法语的"。每一个标志都是法语的，钞票上是法语，听到的对话是法语，没什么人说英语。这一切他们都被告知过，但是被告知和亲身体验还是有很大区别的。

出于需要，他们也开始学习一些法语词汇——左边是 gauche，右边是 droite，服务员是 garçon，面包师是 boulanger；还有一些词像"正面"（façade）和"老鼠"（rat）在两种语言中是一样的。即使是最不敢开口的人也惊讶地发现，他们很自然地就说出了 bonjour（你好）、très bien（很好）和 merci（谢谢）等词，甚至会冒出整句的法语来——"Excusez – moi, je ne comprends pas."（对不起，我不明白。）

他们发现每一个名词都有性别——"手"是阴性，"脚"是阳性——得知道各个名词的性别。这对于初学者来说有点儿太难了，因为这些是不合逻辑又没有规律的。例如，为什么四季——春夏秋冬都是阳性呢？春天不能是阴性吗？书面和菜单上的词和它们的发音有着天壤之别。

不过，只要努力学习法语的话，就会发现法国人非常乐于助人。的确，这些美国人所遇到的每一个法国人态度都是那么和蔼，几乎没人嫌烦的。霍姆斯的朋友托马斯·阿博顿写道："问路时，他会领你到路口告诉你。"很快，这些美国人发现自己的行为也变得同样友好文明了。

不过，法国纨绔子弟们留的大胡子对他们没有一点儿吸引力，虽然巴黎人认为这很美。"你难道不讨厌那么多傻瓜留胡子吗?"约翰·桑德逊写道。胡子很让他反感，"人们喜欢女人，就因为她们脸上不长胡子。"桑德逊得出的结论是，如果一个人天生就傻的话，在巴黎他会比在世界其他的地方更傻，因为巴黎给他的傻气提供了机会。

到了 19 世纪 30 年代，长裤代替马裤成为时尚。浅棕色长裤、黑色紧身礼服、色彩鲜亮的西服背心、高帽、浅黄色或白色优质小羊皮手套、无带鞋或擦得锃亮的皮靴、马六甲手杖或腋下夹一把雨伞，这就是一个引领时尚的花花公子的典型装束。而时髦女郎的打扮是百褶长裙、蓬松有带套袖、大花帽子用长彩带系在下颏之下。

再早几年，也就是 1826 年，19 岁的亨利·朗费罗曾从巴黎给他在新英格兰的哥哥高兴地报告说，他是如何用紫红色大衣和亚麻马裤来"装饰"自己的。他还说在周末时如何戴上"光亮的法兰西拉绒小帽"。他的父亲知道这些之后，给他写信说："你应当记住你是美国人，你只是短时间在异国的一个游客，你应当穿着自己民族的服装。"不过，对于朗费罗来说，巴黎给了他一生都喜好穿着漂亮衣服的习惯，年轻的梅森·沃伦和托马斯·阿博顿也有着同样的爱好。

纳撒尼尔·威利斯欣喜地发现，在男子服饰店只有漂亮的年轻女店员招呼顾客。

　　无论什么商品——帽子、靴子、画册、图书、珠宝等所有男士购买的商品，都由漂亮时髦的姑娘为你服务。她们坐在柜台后的缎面长椅上，你一进店，她们就鞠躬，带着优雅和谦恭的微笑起身为你服务。

约翰·桑德逊宣称，他差一点儿就"栽"到了一个漂亮的售货员手里，花冤枉钱。她为他"试戴一副他本来不想买的手套时，一个一个的手指都抚摸了个遍"。

令人难以置信的是，不像美国，巴黎的街头上没有醉鬼游荡。男士们也不嚼烟草或是随地吐痰，没有人破坏公共财物。公园的长椅除了人们久坐留下的自然磨损以外，没有别的痕迹；公共公园中的白玉雕像保存得就像在博物馆里那样的清洁。

同样让他们惊讶的是，狗随处可见，法国人对它们溺爱有加。好像没有一个时髦女郎不带着一条狗，小狗的步伐通常像主人一样优雅。更加令人吃惊的是，巴黎的女士走路和男人一样快。

特别诱人的是，到处都是玻璃——玻璃门、商店和餐馆前厅的大厚玻璃窗。还有镜子，镜子无处不在，大大小小的镜子，旅馆前厅镶框的大镜子、餐厅饭店那整面墙的镜子。这些镜子反射着光亮，堪比黄昏后的汽灯和蜡烛的亮度，把人照得多了好几个影像。

法国人似乎每餐都要在公共的地方用，即使是早餐也如此。每当用餐时，他们也表现得没有一点儿匆忙或是没耐心。好像他们除了坐着闲谈和品尝那点对美国人来说少得荒唐的食物以外，就没有什么可干的。要不他们就慢慢地品葡萄酒。

"法国人吃饭是为了满足口味，我们是为了满足肚子。"约翰·桑德逊观察说，"我们消灭食物，他们才是在吃。"

詹姆斯·库柏写道，美国国内普遍的一个错误观念是，法国的食品都是特别应季的。实际上不是这样。法国烹调的精髓是"把各种口味和原料混合起来时，要像在生产……制作最淡雅最可口的食品"。法国大餐的魅力，就像法国生活中的主流一样，讲究"效果"。

这儿的正餐不会匆忙，葡萄酒不会醉人也不会让人头脑发热。人所显示的精神和身体状态是最符合文明和社交规范的。我不会怀疑，法国人非常适宜做伙伴的一个主要原因，在很大程度上应归功于他们在饭桌上令人钦佩的气质。一个民族的性格可以从其厨房体现出来。烤牛肉、咸肉、布丁、啤酒和猪肉造就的人，和用玛哥斯红葡萄酒、羊排、清汤和蛋奶酥造就的人是不会一样的。单酥皮馅饼这个词就让人浮想联翩！

温德尔·霍姆斯在波士顿的另一个朋友拉尔夫·沃尔多·爱默生，于1933年来到了巴黎，是和霍姆斯同一年来的。不过，他是那年夏天稍微晚些时候取道意大利来的。爱默生已经决定不做一名福音神父了，在30岁那年他要决定今生要干什么。他远远没有被巴黎所吸引。在见识了意大利的古迹之后，他觉得巴黎是"又一个现代的纽约"。不过，他很快就悔悟了。几天的工夫，他就把巴黎称作"最友好的城市"了。在风和日丽的日子里，走在林荫大道上，他被人文景观的魅力以及各种各样人们谋生的创造力所折服。

一个卖肥皂的小贩身上缠绕着活蛇；另一个人把要赠予人们的书摊在地上；还有六七个人拄着手杖走来走去在出售手杖；这边，一个擦鞋匠在对着每一只路过的皮鞋挥舞着鞋刷；那边，一个人坐在那里擦洗着银调羹。

有一个人在用剪子给人剪纸影："很高兴为您服务，先生。"还有一桌子的纸片人偶……有手摇风琴……还有卖花小贩；还有鸟店，其中有二十只鹦鹉、四只天鹅、鹰和夜莺……

和这些形成完全对比的是那些乞丐——可怜的缺胳膊少腿的人；老态龙钟的驼背老太太，她们主要用眼神来乞讨；唱着悲伤的意大利歌曲的破衣烂衫的少年。纳撒尼尔·威利斯一直看着一个坐在那儿拉小提琴的妇女。她膝上抱着一个睡觉的孩子，那个孩子那么苍白、那么安静。威利斯怀疑那是不是一个蜡人。

亨利·朗费罗于1836年又返回巴黎，故地重游。他就像喜爱这个城市其他的方面一样，还是那么喜爱那里的人群。而一个国内来的陪着他一同走路的朋友，对来来往往的人流没有一点儿兴趣，只是一直在谈论命运和人性的堕落。这让朗费罗难以容忍。

星期天街上拥来了大群的人，对许多美国人来说还不习惯，因为这些人似乎一丁点儿也不想遵守安息日的规矩。波士顿人对此最难以接受。据说波士顿在星期天对"一切的浮躁都没有耐心"。在巴黎，星期天对于每个人来说都意味着享乐的一天，而且人们都对这种享乐心安理得，就像古话说的那样"享受生活"。

教堂的钟声响了，不过跟平时早晨的钟声没多大区别——大教堂的钟声和其他声音一起混迹在这个城市中。多数教堂从很早开始就排满了做礼拜的人们。不过，商店、咖啡厅、餐馆都和平时一样做着生意，剧院剧场也都开着，大型的公共公园里拥挤着几十万人，比某些美国人在一个地方见到的所有人加起来还要多。卢浮宫博物馆只在星期天才对公众开放。让这些美国人惊讶的是，星期天在博物馆里云集的人群各行各业的都有，好像人人都喜爱艺术。

星期天几乎每一个公园都有优雅的圆形舞池，城市的各个地方都有公共舞厅。英国作家劳伦斯·斯特恩曾在描写巴黎生活时说，很高兴全国人民一周一次地忘记了平日的烦恼。约翰·桑德逊租了一辆篷车，带着一个从新奥尔良来的女士去了六七个不同的公共舞厅。他们发现每个人都很尽兴。他想这些巴黎人的生活态度非常正确。

也许对于这些美国人来说，从他们第一周到巴黎时就不适应的一件事是，他们意识到了自己是外国人、陌生人，就像法语词所说的——les éstrangers。这是他们以前从来没有的身份。

纳撒尼尔·威利斯写道："发现自己是外国人是一种很奇怪的感觉。"

詹姆斯·库柏是一个步行能力很强的人。以前，他曾从纽约一路步行回到他的家乡维斯彻斯特县，大约有25英里的距离。1826年，库柏刚在巴黎安顿下来，就决定绕这个城市步行一整圈。和他一起步行的是一个老朋友，退休的美国海军上校，他的名字令人难忘，叫做美兰斯顿·T. 沃尔西。库柏曾在他手下的海军中服役。上校是一个心肠善良、脾气急躁的人，说话的嗓门很大。他像许多美国人一样，想让别人听明白他那磕磕巴巴的法语时，就会把声音提得更高。库柏忍俊不禁地写道："他会把杜勒里（巴黎旧王宫）叫作'土里瑞'，把植物园称作'植树园'，把断头台说成'割礼亭'，而把餐厅服务员喊做'加森'。"

他们以克利希街角的旧收费处城墙为起点，上午11点出发，一直快步走，中午时已经走了四英里。

上校开始时精力很旺盛，走了近两个小时之后，我有点儿跟不上他的脚步了，不过差距不大。他觉得这是因为他军衔较高的缘故……到了宝座便门那儿，为了从奥斯特利茨大桥过塞纳河，我们不得不离开城墙一些。这时我已经和他并排了。我建议为了圆满完成我们的计划，我们应顺着河走到城墙边去。不过，他反对这个提议，他不想用球面三角来给自己找麻烦，现在只想直航。另外，他还发现他的一只靴子卡脚。

3 点钟的时候，他们回到了出发点，用时大约四个多小时，完成了绕城整一周，约 18 英里。然后，他们为了找出租马车，又不得不走了两英里。

为了第一次看到巴黎的全貌，库柏爬上了蒙马特高地的山顶。这是巴黎北面的一座高山，周围环绕着如画的村庄和风车。这是最佳的"瞭望台"。他特意选了一个多云的日子，因为这时候的光线最适宜观察了。

我们很幸运，站在天际，云朵笼罩，不时有雾气遮光。阳光明媚可能会适宜观看特定的角色，让人心情舒畅。而内行人却喜爱在云遮雾罩中看风景，云雾让景色更加美妙……我喜欢在多云的光线下欣赏古迹，历史遗迹笼罩在灰色的云团下，随云朵的飘过一个个露出面目，就像岁月在回忆着过去模糊不清的历史……

从蒙马特高地可以看到整个城市的全貌。

建筑的穹顶从雾气中冒出，就像舞动的气球；飘荡的雾气不时在各处洒下一缕缕银光；巨大的房顶标示着宫殿、教堂和剧院的所在；圆柱的顶部，小教堂的十字架，还有亭子顶部的小金字塔似乎在争相从平坦的大厦表面冒出头来。在这儿俯瞰，一个小时就可以获得对这些主要建筑的清晰概念，而在大街上要获得这样的概念则要花一年多的时间。

几英里外，巴黎圣母院大教堂的顶部高高耸立。在其周围远远低于它的建筑群的映衬下，它就像矗立在了一片群山上的主峰。

在一个晴朗的天气里，再一次在同一地点看风景时，库柏发现那种奇妙的感觉消失了。他喜爱的所有细节，那种"特别"的历史感变成了一种让人"眼花缭乱"的闪光点。

查尔斯·萨姆纳则选择爬巴黎圣母院的400级台阶，到大教堂顶上去观看这座在他脚下的巨大城市——巴黎。这是一座拥有近80万人口的城市，是纽约的四倍大；巴黎，这里是法兰西的首都，整个欧洲的文化中心。而他自己国家的首都，他是几年前去过的。那是一个"精心设计"的城市，但人口很少（只有2.5万人），而且"街道两边没有房屋来装点，也没有商业来为其保持活力"。那个城市没有自然成长的历史，这一点让他烦恼。他写道："它只是从国会的温床之下生长出来的。"

华盛顿的"精心设计"是出自一个法国人之手，是生于巴黎的工程师和建筑师皮埃尔·查理·朗方。那座萨姆纳认为的"配得上……世界上最伟大共和国的建筑"——新国会大厦，刚刚于1829年落成，是美国建筑师查尔斯·巴尔芬奇的作品。这位建筑师在1787年曾来过巴黎，和美国派驻法兰西的使节托马斯·杰斐逊一起游览了这个城市的标志性建筑。

从巴黎圣母院高处看下的景观，和这座古老教堂的各个方面一样，最近引起了世人史无前例的兴趣。这都是由于年轻的维克多·雨果的一部新小说《巴黎圣母院》。小说中的故事就发生在15世纪的巴黎圣母院。这是雨果的第一部小说，一下子就引起了轰动。第一版英文版在1833年出现，标题是《巴黎圣母院的驼背》。这是一个雨果不喜欢的标题，但是小说却以这个标题出了名。

雨果喜欢哥特式建筑，喜欢其高耸向上的风格、尖尖的屋顶和尖塔及其带尖的拱门，喜欢那光与影的戏剧性效果、彩色玻璃给人的神圣感，还有那奇形怪状的承溜口。他希望他的小说能够唤起人们对历史遗迹的保护意识。在引言中，雨果写道："如果可能的话，我们必须激励这个国家来热爱民族的建筑。作者在此声明，这也是这部书的一个主要目的。"他特别把巴黎圣母院，以及所有哥特式建筑，都看作是在印刷文字没有出现之前的历史文献。

雨果特别喜欢从塔顶看下去的景色，他想象着15世纪时的这里是什么样子。小说中有一章特别吸引人的描写就是写的这里的景色。没人知道，后来有多少人是看了小说之后受到了激励，要爬上塔顶，亲眼看看、亲身体验一下这里的风景。

巴黎圣母院的基石，是在1163年由亚历山大三世教皇在塞纳河上西岱岛东头放下的。西岱岛在历史上正是巴黎的中心，自从公元前52年在罗马的统治下诞生了这座城市起就是如此。这个岛叫做西岱，意思是"城区"，因为在建设西岱岛时，西岱就是巴黎的全部。人们可以从雨果的小说中读到，塞纳河岸就是城市的第一代城墙，塞纳河就是它的护城河。

在岛的另一端，也就是西端，尖尖的形状就像是一条船的船头，要沿塞纳河顺流而下一样。那里有宽阔的大桥，也叫新桥。这座桥把河分成了两个区域。实际上，这座桥是巴黎最老也最大的桥。桥建于1604年，使用了沉重的石料建造。对于巴黎人来说，这是他们最喜爱的桥，也是一个主要的散步场所。对于美国人来说，这里有一种浪漫的气氛，还是一个风景无与伦比的地方。在新桥上，他们感觉到自己真正地来到了巴黎。约翰·桑德逊写道，就是在踏上这座大桥的时候，他才真正开始了呼吸。"一眼望去，大气一下子敞亮了起来，景致突然间打开了，高贵的河流展现了它那20座桥梁、堤岸、塔楼，有的像高塔，有的似城堡。"

爱玛·薇拉德给她远在国内特洛伊城的学生写信描述道："所有法国国王中最威武智慧、心地善良的"亨利四世骑着马的铜像——纳瓦拉的亨利，位于西岱岛的一端，巨大的铜像俯瞰着大桥的中央。她注意到从桥头看到了一排书亭沿着河边排列，还有塞纳河的大游艇上的清洗水管晃来晃去。她描写了河滨那"令人愉快的街道"，还有他们在那里快活地散步的情形。不过，她写道，河流本身和哈德孙河相比的话会令人失望的。她又加了一句与校长的身份很相适应的话："你可以让它就其本身的条件发挥出最大的潜能。"

新桥下游一点儿，挨着的桥是"艺术桥"。这是薇拉德的最爱，也是许多人的最爱。这座桥是巴黎的第一个铸铁框架建筑。宽宽的木质桥面只是为了让行人感到方便和愉快。詹姆斯·库柏和她一起漫步在塞纳河的艺术桥上，他对她说整个欧洲没有比这再好的景色了。

薇拉德来巴黎的目的是"观察和学习"。她在给国内学生的信中，建议学生们用想象陪伴着她游巴黎，到"巴黎的核心去"。她没有选择艺术桥或王家宫殿的商店，而是选择了卢浮宫，没几个美国人会反对这一选择。就像鲁昂的大教堂一样，卢浮宫几乎是巴黎标志的不二选择，标志着"新大陆"和"旧大陆"的巨大差异。

这是世界上最大、最富有、最有名的艺术博物馆，建立在原来的王宫里，其历史悠久且复杂。这座宫殿的大部分是 16 世纪为卡特琳娜·德·美第奇建造的。二楼上著名的大画廊是世界上最长的屋子，有 1330 英尺，也就是超过 0.25 英里长。用小木块拼成的棋盘格地板，蜡面油光锃亮，像桌子面一样。收集的名画有 1224 幅，只有经典之作才能在这里有一席之地。卢浮宫于 1793 年由大革命时期的政府免费对外开放。同年，路易十六国王和他的王后玛丽·安托瓦内特被送上了断头台。巴黎的市民们在星期天可以参观卢浮宫。而让美国人惊讶的是，"外国人"是每天都可以接待的，只要出示护照就可以。

查尔斯·萨姆纳写道，他进入卢浮宫，心里一阵"悸动"。踏上那辉煌的大理石台阶，他兴奋地想，这样的地方已经不是专门给王公贵族专用的了。这里的长廊太多太长了，他光走路就花了 4 个小时。

"霍姆斯和我今天上午在卢浮宫待了 3 个小时，而不是一个小时，这都是因为这些大师的魅力。"托马斯·阿博顿兴高采烈地写道，"啊，鲁本斯，涂抹鲜亮肌肤和玉口朱唇之王；啊，伦勃朗，运用高光与阴影的阴沉君主……提香，使用奢华色彩描绘高贵眼睛温馨生活之神……啊，韦罗内塞……你们给了我一天的快乐，我什么时候才能报答你们呢？"

一天，阿博顿独自一人返回了卢浮宫，主要来欣赏罗马的雕塑。他拿着展品目录来到展厅。整个雕塑展厅除他之外，只有一个孤零零的学艺术的学生，拿着画笔和一大块面包。阿博顿可以慢慢研究展品。卢浮宫是他看不够的地方。他第四天来到卢浮宫的时候，忽然发现自己陶醉于拉斐尔笔下一个男孩的画像。于是，第二天他拿着画架、油彩和画笔，要试着临摹。

爱玛·薇拉德喜欢看美术长廊里许多年轻女士忙碌着临摹画作的情形。法国没有什么障碍拒妇女于艺术之门之外。她兴奋地告诉她的学生们，巴黎有些女艺术家的作品"享有很高的声望，标价很高"。

不过，画布上和雕塑中明显暴露女性身体的作品，让薇拉德夫人感到尴尬。她在讲述附近充满魅力的杜勒里公园时，完全略去了里面的雕塑。这些雕塑，用库柏的话来说"基本是一丝不挂的"。

> 不，亲爱的姑娘们，我不会带你们看那些雕塑的。如果你们的母亲在这儿的话，我会把你们留在树荫下的长椅上，带她们走过人行道，那样她们就会回来让你们赶快返回美国，因为美国没有让羞涩的眼睛尴尬、让敏感的处女脸红的东西。

如果她意识到了那位"最威武"的国王亨利四世好色的一面的话，她肯定就不会对他的塑像大加赞美了。

法国人觉得像薇拉德夫人这样的美国游客过于拘谨，甚至有些荒唐。而一些美国人也对类似她这样的反应感到尴尬。一天，库柏在走过杜勒里公园时，看到有一男二女的 3 个美国同胞在走近一座雕像时笑着跑了起来，他们"跑着笑着，还捂着脸，让大家全都注意到了是什么让这几个美国人脸红"。

约翰·桑德逊和薇拉德夫人一样，也是一名敬业的教师。不过，他认为，杜勒里公园里那些刻画古典神话的雕塑是一流的艺术作品，其

"无声的熏陶"提高了公众的艺术品位，和对生活中"雅致"的鉴赏能力。桑德逊喜欢巴黎所有的公园："要不是有这些公园的话，谁还乐意居住在这古旧的巴黎呢？"

杜勒里公园是17世纪的园林建筑师安德烈·勒诺特设计的，占地67英亩，周围围着铁栅栏。公园中的每样东西——小路、雕塑、池子、喷泉、花圃、一排排的树木——都是整齐对称的。一条宽阔平坦的中央大道，也是人们散步的主要大街，贯穿公园。在大道的两端各有一个大池塘——圆池和八角池。在公园以东的圆周线外，坐落着雄伟的杜勒里宫。那曾是路易·菲利普国王和玛丽·阿玫丽王后及其大家庭的居所。从16世纪卡特琳娜·德·美第奇时代起，钟塔中央的圆顶就俯瞰着杜勒里公园。

在公园的北边，新开辟的里沃利大道两旁是一排排漂亮的住宅。从公园北边一线的高地上，可以看到美丽的旺多姆广场巨大的铜柱。那是用拿破仑在奥斯特利茨战役中缴获的大炮熔化后铸造而成的。在公园的西面，过了八角池，就是雄伟的路易十五广场，即协和广场。断头台一度就设在那个地方。从香榭丽舍的美景一路看下去，就看到了还没有完工的巨大的凯旋门。

在公园的南面，有一片高地，散步的人们可以对塞纳河上的景色一览无余。在这片高地上，托马斯·杰斐逊曾连续数日观望着河对面萨尔姆圆顶宾馆的建设。看着那新古典主义的优雅，他感到了"震撼"，以至于后来他把自己所居住的蒙蒂塞洛大厦重建成了类似的样子。

《加里格兰尼音讯报》上说，杜勒里公园是"巴黎最时尚的散步场所"，下午的晚些时候可以看到各种表演，有时甚至会看到胖胖的"平民国王"路易·菲利普出来散步。他一身生前银行家的打扮，高高的帽子，黑色礼服大衣，拿一把绿色雨伞。

对于这儿的常客来说，无论是路过，还是在树荫下的长凳或租来的椅子上舒服地休息，孩子们总是表演中最受喜爱的部分。他们欢笑着跑来跑去，然后说着令美国人惊讶的法语走远了。那些穿长裙的、纯真的瑞士女士看着他们。"自从来到巴黎后，我多次去那里，没有什么能比看到孩子们更让我心动了。"纳撒尼尔·威利斯在《纽约镜报》上向读者报道说，"孩子们比天底下任何其他的事情都要让我心动。"看着孩子们，人们完全忘记了拿破仑及其战争。

在当时的巴黎，人们可以不断地学到在一些简简单单的活动中享受生活。比如，在公园里散步，看着孩子们玩耍，或只是坐下来看着来来往往的人群。人们学会了放松下来品味生活，就像慢慢品味一顿美食或一杯葡萄酒一样。法国人把这叫做"生活的韵律"。

约翰·桑德逊看着公园宽阔的大道上走着的时髦女郎，说："我每次来到这儿，都得默念有关诱惑的祈祷词……"

桑德逊一直在想，国内的城市如果能有这样美丽的公共场所，城市的生活就会大大改善。然而，美国国内城市的价值几乎完全是按上面有多少建筑物来计算的。他曾听费城人计算说，独立广场每一英尺价值1000美元，"包括广场的每一英寸"。美国人醉心于建设新铁路之类的东西。他们衡量东西是否有价值要看其实际用途。他写道："把一切功利化让计算经常出错。"

让我们拥有公园吧，还有其他的公共场所，给我们可以会见朋友、需要时在世人面前显示荣耀的空间吧。你见过有人不喜欢公园的吗？

或迟或早，这些新来的美国人都会越过塞纳河，走遍拉丁区那些狭窄街道的迷宫，或去看索邦里面的大院、卢森堡宫及其华丽的公园，或去植物园猎奇，包括看著名的长颈鹿扎哈法。它是法国唯一的一头长颈鹿，站起来有 11.5 英尺高，如果伸长脖子的话会更高。

在一个接着一个的小书店中，可以翻阅无数的书，而且书价很低，即使是罕见版本的图书价钱也不贵，这一切让美国人吃惊。桑德逊兴高采烈地报道："学生可以以 6 个苏一卷的价格，从街上摆了有四分之一英里长的书海中挑选图书。我刚才只花了 10 个苏就买了小牛皮封面、八开本的卢梭著作。"

在这儿，拉丁区是穷人聚集区。和塞纳河右岸相比，这里相差甚远，就像是"别人的城市"。

再往西，同样是河的左岸，是时尚的日尔曼郊道，属于第七区。库柏和他的家人就曾经住在这片安静的地方。再向前走，矗立着荣军院。这是一座建于路易十四时代的军营和军队医院，金色圆顶，雄伟壮观。

返回时，可以沿河边朝着东北方向，走过拉雪兹神父公墓。人们走在垂柳和大约五万多座墓碑中间，其间有法国名人的大理石坟墓。

对于那些对死人有兴趣的人来说，还有一个人们常去的地方，这个地方在《加里格兰尼音讯报》上没有提及。在西岱岛的巴黎停尸房里，定期摆放着从塞纳河中打捞上来的无名尸体供人认领。大部分的尸体是由一个摆放在下游圣克卢河道中、专门打捞尸体的大网打捞上来的。其中有些是谋杀案的受害者，不过多数还是自杀者。这些尸体都被剥去了衣服，四仰八叉地躺在黑色大理石的桌子上，等着人来认领。如果没人认领，三天之后就会以每个 10 法郎的价格卖给医生。许多人来看这些尸体，桑德逊提到："你去花市的路上可以停下来去看看，停尸房就在花市的对过。"

这些美国人随着熙熙攘攘的巴黎人流，走过香榭丽舍大道，从协和广场缓缓上行，大约走两英里，来到巨大的拿破仑凯旋门的所在。这座凯旋门于1806年就开始建造了，终于要接近尾声了。在晴朗的周日，会有三四千辆优雅的马车排队走过这条大街，来展示漂亮的骏马和最新的上层社会时尚。

在这条路的一个拐角处，也就是贝里大街，有一处石头建筑，这里曾经是杰斐逊的住所。再有几英里，出城之后，在帕西村的一块高地上，矗立着曾经是本杰明·富兰克林那华丽的房产。再向前走不到1英里，是奥特伊，有约翰·亚当斯和阿比吉尔·亚当斯住过的房子。

对于美国人来说，这些能让他们想起自己国家的历史遗迹，特别令人振奋。因为他们整天都沉浸在无穷的法国历史之中。在帕西村还能看见本杰明·富兰克林在屋顶上安装的避雷针。这些美国人得知了这是整个法国的第一个避雷针之后，都感到很兴奋。

维克多·雨果在他的《巴黎圣母院》中描写道，从大教堂的顶上放眼望去，"没有什么不属于建筑艺术"。同样，这些美国人从他们走过的无数英里的土地上，从他们看到的一切中，开始看到并欣赏巴黎那不平凡的魅力。巴黎的迷人之处来自于光线，来自于色彩，来自于建筑。

他们没有见过的不仅仅是这等规模，包含这等变迁、有着这么长历史的城市。他们也从未体验过，在不同的光照下会呈现出如此不同的面貌和气氛的城市。随着一年季节的变化、一日时光的不同，甚至仅仅是阳光的隐现，塞纳河就会呈现出十几种色彩，有时是泥土的褐色或淡淡的绿色，有时是银光闪闪，有时是深邃靛青。这样的变化让人赞叹称奇。在冬天阴沉的日子里，沙色的桥梁与宫殿看上去和顶上的天空一样呈铅灰色，使人倍感压抑；一旦阳光灿烂，即便还是冬天，同样的桥梁和宫殿会金光熠熠，就像是从内部发出的光彩一样，令人全身心感到温暖。

当然，大多数的美国人和他们的同胞库柏不一样，他们还是喜爱沐浴在阳光中的巴黎。最好的时间是下午，此时的公园美丽尽现。在强烈耀眼的阳光下，宫殿和钟楼的阴影清晰可见，金色的穹顶和烟囱顶盖熠熠生辉。特别引人瞩目的是，无论是雨果喜欢的哥特式建筑，还是巴洛克建筑、古典建筑，光与影对建筑美感的贡献并不亚于砖石的贡献。

纳撒尼尔·威利斯第一周刚在蒙蒙细雨中走遍了这个城市。他说，太阳出来后，把他以前对这个城市的印象完全推翻了。于是，他重新出发，重新游览了这个城市。他写道："对我来说，这完全成了另外一座新城市。我从来没有如此强烈地意识到阳光的美妙。说到建筑，没有阳光，它什么也不是。"

二

建筑艺术和及室内外各种艺术的辉煌，以及法国人对艺术与生活意义和快乐密不可分的信条，比巴黎任何其他的东西都让这些美国人印象深刻。他们许多人都觉得与之相比，他们的国家在这方面差距巨大。他们心底的某种意识被唤醒了。他们中的大多数人反复在各种场合提到，他们再也不会用老眼光来看待生活了。

查尔斯·萨姆纳感觉自己被对艺术的无知"禁锢、囚禁、限制"着。再一次参观卢浮宫时，他全神贯注地研究拉斐尔和达·芬奇的作品，感觉到了艺术感觉觉醒的震撼，"它们像充满乐感的音符一样冲击着我无知的心灵"。

约翰·桑德逊也惊讶地发现，他就像热爱大自然一样爱上了艺术。他写道："在我的祖国，还没有什么能像这些伟大的艺术品一样来展现给世人。艺术的熏陶是我们在这些古老国家能得到的最大益处。"

根据他们的信件和日记判断，他们对于艺术的激情从未减弱。尤其是表演艺术超乎了美国人的想象，他们从未见过如此精湛的艺术。他们对歌剧和话剧总也看不够，有人几乎每天晚上都去看。

拉尔夫·沃尔多·爱默生完全排除了开始时对巴黎的疑虑。他写道："这儿的晚上对于陌生人来说从来不显沉重。"空气中充满了兴奋的气息，"有20多家剧院灯火通明，回响着美妙的音乐……更别说那些音乐会了……有无数的表演。剧院是法国人的最爱，他们戏剧表演的卓越和品味无人能及。"

有两所歌剧院都装修华丽，空间宽敞：在意大利人广场有意大利剧院，上演意大利歌剧；还有勒坡勒蒂埃厅，是现在巴黎歌剧院的前身，当时曾称做大歌剧院，以其芭蕾表演出名。

爱玛·薇拉德穿戴完美，戴着无边帽，由儿子陪伴来到意大利歌剧院看戏剧《奥赛罗》。她尤其喜欢他们包厢的位置。她坦率地说，与其说是因为要看清舞台，还不如说是要显示"上流社会"的做派。她后来描述了雕刻细腻、装饰富丽的剧院。深红色的窗帘，发出华贵光芒的吊灯，还有音乐，她非常喜欢。不过，观众们更让她感兴趣。她有先见之明地戴了一副"效果极好的眼镜"，观察着观众们的每一个细节、每一个姿态。

我以前从未见过那么多穿着高贵的女士；不过衣服并不是我见过的新款式，衣料要更加完美，做工细致，穿着合体。她们的神态也和美国国内处于同样处境中的女士们不同，她们好像不是在为自己活着，而是为别人活着。没人看上去困倦。绅士们总是注意是否有女士掉了手套或扇子，女士们也总忘不了报以恰到好处的点头和微笑来表达谢意。

薇拉德夫人完全同意法国人把时尚本身也看作艺术的观点。"我们可以听取法国妇女在衣着方面的宝贵意见，从而做出许多改进。无论如何，衣着对于妇女来说不是小事"。

法国妇女对于穿衣和外表打扮的眼光好得令人难以相信，就像一位音乐家的耳朵可以敏感到从普通人觉得完全和谐的音乐中辨别出不和谐的音符一样。

查尔斯·萨姆纳虽然说自己的音乐知识并不比绘画的知识多多少，但还是特意去欣赏了莫扎特的《唐·乔瓦尼》。其堂·奥塔维奥的角色是由意大利首席男高音乔瓦尼·巴蒂斯塔·鲁比尼演唱的。不过，萨姆纳惊讶地发现，最吸引他的是所有表演者们"如同一人的配合"。他从来没有听过这样的音乐，从没体验过听音乐会流泪的感觉。

巴黎歌剧院精美的布景和服装在欧洲无人能及，观众的风光也不比意大利歌剧院差。令人眩目的玛丽·塔里亚尼被认为是世界上最伟大的舞蹈演员，"全巴黎"都来看她的表演，勒坡勒蒂埃厅的 1300 个座位场场爆满。"你看过塔里亚尼吗？"经常是人们问到巴黎的外国人的第一个问题。

她的父亲菲利普·塔里亚尼是意大利著名的芭蕾舞大师。玛丽从小就开始了芭蕾舞训练，23 岁时在巴黎歌剧院开始首演。她满头黑发，有一双大大的明亮的黑眼睛，皮肤特别白皙，四肢修长。纳撒尼尔·威利斯等人看她表演时，她已经二十七八岁了，不过看起来要更年轻。她是最先一批用脚尖跳舞的演员，身着紧身衣、短纱裙，这是芭蕾舞的经典装束。关于她的美丽和艺术功力传得神乎其神，第一次去看她表演的人不禁想到也许他们会失望。

纳撒尼尔·威利斯第一次看的就是她在《上帝与舞女》一剧中扮演舞女的表演。就是这个剧让她一举成名的。看完表演后，威利斯写道："她的动作无法用语言来描述，她就像一缕轻烟或一片羽毛一样在你的眼前飘来飘去，好像很难落到地面上。"

> 她的身材不高，但圆润完美至极，全身没有一点儿赘肉，没有一个角度不透出完美无瑕……她的脸蛋说不上十分漂亮，但极其引人瞩目，一半是迷人，一半透出少女的羞涩甜蜜，就像初涉上层社会社交场合的少女一样，充满了羞怯和不加修饰的风韵。

约翰·桑德逊看着她的表演感到了十分的愉悦。他从没见过什么可以和这样的舞蹈相比的。"天呢！我的国家太缺乏这种优美的作品了。我们在许多事情上还处于幼年时期，而在舞蹈上，可以说还没有出生。"

纳撒尼尔·威利斯想的是，观众的反应会在多大程度上提高舞台上表演的质量。塔里亚尼的表演是艺术的成果，她作为一个艺术家赢得了人们的欢呼。她在最精彩的时刻所得到的"满堂的叫彩声",是来自于"观众的心底,而这对于塔里亚尼来说既富于教育意义又是最高的奖赏"。他想到在美国国内的剧院中情景则大相径庭,"美国不会有高层次的戏剧,现在只有身体的超极限扭动才能赢得掌声,而表演中的灵光和天才却得不到人们的赏识"。

威利斯对于法国戏剧最欣赏的是,演员们看上去不是在表演,也不是在饰演角色。他喜欢他们的自然,面部表情的不加"刻意"修饰。"他们一走上舞台,没有一点儿做作,所饰演的角色就自然而然地出现了。"

温德尔·霍姆斯和他学医的同学们虽然有学业的压力,但还是观看了歌剧和话剧,甚至连最用功的学生小詹姆斯·杰克逊也去了。他告诉他父亲,这样"放纵"一下自己,对自己的学业和健康都有益处。他知道父亲自己就热爱音乐。

> 的确,在歌剧院和医院一样,我都渴望您在我身旁,因为我知道在这两个地方您会有和我一样的感受——在美国我不知道什么是音乐,我向您保证,在这里我不会再错过了解音乐的机会了……

霍姆斯和杰克逊也像别人一样每周按时给父母写信,有时还互相比对笔记。霍姆斯在一封信的开头写道:"詹姆斯·杰克逊刚来到我的房间写家信,并提醒我赶快写好一起寄走。现在杰克逊伏在我的书桌上,而我则在小桌上。我们都在奋笔疾书,我们不想让这一天白白度过,而不留下我们每周的印记。"

在巴黎的众多剧院中，王宫附近的法兰西剧院最为出名，也最为热闹。这主要是因为有玛尔斯小姐的缘故。当时，玛尔斯小姐在法国戏剧界的地位，就和塔里亚尼在舞蹈界的地位一样。法兰西剧院里上演法国的经典作品——有高乃依、拉辛和莫里哀的戏剧，演出高雅严谨。对于要学法语的美国人来说，经常是拿一个剧本来跟上剧中的台词。霍姆斯给他的父母解释道，这样的戏剧对于外国知识分子来说是不可缺少的。他们既可以从中学习法国的做派，又是语言学习的"最好标准"。考虑到父母对这些事情的态度，他又写道："没必要撕掉信中最后有关戏剧的部分，戏剧中的社会要高级得多，它们一定会存在的，而且是人民的福祉。"

玛尔斯小姐的真名是安妮·弗朗索娃丝·布苔，在法国的舞台上活跃近30年无人能敌。她主要表演莫里哀的作品，她的发音被认为是经典法语的最好模板。

桑德逊在排了两个多小时的队才买到一张戏票以后，写道："没看过玛尔斯小姐的表演，莫里哀也对自己的才华没有明确的概念。"查尔斯·萨姆纳看了莫里哀的《女学究》之后说："她的声音像银铃，眼睛似宝石。"他知道，有生之年他将永远也不会忘记那个夜晚了。

除剧院以外，还有更多的娱乐活动。"人行道上有成千上万兴高采烈的人们。"托马斯·阿博顿写道。阿博顿没有医学学业要完成，基本上不用为花钱发愁。他的父亲是波士顿的商人、银行家、纺织厂老板，很富有。他父亲曾对他说，没什么理由可以不让自己过得"舒服些"。

阿博顿喜爱巴黎的饭店和餐馆，特别是天黑之后，这些场所的灯光"亮如白昼"的时候。他特别去了巴黎几处最好的饭店，包括以牡蛎闻名的冈卡尔之岩餐厅，还有位于意大利人林荫大道的托托尼饭店。在夏日的夜晚，看完歌剧之后，上层社会的人们蜂拥而至去"吃冰"。

新到巴黎的人从加里格兰尼的指南上读到："巴黎到处是餐馆，特别是主要的街道上。"

> 没有亲眼所见的话，不可能想象到它们的数量、种类和雅致，没有其他城市可以与之相比，它们不仅独特，而且各方面都让人感到方便和有趣。

最有名的饭店聚集区是王宫附近。那里的现代化饭店在 18 世纪就出现了。福爱饭店是巴黎最古老的，也是最好的一个饭店。佩里戈尔、考拉匣和维利饭店都在王宫附近。据说在维利饭店消费一次的费用，足以让人在外省舒服地过上一个月。桑德逊在维利饭店用餐之后，看到其他美国人费力地理解着菜单上各种菜名，写出了给同胞的建议："唉，我可怜的土气十足的同胞呀！在这种情况下最好是叫过来服务员，把一切都交给他，然后就像好孩子一样，端上来什么吃什么。"

千柱饭店灯火通明，里面的镜子数量比任何饭店都多，光线就比周围的饭店明亮了许多；雅致的普罗旺斯三兄弟餐厅是霍姆斯、杰克逊、沃伦，还有其他医学院的学生经常在星期日聚会的地方。除了丰盛的食物和酒水外，他们谈话的内容也非常丰富。霍姆斯是他们中最能说的。他说交谈有助于人产生和完善思想。

维福尔饭店被许多人认为是最漂亮的。一排排餐桌盖着雪白的桌布，服务员的服装也与之匹配。他们一只口袋里装着银汤匙，另一只里放着银叉，马甲口袋里放着酒瓶开塞钻，左臂上搭着雪白的餐巾。菜单足有报纸那么大。

盲人餐馆是在地下，有一支盲人小乐队演奏；《加里格兰尼音讯报》上把和平餐馆描述成装潢富丽的餐馆，那里经常有"举止轻浮的女郎和巴黎二流的浪荡子"出入。

霍姆斯认为，王宫区对于巴黎来说，就像巴黎对于欧洲一样，如果人生的目标就是享乐的话，那么世界上没有一处地方可以为享乐提供如此之多的选择。大饭店和珠光闪闪的珠宝店及塞夫勒陶瓷店，都和杜勒里公园在一个水平面上。在这一平面上的还有鞋店、布店、成衣店和裁缝铺，高于这个平面的坡上，还有更多的饭店以及一些赌场。这些赌场的装修极其优雅，让这些新来的美国人感到吃惊的是，人们能看到"美丽的女士正忙于各种赌博"。还有些人从事更加出格的行业，就像《加里格兰尼音讯报》上提醒人们的那样，王宫是"陌生人常需要加以戒备的地方，要注意精心的骗局和小偷"。

赌博不仅在王宫区流行，实际到处都有，许多美国人对此很不适应。在美国的许多州，赌博是犯罪行为。"弹子戏、扑克、法罗纸牌及其他危险的游戏在巴黎的……大街小巷几乎都有。"约翰·桑德逊写道，"洗牌的声音和色子哗啦啦的响声是巴黎沙龙音乐的组成部分……"

在大部分繁华的地方，随处可见形形色色的妓女和各种诱惑，明码标价。不过，这些年轻的美国人无论是在他们的信中，还是私下的日记中都很少提及。家长、老师的警告还在心头，梅毒的可怕就在眼前，没什么人会承认曾沉湎于肉体的欢愉，甚至也没人会暗示说在巴黎这方面要入乡随俗。

不过，那时他们感受到了从未有过的独立。"无疑年轻人非常喜欢巴黎。"爱默生写道，"因为那里有完全的自由——没人监督，没人干涉——各走各的路……"似乎作为一个"陌生人"也有些好处。

虽然约翰·桑德逊没有嫖娼，但他并不反对，也绝不会嘲笑巴黎的那些年轻女工的风流韵事。这些女工拿着店员等工作的微薄工资，有时会有一些"安排"。她们穿着灰色的裙子和衬衫，有时被称作"灰姑娘"。

"她们很漂亮，往往会为了五六法郎而爱上一个人。"约翰·桑德逊写道。对于许多在拉丁区的学生来说，"灰姑娘"是"又一种教育"。

> 如果一个学生病了，他忠实的"灰姑娘"会护理他，为他治病；如果他没钱了，她会为他工作……这样，他们之间会产生一种相互依赖的情感；他会以生命来保护和呵护她，她会感觉到自己在他心目中的地位，戴着他给的新帽子自豪地阔步向前……她是纯洁女郎和世俗生活天才的结合。

桑德逊承认，如果一个年轻人在国内时道德就"出了问题"，巴黎绝不是他来的好地方。在巴黎社会，有情妇不仅是可以接受的，而且还几乎总和人缘联系在一起。

> 如果你通过宗教或其他因素来影响他，同时也要警惕禁欲的危险性，因为孤独和放纵一样危险，也许更甚。他会成为一个更合格的丈夫、更高尚的公民、更优秀的人。不过，我要告诉你，教育一个有钱又有闲暇的年轻人诚实地度过青春，在任何一个国家都是一件特别难以完成的事情。而在巴黎要指望一个有金钱和地位的年轻人，面对着蜂拥而至的一流女郎——那

些有艺术修养、美丽迷人、教养优良的女士，让他保持完全的
克制，那是把希望寄托在了完全不可靠的人性上。

和邮件长时间的耽搁来比，美国人在这里的任何问题和不满都不算
大，也不算持久。邮件的耽搁让人头疼，有时让人焦虑。家人和朋友反
复催促写信，而去取邮件时却一次又一次地落空，也许几个月过去了却
得不到家里的任何消息。爱玛·薇拉德为此抓狂，差点儿就病倒了。她
在给姐姐的信中写道："我的焦虑让我难以入眠，吞噬着我的健康。"

许多人像查尔斯·萨姆纳一样感到了冬天的寒冷，郁闷——心情灰
暗，几乎超过了他的承受极限。爱默生认为巴黎处处物价奇高；纳撒尼
尔·威利斯认为时间和金钱一样易逝；除霍姆斯外的其他人，都不大喜
欢他们遇到的英国人。没有美国人愿意被认作是英国人。

萨姆纳讨厌在大街上、公园里见到那么多士兵。在每个博物馆和宫
殿门口都有卫兵把守，似乎不想见士兵都不可能，他们是巴黎的一部分。
这需要适应。

爱玛·薇拉德吃惊地了解到，巴黎有三分之一的小孩都是非婚生子
女。有一次去参观失散儿童收容院，也就是育婴堂的医院，她看到了一
排排的婴儿床上安放的婴儿，极度悲伤。她和阿比吉尔·亚当斯很久以
前来到类似的地方反应完全一样。也像阿比吉尔·亚当斯那样，薇拉德
夫人被修女们表现出来的爱心、对婴儿的精心护理所感动，但同时又感
到一个社会有如此之多的婴儿被丢弃，那一定是什么地方出问题了。

长期等待的家书终于到了。查尔斯·萨姆纳搬离了寒冷的住所，感
到松了一口气。那些缺钱的人也有了转机。像爱玛·薇拉德这样为了健
康的原因离家的人，也感到健康状况明显改善了。

法国人说："在城市的生活中可以发现生活的真谛。"在巴黎就是在经历世界。

温德尔·霍姆斯很快而且很容易就适应了新生活，连他自己也感到很惊讶。美国青年没人能这么容易而且还满腔热情地适应巴黎的生活。他完全没有陌生感，就像他是一直生活在巴黎一样。鉴于他以前对于这种新生活一无所知，这的确有点儿匪夷所思。他学起法语来没有什么困难。他从同学中的法国朋友那里很快就学到了一些"实用的小技巧"，这有助于他最大限度地利用这个城市能提供给他的一切，包括"经济"，以让他父母放心。

初来乍到的美国人或英国人总是很奢侈，这主要有两个原因——首先，到一个陌生的地方令人兴奋，忽视了自己的经济情况；其次，他对巴黎人成百上千条的节约开支的方法一无所知。于是，他付给服务员的钱比该给的多了一倍；他给那些从不敢向法国人乞讨的小无赖乞丐钱；该乘公共马车时他选择了出租马车；在饭店点的菜量是他能吃掉量的两倍——可怜的家伙，他不知道英国人总是把价格等同于价值，而法国人信奉的是"物美价廉"！

霍姆斯喜欢法国做派。他喜欢法国食品，特别愿意到医学院附近像普罗科普餐馆这样的聚会场所。这家餐馆很有名，大家都知道这曾经是伏尔泰和本杰明·富兰克林经常光顾的地方。餐馆是一位名叫弗朗索瓦科·普罗科皮奥·戴尔·科蒂洛的西西里人，于1670年开办的。据说就是这个西西里人把咖啡引进到巴黎的。

"我变得越来越像法国人了。"霍姆斯告诉他的父母，"我喜爱和法国人交谈，不时地吃法国餐，喝法国酒……"巴黎是"天堂"——当然，和波士顿人心目中的天堂大不一样。随后的几年里，霍姆斯常愉快地引用阿博顿的话："让那些美国的好人，死后去巴黎吧。"

阿博顿鲜有不享受生活的时候，就像他一直盼望的那样，在巴黎待了一个月左右就又出发了。他要去看看欧洲其他的地方。到1836年，他又回到了巴黎。他的父亲决定带着5位家庭成员声势浩大地来到欧洲，其中包括在著名的莫里斯宾馆包下了一套房间。这家宾馆位于里沃利大街，俯瞰杜勒里公园。至于是当一个画家还是作家的问题，阿博顿还是没有决定。后来证明，他虽然这两方面的秉赋都不低，但都没能认真去做。他也没有确定一个固定的职业，他的父亲告诉他不要太在乎钱。由于有了父亲的财产，他永远不必在乎钱。他有享受生活的权利，于是就这样生活了下去，按自己的兴趣去写写画画，成了一名喜欢交际的艺术爱好者。他在花钱上慷慨大方，他的睿智、善谈和友好让他颇受欢迎。而他太喜欢波士顿了，没有选择寄居海外，不过他一次又一次地到欧洲旅行，重返巴黎。他对这里百来不厌。

对于其他人来说，与巴黎的无限遐想和快乐相比，工作更重要，占用了他们大部分的时间和精力。他们之所以来这里就是要工作的，这一点他们从未忘记。就像波士顿年轻的艺术家乔治·希利一样，他们都雄心勃勃，要成就一番事业。除个别人外，在巴黎他们格外努力。这是他们一生中最用功的一段时间。即使是小有名气的詹姆斯·库柏，也不例外。他不仅完成了"皮袜子系列"中的第三部《大草原》，还写了6本其他书。根据他妻子苏珊的讲述，有些日子他工作的时间过长，情绪激动，甚至连笔也握不住了。

塞缪尔·摩尔斯于 1830 年元旦这一天，来到了巴黎。不出所料，他立刻去了卢浮宫，在大画廊里来来回回走了三个小时，激动得想要记住所有作品，选择了要临摹的佳作。两周后，他出发去了意大利，直到第二年才回来，因此错过了七月革命。1831 年 9 月他回来了，就在那年秋天，他在卢浮宫完成了一个构想，那是他绘画生涯中最艰难、最具雄心的计划。

乔治·希利除了"努力学习"之外，很少干其他的事情。他设法度过了艰难的日子。据他的一个女儿后来回忆说，开始时没什么钱，也不会说法语，他从不说话，"但设法去做"。他进入了当时著名的画家安东尼·让·格劳斯男爵的工作室，成为那里唯一的美国学生。一旦立起画架，他就全身心地投入。用他女儿的话说，他完全变成了一名法国画家，用法国人的视角来看事情。"他和同事们过着一样的生活，他热爱他们……那是一种艰苦的生活，却也乐在其中，多变而不乏味。"

纳撒尼尔·威利斯忠诚于《纽约镜报》分派给他的任务，不断写出信函；约翰·桑德逊也一样努力，要做"巴黎的博斯韦尔"。桑德逊于 1836 年回国定居，他的著作《巴黎札记：一位美国先生给朋友的书信》，成了当时美国人在这一主题上描写最生动、笔触最诱人的作品，在大西洋两岸广为流传。此书 1838 年在费城出版，同年在伦敦以《美国人在巴黎》的标题出版，1843 年巴黎有了法语版本。

爱玛·薇拉德一刻也不放松，她的社交日程包括拉法耶特和库柏以及他们的家人，还有参与大型晚会。为此她大饱眼福，看到的钻石、红宝石、翡翠和鸵鸟羽毛超乎她的想象。她仔细研究这样的社交活动，对那些高雅的谈吐赞赏有加。她抽出更多的时间花在了卢浮宫，还亲自考察了法国的学校，要比原计划在巴黎待更长的时间。她解释说："好像我着了魔，离不开这个地方。"到 1831 年春天回国之际，她的头脑中已经装满了她的所见所闻。她还为自己的学校聘请了第一位法语教师阿尔菲斯·德·古瓦拉夫人。没多少人能像爱玛·薇拉德那样，从出国的经历中得到如此大的收益，"这些效果体现在了特洛伊女校焕然一新的面貌上"。

勤勉的学者萨姆纳从不放松出席索邦大学的讲座——有关自然历史、地质、地理、埃及古物学、希腊史、英国议会史、哲学史、拉丁诗歌、刑法、拜占庭皇帝查士丁尼及查士丁尼法典等，即使住院期间也听讲座。在学法语这件事上他同样上心，一个月之后，在两位家教的帮助下，他可以不太费力地听懂讲座了。6 周后，他就可以和学生和老师们用法语交谈了，话题涉及各个方面。

第三章　摩尔斯在卢浮宫

我的祖国在我心目中占据着最重要的地位，我该如何为她争光添彩呢？

——塞缪尔·F.B.摩尔斯

一

在国外期间，没有哪个朋友和同胞像塞缪尔·摩尔斯那样，让詹姆斯·库柏在信中报告了那么多他的情况。库柏在一封信中写道，摩尔斯在卢浮宫里"用功"；在另一封信中又写道，摩尔斯在卢浮宫里"让人感动"；"他正在画的一幅展品画，我觉得一定会出名的"；除此之外，摩尔斯是一个"品行上一等的好人"。

对库柏来说，生活中的"好人"是非常重要的。在《大草原》中，他通过西部主人公奈迪·班波的口说道："在任何地方朋友都是稀有的。"那些被他看作是朋友的人了解他的善良，还有他是在真心关注朋友们的奋斗和思想。库柏是俱乐部活动的天才组织者，也是一个敬业的报社通讯员。

7年前，库柏和摩尔斯在白宫招待会上首次相遇。那是在拉法耶特访美的时候，他们发现他们之间有那么多共同的东西。回到纽约之后，他们有了更多的交往。不过，他们的友谊发展最快的时候常常是在异国他乡一起度过的时间。先是在意大利，现在在法国，他们结下了深厚的友谊。

塞缪尔·芬利·布里斯·摩尔斯生长在马萨诸塞州的查尔斯镇的芬利家族。对于库柏来说，他是塞缪尔，或塞缪尔少爷，或者就是简单的摩尔斯。库柏无疑为摩尔斯感到骄傲。库柏写信给威廉·邓兰普说道："人群聚集在画作周围，塞缪尔在卢浮宫引起了不小的关注。"邓兰普是纽约的画家，也是艺术批评家。库柏知道他会把消息传播到国内的"圈子里"。

那是在1832年的3月，这年后来证明是巴黎历史上多灾多难的一年。也正是这一年，温德尔·霍姆斯、乔治·希利和查尔斯·萨姆纳等美国人到了巴黎。纳撒尼尔·威利斯提到，当时的天气是"春天般和煦"。

塞缪尔·摩尔斯42岁了，在艺术界摸爬滚打了半辈子，终于感到自己有了突破。他在欧洲度过的时光价值无限。他在意大利度过了一年多，每天长时间在梵蒂冈美术馆和其他的博物馆用功，研究绘画，接受委托临摹画作，其中临摹拉斐尔的《雅典学派》他得到了100美元。他也画风景画，笔记本上记满了教堂、街景和游行人群的速写和评论。在罗马的科隆纳宫，16世纪韦罗内塞的一幅肖像画一下子唤醒了他的灵感。这幅画对他的影响超过了以前的其他任何一幅画，让他对颜色有了全新的认识。

摩尔斯在罗马和库柏还有家人在一起，其间还顺便去看了罗马椭圆形竞技场。除此之外，他在佛罗伦萨和一位美国年轻的雕塑家、库柏的朋友霍雷肖·格里诺建立了友谊。他把格里诺看作是"全身心"追求

"艺术精湛"的知音。格里诺为摩尔斯塑像，作为他们友谊的见证。格里诺还不到 30 岁，相比之下，摩尔斯的年龄就要大得多了。格里诺总爱取笑摩尔斯刻板的清教徒式的生活方式，称他为"可怜的摩尔斯"，并不断说摩尔斯该再婚了。虽说格里诺自己还是快乐的单身汉，但他坚持说一个人"没有真爱，就是一条没有压舱物的船，是一个齿的饭叉、单片的剪子"。

摩尔斯于 1831 年秋天返回了巴黎。库柏认为他的作品水平"大大地提高了"。摩尔斯刚放下行李，库柏就委托他临摹一幅伦勃朗的《托比特与天使》。库柏觉得这幅画的难度可以和卢浮宫里任何一幅画的难度相比。

库柏认为，自己既是作家也是艺术家。其小说的评论者也常常把他的描写视角和画家的视角联系起来。法国的巴尔扎克也说，库柏的写作之笔在艺术上比任何人都更接近于绘画之笔。库柏对绘画的兴趣是认真的，他喜欢和艺术家在一起。在纽约，他所组织的名为"面包与奶酪"聚餐会上，艺术家的数量是多于文学家的。

库柏特别喜爱那些超越了形似、能表现神似的肖像画。他是在看了托马斯·萨利画的杰斐逊的画像后，产生了这种全新的审美观的。虽然他的家庭是联邦党的坚定拥护者，但是看了杰斐逊的画像后，库柏还是说他在杰斐逊画像的神态上看到了"一种尊贵，一种安详"，这在别人的画像上他从未见过。"我只看到杰斐逊站立在我眼前，这是一位绅士……画布上的杰斐逊带着共和派人的质朴、优雅和静谧……"

从摩尔斯在卢浮宫开始了他那雄心勃勃的计划之日起，库柏就离不开他了。库柏每天都来，爬上那长长的石阶，一直到二楼，坐下来看摩尔斯绘画。

这是一幅巨大的卢浮宫内景图。摩尔斯准备的画布是 6 英尺乘 9 英尺的，比他 10 年前画的《众议院》画幅还要大。这将是对他艺术功力巨大的考验。这次他画的不是那些议员的眉眼，而是要摹绘世界上最伟大的艺术作品。一共 38 幅画，有风景画、宗教主题作品，还有肖像画，包括列奥纳多·达·芬奇的《蒙娜丽莎》。他要把每幅作品都微缩，还要表现出其中的美感及力度。

用内景画的形式来展示欧洲艺术收藏大家所收藏的珍品，是 17 世纪以来确立的习俗。其中令人瞠目的例子是乔瓦尼·保罗·帕尼尼于 1749 年绘制的《西尔维亚·瓦伦蒂·贡匦伽主教的画廊》。这幅画绘制了摩尔斯在罗马的科隆纳宫里所见的藏品，尽管后面的背景看起来只是和科隆纳宫有几分相似。1831 年，也就是比摩尔斯早一年，一位名叫约翰·斯加利特·戴维斯的英国画家刚绘制了一幅卢浮宫的内景图。摩尔斯很可能知道这件事，也许是由此得到的激励。不过，没几个美国人见过这样的画作。在那之前，还没有美国人绘制过卢浮宫的内景图。摩尔斯的内景图几乎是戴维斯画作的两倍大，摩尔斯从心底认为戴维斯的画作很一般，甚至有点儿老套。

很长时间以来，美国画家中一直有人来巴黎。18 世纪有名的人有本杰明·维斯特、约翰·辛格尔顿·考伯利和约翰·特鲁布尔，他们记录下了在这个城市的兴奋。特鲁布尔曾作为杰斐逊的客人，在杰斐逊位于香榭丽舍大道家中的书房里，第一次探讨了用绘画来纪念《独立宣言》的签署。在一张小纸片上，杰斐逊根据记忆画出了独立厅房间的布局。特鲁布尔就在这张纸片上素描出他想象中的情景的小型草图，就是这幅作品成为美国人所创作的最著名的作品。

伦勃朗·皮勒和约翰·范德林是后来到巴黎的画家。范德林在这里共度过了七年的时光。罗伯特·富尔顿既是画家又是发明家。在 1797 年到 1804 年间，他隔一段时间就会来巴黎住一些日子。在这里，他作画，同时也做发明汽船和潜水艇的工作。

然而，在摩尔斯之前还没有美国人给自己定下一个如此之大、如此之难的、以巴黎为主题的创作计划。据摩尔斯估计，要完成这个计划可能需要一年的时间。

实际上，他已经决定要重新布局优美的方厅，即卢浮宫画廊核心的墙壁。他从博物馆收藏中，根据自己的喜好选取经典画作安排在画布上。选取工作本身就是一项需要雄心的工作，因为这意味着画家得花数日在卢浮宫来回走动，仔细研究约 1250 幅绘画，然后按照自己的判断，来决定把哪些作品囊括进来，如何布置。

当时挂在方厅中的画是法国当代的作品，多数是浪漫主义风格的，包括泰奥多尔·热里柯高度戏剧化的《美杜莎之筏》。浪漫主义艺术强调戏剧效果、色彩和用笔的激情，当时正处于高峰期。前一年，也就是 1831 年，在一年一度的卢浮宫当代艺术展——法国学术沙龙艺术展上，欧仁·德拉克罗瓦展现了他向 1830 年法国七月革命献礼的英雄主义巨幅作品《自由引导人民》。画中的主体人物是神色坚毅的自由女神，她裸露着胸脯，高举三色旗，带领着人民向着胜利冲锋。画家自己也以自由女神身边一位手握步枪、英俊坚定的公民的身份出现了画面中。才华横溢的年轻艺术家德拉克罗瓦，曾在浪漫主义向学院派艺术冲击中担当过领军人物。

不过，摩尔斯本人的艺术是以学院派艺术为基础的，他对浪漫主义者以及他们的造反运动不感兴趣。因此，他选择的作品净是十六七世纪欧洲的经典作品——主要是意大利文艺复兴时期的作品。这是他特别喜欢的作品，这些艺术家也是他最敬佩的。更重要的是，他觉得这些作品是他的同胞们应当认识、学会欣赏的作品。他是一个有使命感的人，就是人们称为文化福音派圣徒的人。他要把这些经得住时间检验的欧洲艺术珍宝的信息带回国，带给自己的同胞，为了他们的利益，为了促进祖国的发展。

这种思想并不是新出现的，杰斐逊就曾在这种思想的指导下，在巴黎期间购买了 63 幅画作，大部分是临摹的。他相信，这些画作就像他从塞纳河边的书亭中选购的成百上千册的图书一样，有助于提高美国人对美术和思想界的了解和鉴赏水平。

摩尔斯创作工程的可贵之处在于可以把那么多的成名的经典之作汇聚在一起，这是他自己想象中的博物馆。他可以在国内举办展览，然而和卢浮宫不一样的是，他可以收费。他曾经对他的《众议院》画作也产生过同样的想法，但没有成功。不过，他觉得现在的主题和《众议院》有很大的不同，公众的反响会大不一样。他满腔热情，当时他从本质上就是满腔热情的人。

库柏喜欢他所见到的情景，喜欢这样的"轰动"。他养成了习惯，上午伏案工作，然后去卢浮宫（从家里步行 1.5 英里多，越过塞纳河）和摩尔斯一起度过下午的时光。

> 我 8 点钟起床，读报，10 点钟吃早餐，10 点半拿起笔，一直工作到中午 1 点。然后脱下晨袍，穿上靴子，戴上手套，拿起手杖……去卢浮宫，看摩尔斯在高高的画架上工作……

摩尔斯在一个自制的高高的、可移动的脚手架上工作。他在画廊中一处处地移动脚手架，临摹他所选择的对象，有些作品挂在相当高的位置上。

他的作品画的是方厅的墙上从上到下、密密麻麻地挂满了的画作，这是法国画展的标准模式。只是把构图的中央留下，透过宽大的门廊，可以看见长长的穹顶大画廊，大画廊的天窗一直延伸出去，就像风景画上闪光的远景一样。在主墙画的左右是侧墙的部分，这里也挂满了画，不过就像舞台的侧墙一样，比例大大地缩小了。事实上，整个布局的安排效果也像舞台一样，好像摩尔斯要在舞台上安排六七个人物，以增加趣味并在屋子里增加人气。

他整天"不间断"地工作，包括星期天，从9点钟一直到下午4点前，直到警卫来喊博物馆要关门了。画廊里的游人不断，其他的画家和学生也在各自的画架前用功临摹。摩尔斯在高高的脚手架上画画使人们感到奇怪，也是大家关注的中心，不过没人去打扰他。库柏骑坐在旁边的一把椅子上，比任何人都享受眼前的情景。偶尔地，为了放松一下，他给他的朋友提一点儿无关紧要的建议："塞缪尔，这里再加浓一些色彩——再黄些，这个鼻子太短了——眼睛太小了。唉，如果我要是画家的话，我会画出多好的作品呀。"

纳撒尼尔·威利斯对人的面部非常感兴趣，他想探究为什么在人群中他总能认出美国人的脸来。美国人的脸上有一些特别的东西，在来巴黎之前他没有注意到的东西。他断定这些特别之处在于"不对任何人卑躬屈膝的独立平和的神态，加上我们民族性格中具有标记性的好奇、敏感和喜好交际"。

对于威利斯来说，库柏和摩尔斯就代表了"民族性格"的真谛。在这年 3 月一个风和日丽的下午，在杜勒里公园，威利斯注意到他们顺着一条宽阔的石子路走了过来。威利斯是一个追求时尚的人。他一直在观察着大街上的那些法国公子哥，他们的发型是"美发师的新作"，他们戴的白手套雪白雪白。这时他看到了库柏和摩尔斯，这两位美国人的脸对比鲜明！威利斯写道：

> 摩尔斯的神色和善豁达，透着文雅，是典型的真诚与善良的形象；而库柏面色黝黑，眉毛向下压住了眼睛，棱角分明的嘴边透着一种不苟言笑、郁郁寡欢的神色，看上去有些像海盗。

威利斯想，这两张脸并不能完全表现它们主人的性格，摩尔斯的脸完全可以表现出他的个性，但库柏绝不像他的面部表情表现的那样，是一个阴沉、郁郁寡欢的人。库柏自己把自己的脸称为"变色龙脸"。

10 年前，约翰·韦斯利·加维斯在国内给库柏画过一张肖像画。画上的库柏满面严肃，黑亮的眼睛直视着观众，眉毛之下是一副紫红的面庞，中间的鼻子被太阳晒得通红，而特别宽阔的额头却是白色的。这副尊容标志着其人总在户外活动，而帽子常常压低到眉毛之上。

巴黎有一座库柏的大理石雕像，是法国著名的雕塑家皮埃尔·让·大卫的作品。雕像上库柏的面部要瘦一些，也好看一些，似隐似现的眉毛较宽，下巴棱角分明。库柏的家人认为，像雕得很好、很像，而霍雷肖·格林纳夫雕的库柏的另一座雕像则"海盗像"太重。

库柏和摩尔斯的身高相仿。摩尔斯的护照上记录的身高是 5.9 英尺，护照上关于他面貌特征的描绘还有：

前额：高

眼睛：黑色

鼻子：高

嘴巴：大

下巴：端正

头发：灰黑

脸型：长

从摩尔斯大学时代起的几张自画像上可以看出，他面目和善。用纳撒尼尔·威利斯的话来说，面带坦诚、温顺，有点儿孩子气，几乎可以说是可爱。格林纳夫也给摩尔斯雕了像，突出了他高额头、高鼻梁和大嘴巴，不过从雕像上看不出什么孩子气。格林纳夫作品的脸型要消瘦些，头发很乱，大嘴的嘴角有皱褶，看上去像英俊的演员或诗人，脸上看上去温顺、浪漫、热情洋溢，不过明显地透出了一丝坚毅。

二

库柏在卢浮宫和摩尔斯度过的下午，对他来说是忙里偷闲。这正是他希望在海外生活中能找到的"一点儿藏在杯底的快乐"中的一部分。库柏已经小有名气，而且有着让人羡慕的家庭背景。在许多人眼里，他是在巴黎那一小部分美国人的核心。不过，对库柏来说，摩尔斯及其在卢浮宫的工作是他的兴趣和快乐所在。

六个月前，也就是在 9 月，库柏的外甥威廉得了肺痨，10 月不治身亡，死的时候只有 22 岁，而威廉之前差一点儿就成了库柏的养子。而冬季之初，库柏的妻子苏珊断断续续地发烧，让全家人担心。巴黎的冬天阴冷忧郁，是热病泛滥的季节。

库柏在给一位法国朋友的信中写道："我的妻子病了……我请了大夫。"但库柏觉得他的巴黎家庭医生也没有什么好办法，他好像在任疾病自然发展。"他们（法国）是医学和各种手术之都，但面对发烧这一症状及其病因他们好像束手无策。"

不过，他自己的健康，就像他很乐意告诉别人的那样，虽然不太稳定，但比起在纽约要好多了，发烧少了，胃病也好多了。42 岁时，常有人说他像 35 岁。他的反应是："当然，我相信。"苏珊在给他妹妹的信中很有信心地写道："库柏先生很好，就是有一个毛病，他一旦在拥挤的屋子里待一段时间，接下来的一天就会心情不好，发脾气。"这一点只有家人知道。

几个月来，一直有警告说可能流行霍乱。从 8 月开始，巴黎和伦敦的报纸上就有这样的报道，人们越来越担心。11 月，老詹姆斯·杰克逊医生就写信给他在巴黎的儿子："要是你得了霍乱该怎么办呢？"他的建议是"逃"——尽快离开巴黎。

库柏对霍乱的说法不屑一顾，怀疑"在这件事上夸大其词了"。

库柏在按部就班地写他的第十四部小说。除此之外，他还说要写一部欧洲游记。尽管他写作的质量参差不齐，但他已经写作了 12 年，他为自己的作品自豪，喜欢它们给他带来的荣耀，而且他喜欢金钱。他一开始就是为金钱而写作的，当时家族的衰败几乎让他穷困潦倒。根据他女儿苏所说，有一次库柏在给母亲朗读一本英国小说，读了一两章之后，他把书扔到了一旁，说他写的书会比这个好，他母亲嘲笑了他的想法。于是，他开始写作。这个故事后来流传很广。

在这之前他没有表现出一点儿对写作的兴趣，也没有想过以文学为伴。在耶鲁上学时，他是学校年龄最小的学生，不过他学业很差，行为不端，16岁时就被开除了。他曾经把一头驴锁进了背诵室；在宿舍的门下引爆过自制炸弹。他父亲在家对他监管了一年。他们住在纽约以北的奥琪勾湖边，他父亲建立的一座村庄——库柏镇里。一年之后，父亲安排他坐一艘商船出海。他发现自己喜欢水手的生活，于是参加了海军。就是在那时，他遇到了他在巴黎一起步行的伙伴，沃尔希上校。他本来想把海军作为自己的职业，直到遇到了苏珊·奥古斯塔·德·兰西，她觉得他该安定下来了。

他们于1811年在纽约结婚，先是和她的父母在莫马洛奈克一起生活，后来搬到了奥琪勾湖边的农场上，开始盖一所石头房子。他的父亲1809年过世，给他留下了一大笔钱，他预想着过一个北部乡绅的平静生活。孩子们出生了，债务越来越多，后来发现他父亲的房产是负债的，而且由于经济萧条，家里的土地财产也值不了多少钱，他面临着破产的命运。

他的第一部书《警惕》是一本言情小说，故事发生在英国，有点儿像简·奥斯丁的风格。这部书写得一般，成就不大，在英国被当作了英国人写的小说。不过，库柏发现他喜欢这个工作，喜欢想象作为一名作家可能造成的影响。书是不同凡响的东西，他没有耽搁，又拿起了笔。

他写道："按照库柏夫人的建议，我又开始写另一个故事。"（他把妻子称做他"愿望的法官"，"对任何事情都有一流的判断力"。他把所写的都朗读给她听，她给他审看了每一页手稿。）这一次结果大不一样，《间谍》是一部完全的冒险小说，以美国独立战争为背景，库柏说小说的主题是爱国主义。这部小说一炮打响。

从此，成功对于他就成了家常便饭。下一部小说《拓荒者》在发行的当天中午就卖出了 3500 册，不到一年就有了法语译本。

《拓荒者》于 1823 年出版，那是库柏生活最困难的年代。他建的房子着了火，他两岁的儿子费尼莫尔死了，他有日射病和自称为严重的脾气暴躁症，还有可能是疟疾的发烧。

在《拓荒者》中，他描述的世界很像他的童年，主要是自己喜欢的情景。小说以库柏镇为背景（小说中称为泰普敦），故事的时间是 1793 年。在《拓荒者》中，他向读者推出了纳蒂·班波，一位消瘦的老西部人，他长年累月穿着鹿皮制成的护腿，因而获得了"皮袜子"的外号。这个人物很像几年前才去世的丹尼尔·布尼。

随后又有两部历史小说：《舵手》是一部航海小说；《莱昂内尔·林肯》的背景是独立战争时期邦克山战役时的波士顿。

在《最后一个莫希干人》中，纳蒂·班波又出现了，背景还是纽约以北，不过这次是 60 年前纽约的荒野，法国人正和印第安人进行战争，当时的班波正值壮年，是侦察员。库柏写出《最后一个莫希干人》的速度极快，只用了三四个月。这部小说气氛紧张浪漫，充满了暴力和血腥，讲述了当时被称为鹰眼的纳蒂和一个莫希干朋友卿格古柯，在战斗中护送英军将军的两个女儿穿越森林的故事。大段的美国荒野景色的描述——河流、瀑布，还有"遮天蔽日的大森林"，打动了美国读者。其他的美国作家没有进行过这样的描写。小说一发行就在大西洋两岸都获得了成功。

这部小说是 1826 年出版的，那年库柏出发去法国，而另一部关于纳蒂·班波的小说《大草原》的创作已经开始。库柏在给朋友的信中写道："我觉得《拓荒者》《最后一个莫希干人》和这部书会构成一个连续的系列。我承认就目前发展而言，我最喜欢《大草原》……"

等他和家人在巴黎安顿下来的时候，他已经成为美国最著名的作家。摩尔斯后来写道，他在巴黎的各家书店的橱窗中都能看到库柏的书。自从本杰明·富兰克林以来，还没有哪位美国人受到如此的欢迎和喜爱。库柏喜欢受到关注，这不仅仅是为了自己，也为了他的祖国。

他和苏珊经常是拉法耶特位于圣奥诺雷郊道官邸宴会上的贵宾，得到款待，可以通宵参观城南的谷仓、将军塔和 15 世纪的城堡。在外交宴会和许多奢华的场合，他们都成了人们关注的中心。库柏在事后会用满满几页的信纸来描绘那种"富丽堂皇"——布置的场景、食品以及华丽的礼品。他被称为"美国的沃尔特·司各特"，这是对他很高的恭维，但他私下里并不喜欢这个称呼。画家要为他作画，雕刻家要为他塑像。

库柏虽然享受人们对他的关注和欢呼，但他远没有沉醉于巴黎社会的"浮华"。拉法耶特把他引见给路易·菲利普国王。他发现国王是那么得平易近人，他很乐意听国王饶有兴趣地讲述其在美国的日子。不过，对于他遇到的其他人，库柏倒不大佩服。他私下里写道："害怕有失身份或架子，让许多傻瓜举止不爽。"

不过，库柏还是喜爱巴黎，这一点无可置疑。他喜欢在那里生活和工作——觉得在巴黎要比在纽约干扰少一些，特别满意孩子们在那里受到的教育。

作家的豪宅及其生活方式和他的作品《大草原》中背景的质朴之间的反差简直是天壤之别。这次，在《大草原》中纳蒂·班波已经是一个老人。他冲在了西进浪潮的前沿，一直向西，就像丹尼尔·布尼晚年所做的那样，穿越了森林，跨过了密西西比河。以前还没有人这样演绎过美国的历史。库柏通过纳蒂之口说道："这的确是一条让人精疲力竭的道路，我一路上看到了许多，路途中也饱受苦难。"纳蒂发现即便是辽阔的大草原也变得越来越"拥挤"了。

对于有些读者来说，在巴黎这样的环境中创作这样背景的故事，描写那些空旷的、没有人迹的荒野，有点儿不可思议。而对库柏来说，无论在什么地方，"严格地奉行自己是美国作家的原则是一种荣誉"。

与此同时，他正在得到美国作家从未获得过的回报，法文版的《最后一个莫希干人》不断"攻城拔寨"，影响越来越大。他以从未有过的速度在赚钱和攒钱，到 1832 年，他估算了一下未来一年的财产收入，大约有 2 万美元，而在欧洲 2 万美元是一大笔财富。

对于其他在巴黎的美国人来说，他的出现、他的成功和声望是一种令人骄傲的事情，他是"我们的同胞库柏"。更让他们骄傲的是，他是那么明显地以美国人的方式处事，比如，从不掩饰自己的财富。库柏交的一位朋友是北卡罗来纳的学医的学生，名叫安什贝尔。他写道，库柏是"最优秀的美国人"。他还写道："重要的是，他在巴黎潇洒地生活着。"

的确，库柏和他的家人——他的妻子、四个女儿和一个儿子，再加上三四个佣人——在路易十六大厦占用了两层宽敞的、设备齐全的房间。这是位于巴黎第七区的圣日尔曼区的圣铎米尼克大街 59 号的宾馆。苏珊在给她姐姐的一封信中写道第七区是"这个城市很出名的地方"。库柏的故事是美国人成功故事的全新版本。对于一个作家来说是梦寐以求的！库柏写道：

> 客厅有 30 英尺长，17 英尺宽。木质装饰上雕刻着各种图案，特别是门上的雕刻更是千姿百态……门窗的框上都绘制着各种精美的图案。四面固定在墙上的大镜子把大厅照得一片明

亮，高大雅致的落地窗让大厅显得更加宽敞。

根据苏珊的描述，客厅长长的法式窗户在第二层，"挨着库柏先生的书房"；一层是餐厅，窗外对着公园。"我们非常舒服、安静地俯瞰着我们公园周围的五六个公园，非常宜人，这让我们心旷神怡。"

孩子们的音乐课和艺术课也上得非常好。五个孩子可以像"本族人那样"使用法语、意大利语和德语闲聊。即使是最小的、只有 7 岁的保罗也可以轻松地讲这三种语言，并用这三种语言阅读。这使得他的父亲十分骄傲，到处炫耀。

不过，他们第一年在巴黎社交界的风光很快就过去了。"我们几乎隐居起来，不怎么出去，不怎么见人"，苏珊写道。她的健康是他们避人的习惯借口，他们都不喜欢上层社会的浮华。除了苏珊时好时坏的健康状况以外，库柏一到人多的地方就不舒服也是一个重要的原因。他在给朋友的信中写道："我不去参与社交，而是尽量躲开，我的健康和追求都让我不得不这样做。"他对法国人对他的大惊小怪感到越来越厌倦了。

"人们似乎认为美国人会写作是一件不可思议的事情"，他们大多数人似乎对美国人出版的图书一无所知，"除了他们称为美国的富兰克林博士和库柏先生的之外"。

尽管他们很少接受请柬，库柏和苏珊却经常宴请"美国圈子"里要好的朋友，摩尔斯、纳撒尼尔·威利斯、霍雷肖·格里诺（只要他在巴黎就请），还有阿什贝尔·史密斯以及那些无论是哪个国家的、只要是拥护波兰解放的朋友。波兰的解放一直是库柏热切支持的事业。威利斯常描述库柏家早餐会上波兰人和美国人大方和好客的气氛。也许在大西洋东岸再没有其他地方用荞麦煎饼来待客的了。

似乎每一位受邀请到库柏领地的美国人都非常珍视这次经历。爱玛·薇拉德写道："和库柏先生及其家人度过了几小时极其愉快的时光，我在他身上发现了并不是所有被称为美国人的人身上都有的东西，那就是真正的美国精神。"

摩尔斯总是出现在这里，好像他是这个家庭的成员一样。每天在卢浮宫的工作一结束，他就会和库柏一起步行到圣日尔曼区，和库柏的家人一起共进晚餐并一直谈论到夜间。摩尔斯开始教库柏的女儿苏画画，这自然使得一些人觉得他对苏的感情超过了一时的兴趣。这些传言很快传到了纽约，也可能包含了几分真实。苏珊·库柏在1832年给她姐姐的信中特意强调："我们真诚的朋友摩尔斯先生，对父亲的兴趣远大于对女儿的兴趣。"库柏坚持认为，虽然摩尔斯是一个"优秀的人"，但他不是一个"对20岁的年轻女士有魅力的人"。

摩尔斯生活俭朴，住在塞纳河右岸苏莱纳大街的偏僻街道的一间小屋里。为了节约费用，他和另一个名叫理查德·哈伯山姆的美国画家合租了这间小屋。除了晚上和库柏一家在一起，白天在卢浮宫画画以外，他在巴黎似乎没有什么其他的生活——不去剧院看戏，不参加饭店的社交晚宴，没有任何社交活动。他记录到，在1831到1832年那"多事之秋"，他和库柏几乎"每天，甚至时刻"见面。

他们有许多共同之处：他们的父亲都曾显赫一时；他们都上过耶鲁大学；年龄相仿；两人都富有才华，雄心勃勃，而且很优秀；他们都认为自己是历史的记录者，虽然各自的方法不同；他们都是新教的虔诚教徒，摩尔斯比库柏更甚，作为神父之子，摩尔斯希望库柏在宗教方面再虔诚些。摩尔斯每天祈祷，而且以宗教的眼光来看待自己的前景、责任和奋斗，以及所做出的决定。在这一点上，库柏只是每天吃饭时的感恩和每晚为家人读祈祷词，显然是不够的。

他们两个都喜欢音乐，库柏吹长笛，摩尔斯弹钢琴。两人都很在乎自己的绅士身份，用库柏的话来说，他们是"有着共和国俭朴习惯的绅士"。他们就是这样被培养和教育的。如果有人问，他们就会说，对于在国外的美国人来说，绅士举止更加重要，因为他们代表着他们的国家。

至于绅士需要具备什么素质的问题，其他那些来到巴黎的美国人曾认真地考虑过。温德尔·霍姆斯在卢浮宫看了提香的画作，画上有一个年轻人手里拿着一只手套，看后他认为，提香也和其他任何人一样理解"绅士是什么样子的"。

库柏的父亲威廉被认为是"地产投机的天才"，曾在奥琪勾镇任第一法官，并两次入选议会。他和乔治·华盛顿相识，吉尔伯特·斯图亚特曾为他画像。后来，他那成了名人的儿子带着感情回忆说，"我那相貌堂堂、热心助人的父亲"会"用他的轶事和趣闻让人一路心情愉快"。

摩尔斯的父亲，翟迪加尔·摩尔斯神父是完全不同类型的人。他是公理教会的神父和学者，并以"美国地理之父"的称谓闻名国内外。他著有《轻松学地理》和《美国地理》等著作，他为孩子们写的《地理入门》几乎在每个学校都是标准教材。当小塞缪尔成为耶鲁大学一年级学生的时候，立即就自然地获得了"地理摩尔斯"的绰号。

摩尔斯14岁时，库柏就被耶鲁开除了。库柏承认在他之后进入到耶鲁的弟弟是一个"踏实的好学者"而且"受人尊敬"。而他总是缺钱，不断向父母伸手，这样的情形和他父亲在耶鲁大学上学时的情况如出一辙。

摩尔斯思想活跃，不过除了某些自然科学课程以外，他对学习没有什么兴趣。在本科学生中，他唯一突出的地方就是他的绘画才能。他当时已经在以一美元一幅的价格给人画小幅肖像了。

不过，库柏和摩尔斯还是有很多不同之处的。库柏已经出名，而摩尔斯没有；库柏已经可以说流利的法语了，而摩尔斯还得继续努力学语言；摩尔斯没有家庭，没有一丝库柏享有的经济保障；摩尔斯根本没有意识到自己今后以什么为生的问题。在耶鲁大学时，他表现出了不俗的绘画才能。他早就知道，自己必须成为艺术家。19 岁时他就告诉父母："我就是为绘画而生的"，并且向父母要钱，因为他要师从当时一个很出名的年轻画家——波士顿的华盛顿·阿尔斯顿。

多年来，塞缪尔·摩尔斯的父母担心他"不踏实"，摩尔斯神父反复强调："一次只做一件事""踏踏实实专注于一个目标"是"超级天才的成功之道"。然而，当塞缪尔·摩尔斯宣布要把绘画作为他"专注"的"目标"时，他的父母对此不能接受。他最好没有自己的计划，他的父亲在信中说："你母亲和我一直在为你计划。"

从查尔斯顿第一公理教会的讲坛，翟迪加尔·摩尔斯就拥护不妥协的、经典的加尔文教义，并把儿子们送到了自己的母校。这在很大程度上是因为耶鲁大学还没有受到如哈佛大学所受到的宣扬新自由唯一神教派的腐蚀。翟迪加尔·摩尔斯有一张苍白的清教徒长脸，面容严肃，一本正经，同时又很博学。在家里，他主张努力和节俭，对父母孝顺、听话，对上天的赐福心存感恩。塞缪尔·摩尔斯的母亲伊丽莎白·摩尔斯和父亲的思想一致，说话更加直截了当。她是新泽西一个法官的女儿，是普林斯顿学院院长的孙女。在儿子大学时代，她提醒他，说她自己"从没有尝试过雪茄、白兰地或葡萄酒诸如此类的东西"。她告诉儿子："生命中最大的事就是为死亡做准备。"

塞缪尔·摩尔斯知道，母亲在现实生活中经历了太多的死亡。她生了 11 个孩子，仅有 3 人活了下来，就是他和两个弟弟。

翟迪加尔·摩尔斯和伊丽莎白·摩尔斯都是尽心尽职的父母，深爱着三个儿子，关心他们的利益。这三个儿子对此感受颇深。就在塞缪尔·摩尔斯从耶鲁大学回家后的几个月，他们亲眼见到了儿子确实是想充分发挥自己的才能。于是，他们默许了他的选择。他不但可以跟着阿尔斯顿学画画，而且在阿尔斯顿的强烈要求下，还和他们夫妇一起去了伦敦，在那里学习。

摩尔斯的父亲在给他伦敦的熟人的一封信中介绍了儿子，这封信很多也谈到了自己。

> 作为父母，我们为他设计了别的职业，不过他对自己的选择是如此执著。根据一些专业人士的判断，他在这方面的天分很高，我们认为阻止他的选择不合适。
>
> 这个国家的艺术还处于年轻的时期，让人提高的空间不大。只有在古老的国家里才能发现艺术精品，这在你们那里是最合适不过了。

詹姆斯·库柏 30 岁拿起了笔，没有经过训练，没有任何的学徒，一鼓作气，成了成功的作家。和库柏不同，摩尔斯在伦敦待了四年，在要"闪光"的欲望驱使下，付出了从未有的努力。

在阿尔斯顿的辅导下，摩尔斯的进步是惊人的。阿尔斯顿自己刚三十出头，也很努力，在绘画上取得了前所未有的提高。这让摩尔斯看了兴奋不已。阿尔斯顿作为老师是很挑剔的，他的批评让人"心痛"。摩尔斯写道："我一直努力地在画，画了一整天，开始欣赏自己的作品……

他沉默良久，说道：'先生，非常糟糕，这不是肌肉，而是泥土。简直是用砖灰和泥画的！'"这时候，摩尔斯只想用调色刀把画布划烂。他很生气，感觉受到了伤害。不过仔细想来，他意识到阿尔斯顿不是阿谀奉承之人，而是朋友。"要取得真正的提高，就得看到自己的错误"。

阿尔斯顿也会从摩尔斯手中拿过调色刀和画笔，灵巧地画上几笔，让摩尔斯看该怎么画。

阿尔斯顿把摩尔斯介绍给了神话般的本杰明·韦斯特。阿尔斯顿就是跟他学的画。韦斯特在费城附近长大，当时七十多岁了，但精神矍铄，和其他活着的历史画家截然不同。他是 1763 年来到伦敦的，本来是到国外临时学习一段时间，结果再也没离开。在这之后的半个世纪，他成了国王乔治三世最喜欢的画家，也是一名最伟大的教师。多年来，韦斯特指导过的美国人有约翰·杜鲁布尔、吉尔伯特·斯图亚特、查尔斯·威尔逊·皮勒和托马斯·萨利。他对年轻画家的兴趣丝毫不减当年。

摩尔斯惊讶地了解到，韦斯特画过 600 多幅画，当时就在同时创作 9 到 10 幅不同的作品。韦斯特详细询问了美国艺术的现状，并且"显示出他们应当在那里发展的热情"。

摩尔斯见到韦斯特的时候，正是 1812 年英美两国爆发战争的时候。他发现自己生活在敌国，这就和美国独立战争期间的韦斯特的情形一模一样。

"画得不错！"摩尔斯完成了历史画作——60 英尺乘 80 英尺的《临死的赫拉克勒斯》，韦斯特立即来看，连声称赞。"韦斯特先生……告诉我，如果我能活到他的年龄，成绩会超过他。"摩尔斯自豪地说。之后，这幅画被选挂在了王家学院的一个画展上。摩尔斯第一次见到自己的作品变成了铅印并受到了赞扬。

摩尔斯强调说，是阿尔斯顿把他带到了今天的地步。他对阿尔斯顿赞不绝口。通过阿尔斯顿，他认识了其他的画家，还有受到观众喜爱的美国青年演员约翰·霍尔德·佩纳和英国诗人塞缪尔·泰勒·柯拉律治。摩尔斯当时还在读乔叟和但丁的作品。他跟他的父母解释说："对于画家来说这都是必要的。"除此，他开始学习演奏大键琴；不遵从古老的家训，开始抽雪茄、喝葡萄酒；去戏院，还看了一场伟大的悲剧女演员萨拉·西登斯的最后表演，甚至试着写了一出滑稽剧。

"你提到认识了年轻的戏剧演员佩纳，"他的母亲在信中透露出了明显的忧虑，"我反对你和这类人往来，因为迟早你会在道德上受到腐蚀的。"

摩尔斯很忙，喜欢社交，放弃了以前强加给他的约束，他和以前一样快乐。根据他几年后写的一封信可知，他差一点儿就恋爱了，不过他从没提是和谁，只是后来又提到他发现恋爱和绘画是"吵闹不休的伙伴"。

他在耶鲁时就经常缺钱，到了伦敦，这个问题更加突出了。他没钱"吃像样的饭"，他直截了当地告诉父母："我几乎有一年的时间没有买过新衣服，我最好的衣服也已经磨破，我的鞋露出了脚趾。"

在 1814 年 5 月 2 日的另一封信中，他宣称，不能"只做一个肖像画家"就可以了，如果不能达到艺术上"高水平阶段"，只是成为历史画家，他是不会满足的。

> 我不需要告诉你们我从事的是一种多么艰难的事业，其艰难程度足以让那些没有下定决心要付出努力、克服一切艰难险阻的人望而却步。我对其研究得越深，就越着迷，我的进步也

就越大，我就越发地追求其中的美……

他想到了他的祖国："我的祖国在我心目中占据着最重要的地位，我该如何为她争光添彩呢？"

他希望到法国去学习，但又遇到了钱的问题。他提醒父母，巴黎就两天的路程，"我向往着把自己埋在卢浮宫"。在卢浮宫立起可移动脚手架之前的 17 年，摩尔斯就这样写道。

23 岁时，他在伦敦写下，他的野心就是要重现文艺复兴时候的光芒，要和拉斐尔或提香比肩。现在 1832 年，他 42 岁了，已经身在巴黎，而且确实也画得不错。他要在那巨大的画布上进行一次文艺复兴之旅，里面包括了拉斐尔和提香，还有许多其他人。

摩尔斯的伦敦之旅止于 1815 年，他的父母告诉他该回来谋生了。回到美国后，他几乎完全专注于画肖像，希望能够赚足钱，到法国继续他的艺术教育。他把时间花在了新英格兰、查尔斯顿、南卡罗来纳、华盛顿和纽约。毫无疑问，他的肖像画不亚于当时的任何一位美国肖像画家的作品。伦敦的岁月已经把他从一名有才华的学生变成了一流的画家。

1816 年，他遇到了新罕布什尔州康科德市的卢克利希亚·皮克琳·沃尔克。他告诉父母："她非常美……而且善良。我想向她敞开心扉……"

"她会做家务吗？"注重实际的母亲希望知道，"她尊重且热爱宗教吗？有几个兄弟姐妹？他们的年龄多大了？她身体健康吗？她父母年龄几何？他们以后会为她做些什么，比如说她 20 岁时？你的下一封信至少要能回答这些问题中的几个。你知道你的母亲在新英格兰生活了 27 年，无时不在学习提出问题。"

摩尔斯当时的目标是赚够钱，将来组织一个"家庭"。有一段时间，他8天画了五幅肖像，15美元一幅。他计算，他的这个"职业"一年可能平均赚到2000～3000美元。

但这不够，在画肖像之余，他想搞点儿发明。他和弟弟一起发明了一种用在救火车上的可移动（皮革）活塞水泵，或可以用到船舱底作为抽水水泵，他因此得到了专利。他自己制造了一台机器，可以在大理石上进行雕刻，快速复制雕塑。

1818年，塞缪尔·摩尔斯和卢克利希亚·沃尔克在康科德市结婚了。当时他的一幅肖像画的价格涨到了60美元。1819年，他挣了一笔大钱——给南卡罗来纳州查尔斯顿市绘制詹姆斯·门罗总统的画像，价格是他不敢想象的750美元。

他们过的是不稳定的生活，这对他和卢克利希亚来说都不易。再加上两个孩子，如何让收支平衡成了他们一个无法排除的忧虑。与此同时，摩尔斯的父母搬到了纽黑文，离耶鲁大学的校园很近。由于他父亲摩尔斯神父在地理研究上花的时间过多，被勒令离开了查尔斯顿的布道坛。这是一个严重的打击，特别是对于父亲，他曾坚决地提醒过儿子一段时间不专注于一件事情是危险的。

摩尔斯随后也把家安在了纽黑文。随着佣金和收入的增加，他在纽约百老汇96号设立了一个工作室。他终于在1824年12月向卢克利希亚报告，他可以"全日制"上班了，一边画肖像，一边指导几个学生。他告诉她，他决定工作上不匆忙，绘画上不赶时间。他不想创造"九天的奇迹，一时轰动，然后被人遗忘"。

就在新年前的几天，他写信给妻子："我知道你会和我一起高兴的，我的成功在不断地持续和积累。"信中写道，他被从所有的画家中选出，为拉法耶特将军画一幅半身画像，画像将挂在纽约的市政厅，而他会得到 1000 美元。只要拉法耶特一有时间见他，他就得尽快去华盛顿。他唯一的遗憾就是得离开妻子更长时间了。

其间，在 1 月下旬，他们的第三个孩子出生时，他回纽黑文了几天。他们给孩子起名"芬利"。

1825 年 2 月 7 日，他到达华盛顿，第二天见到了拉法耶特。"我激动不已"，他写信告诉卢克利希亚，将军同意画像。

有人告诉过摩尔斯，拉法耶特的形象"不好"，实际上，将军的头型奇特，眉毛斜立，耳朵和脸庞贴得很近，几乎看不见。随着年龄的增长（拉法耶特当时 67 岁），颧骨愈加突出。而在摩尔斯看来，这是"贵"像，是"脸型和性格一致"的典型，类型体现出了"坚定和执著"，这是这个人突出的个性特点。

2 月 9 日晚，摩尔斯参加了总统招待会。他第一次见到了库柏。那是令华盛顿人较为兴奋的一天，最近的总统选举中，安德鲁·杰克逊赢得了多数，而约翰·昆西·亚当斯得到了选举团的投票。当天，众议院推选亚当斯为总统。

"大群的人聚集在白宫，有很多显赫的人物。"摩尔斯在给卢克利希亚的长信中报告说。

> 我向亚当斯先生表达了敬意，并祝贺他当选。他似乎在某种程度上失去了一贯的深沉……杰克逊将军走上前和他握手，衷心地祝贺他的当选。将军接受了失败的事实，像一个男人……

他在给拉法耶特画像上进展很快。"这封信无法让我表达我对亲爱的夫人和孩子的爱。"他在最后一页的底部写道,"盼望回音……"

然而,卢克利希亚再也没有读到这些文字。两天以后,他收到了父亲寄到宾馆的信得知,妻子已于2月7日辞世。

信的开始写道:"我亲爱的儿子,这一噩耗从严重的程度上来说是我们全家从未遭受过的……"卢克利希亚死于心脏病发作,去世时只有25岁。

"我的灵魂似乎被她所裹挟,"一个月之后,摩尔斯从纽约寄出的信中写道,"我几乎准备放弃。"

> 在我这里的朋友们看来,我是快乐和幸福的,但快乐的外表之下是一颗疼痛的心。我常常装出不一般的快乐,来掩盖自己不一般的痛苦。

摩尔斯全神贯注于工作,把孩子交给了父母。他当时的工作比任何时候都多。给拉法耶特画像之后,他一个接一个地为著名的人物画像。他喜欢和这些人交往,因为这些人的思想和成就使得美国人闻名于世。这些人包括诗人、《纽约晚邮报》的主编威廉·卡伦·布赖恩特,词典编撰家、《美国英语词典》的编者诺亚·韦伯斯特,纽约州州长狄维特·克林顿,伊利运河的伟大支持者(伊利运河就是在那年——1825年完工的),还有耶鲁的本杰明·西利曼,他原来是摩尔斯的自然科学教授,后来当了校长。

摩尔斯率先在纽约创办了国家设计艺术研究院,和美国艺术研究院比肩。当时美国艺术研究院的院长是约翰·杜鲁布尔,而摩尔斯认为这一机构有点儿专权而且平庸。摩尔斯是国家设计艺术研究院的第一任院长，并在哥伦比亚学院组织了一系列的艺术讲座。这是美国艺术家首次开办这类讲座。

在一次国家设计艺术研究院的集会上，他给年轻的艺术家颁奖时讲道，如果期望一个画家的生活是轻松惬意的，那就大错了。画家的生活是"一生的努力和永远的艰辛"，他们必须准备面对"不断的困难和失望"，准备面对"狭隘、无知、卑微和贫穷"。只有"对艺术强烈永恒的热爱"，才能让他们坚持下去。如果他们觉得自己没有这种热爱，他们应当"乘有机会转向时，及时转向"。

1826 年 6 月 9 日，他父亲翟迪加尔·摩尔斯神父在纽黑文去世，不久之后，摩尔斯就向母亲解释他为什么必须去巴黎。1828 年母亲也离世了。就这样，他的妻子、父亲、母亲都离开了他。他那段时间一下子苍老了许多。摩尔斯把孩子们交给了在新罕布什尔的姑妈和在纽黑文的弟弟，收集起在欧洲绘画所得的 2800 美元，出发去了法国。

在一个春光明媚的 3 月的下午，纳撒尼尔·威利斯看到摩尔斯和库柏走在杜勒里公园里。摩尔斯当时一定是完成了在卢浮宫的工作，像往常一样，朝着库柏家走去，要与库柏一起度过傍晚。

他们走过之后，威利斯仍然在公园里，手里拿着笔记本，坐在长椅上，品味着眼前的景色，宫殿的钟敲报了 5 点钟。他写道：

> 太阳隐没在了荣军院穹顶之后，人群渐渐散去。看着公园
> 中的氛围，晚霞让一切变得柔和，雕像、人群、树木，还有长
> 长的深巷，都在霞光的映照下披上了童话般的影子。人群涌向

了大门……公园里日落后要清场。

威利斯写到，那是一个星期五，不过他没有记录下几号。根据他所描述的天气情况，可以判断是 3 月 23 日。

三

霍乱——亚洲霍乱或者叫印度霍乱，从 18 世纪 80 年代在加尔各答爆发。夺走了上万人的生命之后，50 多年来一直是欧洲医学界关注的一件事情。不过，远在印度的灾难似乎让人认为这是"外国的产物"，不像是一种可以袭击"文明"的欧洲城市的东西。

1826 年，霍乱开始沿着古老的贸易之路向欧洲蔓延。到 1830 年，它到达了莫斯科、波兰，1831 年到了维也纳。这时，许多巴黎人开始担心。

1832 年 3 月 28 日，星期三，在下午报以及晚报中，在发往伦敦和纽约的邮件中，巴黎出现了"霍乱"这个词。有 10 个人被送往了位于巴黎圣母院旁边的主恩医院，这是西岱岛主要的医院。有 7 个人死了。"38 位医疗人员和公共事务部"观察了对 5 具尸体的解剖，这已经确定无疑。

这种疾病带来的恐怖在于其凶猛和残酷。染病之人先是感到强烈腹痛，接下去就是呕吐、痉挛和剧烈的腹泻。病人的脸色发紫，直出冷汗，眼球突出，嘴唇和指甲发青。纳撒尼尔·威利斯冒充医生进入主恩医院，他描述了一个二十几岁的年轻女士抽风的样子："她的眼睛从眼眶中鼓出来，口吐白沫，脸色是吓人的青紫色。我从未见过如此可怕的样子。"

医学院的学生小詹姆斯·杰克逊见到了一个病人的死亡，这个人被人叫做"小衣橱"，是个收旧货的商人。他从笔记记录中抽取了一些情景，给他父亲描述了尸体解剖中的所见：

> 胃里有一夸脱红色的液体……小肠里有大量的红色液
> 体……这些小肠中的红色液体有一股酸味，就像没有消化的蔬
> 菜类食物的呕吐物一样……动脉中有大量的黑血……

4月2日，报告有 735 例病例，100 人死亡。给《纽约晚邮报》的一
个急件上写道："大批的人开始离开巴黎。"而这个急件等一个月之后才
能到达美国。

小杰克逊写道，这是"一种最吓人的疾病"。他和几乎每一个美国
医生一样，从未见过霍乱。走进主恩医院的一间病房，他看到了 50 多个
病人并排躺着，"几乎像走进了解剖室，许多人除了还有呼吸表示有生命
特征之外，看不出还活着，情况很是糟糕"。杰克逊的同学阿士贝尔·史
密斯在 4月3日的日记中写道：

> 今天早晨的官方公告中说昨天发现了 1020 例新病例……有
> 一天，一个年轻人来问讯父母的消息，结果发现他们……一起
> 躺在了停尸间，一丝不挂，在一堆尸体之中。疾病迅速向各个
> 方向扩散，人们惊恐万分，美国人几乎全都离开了这座城市。

几个月前，杰克逊的父亲告诉他，如果霍乱传到巴黎的话，他必须
"立即逃离"。他回信问道："如果这种疾病有一天传到我们国家呢，我
觉得这种可能性极大，我何不乘此机会见识一下它的狰容呢？"杰克逊从
未违背过他父亲的意愿，但现在写信说他要留下，希望父亲理解自己，

其他几位美国学医的学生也都做出了同样的选择，包括史密斯。杰克逊继续写道：

> 我们无论是作为男人还是作为医生，都一定得留下来看看这种疾病。作为医生，你懂得这种感觉；作为父亲，你害怕。而对我来说，我承认，至少在努力了解这种生命破坏者的本质及其最好的应对措施之前，我是不愿意回到美国的。

普遍的认识是瘴气——从腐烂的垃圾以及人类的污物中产生的污秽和毒气，是这种疾病的携带者，就像疟疾和黄热病的传播一样。就像海风有益健康一样，城市贫民窟中的毒气可能是致命的。这样霍乱就被认为是一种和贫穷联系在一起的疾病，那些生活在城市干净、空气新鲜地方的人们据说会远离这个灾祸。

实际上，当时没有人知道霍乱的病因，或采取什么措施来对付它。杰克逊承认："医生也处于完全没有把握的状态，不知道该采取什么措施。"

几年之后，人们才知道了这种病的真正起因，是由一种叫做霍乱病菌的微生物引起。这种微生物主要存在于污染的水中，有时在污染的食物中，通过口腔进入到人体，迅速攻击小肠。约有一半的死者经过几天甚至几个小时就死于脱水。

巴黎的死亡人数在上升。有谣传说政府在秘密给穷人下毒。愤怒的人群冲上通往西岱岛的各座大桥，包围了主恩医院，发誓要报复。许多人不解，怎么会呢？像中世纪的瘟疫那样的东西竟然可以袭击如此大的现代文明和学识之都？

4 月 12 日，詹姆斯·库柏判断这场流行病最可怕的阶段已经过去了，但他大大地错了。病魔还在肆虐，而且其带来的痛苦已经传遍了巴黎的各个角落，即便是库柏所在的、原来被认为是安全的圣日尔曼区也受到了影响。苏珊·库柏惊恐地写道："瘟疫就在我们周围，我们的附近就有多起死亡。"

> 我亲眼见到了两个病例，一例是我们门房的妹妹，她来这儿看他时，据认为就已经染病了。还有一例是我们宾馆门口卖火柴的一个可怜的女人，库柏先生让人把她挽进院子，我们照料她，直到她被送到医院，恐怕她死在了医院……

其他人成群结队地离开了这座城市。库柏一家没有离开，只是因为他们病得走不了了。库柏写道，他和苏珊都"在医生手里"，苏珊由于严重的胆病卧床不起，而他在经受着最厉害的头痛的折磨。

不过，他们并不知道留在巴黎是福还是祸。他们宁愿待在这个让他们有点儿水土不服的地方，也不愿去忍受旅行的不便和冒险到别的地方去，也许他们刚到，"恐怖"也会接踵而至的。苏珊写道："它在全法国传播，它绝不会放过上层社会的……"她注意到她的同胞们几乎都逃了，除了医院里那些勇敢的美国医学学生。

摩尔斯也留下来了。库柏写道："塞缪尔太紧张了，他以至于跑都跑不动了。"库柏推测已经有千余人进了坟墓，有人估计得是这个数的十倍，没人能确切地说个准数。

纳撒尼尔·威利斯向他在纽约的读者报道说："教堂里挂着黑布，一个葬礼接着一个。在每一个转弯处，在城市的每一个地区，你都能看到棺材和手推车推着的病人匆忙赶往医院。"

一位年轻的法国女士，阿芒迪娜·奥萝尔·露西·杜邦，刚以乔治·桑的笔名出版了她的第一部小说。她的住所就和西岱岛停尸房隔塞纳河相对，从她家的窗户里就可以看到对面送走的一车车尸体。她和朋友们约定每天定点在卢森堡公园见面，以确定他们都还活着。

不过，巴黎大部分的生活还照旧进行，人们在公园和大街上散步，在饭店吃饭，好像无所忧虑一样。威利斯在游艺场参加了一次假面舞会，有两千来人参加，狂欢了一个通宵，一直到第二天早晨 7 点，狂欢是以死亡为主题的。

> 有霍乱华尔兹，和霍乱蹦蹦跳，还有一个人，个子非常高，化装成霍乱本身，穿着骷髅装，血红的眼睛，还有其他的病魔饰品。

一周又一周，天气不协调的阳光明媚，有了 6 月份的完美，却没有美国盛夏的炎热。詹姆斯·杰克逊写道，他想弄清楚这是怎么回事儿。

> 我走在河边，河水静静、平缓地流淌着，灿烂的阳光普照大地，天空湛蓝，万里无云，一切都是那么清爽、美丽。

杰克逊也像其他人一样，相信霍乱在衰退。经过了一个月在医院的奋战，他累坏了，觉得是出发去伦敦的时候了。他觉得已经尽了自己的力量，已经见得、学得够直接的了，比他曾预测的要直接得多。

同时，塞缪尔·摩尔斯在卢浮宫劳作着。他每天早晨从那两扇大铜门一开就到了里面。朋友们都知道能在什么地方找到他。没人见他耽误过一天，也没人见库柏不在旁边帮忙。说起库柏的小说，他的主人公、他的"原型"，无论是丛林人、水手还是绅士，都总是"一心要做一些非凡的事情"。而就在卢浮宫，他的朋友摩尔斯，在一种没人能预测的压力下，正在集自己的全部力量，做一些非凡的事情。

摩尔斯吓坏了，他年轻时曾拿临死的大力神赫拉克勒斯作为主题；而现在，他肩负着大力神的任务，死神就在周围游荡。瘟疫已经流行五周了，5月6日，他给弟弟写信："我急于完成我的画，回去，这种焦急驱使着我，给我巨大的压力……"

　　　　所有平日生活中的安全感都没有了，害怕和焦虑让最强大
　　的心灵也开始颤抖。人人都有这样的感觉，每当晚上躺下时，
　　会想到也许天不亮自己就可能得病。

他的画必须在8月10日，卢浮宫夏季关门之前完成。他祈祷着9月可以回家。

大多数的日子，人们都会见到摩尔斯在博物馆把他的脚手架挪来挪去，把各种作品临摹到他的画作里面。在临摹作品时，他可能使用了暗箱，一个大黑盒子，物体的实像通过透镜接收，投射到一个表面上。这是画家使用了很长时间的设备，摩尔斯对其非常着迷。

他的画作里包括了22位大师的38幅作品，其中五位——委罗内塞、普桑、克洛德·洛林、鲁本斯和圭多·雷尼各选了两幅代表作；两位——穆里罗和范狄克选了三次；提香的作品出现了四次；达·芬奇唯

一人选的作品就是《蒙娜丽莎》。

每幅画都要临摹得体现出原画的特点；每幅画都得有原画家的风格。这就像一个演员要在表演中扮演 22 个不同的角色，而且每个角色都得演得出色，不能混淆。

而他认为哪些作品和画家重要，是没有问题的。摩尔斯在通往大画廊开着的门上方和旁边，也就是他的作品最重要的地方安排了几幅画。他把提香画的法国国王弗朗索瓦一世的画像，放在了画布最中心的位置，在门的右上方，并且把它画得比其余的作品实际比例稍微大了一些。摩尔斯认为，提香称得上是真正的画家之神，而弗朗索瓦一世是 16 世纪的法国国王。摩尔斯把提香的另一幅作品《以马忤斯的晚餐》直接放到了门的上方，左边他放了穆里罗的《神圣家族》。

摩尔斯第一个开始为卢浮宫收集画作在这些排列中最大的，也是卢浮宫中最大的画作，是 16 世纪威尼斯的保罗·委罗内塞描绘基督第一个奇迹的里程碑作品《迦拿的婚宴》。要把这些艺术精品都以缩略的形式汇于一幅作品之中，本身就是一种绝技。如果人们按从左到右的习惯观赏的话，那么最左边墙上的作品就排第一了。

还有重要的一点，摩尔斯挑选的 38 幅作品中的 16 幅，包括艺术巨匠委罗内塞的画，几乎占了一半，都是宗教主题的。这也表现了摩尔斯对宗教的虔诚。

许多天，当临摹挂在最高处的画作，用画家的话来说，就是挂在"天际处"的画作时，他都置身于离地面 10～12 英尺的高处劳作。更有意思的是，在从事这项他事业中最大的工程时，他却把大部分时间花在使用小画笔在画布上进行微缩处理。

他非常在意能否及时完成，决定把主要精力花在临摹上，因为这项工作只能在卢浮宫进行。等回纽约之后他，再为里面的每幅画配上边框。

经过霍乱肆行的考验，库柏和摩尔斯的友谊更加深厚了。库柏能够敏感地感受到摩尔斯工作的巨大压力。他不断赞扬和鼓励摩尔斯，甚至还暗示，一旦作品完成，他会买下来。至少摩尔斯的印象是这样的。

有一段时间，库柏遭受了很尖刻的批评，摩尔斯觉得很不公平。麻烦始于库柏出版的名为《美国人的观念》一书，这是他在巴黎写的一本小说。小说是以一位当拉法耶特访美时在美国旅行的英国人的语气写的一系列书信。库柏写这部书部分原因是为了取悦拉法耶特，但主要还是为了纠正许多英国人和欧洲人对他的国家的一些误解。这本书不是库柏的上乘之作，文风僵化，说教意味明显，对自己的国家和"美国梦"过分赞誉。当真正的英国作家在美国旅行，得出完全不同的观点时，库柏的书在大西洋两岸都引发了争议。

最为尖刻和猛烈的讽刺也出现在多灾多难的 1832 年春天，而且在英国获得了很大的成功。《美国人的国内风度》描写了在新大陆欢闹的讽刺之旅，作者弗朗西斯·特罗洛普花了很长时间也没有发现什么特别的关于美国和美国人的情况。她对美国人的用餐方式大加嘲笑，说他们"完全没别的国家的人吃饭时的礼仪，手抓牙啃，狼吞虎咽"。她在最后一章说她不喜欢美国人："我不喜欢他们的原则，不喜欢他们的举止，不喜欢他们的看法。"她的书，以及像《爱丁堡评论》之类的出版物上经常发表的一些反美的势利言论，再加上美国本国的批评意见，让库柏无比恼火。为了反击，库柏就愈加吹嘘作为一个美国人的自豪，甚至有些言过其实，而且还对欧洲人以及他们的弱点表示蔑视。

正如纳撒尼尔·威利斯观察到库柏粗俗的长相并不能代表这个人的

个性一样，摩尔斯也觉得库柏及其观点应当有必要在国内和欧洲进行解释。他了解这个人，他了解库柏对巴黎怀有的敬意。"他的思想大胆、新颖、独立，完全是美国人的。"摩尔斯写信给他在纽约的弟弟们，他们创立了一家宗教报纸《纽约观察者》。

> 他热烈地爱着他的祖国及其原则……我非常钦佩他声称自己是美国人时候的自豪……我不知道美国人面对欧洲的那种人为的等级制度时，有什么理由不感到自豪呢？我们没有贵族阶层，没有十字勋章，以及其他哄欧洲那些不成熟的人高兴的玩意儿……

摩尔斯又累又生气。

> 对于美国人来说没有什么"屈尊"，美国的绅士和欧洲任何的称号或头衔都是平等的，国王、皇帝也不例外……
> 库柏看到了这种分等级的荒谬性，他宣称自己的头衔是美国人，并坚持这个称谓。我相信他是纯粹出于爱国之心，这样的人值得得到他同胞的支持和尊重……

威利斯觉得自己被认为是库柏圈子里的人是一件很"光彩"的事情。他说，美国人"和这位天才相比，每天都会感觉自己的爱国热情不够高"。威利斯虽然不情愿，但他还是决定该离开巴黎，继续旅行了，下一站是意大利。他写道："对我来说，巴黎是家，要离开这里，我心情沉重。"

摩尔斯一直在工作，瘟疫退去了，人们回来看这位美国画家和他的作品。世界著名的博物学家和探险家亚历山大·冯·洪堡也来观看，并和摩尔斯进行了交谈，这在整个欧洲这代表了最大的荣耀。

摩尔斯写道，他"花费了很大的努力才找到我"。

到了夏初，霍乱袭击了纽约，在巴黎的势头减弱了一些。不过，这绝不像某些人想的那样，危险过去了。巴黎已经有 12000 人死于霍乱。等到夏季结束，这 6 个月的时间里，死亡数字增加到 18000 人，比整个"恐怖时期"的死亡人数都要多。根据保存下来的记录，没有美国人死于巴黎的霍乱，而在纽约，这场流行病夺去了 3515 人的生命。

多年来，在巴黎的美国人形成了一个习惯：每当 7 月 4 号独立日时，都要举行盛大的国庆宴会，每次拉法耶特将军都是特邀嘉宾。1832 年夏天，虽然有霍乱肆行，但没有任何迹象表明有取消庆祝宴会的打算。对于摩尔斯和库柏来说，这是特别的时刻，是他们在巴黎的最后一个独立日，也是最后一次招待拉法耶特。

宴会是在黎世留大街鲁万蒂埃饭店举行的，这是美国人特别喜欢的一个饭店。摩尔斯这一天主持了仪式，库柏协助主持，包括拉法耶特和美国驻法大使威廉·莱乌斯在内的 80 位来宾，在晚宴结束前共同起立举杯向乔治·华盛顿、美国新总统安德鲁·杰克逊、路易·菲利普国王，还有巴黎市等共 20 多人和地方表示敬意。

摩尔斯向拉法耶特敬酒时，引起了很大的反响。几乎每排人都热烈鼓掌。他讲到了他给将军画的肖像、将军的领袖才能，暗示他就要踏上回国的航程了。而海上的狂风巨浪还在他的脑海中浮现。他所讲的桩桩件件都让人群起立欢呼。

有些人"就像潮汐中的浮标一样，随波逐流"。摩尔斯说道。

> 如果你急切地想知道他们的目标，我们说不出。我们得先看历书，我们得知道月亮的圆缺、风吹过的路径和潮汐的时间……

> 但是，先生们，我们的客人……是水中的灯塔……他矗立在那里。风从他身旁吹过，波涛在他的周围激荡，冬天的雪给他披上银装，他巍然不动。

> 先生们，我请你们和我一起举杯向拉法耶特将军表示敬意。

在接下来的几周，卢浮宫夏季关门之前，摩尔斯抓紧时间作画。看着巨大的画布，他发现自己很兴奋，以至于开始向他的弟弟炫耀了，把它称为"一幅华美的有价值的"作品。"我肯定它是同类作品中最正确的，因为大家都在说我抓住了每一位大师的风格特点。"

最后在卢浮宫的日子，他是在给场景中添加人物，还是把他们留到了以后？无从考证。不过，他很可能是在纽约把人物加进去的。不管什么时候加的，他们都是他计划中的一部分。他添加进画中的人是谁，也是一个很重要的问题。

在摩尔斯完成的题为《卢浮宫画廊》的作品中有 10 个人物，虽然在画中他给了观众提示，但一个也没有明确指出是谁。不过有 4 个人，对于熟悉他们的人来说，很明显就能认出来。最明显的就是摩尔斯本人，站在前排中间，俯身在一个漂亮的艺术生右肩，指导她画画。她画的，也正是摩尔斯在帮她理解的，是左面墙上的委罗内塞的巨幅《迦拿的婚宴》。这位学生是谁无从知晓。还有一位年轻女士不知是谁，她在画的右面，在桌子上画小幅临摹。而左边戴着红头巾坐在那里的画家，据说是摩尔斯的美国朋友，也是合租房子的室友，理查德·哈伯山姆。

画中，门口的台阶上，一个人戴着布列塔尼妇女的传统白色尖顶帽，手里牵着一个小孩，是画中唯一面朝着大画廊光彩的人。作为重点，她的帽子尖正好是一个标示，把观众的注意力指向上面穆里罗的《神圣家族》。同时，布列塔尼妇女和孩子也是一种提醒，告诉观众，博物馆和其艺术珍宝不仅仅是艺术家和鉴赏家的，而是所有人的，不分种类和年龄。

画中一个衣着华丽的男子正穿过门廊，进入方厅，手里拿着黑色高冠礼帽，看上去像雕塑家霍雷肖·格里诺。他的眼睛一直盯着展室中远处唯一的一件雕塑作品《狩猎女神戴安娜》。

在画中的摩尔斯后面左边的角上，有一组三人的组合，没错，正是库柏夫妇在看着女儿苏临摹。据后来人们猜想，可能摩尔斯希望库柏买下这幅画，所以把他们画了进来。不过摩尔斯本人从未这样说过。很有可能，摩尔斯把库柏一家画到画中，其理由就像他在《众议院》作品中加入父亲摩尔斯神父和耶鲁教授本杰明·西利曼一样，能给他很大的乐趣。

画中出现了库柏和他的妻子、女儿，格里诺和年轻的哈伯山姆，这不仅仅是老欧洲艺术精品的陈列，还可以看作是一种大家庭画像——摩尔斯和他的巴黎家人。

不过，没有几幅家庭画像中的家庭成员像摩尔斯那样抢风头。他把自己毫不谦虚地摆放在正中央，而且画得比别人大。他在作品中的自画像目的是希望人们记住他，不仅仅因为这幅巨大的内景图是他自己努力和能力的表现。最明显的是，在指导学生的场景中，他不仅仅把自己展示为一位艺术家，同时展示为教师——一位有着本杰明·韦斯特和华盛顿·阿尔斯顿精神的教师，他是国家设计艺术研究院的一位创建者和第一任院长。这样，方厅就成了大师们的教室，这样奢华的教室盛满了宝物。

物以类聚，人以群分。画的角上是他的朋友库柏。他高高的个子，就像那顶布列塔尼尖顶帽一样起着标示的作用。他标示的是文明的绅士，他在谈论着他所见到的和欣赏的伟大艺术品。另外，作为一位崭露头角的美国名人，库柏也给作者提供了民族自豪感。

将正在侧脸听着父亲评论的苏·库柏画在画上，摩尔斯也许在暗示，他和苏有罗曼蒂克的关系，即使没有的话，也本应该有。

摩尔斯场景中的十个人物中，有六个，也就是一大半，是美国人——他生活中最常接触的在巴黎的美国人。其中，包括那个孩子，有六个人是女性，这表明了摩尔斯鼓励妇女发挥她们的艺术天赋。

可以说，在所有的画作中，没有什么是偶然的。每一个因素都是有意识选择的结果。艺术家选择省去了什么，也是理解其完成作品的重要依据。在摩尔斯的方厅里，没有法国贵族、士兵、神父。这是摩尔斯有意为之，因为当时这些人到处都有，他们会出现在任何的公共场合和聚会上，在卢浮宫也一样常见。

和库柏一样，摩尔斯对巴黎社会的"华而不实"不感兴趣。他和查尔斯·萨姆纳一样不喜欢到处都见到士兵。摩尔斯的欧洲之旅强化了他从小受加尔文教的影响，对任何和天主教会相关的东西，包括对天主教的神父都有一种天然的厌恶。在罗马，他在笔记本上写道，这些天主教神父"在赌博消磨时光"，他们"衣冠不整，有辱风景"，他参加的天主教仪式里有"无数的鞠躬屈膝和香烟缭绕"。他在进入天主教堂时愿意脱帽，但在大街上遇到宗教活动游行时，他不愿意脱帽。他写道："如果只是一种礼节的话，我不反对。但在我看来是偶像崇拜的活动，在大街上，我当然不会赞成的……没人有权干涉我拥有良知的权利。"

一次，在罗马的大街上，宗教游行队伍经过时，摩尔斯没有脱帽。当时，一个士兵——红衣主教的卫兵，用枪杆打掉了摩尔斯的帽子，并辱骂了他。后来想起这件事，摩尔斯觉得他不怪那位士兵——一种宗教会驱使人做出无法理喻的事情。

除了贵族、士兵和神父以外，他还选择了忽略巴黎中上层社会的人，也就是大多数的资产阶级，或众多的欧洲游客，他们是常规人流中的主力。正如他在内景图里从博物馆的一千多幅作品中挑选出了自己喜爱的作品一样，他也根据自己的喜好挑选了画上的游客。

画中也没有一点儿迹象显示当时在博物馆之外死神正大发淫威，没有显示画里中间台阶上的人内心正备受煎熬。相反，作品给人一种安全、舒适的感觉。没有冷酷和威胁，画作在方厅的深红色墙壁上洋溢着热情，从画廊的穹顶洒下了一缕阳光来看，充满着希望。

库柏在整个的工作过程中都在场，陪伴着摩尔斯。"他每天都在画廊陪我度过两三个小时（这是他放松的时间），一直这样。"摩尔斯在 7 月中旬给弟弟的信中写道，当时一天就有二百多人死于霍乱。

不久之后，库柏和家人出发去德国和瑞士短期旅行，终于松了一口气，把巴黎抛在了身后。库柏常常给摩尔斯写信，描述他和家人的所见，还有苏珊·库柏健康状况的好转。他希望摩尔斯能留在巴黎，等到来年春天，他们可以一起乘船回国。

不过，摩尔斯已经做出了决定。等库柏一家 10 月中旬返回巴黎时，摩尔斯已经走了。他在卢浮宫的工作收尾了，他的事情做完了，他和拉法耶特深情告别。10 月 6 日，他从勒阿弗尔港乘坐美国小邮轮"萨丽"号启航，而《卢浮宫画廊》被安全地放在了甲板下面。

四

摩尔斯带回去了更重要的东西——一个想法。这个想法是受巴黎之外人们传递信息系统的启发，类似于旗语，即使用机器操纵的装置在相距 6 英里的高塔顶上摆动，用望远镜来读取信息。这种方法在晴朗的天气里效果很好，但雾天、雨天和晚上不能用。人们第一次用"telegraph"这个词来指这个法国通讯系统。

摩尔斯后来说，他第一次提到可能用电来进行远程通讯是在"萨丽"号回国的旅途中。他回忆道"使用电线作为通讯手段的想法"产生的方式、地点和时刻，仿佛是"一下子进入了我的头脑"。据库柏和家人的说法，摩尔斯在 1832 年春天，离开巴黎之前的好几个月就经常在晚间的聊天中提到这个想法。"我承认我当时认为这种想法是空想。"库柏后来告诉摩尔斯："我一直认为你是头脑清楚、具有常识的人，认为一个画家有时会胡思乱想放松一下头脑。"

理查德·哈伯山姆也记得他们一起在屋子里度过的时光，听摩尔斯说起法国的远程通讯太慢了，还有摩尔斯曾邀请一位法国专家，向他请教法国这种通讯系统的细节。哈伯山姆写道：

我还记得我们经常去费尼莫尔·库柏先生在圣铎米尼克大街的家，经常谈起美国人感兴趣的话题，摩尔斯似乎总在讲……

106

不管摩尔斯是什么时候说起的"电报",但可以肯定的是这个想法的核心是他在法国产生的。

1833 年的夏天,摩尔斯在纽约完成了《卢浮宫画廊》的最后一笔。8 月 9 日,他在写给库柏的信中说:"我的画画完了。"这幅作品在百老汇和派恩大街著名的书店卡维尔公司的二楼画廊展出,门票是 25 美分。

评论中充满了敬意、赞誉甚至是热情,评论家威廉·邓兰普写道:"每位艺术家和知识分子都感受到了其魅力。"《纽约镜报》上的评论写道:"那些伟大的名字组成了一个大的星座,只要绘画艺术不灭,他们的光辉就会闪耀。"

> 看到这幅伟大的画作,我们不知道该更敬佩哪种精神,是敢于承担这么浩大工程的勇气呢,还是完成它所需要的毅力呢?
>
> 在这个国家,我们从未见过这样的东西,它给我们的感受迥异于其他的画作……
>
> 我们真的得祝贺国家,能拥有这样的珍宝。我们和一位从未去过欧洲的艺术家朋友说起,在看到摩尔斯先生卢浮宫的画作之前,我们对历史上的大师没有任何概念。

然而,公众对此兴趣不大。从商业利润上说,这幅画并不比摩尔斯的《众议院》成功。

后来,它被一个名字叫做乔治·海德·克拉克的人买走了。他住在库柏在奥琪勾湖的老家不远,摩尔斯在去法国之前曾给他画过像。画卖了 1300 美元，摩尔斯原来想卖 2500 美元。

《卢浮宫画廊》后来在 1982 年被芝加哥的一家博物馆以 325 万美元的价格收藏。那是到当时为止，美国艺术家作品的最高价，这在摩尔斯时代是无法想象的。

库柏和家人在 1833 年春离开了巴黎。他们在国外逗留的时间比预想的要长。对于他们岁数小的孩子们来说，他们有一半的时间是在国外的，不过没有人对在巴黎的时间感到遗憾。库柏离开美国之后写了 8 本书，他私下说现在该把写作停下来了。不过后来还是有更多的作品问世，包括《欧洲拾萃》，描述了他在法国的经历和观察思考。还有两部更受欢迎的纳蒂·班波的故事——《寻路人》和《猎鹿者》。后一部书被认为是他的代表作。

距库柏和家人从纽约出发踏上去法国的航程已经七年了，当时路过船上的人喊的话充满了凶兆："你永远不会回来了。"而现在他踏上了归途。不过和摩尔斯不一样，他再也没有回到过巴黎。

第四章　医学界

在巴黎，作为医学学生可不是小事。

——奥利弗·温德尔·霍姆斯

一

像所有大城市一样，巴黎也是由各种各样的世界构成。其各有特点，各世界好像互不往来，独立于其他世界。在这些世界中，巴黎的医学界是很出名的，也特别重要。巴黎有数量巨大的医院和无数杰出的医生、医疗技术人员、护士、实习生，还有数以万计的病人。巴黎有一所著名的医学院——巴黎医学院。来自于法国各个地区和世界各地的几千名学生在这里学习。

这也是巴黎——那些身陷其中的人的巴黎。无疑，这与巴黎时尚界、政治界、知识界、金融界以及游客的巴黎迥然不同，更不用和那些没到过巴黎的人头脑中的巴黎，或赤贫者的巴黎相比了。

巴黎医学界的人口相当于一个小城市的人口，包括各种各样的人，实际上各种已知的疾病，还有各式各样的苦痛，时轻时重，还有时隐时现的死神都在此显身。对于外行来说，医院标准的程序，还有医生的竞技场，是让人厌烦的。而对于内部深谙此道的人来说，职业上的竞争、嫉妒也像任何的演出公司一样盛行。

这不是一个封闭的世界，这里的几乎各个环节都可以参观。而通常人们所看到的是护士的尽责和善良。她们有条不紊地给予病人恰如其分的关怀，这些都是如人所愿的。作为一个学习的地方，它是无与伦比的。这里的各个部分和成绩都可以让巴黎自豪。

最大的医院是主恩医院，位于西岱岛巴黎圣母院旁边，是巴黎圣母院广场上的一座巨大的五层楼建筑。其右边是大教堂，后面是塞纳河。医院建于 1602 年，是巴黎，也许也是整个欧洲最古老的医院了。其建筑特点唯一与众不同之处，在于它的入口处有一个休息大厅，多利安式圆柱三面对着宽阔的石阶路，有一个附属楼几乎和主楼一样大，立在主楼后面的河对岸，两座楼之间有廊桥相连。这家医院有 1400 个床位，一年服务 15000 位病人，和巴黎所有的医院一样，病人都免费治疗。

医院中规模第二大的是爱心医院。这家医院的位置极佳，面对着植物园，在塞纳河对岸不远的地方，医院有 800 个床位。如果说主恩医院擅长于外科手术，爱心医院则以临床医学而出名，特别是治疗胸腔疾病，比如结核病。

慈善医院也位于塞纳河左岸，比爱心医院要小一半，外表也破旧了许多。不过，基本上和前两个医院属于一个级别，有几个著名的医生，在医学学生中颇受关注。慈善医院位于狭窄的雅科布街，几乎就在美国历史上一处重要纪念地的对面，那就是约克旅馆。1783 年，在这里，本杰明·富兰克林、约翰·亚当斯和约翰·杰伊签署了《巴黎条约》，正式结束了美国独立战争。不过，没几个美国的医学学生知道这一点。

儿童医院位于塞夫勒大街，是世界上第一家儿童医院。巨大的硝石库医院建于 17 世纪，最初是为乞丐们建的，就建在了废弃的硝石场上，是贫困的女神经病人收容所。而对于贫困的男神经病人，还有一所大一些的医院，就是在南面山上的比赛特医院。圣路易医院在巴黎的东北部，是亨利四世国王为了抵御瘟疫而修建的，是漂亮的砖石建造的亭阁，看上去就像一座小教堂，现在用作皮肤病医院，是第一个此类的专科医院。

在 1833 年，也就是霍乱肆行的第二年，巴黎共有 12 所医院，为 65935 名病人提供了医疗服务。相比之下，马萨诸塞总医院和曼克林医院加起来治疗了不到 800 人。

主恩医院、爱心医院和慈善医院都相距不远，互相之间步行即可到达，再加上附近的医学院，就构成了巴黎医学界的核心。在这里聚集了法国医学界的精英，许多人在国际知名。他们给学生讲课，巡视病房时也让学生陪着。

奥古斯特·弗朗索瓦·肖迈尔就是首席临床医师，他在主恩医院上午查房、下医嘱时，会有许多人跟着；纪尧姆·杜沛伊特朗占据着主恩医院外科主任的重要位置；阿尔弗雷德·阿尔芒·路易斯·玛莉·韦尔博在慈善医院和医学院讲课，写了手术条例，供大多数学生学习。他还是一个楷模，通过自己的努力，从底层社会奋斗到了自己这个专业的前沿。大家都知道，韦尔博是一个铁匠的儿子。

菲利普·里科尔是著名的梅毒病专家，是为数不多的说英语的医学教授；加布里艾尔·安达拉在医学院讲授内科病理学，在许多学生看来，他是教授中最滔滔不绝的；皮埃尔·夏尔·亚历山大·路易虽然不是最能说的，也不是特别受欢迎的，但是对美国学生影响最大的。路易态度坚决地坚持把证据——事实作为诊断的基础。作为巴黎戴着听诊器的最好的人，他深受学生拥戴。

和医院相比，坐落在医学院街的医学院则是全新的。其基石是在不到 60 年前，也就是 1776 年奠定的，是新古典派建筑风格，庄重大方。其中央阶梯教室可以容纳近千人听课，学院里面有展室和图书馆，全都对外开放。

医学院作为公共机构是法国教育的窗口。从 1789 年大革命起的一段时间，医学教育的机会难以想象地可以提供给很年轻的人。医疗行业对所有合格的年轻人开放，不管其家庭背景如何，是贫还是富，家庭的社会地位不再重要。韦尔博医生的经历就证明了这一点。

在敞开大门精神的指引下，教学的语言使用了法语，而不是拉丁语。进入到医学院学习，要求得经过大学或相当于大学的教育。而美国的医学院没有这样的规定。不过，外国学生，包括美国学生，不必满足这样的要求。另外，对于外国学生，包括美国学生，没有学费，和在索邦大学一样，听课是免费的。

美国的医学界没有什么可以和巴黎医学院来相比的。美国当时的医学教育刚起步，到 19 世纪 30 年代，仅有 21 所医学院，每个州平均不到一个，规模都比较小，只有五六名教授。美国大多数有抱负的医生不上医学院。他们跟随"有名的"医生学徒，而这些"有名的"医生大多没有受过良好的培训。库柏在小说《拓荒者》中描写了一位名叫爱尔男森·托德的人物，是一个学徒医生，据说是以现实生活中库柏镇的医生为原型的。尽管故事的背景是 19 世纪初，描写也有些夸张，不过在许多方面，这个国家的"行医"教育也没有多大改进。

（约 18 岁时）这个孩子就搬到了村里医生那儿去了。这位医生先生早期的职业也和我们的主人公一样，有时候洗刷一下马匹，有时洗刷一下医药用具……这种生活持续了有 12 个月，

> 有一次他突然穿着大褂出现在了聚会中……几个月之后，他一
> 生中第一次被称为托德医生……

在医学院有 26 位教师，讲授解剖、生理、医疗卫生、自然医疗史、妇产、外科病理、药理学和有机化学、内科病理、治疗学、病理解剖、外科手术、临床医学、临床产科、妇女儿童病、法医等课程。

而学生注册人数为 5000 人，约为美国当时所有医学院学生数的两倍。19 世纪三四十年代的美国医学院入学的人数很少，一年只有 30 ~ 50 人。

对于那些初到巴黎的美国学生而言，除了考虑语言问题之外，进入这样一个世界是令人兴奋不安的。其中有人写道："这是一个新世界，一旦进入，很难再逃脱。"

不过一旦"进入"，大部分人只想比他们原来预想的要更久地待下去。在刚开始的几天里，阿施贝尔·史密斯就在家信中强调说，他的思乡之情挥之不去，想很快回到北卡罗来纳去。不到一个月的时间，他对一个堂哥说："我不会再总想离开这里，我要尽可能长时间地待下去。"

小詹姆斯·杰克逊在霍乱病房服务之后，离开巴黎去了不列颠群岛，之后于 1832 年秋季又兴高采烈地回到了巴黎。他在伦敦、都柏林和爱丁堡的医院里的所见，没有什么可以让他改变对巴黎医学界的高度评价。他认为，医学院的伟大就在于那些有思想的伟大的人。他回到巴黎后不久出席了一次讲座，这是他听到过的最激动人心的讲座。他在给父亲的信中写道："这一周的亮点是安达拉介绍大脑疾病的讲座，这个人的思想是那么深邃，视野那么开阔！"

杰克逊的波士顿朋友梅森·沃伦也是一个新来者。后来，他描述说

以前对他所进入的世界"一无所知"，感觉"不知所措"。沃伦和杰克逊还有另外一个波士顿人亨利·鲍迪奇，在斜上坡的狭窄的王子街找到了一个住所。不久，温德尔·霍姆斯也搬到了这条街上。他几乎住在是坡的最高处。霍姆斯描述说，他的房间在一幢5层楼的顶楼，有3个窗户，能看得很远。房间有砖石地面和一块"很好"的绿色地毯。家具有一张床、大理石桌面的写字台、桃花心木的饭桌、两面镜子、两把扶手椅和一个墨水瓶。所有这一切的租金是每月40法郎，也就是8美元，这在当时是适中的价格。还要给门房"一点儿额外费用"，他每天早晨叫早、整理床铺、洗衣服和擦鞋。霍姆斯的住所离医学院很近，从王子街去医学院是一路下坡。他用不到4分钟就可以从住处出发赶上第一节课。

梅森·沃伦在波士顿的医生父亲问，他的一天通常是如何度过的？有一次，他认真地回答了这个问题。

> 我通常6点多一点儿起床，佣人每天早晨来叫醒我，并点上蜡烛。6~8点到主恩医院跟随卡摩尔，他目前是一个很有名的医生，在肺病方面的造诣颇深。8点杜沛伊特朗开始巡查，持续一个小时。到9点，他随后讲课、咨询和手术，会持续到11点。然后我吃早饭……

吃完早饭之后，他去听外科课程，接着是外科病理学，到下午4点钟。5点吃晚饭，晚上安排了"读书等"，还请了私人教师教讲法语课。

沃伦一看就是一个很亲切的年轻人，大家都喜欢和他在一起。据说他在场时谈话的兴致永远不会低落。亨利·鲍迪奇记得他总是那么随和："没人听到过任何关于他的坏话。"和鲍迪奇以及其他的美国人不同，沃伦来巴黎主要是集中精力学习外科，这和他的家庭有关。对此，霍姆斯写道："他一刻也没有忘记他的伟大目标——准备成为一名卓越的外科专家，这是他家族的需要……"沃伦在开始学医的前 3 个月刚上了哈佛。他先是在家和著名的父亲学习，然后又到了哈佛医学院，成绩突出，优于其他人们称之为"医学生"的学生们。

医学院的学生或者选择普通医学、或者选择外科，作为他们的"专业方向"。他们两种课都听，到医院既跟内科医生也跟外科医生巡查。那些专门学外科的人的教学大纲不同。因此，沃伦的时间安排和他的朋友杰克逊、鲍迪奇、霍姆斯的没多少相似之处，他们中没有人想当外科医生。实际上，尽管他们都住隔壁，但除了偶尔一起吃饭以外，他和他们很少见面。

沃伦瘦瘦的、蓝眼睛，21 岁。他的一位名叫罗博特·胡珀的同学给他画了一幅画像：他头发浓密，牙齿间叼着一支雪茄，有点扬扬得意的样子。他就是以奇特的装束而出名的。穿着最时尚是他的本性，这是从他父亲那里继承的。他家的一个朋友写道："他实际上是一个必须把自己打扮得非常帅气的人……他会充分利用巴黎给他提供的时髦的机会……"他特别喜欢穿肥大的衣服，这样让他看上去不那么瘦小，更有男子气。无论什么季节，他的衣服和裤子都"无可挑剔"，衬衫"精致"，他的几个背心都是"各种颜色和图案的精品"。他在穿着上的花费似乎一点儿也没让他的父亲感到烦恼。

沃伦身体不好，主要是消化问题。一生中大部分时间，这个问题都在困扰着他。他在哈佛只上了三个月的本科就离开了，就是因为健康原因。自从到了巴黎之后，除了牙齿有些毛病之外，他的感觉从来没有这么好过。也许这和一天只能吃上两餐有关，他父亲就曾让他少吃。还有一种可能，他每天在医院中见到的病痛让他自己的病痛不值一提。或者是由于他学习的兴奋，再加上一个人在巴黎、远离父亲，这也是对他的一种治疗。

作为学生，沃伦和小詹姆斯·杰克逊不在一个层次上。当时没有人能和杰克逊比。沃伦在法语学习方面比别人更差一些，"在生活必备语言"方面可以基本理解，一旦和人谈话，就觉得"完全不知所云了"。不过，他在学习方面还是可以自律的。

沃伦作为著名外科医生的儿子和孙子，早就知道大家对他抱多大的希望了。和小詹姆斯·杰克逊一样，他也被要求定期向他父亲汇报情况。父亲约翰·柯林斯·沃伦不仅极大地关注远方的儿子的生活和职业进步，而且要求他要不断把国外外科医学的新发展报告给他。"观察手术，尽量近距离观察。"父亲教导他说。父亲30年前就在巴黎学习。"把重要一点儿的每本新书都给我寄来……"这些指示都不是那么容易执行的。

和小詹姆斯·杰克逊一样，沃伦也定期详细地写信告诉父亲，他是如何利用时间、观察手术的过程、他的教授以及他对他们的评价、他在读的专业书籍和期刊。他的书信书写清楚、字迹清晰，一般能写5~8页。这样，一封封的信非常详细完整地记录和描述了美国医学界学生的生活。

二

在古老的主恩医院，每一个长长的病房都像城堡的大厅，两侧一排排的病床几乎有上百张。这对于每个第一次看到的人来说都是一种奇观。打蜡的橡木地板擦得锃亮，一切都井然有序。每张床都有单独的白布帘从高处的墙上垂下。窗户大小合适，透光通风良好。即便医院有1200名病人，也不显得拥挤。

几十名圣奥古斯丁教会的修女戴着宽大的白帽，四处忙着，干着护士的工作。美国人的描述中经常表露出他们对"这些优秀的女人"的赞赏，赞赏她们的技术和善良。在和一位同学散步时，小詹姆斯·杰克逊看到了一位护理修女，感叹道："这是一张多么亲切的面孔呀。"在霍乱肆行期间，他目睹了她对病人和临死的人的悉心照顾。

对于学生来说，在这样的大医院学习，最大的好处就是各类病人或受伤的人数量众多，可以亲眼见到各种各样的病痛。他们可以参与六七例结核病或十几例其他病例的检查，而不是一次就查一两例。几个月的时间，一个学生就能参加 50 多例结核病的检查。在美国，除了几个医学院之外，都没有要求学生有医院实习的经验。

黎明前，6 点钟就开始了第一轮查房。一位名医领着，在烛光下，两三百名学生相随。很多人都到不了病床边，看不到什么。在美国人看来，法国学生们似乎都想尽量挤近些，人们激烈地争抢着那些好的位置。小詹姆斯·杰克逊叙述说，有许多次他挤到床前，要参与检查，当他要把耳朵贴到病人的背上时，"一个法国人的脑袋挤进了我的脑袋和病人的背部之间"。杰克逊立即又加了一句，法国人挤进来时，随口就吐出一句早已准备好的："先生，对不起！"

温德尔·霍姆斯记得，在外科主任纪尧姆·杜沛伊特朗男爵弯腰看病人时，学生们都挤在他身后，都贴在了他的背上，以至于他得"像甩老鼠一样把他们从他那宽阔的肩上甩开"（霍姆斯的语言天赋出色，从一开始他听课就没多大困难，不到一年他就可以用法语记笔记了）。

杜沛伊特朗是法国医学界的巨人，无可置疑地成了主恩医院的帝王。他英俊结实，盛气凌人，以前是战地医生，拿破仑曾授予他男爵称号。他身穿白大褂，大步走过病房，在矮小的霍姆斯看来，就像是"天神"

一样。他保养得不错，满面红光，据说大部分的晚上都在王宫的高级赌场度过。学生们说，看他早晨的脸色就知道他昨晚是赢还是输，很多天早晨，他脾气暴躁。

看杜沛伊特朗拿着手术刀工作，就像是在看一场精彩的表演。他口中一直不停地在说，喜欢"做秀"。对于这位法国人来说，似乎到处都是舞台、是表演场，即使是外科手术也不例外。

梅森·沃伦仔细观察杜沛伊特朗在烛光下为几个病人去除了白内障，为一个病人摘除了舌头上桃子大小的肿瘤。他看着杜沛伊特朗从一个孩子的胆囊中取出了胆结石；为病人进行人造肛门的手术，以此种手术让他更加名声显赫。"他的手术总是那么出色，诊断有时令人惊叹。"沃伦写道，"他总是让我们相信他是一个了不起的人……"

沃伦也听主恩医院外科医生菲利普·约瑟夫·鲁和慈善医院外科医生雅克·李斯佛朗的课，并参与他们的手术。这两个人都以截肢技术而出名。他觉得李斯佛朗在手指脚趾截肢时"动作干净麻利"。他看到了李斯佛朗"用一个大切刀一下子"就截掉了一个患了癌症的生殖器。还有一天，他观察了鲁给一个病人截掉了一条胳膊，给另一个病人截掉了一条腿。

大家都知道外科医生的手有力、快捷、灵巧。据说和艺术家的手有异曲同工之处。观察外科医生的手不仅仅是观察其动作，更是观察艺术家的工作。有人说这种工作必须以古老的格言为准——迅捷、坚决和一致。

显赫的杜沛伊特朗，还有其他的外科医生没有使用麻药，甚至在手术前手都懒得洗，器具也不做消毒。这些梅森·沃伦和其他人都没有记录和评论，因为当时还没人知道这些预防措施。

沃伦也没有写病人的叫喊。

不过，有几个法国外科医生对待病人的态度让沃伦他们感到不安。

这些医生表现出来的职业冷静有些过分了。在沃伦看来，李斯佛朗的手术"随意性很强"，"完全取决于他自己想对病症处理到什么程度。我见过他做一个眼部的癌症手术，凿头颅上的骨头，直到我觉得脑浆随时都会流出来。"

李斯佛朗是一个十分相信放血疗法的医生。温德尔·霍姆斯注意到有一次他命令给 10~15 位病人放血。（主恩医院专门养了吸血水蛭用于给病人放血，有专门养水蛭的员工。）在霍姆斯看来，李斯佛朗几乎是一个"放血者和病人器官砍伐者"。

似乎在很多情况下，外科医生的主要动机就是想给人做手术，基本不为病人考虑。菲利普·鲁坚持要切开一位老人的肩膀取出肿瘤，病人一个小时后就死去了。"不手术的话，病人可能会再活五六年。"沃伦写道。他不知道有多少手术只是为了"漂亮利索地进行手术"，而不是为了拯救生命。

据沃伦估计，有三分之二实施了截肢术的病人后来死去了。实际上，大多数在技术熟练医生手术刀下活下来的病人后来又死了，几乎都是死于感染。当时还没有法国化学家路易·巴斯德对于细菌传染疾病的论著，也没有英国医生约瑟夫·李斯特关于手术消毒的主张。

即使最好的医生对病人也没有什么同情心，他们态度粗鲁，脾气暴躁。说起直接对病人的虐待，"伟大的杜沛伊特朗"几乎无人能敌。沃伦写道：

> 如果没有执行他的命令，他想都不想就殴打和虐待病人。在问诊过程中他最喜欢做的就是揪病人的鼻子。一有人进来说头部有什么毛病的话，他就会立刻被揪着鼻子跪下，半难受半

生气地接受检查，一直到允许他起来描述病情为止。

主要医生之间公开的，而且常常是大事张扬的敌意，也让美国人感到吃惊。像杰克逊和沃伦这些医疗世家长大的人，感到这很给医学界丢脸。据说同行的舌头比解剖刀都要锋利，李斯佛朗每次讲课几乎没有不诋毁杜沛伊特朗、鲁和韦尔博的。

李斯佛朗身高6英尺，比一般人都高，声音像打雷一样。他头戴一顶旧的红黑相间的帽子，穿一条灯笼裤，当他走进慈善医院的前门时，裤子在风中鼓起。沃伦向他父亲报告说："在讲课时，他的风格就像竞选演说。"生气时，他满嘴脏话，"一旦别人的想法和他的相悖，他立即就向对方大泼污言秽语……"他把最野蛮的漫骂留给了他原来的老师和偶像杜沛伊特朗，习惯上称其为"拦路劫匪"或更恶的字眼。

虽然这些都很粗鲁和令人不快，但是没有学生抱怨课堂枯燥或哪个老师讲课的水平不高。杜沛伊特朗是当时法国无可争议的最伟大的外科医生，他的课很有吸引力。正是他给手掌肌肉痉挛命名的，至今还叫做"杜沛伊特朗痉挛。"

阿尔弗雷德·韦尔博越来越受美国学生欢迎，不仅仅因为他是从卑微奋斗成功的，也因为他对他们感兴趣。多少年后，霍姆斯回忆起韦尔博的出生和能力时说："由一双穿着木鞋的脚支撑的聪明头脑，要比穿牛皮鞋的脚支撑的木头脑袋好得多。"

和美国的医疗培训相比，法国除了医院质量、病人数量、医务人员的能力与名望、所提供的培训种类之外，还有两大重要优势。这两个优势几乎都和两个国家人们的行为方式有关。

第一个优势是，巴黎的学生在医院巡视病房时有足够的机会给病人做检查，无论男女。而美国的情况不同，美国的许多女病人宁愿病死，也不愿意让一个男大夫检查自己的身体。这种"敏感"是无法逾越的，结果许多美国女病人确实死去了。而美国医疗界的年轻男性除了从书本上，很少有机会研究女性的身体构造。

法国的情况大不一样，费城一位名叫奥古斯图斯·伽德纳的外科医生来巴黎进行医疗观摩和培训，他写道："和美国妇女相反，法国妇女没有一点儿这种让人不自在的敏感。她不但毫不掩饰地给医生描述病情，而且还让医生亲眼看看。在这个方面，在巴黎受教育的医生就要比国内学习的有优势。"

第二个不同之处在于解剖用的尸体来源上。在美国，由于各州的法律以及公众的态度，很难得到用于医学研究的尸体。其结果是研究用尸体价格昂贵，直到1831年，马萨诸塞州的尸体交易还属于违法行为。这导致了早年的一些医学学生，包括梅森的父亲，去盗墓。马萨诸塞的新法律允许使用那些公家出丧葬费埋葬的尸体，主要是那些死在监狱里的人。纽约的法律也是如此规定。康涅狄格、缅因、新罕布什尔、伊利诺伊和田纳西州都紧跟这些规定。在南方，一般只有得到奴隶主的许可，奴隶的尸体才可以用于解剖。

而在巴黎，人们对尸体解剖没有任何的偏见，甚至医院里的那些危重病人也"知道他们的命运"，三分之二的尸体要运到解剖室进行解剖，他们似乎不在乎。在医院之外，由于疾病和贫困的侵袭，尸体很容易得到，而且便宜。成年遗体6法郎，也就是2.5美元一具，小孩的更便宜。

约翰·桑德逊在拉丁区找了一处房子，在医院附近，"过起了一种学生生活"。他描述说，看见车"拉来、倒出了十几具一丝不挂的男女尸体，就倒在人行道上，像倒出一堆木头一样"，这是要运进解剖室的。

在爱心医院附近奥尔良大街的阶梯解剖室，送尸体的时间是中午。温德尔·霍姆斯写了他是如何和一个瑞典学生分摊费用，到傍晚已经"把他割碎成了小块"。这样，人身体上的各个器官部分——神经、肌肉、器官、血管和骨头都得到了仔细的研究。霍姆斯强调说，除了巴黎以外，在世界上其他地方都几乎是做不到的。

石头地板的阶梯解剖室很大，可以同时容纳 600 名学生练习手术，空气中的恶臭难以忍受。费城的访问医生奥古斯图斯·伽德纳生动地描写了这里的情形。

> 这里可以看到勤勉的学生，穿着弄脏了的衬衣，戴着一顶古怪的帽子，一只手拿着解剖刀，一只手拿着解剖学论文，嘴里叼着一支雪茄，其醉人的味道在大多数情况下是有害的，但这时却是他抵御周围二十几具尸体散发出的恶臭最好的工具……这里也有博学的教授，在重新解剖，以准备一次困难的手术，以此来为他次日要上演的剧目进行排练。地板上的血肉，在他眼里就是雕塑家未完成作品周围的大理石碎屑。

对没用的碎屑的处理就是喂给外面笼子里关的狗。夏天是不做解剖的，因为酷热的天气使尸体腐化得太快。

在解剖室的工作是那么的令人恶心，到处是尸臭和烟雾。不过，每个学生都很理解，在死人身上练习技术比起在活人身上练习要好得多。如果说这个职业是艰苦的，那也是他们自己选择的。对于任何一个美国人来说，要半途放弃而回国是很容易的，不过没听说有谁这样做了。

"医学生"们发现他们的巴黎，也像那些来写作、绘画、学习、吸收思想的美国人的巴黎一样赋予人灵感。在巴黎，他们有一种身处中心的感觉。温德尔·霍姆斯在给父亲的信中表达了他的感觉。

我一生中从未有过这样忙碌，我们听课的大厅可以容纳近千人，每天都爆满……医学院的整个墙上都是讲座的通知……在各大医院，都能听到讲座的声音，来自世界各地的学生集中到这里……

小詹姆斯·杰克逊宣称："没有一天我没有学到新的东西，或以全新的力量来更新我的旧知识。"

重要的是，除了医院和讲座之外，医学院还有藏书3万册的图书馆。相比之下，纽约市的内外科医学院总共只有1200册图书，哈佛医学院的藏书就更少了。除此之外，附近植物园的历史自然博物馆还有世界著名的展览和讲演。从弗吉尼亚来的莱温·乔伊斯热情洋溢地把植物园的历史自然博物馆比作知识的盛宴，"这里的美味应有尽有！"

"上帝保佑，你们永远也不会后悔把我送到这里的。"心存感激的亨利·鲍迪奇给父母写信说。像沃伦、霍姆斯和其他医学生一样，鲍迪奇还在索邦学院听课。

鲍迪奇开始走上医学道路时，自己也不清楚这是否正确。他进入到哈佛医学院，一想到有那么多基础工作需要做，就充满了怀疑和反感。然而，在一次解剖实验中，一位解剖学讲师给他看了一条小臂上的肌肉排列，从此他的想法开始改变了。

鲍迪奇也有一位杰出的父亲，纳撒尼尔·鲍迪奇。纳撒尼尔·鲍迪奇自学成才，成为一名天文学家和数学。1802 年在航海游历了许多地方之后，出版了《新美洲实用航海》，这让他名扬四方。小鲍迪奇举止文雅，充满了灵气，有幽默感。他很努力，很快就赶了上来，对解剖练习的反感消失了。在解剖台上一天的练习，他还觉得不够，想进行更多的查看。于是，他把一片肺放到帽子底下带走了，从门口的警卫身边走过，一切都顺利。他走到大街上，这时感到血从他的脸上流了下来。

小詹姆斯·杰克逊的友谊对鲍迪奇来说是天赐之物。他们都相信，杰克逊是先锋，是精神导师，将来一定会有所作为的。他写道，杰克逊"全身心地投入到了他的职业中，我非常喜欢他"。

杰克逊肯定鲍迪奇的路选对了，特别建议他师从皮埃尔·路易。尽管杰克逊非常钦佩口才很好的加布里艾尔·安达拉，但他把路易当作偶像，认为他在诊断方面是"时代的大师"。杰克逊先安排把鲍迪奇介绍给路易，然后又加入到了路易在爱心医院巡查的队伍中。这个巡查队伍和更受欢迎医师的巡查队伍相比人数要少得多，主恩医院的杜沛伊特朗巡查时有几百人跟着，爱心医院的路易巡查的队伍至多 15 人。路易细心地把巡查安排在上午晚些、光线好的时候。

霍姆斯于 1833 年春天到巴黎后，也受到了杰克逊的照顾。

工作忙个不停，机会也源源不断。梅森·沃伦写道："每天匆匆忙忙，时间像影子一样飞逝。"对他来说，随着法语的进步，他的眼前开启了一个新的世界，有那么多领域等着他去研究，他尽最大的努力，尽可能地探索。他听关于梅毒的课；在性病医院观看手术；几次到儿童医院听关于百日咳、麻疹和水痘的讲座。沃伦热切地写道，儿童疾病对他是"一个全新的领域，等待着探索"。他在索邦学院听化学课；有一个月他进行狗肠子的"一些有趣的实验";在圣路易医院他研究皮肤病,并对德国医生朱尔斯·希施尔眼科方面的著作越来越感兴趣,他写信给父亲说:"昨晚我在他家参加了一个聚会,人们说四种语言。"

重要的是,他报名上妇产科的私人课程。课是由一个著名的产科医师玛莉·路易丝·拉夏贝尔讲的。上她的课,学生们学习用手指检查孕妇的子宫,开始对产前阵痛和分娩有了很多的深刻了解。拉夏贝尔夫人受到了学生的欢迎。鲍迪奇后来说,他从拉夏贝尔夫人那里学到的"助产知识",要比在哈佛医学院 3 年的时间学到的都要多。对于温德尔·霍姆斯来说,她是一个绝佳的例子来证明为什么不能把妇女阻挡在医学教育的大门之外。

有时,人们发现沃伦在拉丁区转弯的街道里和医学书籍销售商、外科器械制造人以及解剖标本制作人打得火热。他主要是在给他父亲采购。他写道:"我通过航运直接给您寄往波士顿两个箱子——大的装了五六十个得过病的骨头和一些头骨……还有分开的头骨。"另一次他问道:"您告诉我还需要买什么吗?我已经在骨头方面花了80 美元了。"

好像只有星期天沃伦才停止工作,来到巴黎生活享乐的一面。他和杰克逊、鲍迪奇、霍姆斯以及其他人会过塞纳河去看歌剧或话剧,到他们最喜爱的普罗旺斯三兄弟餐厅去聚餐。用沃伦的话来说,那里"充满了激情、欢笑和消息"。他们喜欢土耳其汤、或普罗旺斯排骨、或者是其他特色菜加勃艮第葡萄酒。

沃伦甚至在家信中没有汇报平常写的有关专业方面的东西,而是描述了塔里亚尼的芭蕾舞表演《窈窕淑女》,说她的表演真是妙不可言。还有一天晚上,他参加了美国在巴黎最著名的银行家、波士顿的撒缪尔·韦尔斯举办的一次盛大舞会。舞会是在圣乔治广场的一座大厦里举行的，是这个年轻人所见过的最辉煌的场面了。舞会的主持是位于泰步大街的韦尔斯公司的韦尔斯，沃伦和他的波士顿同乡们经常去那里寄邮件。

一个星期天，沃伦和一大群人观看了拿破仑的塑像被安放在了旺多姆广场的柱子顶端。还有一天，是周三或周四，沃伦旁听了一个代表会，拉法耶特出席了这个会议，他"发现自己完全被国王愚弄了，神情沮丧"。沃伦告诉父亲：

> 无疑拉法耶特希望被选为总统，建立一个共和国。尽管他现在尽自己所能来表现他对共和派的忠诚，他们许多人却以邪恶的目光来看待他。

虽然法国的政局对于美国医学生的日常生活来说没有什么影响，但是有些像沃伦和霍姆斯这样的人还是很关注报纸上的消息和越来越多的对路易·菲利普国王的"流言"，部分原因是他们知道这事关美国的利益。"有人相信这位据说是很狡猾的老先生对自由的原则有所让步，"霍姆斯评论路易·菲利普说，"报纸上对于他背叛七月革命原则的行为毫不留情。"

> 国王被画成漫画。如果你见过他的画像，你就知道他的前额窄小，脸颊较大，这被人创意地画成了鸭梨形——因此你在巴黎一半的墙上都能看到用粉笔或碳所画的这个形状（鸭梨形）……

霍姆斯认为，随着时间的推移，法国很可能来一次"清醒革命"，建立一个共和国。

为了从工作中放松一下，进行一点锻炼，霍姆斯喜欢散步，到处走走，"用眼睛看看生活呈现给我们的东西"。他喜欢附近卢森堡公园那宽阔的道路和明朗的天空，喜欢沿着塞纳河边散步，觉得那是最接近巴黎本真的地方。只站在新桥上，看着流淌的河水、过往的小船和驳船，就可以度过一个小时的闲暇时间。

鲍迪奇喜欢植物园。天气晴朗时，他可以一上午或一个傍晚地在那里散步、读着维吉尔的作品。人们所知道的，鲍迪奇是唯一在巴黎认真恋爱的波士顿人。不过据说鲍迪奇是"具有冲动、热情和浪漫气质"的人。来自英格兰的奥丽维娅·雅德莉赢得了他的心。她即将结束学业了，住在附近的拉丁区。

有一首题为《女工》的诗表明了霍姆斯对拉丁区众多的年轻女士没怎么留意。不过，这首诗是他当时写的还是后来写的，不得而知。

啊，克莱孟丝！我上一次见到你
沿着塞纳河旁的大街走过，
当你转身走过时，
我说："又见面了。"
我梦想着，你的倩影不是在这样
随意的一瞥中消失，
只留下模糊的记忆
身影和一个名字。

另一个来自于肯塔基州的医学生路易·佛里茨后来写了一本书，是关于他在巴黎期间生活的。他说当时学生和"他的'女工'在旅馆里亲密地住在一起是可以接受的，不会惹老板或老板娘生气的"。"女工"只要乐意，可以在任何时间来年轻男人的房间，想待多久就待多久。

许多留存下来的美国医学生写的第一手描述中，只有一本日记简单真实地描写了他们的业余生活。很多人无疑是放纵的，但他们从不写这些事情。19世纪40年代，来自里士满弗吉尼亚大学的毕业生、年轻的菲利普·克莱宝·古奇在日记中，用不大通顺的法语写道，他们有时在台球桌上度过无数个小时，花整夜的时间打牌，喝香槟和葡萄酒至大醉。古奇记录，他有一次和一个朋友每人喝了一瓶葡萄酒。他还写了他们去逛妓院，并和街头女郎厮混，但在医院还是很勤奋，一直努力学习。

古奇找了一个名叫克莱孟丝的"女工"，而他的朋友西亚多喜欢另外一个名叫爱米丽娜的，她们两个好像都是舞女。"我整天工作。"古奇在一篇日记中写道，后面他写了晚餐和之后傍晚的事情。

> 我开了香槟，西亚多开始吃，我们喝了酒。我把爱米丽娜搂在怀里，她哕嗦着，跪下。我们接吻，开始哭，他们接吻，我们也接吻。她说"你"，我也说"你"……这是亲切的称呼，我们是朋友。三瓶香槟喝完了，我们发热，酒精在血液中流淌。爱米丽娜醉了，我们把她放到床上，我们三个人又喝酒，大家都上了床——接下去……

古奇写道，第二天早晨，"我们10点钟起床，吃了丰盛的早餐，然后就各自分开了，姑娘们去排练歌剧，我去了解剖室，在那里一直到下午4点钟"。

每天早晨又开始了工作。"早晨 6 点我去医院，一直到下午 6 点，我至少有八个小时在病房里……观察、记录……有时一天要记 15 页。"小詹姆斯·杰克逊写道。他 1833 年春天几乎一直在和皮埃尔·路易一起工作。当时他们都在路易的指导下，包括梅森·沃伦。沃伦说有他的朋友在一起就够了，他为此"牺牲"了六个月，在路易的指导下工作。

1833 年夏天，沃伦的父亲来信，让他"定下时间"回国，但这个年轻人觉得他几乎还没怎么开始学习呢。

三

19 世纪中期，那些活动在巴黎的有名的老师和医学大师之中，没有人比皮埃尔·夏尔·亚历山大·路易更受美国学生们的尊敬，对美国学生影响更大的了。20 多年来，他对美国医学生的鼓舞要超过任何其他的法国医生。

路易办事从来不为做秀；他没有什么迷人之处和耀眼的光芒；他永远也不会像加布里艾尔·安达拉那样让医学院的阶梯教室爆满；他说起话来慢条斯理，有人认为他"枯燥"。亨利·鲍迪奇记忆中，他对当老师好像不太适应，讲起课来有点笨口拙舌。不过，他是有实力的，和别人最大的区别就是看病时头脑特别清楚，坚持在证据、"事实"的基础上进行分析。就像霍姆斯所说，他教给学生"热爱真理"。

路易四十几岁，在巴黎完成学业之后到了俄罗斯，在那里行医七年。回国之后，他放弃了一般的行医，专门进行疾病研究。他娶了维克多·雨果的妹妹，这在许多学生眼中，也增加了他的分量。

他因对病人连续不断的问题、慢条斯理的仔细检查，还有没完没了的笔记而出名，同时也让人取笑。一天早晨，他看到霍姆斯在爱心医院巡查时记笔记，于是称赞道："先生，你很努力，这，很好！"

他坚持"精确观察"，意思是仔细倾听病人的叙述，用听诊器仔细、系统地听诊。听诊器是法国医生勒内·雷奈克于1819年发明的，用来检查胸腔的工具。霍姆斯写道，听诊器"在当时几乎是新鲜的东西，我作为医学生的时候，任何一个医学教师都没有讲起过显微镜的使用"。

亨利·鲍迪奇说起路易时写道："这位先生的头脑并不聪明。"

> 他具有那种观察和计算的精神，在病床边把病症查到最精确，然后考虑在各种情况下其不同的价值。（路易）是，他也希望被认为是，事实的仔细观察者，并从所观察到的事实中推断出诊断疾病的规律。

霍姆斯非常乐于实践路易的方法。他一天花近五个小时坐在病人的床边，问问题，并在笔记本上记录。路易的主要兴趣是胸腔疾病，主攻当时人类主要的杀手——结核病。有时小詹姆斯·杰克逊也承认，路易对结核病的兴趣超过了治病救人。

路易个子很高，说话语调温和，长长的鼻梁上架着一副小眼镜，如果不坐在病床旁边，他在病房里走路很快。霍姆斯把他描写成一个"平静严肃又面带笑容，声音温和的"人。梅森·沃伦特别记得，经过了很长一段健康状况良好之后，他病了几天，路易来看望他。

像外科大夫韦尔博一样，路易偏爱美国学生；也像韦尔博一样，他特别看重美国学生中的几个佼佼者——杰克逊、沃伦、鲍迪奇和霍姆斯。杰克逊是老师最喜欢的学生。他在霍乱肆行期间和路易一起工作，这更让他敬重路易。他开始把路易当作自己的第二个父亲。路易后来也告诉老詹姆斯·杰克逊，他也把小詹姆斯看作儿子。

杰克逊决定，要在巴黎比原计划多逗留一段时间。路易鼓励他在科研上花更多的时间，他也希望这样。他找到了自己一生的使命。"说实话，一想到有一天我能把时间花在挣钱上，而不是探求真理上，我就充满了恐惧和战栗。"他在写给父亲的长信中说。

> 一次有人对我说学生生活是最幸福的，我笑了。在行医的事业中我相信，我们的职业满足了人间的温情，让人有道德感——不过我得承认，如果客观情况允许，我应当愿意花上 8 ~ 10 年的时间来研究病理学和治疗学，希望能确立一些重要的真理……
>
> 我们生活在黑暗中，要花费许多时间来发现那些貌似真理的谬误，而不是得到有价值的真理……我相信在美国我们认为是公理的东西，许多并未得到证明。很久以来我们一直认为，在医学上要在许多点上对一个东西加以证明是不可能的，医学不值得像确切的科学那样加以研究，这是不对的。

路易写信给杰克逊的父亲，要求杰克逊在巴黎多待几年，致力于病理学研究。老杰克逊虽然完全赞同儿子的愿望，还是想让他回家。他在给路易的信中写道，这里需要杰克逊，"我们是一个干事情的民族，我们是全新的……和我们需要做的工作相比，人手太少，每一个青年一有能力就需要投入到工作之中"。

事情定下来了，1833 年 7 月 13 日，小杰克逊写信给他父亲："再过两个小时我就要离开巴黎了，我不想给您叙述，要离开路易我是多么苦恼。"

在路易和他的做法的鼓励下，鲍迪奇决定致力于胸腔疾病的研究。他写道："我来这里有三重欢喜：踏上了法国的土地，呼吸法国的空气，认识了路易。"

霍姆斯对路易的科学方法着了迷，觉得精神愉悦。他更加坚信他所学的价值，这一切在国内是学不到的。这就是医学的未来。如果有人问霍姆斯为什么宁愿相信一个在巴黎学习过的青年，也不愿相信一个行医多年的本地老医生？他的回答会是：

> ……因为这个青年有经验，已经见过了各种已有的病例，他所见过的病例已经在头脑中形成了一个体系。他被要求对这些病例都进行刻苦的研究，每天都有世界上最有能力的老师指导他。这些老师心目中没有任何的陈规陋习，只按自然规律办事。这样的老师在病床边指导青年学生，为他们答疑解惑，学生尽可以表述自己的意见，稍有疑问还可以和老师争论。学生一年中解剖的尸体比我们医生十年解剖的都多……仅呼吸一下巴黎那科学的空气对那些容忍愚昧、迎合平庸的人来说也有效果……

在另外一封信中，霍姆斯写道："我对研究我的专业的兴趣与日俱增，越来越坚定了为我的国家服务的决心。"总结第一年在巴黎所取得的成绩时，他说：

> 我的目标是尽自己最大的努力，不是要做一个学究，没有

主见地跟在别人的身后，依赖权威的意见；我要做一个见证真理，通过思考得出自己的结论的人。我在一个伟大光荣的民族中生活过了；我已经用一门新的语言重新塑造了自己的思维；我已经接受了新思想，形成了新的习惯；我已经和自己国家那些有理想、有思想的人建立起了紧密的联系……我希望您不要觉得您的钱浪费了。

霍姆斯说，他一年的花费全部加起来是 1200 美元，买书籍、仪器、请私人教师。"我告诉你们，金钱没有白花，因为有九成的钱，直接进入了我的思想，变成了知识。"

在 1834 年 4 月的第二周，巴黎爆发了抗议政府的暴力活动。在这座城市最穷的区域出现了路障。在随后的"和解"中，有几十位市民被打死打伤。在特朗斯诺南街，为了报复，有人从一座房子里向外开枪，政府的军队破门而入，杀死了房子里所有的男女老幼，共 12 人。后来漫画家奥诺雷·多米埃把这恐怖的一幕画在了他有名的漫画出版物中。

几天来，手推车给医院送来了一堆堆受伤的人。学生们第一次见到枪伤和刺刀伤。梅森·沃伦写道，"一个可怜的家伙"身中 10 颗步枪子弹，一个妇女的腿有一部分被枪打掉了。"许多尸体在停尸房处理，有些人被砍得很可怕。"

后来，仅几周后的 5 月份，传来了让人心碎的消息。霍姆斯、沃伦和鲍迪奇从未受过如此的打击。尽管他们每天都在医院里度过，接触各种各样的疾病，但他们在巴黎期间谁也没有得过重病。而现在传来消息说，小詹姆斯·杰克逊在波士顿得了伤寒，病逝了。

去年冬天时就有消息说杰克逊病了，这让他在巴黎的朋友们很是担心。"没有人能像他那样让我们挂念。"霍姆斯给父母写信说。虽然事先知道他病了，但噩耗传来，对大家都是很大的打击，而不仅仅是让这里的波士顿人感到伤心。梅森·沃伦写道："我很少见方方面面的人都经历同一种情感。"皮埃尔·路易"倍受打击，几乎不能自制"。

老詹姆斯·杰克逊后来解释说，他儿子自从回国后，积极投身于马萨诸塞总医院的工作中。

　　这里秋季发烧比起往年来流行得厉害，也很严重。詹姆斯对此进行研究，并和巴黎的发烧病进行比对。关于巴黎的发烧病路易曾发表过让人钦佩的研究成果，他超越不了。他发现这种病在活人和死人身上显示出同样的特征，他的老师曾那么确切地描述过，他的热情越来越高，并把全部精力都投入到了他们伟大的实验中。回顾起来，他感染了这种流行病也没有什么奇怪的。

几周的重病，逐渐恢复，小杰克逊似乎要康复了。然而，病情突然恶化，他的大脑"让步"了，他去世了。

"对于他的雄心我该说什么呢？"他父亲问道。

　　我想他的年轻的朋友和同行都会同意，他并不急于出名，他并不想在学业上争第一，以高于他的同行……不过，他有最大的雄心，就是要对得起智慧善良的人们对他的厚爱。在知识方面取得进步时，他毫不掩饰自己的欣喜。

同一个月，也是在 1834 年 5 月，玛丽·约瑟夫·保罗·伊夫·洛奇·吉尔伯特·德摩蒂尔，即拉法耶特侯爵去世了。这位传奇英雄于 5 月 20 日，在圣奥诺雷区丹茹大街的家中停止了呼吸，享年 76 岁。葬礼那天，军人送葬队伍走过，道路两旁排列了二十多万人为他送行。遵照他的要求，他在皮克普斯公墓自家的私人墓地中下葬。在华盛顿，安德鲁·杰克逊总统宣布全国哀悼，作为众议院议员的前总统约翰·昆西·亚当斯为这位支持自由的英雄宣读了一篇长长的悼词。

对于那些在巴黎的美国人来说，拉法耶特的存在是一种闪着光环的象征，他的去世对他们来说是一大损失。对于许多像纳撒尼尔·威利斯这样的人来说，军人葬礼是虚伪的也是有辱拉法耶特名声的。威利斯正好回到巴黎短时间逗留，"他们把这样一个德高望重的爱国人士像罪犯一样埋葬了，他的灵车前后都是刺刀，他自己的国家卫队被解除了武装，来的军队足可以攻下一座城池，'平民国王'对辅佐他登上王位的那个人就是这样报答的！"

一个美国人愤愤不平地对威利斯说："他们把自由和拉法耶特一起下葬了，我们在欧洲最后的希望和他一起死去了！"

1834 年秋，梅森·沃伦注意到，从纽约、费城和美国其他地方来到巴黎学医的"优秀青年"越来越多。他自豪地补充说，在所有的学生中，"美国人和其他国家来的人一样优秀，他们不比任何人差……"

到了 1835 年初，沃伦兴奋地报告说，路易医生讲课的灵活性提高了，现在"一大帮"学生跟着他。路易被人认可，在很大程度上是由于美国学生的原因，对他的"价值"的认可一直到后来。阿考利特像沃伦、鲍迪奇和霍姆斯一样，把消息传回到波士顿和其他地方——鲍迪奇已经在把路易的一本有关伤寒病的主要著作翻译成英文。

鲍迪奇于 1834 年出发回波士顿，比计划的要早。他给家里寄了一封信说，他和他的英格兰恋人奥丽维娅·雅德莉准备结婚了。他父亲回信让他必须立即独自一人回家。

梅森·沃伦是 1835 年离开巴黎的。除了中间零碎去过欧洲的其他地方之外，他在巴黎几乎三年了。

霍姆斯已经在巴黎待了两年多了。他不断写信，要求父母再让他在巴黎多待一些时间。主要是钱的问题，他知道这意味着家里要"紧一紧"，不过他坚持认为他的事业是崇高的。然而，他的请求没有结果。1835 年秋，他不情愿地离开了巴黎。

同时，更多的美国学生不断到来，包括另一个波士顿人。他注定会在医学事业上有所作为。乔治·珊塔克开始在路易的指导下学习。路易非常看重他，把自己有关黄热病的著作交由他翻译。珊塔克于 1838 年鼓励查尔斯·萨姆纳加入到"医学界"来，和他们一起进行上午的医院巡查，并以此纳入到萨姆纳自己制订的博学计划中来。

萨姆纳在索邦学院的学习囊括了从希腊历史、民法到地质学的所有东西。他很愿意有机会接触医学。以他 6.2 英尺的身高，在巡查时他可以从大家的头顶上看过去，没有什么困难。

在慈善医院跟随着阿尔弗雷德·韦尔博，萨姆纳看到老师和学生们在见到"各种伤痛、肿胀和痛苦的抱怨"时"平静面对"。他写道："保佑科学吧，它把人们用知识武装起来，坚定地面对人类各种各样的痛苦！"皮埃尔·路易特别让萨姆纳有所触动的是，他热爱科学的精神。

法国的医院和法国的医疗方法给萨姆纳留下了深刻的印象，给他未来的生活带来了重要的影响。而他在索邦学院所见到的对他的未来有着更为深刻的影响。

萨姆纳在日志中记录，1838年1月20日，星期六，他在索邦学院听了关于赫拉克勒特的哲学理论的一场讲座，讲座是阿道斐·玛丽·德考华讲的，一个著名的学者，头发灰白，语速很慢。

"他的听众很多，"萨姆纳写道，"我注意到学生中有两个黑人，也许是混血儿，有三分之二的黑人血统，他们穿着时髦，有着年轻人春风得意的神情……"他仔细观察，别的学生对黑人学生"很接受"，他注意到：

> 他们站在年轻人中间，肤色对他们似乎没有什么影响，我对此很高兴，尽管作为一个美国人，从印象上来说感觉有些奇怪。那时我感到，美国人中自由黑人和白人之间的隔阂并不是与生俱来的，而是教育的结果。

对萨姆纳来说，这是一个了不起的觉醒。在这之前，他没有对黑人的生活表现出一点儿兴趣，无论是自由黑人还是奴隶。他在几年前去华盛顿，坐火车穿过了马里兰州，第一次见到了奴隶。他们在田野里干活，他在日志中表示出了对他们的蔑视："他们似乎就是能动的一堆堆的肉，比畜生的智力高不了多少。"现在他再也不这么想了。

萨姆纳的觉醒不是一下子出现的——美国人对于种族的态度也是教育的结果，不是"与生俱来"的。不过一旦觉醒了，其结果是很深远的。的确，这些美国人要从巴黎"带回国"的东西中，有新学的专业技能、新思想、新的看事情的方法，对种族的看法同样重要。

像许多人一样，萨姆纳也希望能在巴黎多待些日子。在1838年春，在剩下不多的时间里，他写信表达了他的遗憾："有上千件的事情是我想干的、学的、研究的，结果没干、没学，也没有研究。"在另一封信中他又补充道："我从未像现在这样觉得自己是美国人，这么热爱我的祖国……"

美国人在整个19世纪40年代都在流向巴黎这个"医学圣地"。同样，这些法国杰出的医生——李斯佛朗、韦尔博、鲁、路易——继续领着他们巡查，给他们上课。在专业的星座中唯一消失了的一颗明星是纪尧姆·杜沛伊特朗。在他的葬礼那天，在去往柏尔·拉雪兹神父公墓的路上，学生们解开了拉灵柩的马匹，他们拉着他到了墓地。

在19世纪30~60年代之间，有700多名美国人来到巴黎学医。几乎所有人后来都回国行医，用他们的所学给美国的医学带来了很大的发展，并把所学传了下去。

每个从巴黎学成归来的年轻医生回国后，都得到了相当的关注和尊重。人们对梅森·沃伦的评价具有代表性："除去其他一切之外，仅就他在欧洲待了那么久这件事本身就让人重视他。当时美国出国旅行的人没有多少……"当然，不可避免的情况是，有些从巴黎回国的人有点过于扬扬得意；而那些一直待在国内从未出国的医生看不起出国学医，并公开批评法国的医学。

几十年之后，到了19世纪90年代，约翰·霍普金斯医学院的创建者之一，威廉·奥斯勒，也是美国医学界德高望重的先生，写道："现代的医学科学"，"在本世纪初，出现在法国。"特别是皮埃尔·路易的学生们对美国医学的科学研究起了"推动"作用。

19世纪30年代在巴黎学习的人中，差不多有70人，也就是三分之一的人后来在美国的医学院授课，有几位成了美国有名的医生。费城的威廉·吉布森成为宾夕法尼亚大学的首席外科专家；来自于马萨诸塞州的亨利·威廉姆斯在巴黎期间开始对眼病感兴趣，后来成为哈佛的第一位眼科教授；乔治·珊塔克成了哈佛医学院的院长。另外，有些人以别的方式为国家做着贡献。比如，威廉姆斯就写了三本眼科学的著作，被认为是当时最好的眼科专著。

亨利·鲍迪奇成为哈佛医学院临床医学的教授。胸腔疾病一直是他主要的研究领域，结核病是他的专长。1846 年，鲍迪奇出版了《年轻的听诊专家》。这部书被医学学生使用了半个世纪。不过，他"最大的贡献"在公共卫生领域，其影响在他的时代是无人能及的。

梅森·沃伦"立即投身于"波士顿的外科医学。这是一个很大很热门的行业。1846 年 10 月 16 日，在马萨诸塞总医院，他见证了具有历史意义的时刻。当时他 70 岁的父亲约翰·柯林斯·沃伦进行了第一例乙醚麻醉手术。乙醚麻醉是波士顿一名叫做 W. T. G. 默顿的牙医发明的。默顿成功地试验了在拔牙时使用乙醚气来抑制病人的痛感。约翰·柯林斯·沃伦听说了这件新鲜事，决定进行一次公共外科手术演示——用了五分钟的时间割去一位年轻人脖子上的肿瘤，病人没有感觉到疼痛。

一个月之后，1846 年 11 月 12 日，梅森·沃伦本人进行了首例成功的乙醚麻醉手术，手术没有公开。第二个月，他第一次在给儿童手术时使用了乙醚。

温德尔·霍姆斯在哈佛医学院做了 36 年受人爱戴的杰出的解剖学教授，其间曾担任过院长。他的解剖学课每周五天，下午 1 点准时开始。"他不知疲倦，总是神采奕奕，总对解剖学的研究和教学充满了热情。"他的一个学生回忆说。

霍姆斯的著作引起了全国医学界的关注。在业余时间，他还继续文学创作，出版了诗歌和散文。他在这方面的名气更大。1857 年，他开始在他作为创办人之一的新杂志《大西洋月刊》上发表系列小品文。第一篇小品文的题目是《早餐桌上的独裁者》，后续又有很多小品文，之后集齐出版成书，成为美国文学的经典之作。霍姆斯在其作品中把波士顿定义为太阳系的"中枢"，把波士顿的贵族人士称为"波士顿名流"的第一人。他自己除了在财富上有所欠缺之外，其他各方面都符合这类人的特点。

这三个有名的波士顿人都结婚生子了。鲍迪奇在耐心等待了几年之后，终于和他在巴黎的真爱奥丽维娅·雅德莉结为伉俪；沃伦娶了波士顿的安娜·科隆尼史尔德；霍姆斯和小詹姆斯·杰克逊的堂妹阿弥莉·杰克逊订了婚，并生了三个孩子。1841 年 3 月 8 日，老大，也就是后来有名的小奥利弗·温德尔·霍姆斯出生。

霍姆斯除了两年在巴黎学习之外，一生都在波士顿及其附近度过，但巴黎的时光对他来说极其重要。半个世纪之后，也就是 1886 年，在从哈佛医学院退休的前夜，回忆起自己多年职业生涯中的事情，他念念不忘的是在法国学习期间指导他的医生，皮埃尔·路易是排第一位的。

"他天生就有教师的素质——有激发对他所教的东西兴趣的能力。"霍姆斯说：

> 你们年轻人……几乎不知道路易给了你们多少东西……我回想起我在爱心医院的病房和解剖室里度过的漫长的日日夜夜……

一次，爱默生在公开场合提到了皮埃尔·路易是法国人做作的一个例子时，霍姆斯写信给他说，路易"同化了"那么多杰出的美国学生，他"除了真诚、勤奋和在本真面前谦虚之外没有其他的方法"。路易成功的"秘诀",霍姆斯说,就是他的"真诚"。

不过,经过许多年之后,霍姆斯开始考虑,他和其他美国学生是不是过于"迷恋"老师的教诲了。霍姆斯说,他觉得"我完全接受了他的思想和研究方法"。重要的是,通过仔细科学的调查来研究具体病例有着无比的价值之外,医生的理解和方法也很重要,还得有对病人的理解。医学无疑是一门科学,但同时也是艺术,"最高贵的艺术"。

他对这种双重性有过长时间的思考。在几年前医学院的介绍性讲座中,回忆起他的第一位伟大的导师老詹姆斯·杰克逊时,他谈起了杰克逊的善良是他伟大的职业力量来源之一。他总是在实践"他所知道的对病人最有好处的治疗……我从未见过有人在病床旁比詹姆斯·杰克逊医生还令人钦佩"。

霍姆斯对他在巴黎岁月的珍惜,很大一部分来自于巴黎医学界之外的所学,还有就是从在巴黎生活本身所得的东西——那里有那么多的艺术、音乐、诗歌和高雅的对话。

沃伦和鲍迪奇也是一样,他们一辈子也忘不了第一次走进卢浮宫看到珍宝时的感受,忘不了巴黎歌剧给人的兴奋,忘不了看到莫里哀的作品在舞台上表演,忘不了看到塔里亚尼舞蹈给人的刺激。他们知道这些能让他们更好地理解人性,以便在专业上做得更好。

鲍迪奇的儿子温森特后来写到他的父亲:"他永远也不会让他对病例的兴趣掩盖这样的事实:他是在面对着一个和他一样的人。"温森特自己出国学医时亨利·鲍迪奇告诉他:

在把医学作为你主要目标的同时,记住,我希望你尽量多了解艺术和音乐。我常想，对一些可怜的无精打采的病人来说，我坐下来和他们聊一聊让人愉快的欧洲之行，也许比我给他们吃下的所有那些药品的效果都好。

鲍迪奇、沃伦和霍姆斯成了一生的朋友和同行，他们都忘不了共同的巴黎。听了沃伦在马萨诸塞医学协会的讲话后，霍姆斯在给他的留言中说他很遗憾很多话没有听清楚："我怀疑我的耳膜不像年轻的咱们在三兄弟饭店喝勃艮第葡萄酒时那么好了。"

他们后来都回到过巴黎，有人还不止一次。有时他们是因为健康原因去巴黎，希望在那里住一段时间有助于振奋精神，这样有时很起作用。梅森·沃伦的一生身体都不大好，但在巴黎学习期间没什么问题。他后来3次回到巴黎。第一次是1844年，他精神抑郁。从巴黎回去之后，他又精神奕奕地工作了10年。去巴黎时，他重新去了所有那些老地方，鲍迪奇和霍姆斯也是一样。

在1867年回巴黎时，鲍迪奇发现在原来住的拉丁区的老房子里，那个老看门人还在那里。他惊奇地写道："见到了我的老门房约翰，他还清楚地记着我。"他又去了第一次和奥丽维娅·雅德莉见面的地方。作为此行的高潮，他和皮埃尔·路易共进晚餐，路易已经80岁了。鲍迪奇描写说路易很英俊："你能想到一个老人有多英俊，路易就有多英俊。"五年后，路易去世了。

霍姆斯只回去了一次，是在1886年。他把这叫做瑞普·凡·温克尔的大梦试验。像别人一样，他也到王子街走了走，充满了回忆。根据他们后来写的那么多回忆，对于他们所有人来说，在巴黎的"医学生"生活，用小詹姆斯·杰克逊的话来说，是"最快乐的生活"。

第二部分

Part 2

第五章 美国热潮

我们在台阶上遇到六个光彩照人的守门人，他们穿着猩红色的制服，戴着油光的假发，他们领我们进门，把我们交给国王的一个随从，由他把我们带到国王面前……

——乔治·坎特林

一

"事物变化越多，就越是保留着老样子。"这句话是法国作家阿方斯·卡尔所说，常常被人引用。但假如生活按部就班地过着，其发生的变化往往是深刻的、不可逆的。

变化来了——剧烈的、前所未有的变化：按时间、班次发的汽船把横跨大西洋的时间缩减了一半；遥远的两个地方之间的通讯瞬间就可以完成，这是一个名叫路易·达盖尔的巴黎艺术家的发明，塞缪尔·摩尔斯第一次见到这一发明时就把其称为这个时代"最美丽"的东西；几个世纪的欧洲君主制被始于巴黎的政治动乱所推翻；在短短不到20年的时间内，巴黎自身也发生了让人无法想象的变化。

1838年标志着变化的开始。4月份，"天狼星"号明轮汽船从科克出发来到纽约。随后而来的一艘汽船是来自布里斯托尔的"大西部"号。

当然两艘船全部都带着帆，但是它们全程都有"永不停歇"的蒸汽机作为动力。

有了蒸汽发动机，汽船就可以在海上从一个点到另一个点作直线航行，当然由于风的缘故，或多或少可能有些小弯曲。现在可以按计划时间出发了，没风时也不用再等风了，这在以前是从未有过的。过去常常因为风的原因不能按时出发，造成延误，可能会一拖就是好几天。

5月1日，星期二，"天狼星"号从纽约起程，开始返航。这是汽船第一次从美国出发，开往欧洲。成千上万的人挤满了码头来见证这一有历史意义的时刻。乘坐这条船的有詹姆斯·戈登·班尼特，《纽约先驱报》的出版商。他抵达英国时宣称："我们正处于一个新时代的开端。"

这是一次艰难的航行，伴随着狂风和巨浪，但还是仅仅花了17天时间。塞缪尔·摩尔斯乘随后出发的一艘帆船从纽约出发，但是直到6月中旬才到达伦敦，整整晚了一个月。

就好像他们有计划要进行比较和发现一样，摩尔斯和班尼特都是在去巴黎的路上。

那些19世纪30年代初冒险横渡大西洋来到巴黎的美国人中，只有两个人返回巴黎不是为了享乐和怀旧的，塞缪尔·摩尔斯就是其中之一。另外一个是查尔斯·萨姆纳，他是直到1856年才回到巴黎的。和摩尔斯一样，萨姆纳此行的目的也与第一次完全不同。

这一批早期的先驱者中有一个再也没有回国，丝毫没有改变他最初的目标——乔治·彼得·亚里山大·希利。来自波士顿的"小希利"，一直乐此不疲、不遗余力地追求着最初来巴黎的梦想，使自己成为肖像艺术大师。

他 21 岁时到达巴黎，谁也不认识，也不会说法语。他去了卢浮宫，看了历代大师的作品。令他震惊的是，他觉得这些大师的成就被夸大了。他后来写道："过去和现在或许都有很多年轻而大胆的无知者也有过这种想法，甚至有人这样说了出来。"但一次尝试临摹柯勒乔作品的经历让他开了眼，使他看到了大师的天才，看到了自己作品不小的差距。

他被安东尼·让·格罗男爵的画室所接受，成为一名学生。他开始第一次的正式训练，这表明他在卢浮宫的努力没有白费。

他"带着信念去努力"，抓紧一切时间补习法语，使自己取得进步。在画室学生中，他是唯一的美国人。从一开始他就很受欢迎，这不同寻常。在巴黎的工作室，欺负新同学是一贯的传统，更何况是对一个外国人呢。

素描是最初也是最首要的，是一切绘画的基础。每天的大部分时间都在画人体素描。学生们在画架前一个紧挨一个地坐着。有一次，在早晨的时段，模特休息时，希利集中精神审视自己的作品。这时，一个学生，个子很矮，行为粗鲁，年龄比其他同学都大，突然走进来，把他推到一边，说："把位置让给我，小子。"希利回忆道：

> 他冷冷地翻过我灰色的画纸，然后在画纸上勾勒着模特。那个模特正在休息，此时的姿势比我们刚才画的时候要好得多。白描的轮廓是如此的清晰，如此的生动，如此的简单，我从未上过这么好的一堂课。

这个举止粗鲁的学生叫托马斯·库图尔，后来成为法国著名的画家，并作为一名教师深深地影响了许多美国的追随者。他和希利很快成了好

147

朋友。"库图尔的天才中充满了活力、坦率,有那么多的生活和真实,我欣赏作为艺术家的他,也喜欢这个人。"

亲切自然,总是善良地对待别人,因此希利很容易交到朋友。这对他的事业也是有利的。希利喜欢和人交谈,因为他的法语提高得越快,他在绘画上也就能越快地赶上画室里的其他人。画室里还有一位可亲的年轻人,叫萨维宁·埃德马·杜布亚。他画微型肖像,也成了希利喜欢的朋友。

希利毫不隐瞒,他崇拜的大师是安东尼·格罗。格罗曾在著名的雅克·路易·大卫的指导下学习,由于为拿破仑画像而受到人们的赞誉。格罗在花甲之年仍受到尊敬,但他成了"一个悲伤的、几乎绝望的人",整天对他自己已过时了这件事情闷闷不乐。在很多地方,人们直接拒绝了他。"格罗已经死了!"一个评论家宣称。"他受欢迎的时代过了,他的心碎了!"希利这样写道。

1835 年 6 月 25 日,安东尼·格罗投入了塞纳河。希利对这一损失感到震惊,他在画室的学习快要结束了,他拒绝绝望。

> 我此时的生活非常有节制,工作努力。我非常珍惜我所带来的钱,我的午餐常常就是一小块面包和水果,没有水果就是奶酪。但我身体健康,精神饱满,而且感觉到自己一天天在进步,这也带给我巨大的快乐。

他的外貌对他也很有利,身高约 5.8 英尺,很像当时的巴黎人。他还成功地蓄起了小胡子,深褐色的头发梳成中分,发梢搭在眉头,在眉间垂直分开一道印,这让人的注意力放在了他眼睛上,给本来只是英俊的一张脸添加了几分力度。所有这些特点都很好地被体现在他早期的自画像中。那时，他常戴着眼镜，下巴上留着山羊胡子。在后来几年的自画像中，他看起来很像欧仁·德拉克洛瓦。

他精力充沛，很少闲下来。1837 年，他接受邀请去伦敦画像。一年后，他与两位年轻的法国画家一起从巴黎出发，开始了法国和瑞士的徒步绘画之旅，经常每天要走二三十英里。其后，他又回到伦敦，在画布上描绘更多的英国绅士的面孔。

关于他才华的传言逐渐扩散开来。1838 年在巴黎，来法国的美国部长刘易斯·卡斯将军邀请希利为他画像，然后又为他太太画像。后来，希利凭借着这幅画，在巴黎画展中得到了他的第一块奖牌。将军为这个才华横溢的同胞感到特别的骄傲，更进一步传扬了他的名声。

1838 年 6 月，希利回到伦敦，见证了维多利亚女王的加冕仪式。后来，他决定自荐到约翰·詹姆斯·奥杜邦处，就像他曾经去灯塔山拜访美丽的奥提斯夫人一样。他知道奥杜邦年轻的时候为了生计也曾画过肖像画。那时，奥杜邦正在伦敦监督他的第四卷和最后一卷里程碑式的作品《美洲鸟类》的制作，他和夫人住在维姆普尔大街。奥杜邦开始说他太忙，没有时间坐下来画肖像，不过后来还是同意了。刘易斯·卡斯是第一个为希利提供了画美国名人的机会，奥杜邦是第二个。然而，对于希利来说，画一位英雄要比画一位衣食无忧的将军更加生动。他画的奥杜邦身处荒野之地，手握鸟枪。

对希利来说，日子过得飞快，因为此时他遇到了一位羞涩的年轻英国女郎路易莎·费普斯。他说："看她一眼，就足以决定我的命运。"希利工作时，喜欢交谈，他告诉奥杜邦，他恋爱了。奥杜邦是一个已经结婚 30 年的人，听说这个消息后，立即变得活跃起来。他告诉年轻人，人生真正的幸福就是有美好的婚姻。

1839 年春天，希利收到卡斯将军的一封信，得知他在巴黎有一个重要的雇主在等他。他立即向费普斯小姐求婚。他们在伦敦圣潘克拉斯教区教堂举行了一个简单仪式。路易莎穿着旅行的衣服，婚礼一结束，他们就起程去巴黎。当时，希利有 100 美元，而路易莎"身无分文"，也不会说法语。

卡斯将军与法国路易·菲利普国王关系密切。他对国王说，他非常希望巴黎市民们能有一幅非常好的国王肖像，这个任务可以委托年轻的希利来做。卡斯在 1812 年的战争中表现英勇，随后担任美国密歇根的州长，同时担任安德鲁·杰克逊总统的战争部长。卡斯是一个相当有魅力的人，而且相当有手腕。他来巴黎住在马提尼翁大街，像任何一个在巴黎的美国人一样喜欢摆谱。他把希利为他画的大幅画像给国王看了之后，国王同意了让希利为他画像。

在杜勒里宫开始的第一阶段发生了一件意外的小插曲。希利写道：

> 在开始画像时，我朝国王走过去，为了测量他的脸，我使用了圆规。一个侍者看到我手里有一根铁器，突然冲过来，把我推到一边。路易·菲利普笑道："希利先生确实是一个共和派人，但他是美国人，我和他在一起很安全。"

像其他美国人一样，希利发现国王很健谈，尤其乐意回忆自己在美国的那几年。画画的过程中，国王对此越来越有兴趣。他告诉希利，他曾经看过吉尔伯特·斯图亚特为乔治·华盛顿画全身像。

希利从未这么开心过。他很满意这份工作，还有幸福的新婚生活。

他和路易莎搬进了左岸卢森堡公园附近、阿萨斯街的一个小住所。这有两个房间，大一点的房间作为工作室，小房间作为卧室。

> 门房把这里打扫得很干净。我们出去吃饭。生活虽然简单，但是我感觉我们是天底下最幸福的人了。

他们开始款待宾客。由于缺少银器，他们的朋友——微型肖像画家杜布亚来做客时，大衣口袋里总是装满刀叉，还装着几瓶葡萄酒。他喜欢开瓶和优雅地倒酒。托马斯·库图尔也来了，尽管他的大嗓门和幽默的想法很难让羞涩的路易莎适应。当杜布亚从口袋中拿出银器时，库图尔就会拿出一只活蜥，为了恶心人，他还生吞活蚝。

路易·菲利普国王不想在画像里穿着黑色的礼服拿着绿色雨伞，以杜勒里公园中常见的资产阶级绅士的形象示人。他身着笔挺军服，在金色绣花领的衬托下，高高昂起头，胸前挂满饰物，肩扛沉甸甸的金色肩章，右肩斜跨一条鲜红的肩带。

希利考虑的是胖胖国王的双下颌，不过把下巴微微抬起可以掩盖这一缺陷，也看不出头上的黑发是假发。在画好的作品中，展现出来的是一个精力充沛的军人，完全符合其王家身份。这和路易·菲利普的梨形脸政治漫画相去甚远，不过，两者有着极强的神似，大家都很满意。

希利每天很早起床，工作一整天。在难得的休息时间，他常常去卢浮宫，一站就是一个多小时，研究伦勃朗或提香的作品。

在给路易·菲利普国王画完像后，他便给外交大臣弗朗索瓦·基佐画像。这是一幅更大也更威严的全身肖像。基佐是国王的首席顾问。即使他不像许多人认为的，是法国真正的统治者，也可能是当时最大的议会操纵者。他以前是一位才华横溢的知识分子、历史学教授。他像国王一样，讲一口流利的英语，愿意在希利工作时和他用英语交谈。他告诉希利，他年轻时曾翻译了吉本的《罗马帝国的衰亡》，最近他又出版了一本乔治·华盛顿的传记。希利记得画家和被画人之间的谈兴从未降低。他发现基佐彬彬有礼，"相当有魅力"，但是隐藏在这一切下面的是"冷酷"。

在一张 8 英尺乘 4.5 英尺的画布上，基佐站在一张堆满了官方文件的桌子旁，右手拿着一份文件。他身着黑色礼服，站得笔直，眼睛盯着观众，目光中透出聪慧和务实的神情。一看他就是根本无暇考虑荒唐事情，以及一切和自己意见相左的人。"坚定"是希利用来形容基佐的另一个词。这幅画像是基佐迄今为止最好的一幅，不仅形似，而且神似。

在波士顿，希利为托马斯·阿博顿的姐姐范妮画像。这之后希利和阿博顿就相识了。阿博顿对希利的作品很钦佩。他于 1841 年又一次来到巴黎，见到了希利，当时基佐的画像快要完工了。"希利是一个优秀的人。"阿博顿写道，并预言，"如果他坚持下去，有朝一日回到我们中间的话，他会赢得美国当代最好的肖像画家的称号。"

希利的收入有了多大的增长不得而知，不过他和路易莎从左岸那个两间屋子的住所搬到了河对岸圣拉扎尔大街的一个"要好得多的地方"，有了一个工作室，"可以接待有身份的顾客"。他们的地方也大了，空间足以容纳增加了人口的家庭。现在路易莎生了两个孩子，一男一女，亚瑟和艾格尼丝。

1842 年，应国王之邀，希利八年间第一次出发去美国，去临摹吉尔伯特·斯图亚特所作的华盛顿全身画像。这幅画挂在白宫。年底之前，他带着华盛顿的画像回到了巴黎。同时，他还给约翰·泰勒总统和参议员丹尼尔·韦伯斯特画了像。国王和其他人聚在王宫第一次看见韦伯斯特是"一个仪表堂堂的人"时，引起了很大的关注。

1845 年春天，路易·菲利普再一次派希利尽快去美国。有消息传来，前总统安德鲁·杰克逊病重。国王想在时间还来得及的时候，留下他一幅生前的肖像。另外，国王还希望希利给他画一系列当代美国政要的画像，挂在他凡尔赛宫的私人艺术馆里。这样的任务以前从没有美国画家接受过，斯图亚特、考普里、查尔斯·威尔森·珀勒没有过，褚姆布尔和萨利都没有过。

大约 5 月下旬，希利到了杰克逊在田纳西州纳什维尔附近的家"隐士居"。据希利回忆这位憔悴的老总统用枕头支撑着堆坐在扶手椅中，告诉他太晚了。

"不能画——不能画！"杰克逊说。

"但是，将军，法国国王……"希利说。

"即使基督界的王都来了，我也坐不起来了，先生！"

希利从到纳什维尔所花费的时间和劳顿知道，这是一个距巴黎很远的地方。不过，他很欣喜地发现，这个据说很粗鲁的杰克逊家里贴着法国壁纸，挂着法国镜子，餐桌上是法国瓷器，酒窖里存放着法国葡萄酒。这让从巴黎来的客人有一种宾至如归的感觉。在将军宠爱的儿媳的劝说下，老总统改变了主意，同意画像。结果希利画了两幅，一幅给国王，另一幅给了杰克逊的儿媳。杰克逊 6 月 8 日逝世，希利也在他身边。

之后，希利从田纳西去了肯塔基给亨利·克里画像。后来又去了马萨诸塞，给老约翰·昆西·亚当斯画像。亚当斯当时担任国会议员。交谈的几天中，希利发现亚当斯和他遇到的其他的人一样有魅力，特别是亚当斯回忆起和父亲在法国度过童年的时候。希利回忆：

> 和一个在（法国）革命前曾住在法国的人谈话似乎是一件很怪的事情，他的父亲曾如数家珍地和他谈起过伏尔泰、布封、百科全书编撰者、法国宫廷。他曾和富兰克林的孙子一起在巴黎附近上过学……这是一种奇怪的感受。

亚当斯对他来画像显得很高兴，希利说并不是每一个名人都这样。他告诉亚当斯，韦伯斯特对待画家就像对待热天的马蝇一样。他会喊道："你从这里赶走他们，他们会叮到那里。"

亚当斯不赞成这种做法，并说起吉尔伯特·斯图亚特为他画像的情况，还谈起了在卢浮宫看画度过的时光，以及拉法耶特和美丽的拉法耶特夫人。"我当时只是个孩子，不过我还是记住了可爱的侯爵夫人给年轻人留下的印象。"谈起他读的书以及他最喜欢的经典作家，亚当斯显然激动起来了，明显有些颤抖。希利几年后回忆说："在那遥远的岁月不流行冷漠。"

二

1838 年 6 月 26 日，塞缪尔·摩尔斯从勒阿弗尔给女儿苏珊写信说："在英国耽搁了七个星期，想要申请一个专利。现在我们在去巴黎的路上，看我们能给法国政府干点儿什么。"

> 我承认我并不指望在欧洲有什么经济方面的收益，不过我们还是要试一试，我们已经看到人们对这个东西很感兴趣……

我的健康和精神都很好……

摩尔斯和詹姆斯·戈登·班尼特一起旅行，天气很理想，天空蔚蓝，塞纳河一路都是蓝蓝的，一直到巴黎。"塞纳河美极了。"班尼特给他《纽约先驱报》的读者报道说，"蜿蜒的两岸的平和的自然风光让我想起了奥尔巴尼的莫霍克……"

摩尔斯想着他在里沃利大街的旅馆，及其窗外的杜勒里公园里的景色，和巴黎其他的地方都同样的宜人，回来感觉真好。夏季的人群挤满了大街小巷。巨大的凯旋门是已建造的凯旋门中最大的，现在早已完工。从它的顶上望出去，又让人看到了巴黎令人惊叹的美丽全景。

摩尔斯离开巴黎的六年中经历了无数的奋斗和失望，就在2月，他成功了。他47岁了，头发开始灰白。他没有再婚，仍然能感到失去妻子卢克利希亚的隐痛。他给女儿写信说："你不知道我失去你母亲的伤痛有多深，而且这种伤痛一直没有弥合。"他也想再婚，但经过几次求婚，都没有什么结果。另外，让他窘迫的是，他到了贫困的边缘，在欧洲的那几年花光了他大部分的积蓄。

纽约大学美术教授的位置让他经济上稍微有所缓和。同时，在大学的华盛顿广场上新建的塔楼里面，他有了一间画室。他在里面工作、睡觉和吃饭。为了不让人看到他的窘境，他天黑之后买回柴米油盐。他的两个男孩由他的弟弟照顾，苏珊是最大的孩子，在新英格兰上学。

很长时间以来，摩尔斯希望自己能被选去华盛顿国会大厦，绘制圆形大厅里的历史画面。那将会满足他作为一位历史画家的愿望，同时给他带来一万美元的收入。他公开写信给国会议员自荐，包括丹尼尔·韦伯斯特和约翰·昆西·亚当斯。圆形大厅里已经设置了四面大型展板，但没有做出任何决定。1834年，亚当斯在国会发言中质疑，美国画家能否担得起这项重任，后来他对自己的发言表示了后悔。詹姆斯·库柏在《纽约晚邮报》（现改名为《纽约邮报》）上回应说，新国会大厦注定是"历史性的建筑"，因此必须成为展示美国艺术的舞台。这个问题悬而未决，摩尔斯只能等待和盼望。

同一年，也是1834年，让很多人沮丧的是，摩尔斯参加了本土主义运动，反对移民、反对在纽约和全国大部分地方处于上升趋势的天主教。和其他人一样，他看到美国的生活方式受到了威胁，要被从爱尔兰、德国、意大利拥来的一批批贫穷移民给毁掉了，这些移民带来的是无知和他们"罗马式"的宗教。在摩尔斯的家乡，马萨诸塞的查尔斯顿，愤怒的人群洗劫并烧毁了一个乌尔苏拉会修道院。

摩尔斯以"布鲁图斯"的笔名在他弟弟的报纸《纽约观察者》上发表了一系列文章。"毒蛇已经开始缠绕在我们的肢体上，其毒液正在爬上我们的身体。"他警告人们。这些文章后来出版成书，书名是《反对美国自由的外国阴谋》。摩尔斯指出，君主制和天主教是不可分割的，如果要让民主生存下去，这些都是不能接受的。所有那些古老恐怖的警告，再加上他在罗马被士兵用枪杆打掉帽子的记忆，都涌上了他的心头。有人游说他作为本土主义者的代表去参加1836年的市长竞选，他接受了。在朋友们和敬佩他的人看来，他昏了头。《纽约商务广告报》上的一篇社论表达了这些人的看法。

摩尔斯先生是一位学者，也是一位绅士——一位有能力、有成就的艺术家。我们有99条理由拥护他，但有一点不让我们支持他，他在政治上走上了邪路……

在选举那天，他遭到了惨败，四个人竞选，他是最后一名。

他继续在大学教书、绘画，参与全国设计院的活动。他给托马斯·哈维·斯基纳神父画像时技艺依然娴熟，还给女儿苏珊画了一幅很大的美丽肖像，赢得了广泛的赞誉。

然而，从华盛顿传来消息，摩尔斯没被选去绘制国会的历史展板。他的世界坍塌了。朋友和同行们给他写信表达了他们的失望和同情，尽量鼓励他。"别想这件事了，继续努力，画出更好的作品来。"他以前的老师华盛顿·阿博斯顿给他写信说。

摩尔斯觉得肯定是约翰·昆西·亚当斯在和他作对，但没有证据。当然，很可能是摩尔斯自己在报纸上发表的言辞激烈的反天主教文章，以及政治上的失足毁了他。

用他自己的话说，他"在这个打击之下站立不稳"，这是他作为艺术家的彻底失败。病由心生，他卧床不起。詹姆斯·库柏说摩尔斯"病得厉害"，他很担心。纳撒尼尔·威利斯回忆说，摩尔斯告诉他，他非常厌倦生活了，如果他有"神圣的权利"的话，会结束自己的生命。

摩尔斯完全放弃了绘画，永远地抛弃了成为有成就和名望的艺术家的梦想，抛弃了从大学就开始醉心的事业。没人能劝他改变主意。

他心怀怨愤地写信给库柏："绘画对许多人来说是面带笑容的情妇，但她却对我冷酷。我没有抛弃她，是她抛弃了我。"

他父亲曾教导他，一次就做一件事情。从此，这"一件事情"就是他的电报。后来，人们在他纽约大学的工作室里发现了这种设备的雏形。人们猜测，如果他没有停止绘画的话，就不会有电磁式电报的发明。起码没有摩尔斯电磁式电报。

在 1832 年的笔记中，摩尔斯写道，这个想法的核心就是通过电路的开合发送信号，接收设备通过电磁用点和线在纸上记录信号，然后把这些点线译成数字和字母。

他设计的设备很怪、很滑稽。木制钟盘、木鼓、控制杆、曲柄、卷在圆滚上的纸、三角形木摆、电磁器、电池、各种铜线和一个原本支画布的木头支架——所有的都那么"原始"，就像一些孩子胡乱的发明一样。他不好意思让人见到他的设备。

他主要的困难是电磁的电压不高，不能把信号送出超过 40 英尺之外。不过有一个同事，纽约大学的地质学教授列奥纳多·戈尔帮他克服了这一难题。通过增强电池和磁铁的电力，可以把信号通过电线传出三分之一英里，并在戈尔的教室可以来回传递信号。摩尔斯后来设计了电磁接力系统，把信号传递的距离延伸到了无限远。

而波士顿的一位医生查尔斯·杰克逊控告摩尔斯，说他窃取了他的想法。杰克逊是小詹姆斯·杰克逊的亲戚，1832 年从法国回国航行中，曾是摩尔斯的旅伴。他说，他们在船上一起研究，电报是他们两个人的"共同发明"。摩尔斯大发雷霆，给杰克逊回信，否认了他的一切指控。他私下里写信说："真想象不出此人被什么冲昏了头脑。"对此，库柏和理查德·哈伯山姆都毫不含糊地为摩尔斯辩护，证明他回国之前在巴黎就常和他们谈起他的电报。

摩尔斯向国家专利委员会首席委员他的耶鲁同学亨利·埃尔斯沃思递交了专利的初步申请。1837 年国家正处于经济萧条的最糟糕时期，摩尔斯又找了一个伙伴，年轻的阿尔弗雷德·维尔。维尔正好要给父亲的一笔钱找一个投资渠道。摩尔斯的弟弟们也提供了经济援助。可喜的是，摩尔斯编制出了自己的点线的字母传输系统，后来被称为"摩尔斯电码"。

他们在更大的范围内排列电线，把设备安装到了新泽西。他和维尔很快就可以在距离 10 英里的两地传输信号了。在新泽西和费城的其他地方的演示也成功了。

同时不断有报道说，在美国和国外，也有别人在进行类似的发明。不过，到 1838 年，摩尔斯和维尔已经在华盛顿的国会大厦，准备演示能够"远程书写"的机器了。他们架起了设备，把 10 英里长的电线放在商务委员会开会的屋子里。好几天的时间，众议院和参议院的议员们挤在这个屋子里看"教授"演示。2 月 21 日，马丁·范布伦总统和他的内阁也来观看了演示。

就这样，摩尔斯发明的奇迹几乎一夜之间就在华盛顿建立起来了。商务委员会迅速建议进行 50 英里的电报试验。

不过，摩尔斯觉得他必须获得欧洲政府的支持。于是，他很快就渡过大西洋。结果正碰上伦敦和华盛顿官方在一些事情上产生矛盾，他申请英国专利的事情就被一次次地耽搁了下来，令人恼火。终于，7 周之后，他被批准召开一个听证会，结果申请还是被否决了。

"否决的理由，"他告诉苏珊，"不是我的发明不是原创，也不是不比别人的好，而是因为已经用英语发表在美国的期刊上了。因此，它属于公众的了。"

在某种程度上，巴黎对他的态度要好得多。科学家、学者、工程师，巴黎整个学术界和新闻界都给予了他高度的评价。他意识到，他以前对自己画作成就的渴望现在以另一种成就替代了，法国人知道这样的场合该如何对待。

由于经济的原因，摩尔斯从里沃利大街搬到了偏僻一点儿的讷夫德马修林大街。在那里他和一个新相识，一位经济上也不宽裕的美国神父住在一起。这个神父的名字叫爱德华·科克。摩尔斯的法语仅能进行勉强的交流，根本达不到在严肃的场合详细介绍自己发明的水准。而科克神父的法语纯熟，他自愿做摩尔斯的发言人。另外，他还经常给情绪低落的摩尔斯打气，提醒他："伟大的发明家往往生前挨饿，死后得到褒奖。"

他们把摩尔斯的电线和设备安置在拥挤的屋子里，每个周二是"招待会"日，给任何有兴趣爬上楼来观看的人演示。科克对科学和发明不怎么了解，不过很快就学会了，成了"大演示家"。越来越多的贵宾和陌生人来看演示。科克回忆说：

> 我给解释原理，操作电报。参观者他们统一说出一个词，我听不到，然后教授在电线的一端收到这个词，发给我在电线的另一端记录下来。我译出，再说出是什么词。他们能看到我仅从电线中得到消息，觉得很神奇。

科克后来对他当时听到的话没做笔记，感到很遗憾："我从未听到过任何一句话，说摩尔斯先生的结果不新奇、不神奇、没有应用前途。"

工作间隙，摩尔斯在城市里作长时间的漫步。至少有一次，也许好几次，他走上了原来的路，过了河，到了库柏住过的圣铎米尼克大街。

有人想知道，这段在巴黎的时间或后来，摩尔斯是否遇到过乔治·希利。他应当听说过希利的成功——希利后来成了全国设计研究院的荣誉研究员。有人想知道放弃了绘画的摩尔斯，对于希利这么年轻就有如此成就怎么想。

前些年，摩尔斯在卢浮宫的工作结束后回到纽约，而希利刚要出发去巴黎。到了纽约，希利发现自己乘坐的船出发的日子延后了，便去拜访了摩尔斯。"你想做一名画家？"摩尔斯说，"你不会挣到盐（钱）的！"希利的奶奶曾几乎用同样的话表达过同样的意思。

希利回答说："那么，先生。我吃饭就不放盐。"

在 9 月的第一周，法国科学界的大师、天文学家和物理学家多米尼克·弗朗索瓦·让·阿喇戈，来到讷夫德马修林大街，看给他个人演示的"神奇发明"。爱德华·科克写道："他仔细察看了设备，非常详细地询问了发明家，然后宣称他对结果很满意，这种设备可以做到所宣称的事情。"

阿喇戈要立即把摩尔斯和他的发明，放在 9 月 10 日召开的科学院会议上作介绍。为了准备介绍，摩尔斯开始准备在会上应该怎么说："我现在的仪器在机械方面还不完备，只是为说明我的发明的工作原理而设计的……"

科学院的学者们在法兰西学院的大厅开会。这是一座位于左岸，面对塞纳河和艺术桥的 17 世纪的标志性建筑。河对面就是卢浮宫，六年前摩尔斯就是在那里绘画，几乎把自己累死。现在，他站在"世界上最著名的科学家中间"，在给弟弟西德尼的信中他说。里面没有一张熟悉的面孔，除了阿喇戈教授和另外一位，亚历山大·冯·洪堡。他曾在卢浮宫看摩尔斯辛苦地绘画。

应摩尔斯之请，阿喇戈给听众们介绍了这个发明的工作原理，以及它与别的同类设备的不同和高明之处。摩尔斯在旁边操作机器，一切进行得很顺利。

可以说，这是摩尔斯迄今为止事业上最骄傲的胜利。他给阿尔弗雷德·维尔写道："大厅里响起了一阵嘈杂的赞许之声和惊叹声。我听到人们到处在说：'神奇！''太好了！''令人惊叹！'"

巴黎和伦敦的报纸，还有法兰西学院办的周报《报道》都为这个发明而欢呼。摩尔斯的朋友、美国专利委员会委员亨利·埃尔斯沃思碰巧当时也在巴黎。两天之后，他写了一封长信，对这一发明的前景进行了预测。他说，在法兰西学院鉴定这件事表明，摩尔斯的电报"超越了所有已知的此类发明"，显然"又一场革命就要发生了"。

> 我毫不怀疑，在不到十年的时间里，你会见到大西洋两岸的各个大大小小的商业点之间都会使用电力来进行通讯的。人们可以以闪电的速度把指令、新闻从一个地点发送到另一地点……遥远的各国会真正地用电线连接起来……比如在美国，不久的将来行政指令和国会投票的结果一下子就可以传到费城、纽约、波士顿和波特兰，消息一到巴尔的摩或另一端的宾夕法尼亚大街上，新奥尔良、辛辛那提等地也就知道了！……抽象的想象再不能和科学在大西洋两岸发展的现实相提并论。

埃尔斯沃思承认，人在巴黎让他比平时对此更感自豪："身处国外，在陌生人和外国人中间，人对自己民族的感情比在国内有时还要强烈。"

学者和报纸上的欢呼是一回事，而和法国政府洽谈的进展是另一回事。刘易斯·卡斯部长给摩尔斯写了一封"非常恭维"的介绍信，让他去各个部门游说，但没什么效果。向内务部办公室通报了八九次之后，摩尔斯只见到了比秘书级别稍高一点儿的人，只是让他留下名片。

在经过了科学院的成功整整两个月之后，摩尔斯感叹道："这里每件事情的进展就像蜗牛的速度一样。"刘易斯·卡斯告诉他，"拖延"是意料之中的，这是无可奈何的事情。

摩尔斯在夏季时原本计划在巴黎待不到一个月，结果等到了 1839 年初，他还在巴黎。在爱德华·科克的帮助下，每周二他还在讷夫德马修林大街的楼上举行"招待会"。公众对他发明的兴趣不减，这使得"拖延"更让人恼火。

摩尔斯想，也许在美国国内，他的发明的运气会好得多。"我们的性格中有更多的'进取'精神……而这里古老的制度已经建立了很久，要有什么新的东西，即便很有前途，他们至少也会谨慎行事的，他们的铁路系统的运作就是一例。（法国的铁路建设要比美国晚，而且进展非常缓慢。）"

到了 3 月，摩尔斯对法国的官僚作风感到厌倦了。同时，几个月的等待让他经济状况更加恶化，他决定回国了。在走之前，他去拜访了路易·达盖尔，一位戏剧布景画家。摩尔斯稍带夸张地说："我时刻都在听人说起，目前的巴黎有两大奇迹，一个是达盖尔专注的暗箱，一个是摩尔斯的电磁电报。"就这样，摩尔斯又要从法国带回美国一个想法，其结果会产生他和其他人都无法预料的影响。

摩尔斯和达盖尔年龄相仿，摩尔斯处世谨慎，达盖尔则充满活力。他们两人说起对方的语言都不熟练，但一见如故。他们原来都是画家，现在都在搞发明。

达盖尔熟悉戏剧照明和布景效果，便发明了技术，把景画在巨大的舞台垂幕或纱幕上，可以画到 71 英尺乘 45 英尺大——也许是瑞士的山谷，或者英国城堡的内景，从后面点亮灯光，或用几个摆放合适的架子一支撑，比以前见过的任何舞台景观都有真实感。他自己建起了大剧院——迪奥拉玛剧院，在里面上演自己的剧目。从其自 1822 年开业以来，巴黎人"蜂拥而至"。

达盖尔证明自己是光影魔幻大师。观众们坐在旋转看台上，看起来好像是景物在从他们眼前飘过。他们几乎不相信看到的东西不是真的。一位评论家在《巴黎周刊》上发表文章说，迪奥拉玛标志着"绘画史上的一个时代"，"我们真切地希望喜好娱乐的巴黎人去那里作不离开首都的瑞士或英国之旅"。

看了达盖尔最新发明的效果，摩尔斯感到震惊。几年前，他曾试图把用黑箱生成的图像用一张蘸了硝酸银的纸给固定下来，最终无望地放弃了。

达盖尔一直在进行试验，想要产生图像。他和一个名叫约瑟夫·尼塞弗尔·尼埃普斯的老同事合作，后来这位老同事过世了。达盖尔最后用他的小银板所取得的成就是显而易见的，摩尔斯见到了，一刻也没有耽误地写信告诉了弟弟——"这是当代最美丽的发现"。

图像是在一张表面上涂了银的金属板（铜）上产生的，基本的大小是 7 英寸乘 5 英寸，他们就像是用细点腐蚀制版法刻上去的一样，图像就是简单的明暗轮廓，没有颜色。但你想象不到这种绘制的细腻程度，没有任何的绘画或雕刻可以与之相比。例如，在大街的一幅图像中，可以看到远处的标志，人的眼睛只能看到标志上有字母，但太小了，肉眼看不清楚。不过有了透镜的帮忙，可以放大 50 倍，用来看图像，每一个字母都清晰可见，建筑物墙上以及路上的裂缝和细线也都看得清清楚楚。透镜在图片上的效果就和望远镜在自然中的效果一样。

银版照相标志着摄影的诞生。然而，见到达盖尔成就的艺术家，都不像摩尔斯那么充满热情。对于德拉克洛瓦来说，这标志着艺术的死亡。摩尔斯在达盖尔那里待了一个多小时，满心欢喜地回去了。而达盖尔到讷夫德马修林大街的回访却中间被打断了。消息传来，迪奥拉玛剧院失火了，被烧成了一片瓦砾，现场的观众勉强逃生。

摩尔斯描写了拜访达盖尔的事情，被他弟弟刊登在了 1839 年 4 月 20 日的《纽约观察者》上。关于达盖尔银版的消息首次出现在了美国。这个消息很快被别的报纸转载，传遍了全国。摩尔斯第一次坐汽船横渡大西洋回到美国。他下了"大西部"号，就立即给达盖尔写信："整个美国都把你的名字和那了不起的发明联系了起来，发明上打上了你的烙印。"他促成达盖尔被授予了全国研究院荣誉委员的称号。这是达盖尔在法国之外的第一个荣誉。

在纽约大学化学家约翰·威廉·德雷珀的帮助下，摩尔斯试验用达盖尔银版拍照。这是达盖尔本人没有去做的一件事情。他觉得这个不实用，因为要照的对象必须保持 15 ~ 20 分钟静止不动。到 1840 年，摩尔斯和德雷珀在大学楼的顶层开办了一个达盖尔银版肖像工作室，他们对此感到很满意。这样，肖像画家塞缪尔·摩尔斯就骄傲地成了肖像摄影师。

他还在坚持不懈地改进着他的电报。他一直以来要"闪光"的梦想没有停止过。

四年之后，也就是 1844 年 6 月，巴黎以及欧洲的其他地方传来消息：摩尔斯教授由国会拨款支持，在华盛顿和巴尔的摩之间架设了电报线，这两座相距 30 英里的城市开始有了电报。摩尔斯从国会大厦的一个会议厅给在巴尔的摩的伙伴阿尔弗雷德·维尔发过去了《圣经》上的话："看上帝做了什么！"随后，就让别人发送他们自己的问候。

几天之后，两个城市的人们对摩尔斯设备的兴趣越来越大。巴尔的摩的国家民主会议中心被挤得水泄不通。成百上千的人聚集在华盛顿这边的电报机旁，等待从那边会议中心传来的即时消息。传来的消息中提道，马丁·范·布仁在提名中和前驻法国大使刘易斯·卡斯争得难解难分，在第八轮投票中，会议经过妥协挑选了一个不知名的参议员，田纳西的詹姆斯·K. 庖克。

在巴黎，《加里格兰尼新巴黎指南》报道说，现在巴尔的摩的报纸可以从华盛顿得到最新的消息，一个小时之内就能见报，"这是空间的消失"。

三

1845 年春，就在摩尔斯于华盛顿成功后的第二年，巴黎出现了一种完全不同的美国热潮。一股对美国好奇的浪潮，引起了很大的躁动。

开始是菲尼亚斯·泰勒·巴纳姆，一个很招摇的巡回演出团老板和他的侏儒"拇指汤姆"。尽管巴纳姆喜欢说大话，但他本人也没有料想到他们会引起这么大的风波。

紧随其后的是美国画家乔治·坎特林，他的画以平原印第安人为对象。这次他带来了一大批作品，有 500 多幅，以及画中画到的活生生的"艾奥瓦人"。这是美国画家巴黎之行中最让人难忘的一次。

赶巧的是，来自新奥尔良的美国钢琴家路易斯·莫尔茹·高特肖克，也在巴黎罗什舒阿大街的珀莱雅音乐厅举行了首场音乐会。这应该是美国人在巴黎舞台上演出的第一个独奏音乐会。更令人瞩目的是，高特肖克只有 15 岁。

巴纳姆颇具招摇的天分。他几年前在百老汇开了美国博物馆，这让他一举成名。这家博物馆立即成了纽约人气最旺的地方，他解释说："人们喜欢被忽悠。"他偶然发现了查尔斯·斯特拉顿，一位来自康涅狄格州布里奇波特的侏儒。这个孩子 5 岁，站起来只有 2 英尺，体重 16 磅。巴纳姆给他起名叫"拇指汤姆"或"拇指汤姆将军"，并给他制作了像拿破仑那样的小号军装，对外说他 11 岁了。巴纳姆后来写道：

> 他是长相不错，眼睛明亮的小家伙，浅黄色的头发，红红的脸膛……我花了很大的精力来教育和训练（他）……日日夜夜地训练，他是一个聪明的学生，我成功了……

巴纳姆坦率地说，他开博物馆就是想"利用这一机会快速赚钱"。他在小"将军"身上发现了金矿。他每周付给这个小孩 3 美元，让他在博物馆表演。他立即就深受人们喜爱，巴纳姆把他每周的工资提高到了 20 美元。为了"测试一下大西洋彼岸人们的好奇心"，巴纳姆带着"汤姆"、他的父母、教师，还有三四个其他人开始了欧洲之行，先到伦敦，又到巴黎。按照新合同，"汤姆"的工资涨到了每周 50 美元。

在伦敦的皮科迪利的舞台上，"小人国的神奇人物"一下子就火了。后来"汤姆"还穿着军装，到白金汉宫给维多利亚女王陛下表演。但伦敦不是巴黎，巴纳姆写道："法国人特别情绪化，在伦敦是兴奋，到了巴黎就是狂热了。"

他把"汤姆"及其随行人员安排到了里沃利大街的贝得福德旅馆

后，就立即行动。先是租用了一处能容纳 3000 人的崭新的礼堂——在维维恩大街上的音乐大厅，然后雇用了一个乐队。他还跑遍了巴黎的报社，大做广告。

巴黎那年的冬天特别寒冷，一直不见春天的迹象。杜勒里公园著名的栗子树一般到 3 月初就泛出了新绿，但这一年一直光秃秃的，像在隆冬一样。3 月 21 日，春天正式来临。忽然间，太阳发出了绚丽的光芒，大街上一下子就"活跃"了起来，人群涌向了香榭丽舍大道。全巴黎的人都浓妆艳抹，为春天添色增彩。

这个春天"拇指汤姆"抢了风头。他头戴高帽，坐着小型彩车，由四匹灰色的马拉着，还有 4 个赶车的小侏儒。大街上的人们惊呼："拇指汤姆将军。"

由于之前有了在白金汉宫的招待会，巴纳姆没费什么事就安排了"汤姆"于 3 月 23 日在杜勒里宫与路易·菲利普国王及其王室成员见面。"汤姆"打扮成了一个完美的资产阶级的绅士，身着合身的黑色礼服、白马甲，胸前别一枚闪亮的钻石胸针，立即就成了大家关注和欣喜的中心。巴纳姆把他"聪明的学生"教得很好。

一位女士用英语问"汤姆"是否有结婚的计划。汤姆回答："当然有。"

"你和几个人订了婚?"

"八个，都算上。"

"但他们告诉我，你很薄情寡义。"

"确实如此。"

"在英国很多女士追你，你让她们吻你。"

"那是为了避免伤害她们的感情。"

"你被吻了多少次？"

"100 万次。"

国王问他是否会说法语。

他回答说："会一点儿。"

"你会用法语说什么？"国王问。

"国王万岁！"

"汤姆"表演了新奇的舞蹈，模仿了著名的雕塑——《大卫和歌利亚》《参孙》和《赫拉克勒斯》。恢复了绅士神态之后，他掏出了一块小怀表看了看，从一个珠光闪闪的小盒子里捏了一点儿鼻烟。最后，他戴起苏格兰高帽，穿着苏格兰裙子跳起了苏格兰舞蹈。

据报道，他带到巴黎的衣橱可以放到一个帽子盒里。在旅途中，他睡在桌子的抽屉里。

第二天，巴黎的报纸上幽默地报道，这场公共表演是"短小的时光"，在音乐厅看"袖珍美国人"。

> 他比任何婴儿都小，他活泼、聪明、身材匀称。他会讲述他的故事，唱各种各样的歌，跳舞……

一等座位的票是 3 法郎，二等座两法郎。据报道，开幕三天了，"场场爆满"。

> 这个神奇小人的优雅、敏捷和谈吐实际和他的身材尺寸一样的不同寻常。这赢得了时髦人士的喜爱，特别是女士们。

现在商场的橱窗里陈列的都是"拇指汤姆"的小型石膏或巧克力塑像，还有关于他的歌曲。还有一家饭店把名字改为"拇指汤姆"。

在音乐厅每周两天的表演，观众如此之多。接着几周，巴纳姆每天都得雇出租马车把钱袋拉回旅馆。

那位白皙、消瘦的美国人，于 1845 年 4 月 2 日、星期三的晚上，坐在了珀莱雅音乐厅的钢琴旁。他知道人们对他有多大的期望，称他为莫尔茹。他已经在巴黎学了 4 年音乐，在音乐界许多人在谈论他。观众里有他的母亲和 5 个年幼的弟妹，还有他的老师——门德尔松的学生卡米尔·斯坦莫蒂，还有两位当时最受人热爱的钢琴家——西格孟德·泰尔伯格和弗雷德里克·肖邦——他们也都曾在珀莱雅音乐厅演奏过。巴黎的音乐爱好者真多，座无虚席。大家看到了刊登的邀请，来听"新奥尔良的莫尔茹·高特肖克"的首场演出。

莫尔茹出生于 1829 年。他的母亲爱弥·布鲁莎·高特肖克是一位罗马天主教徒、克利奥尔人，母语是法语。莫尔茹接受的是天主教的教育，不过是用英语进行的。父亲爱德华·高特肖克是犹太人，靠土地和奴隶生活。据说莫尔茹 3 岁就显示出了对钢琴的兴趣，12 岁在新奥尔良钢琴老师的鼓励下，就坐上帆船在船长的照顾下出发去了法国。

小莫尔茹报名进了一所私人寄宿学校，是迪塞尔夫妇在公寓里开办的。这个孩子本来法语就说得流利，而且好学，所有功课都不错，在钢琴方面特别突出，一下子就引人注目了。迪塞尔夫妇安排他见西格孟德·泰尔伯格。听了他的演奏后，泰尔伯格说："这个孩子了不起。"同时，莫尔茹的父亲原来在给他提供学费方面一直麻烦不断，现在泰尔伯格说由他负担在巴黎的一切花费。这个孩子喜欢华美的衣服，13 岁就让人给他画了像。这也说明巴黎生活的费用不是多得不可想象的。画像是叫做 J. 博韦尔的画家画的。画中的莫尔茹是一个长发青年，两只黑色的眼睛相距较远，目光中充满渴望，手里拿着羽毛笔和乐谱，在沉思。

莫尔茹在巴黎待了五年。1844 年秋天，他母亲和五个年幼的弟弟妹妹过来长住。爱弥·高特肖克 31 岁，喜欢社交和优雅舒适，她要尽情享受巴黎的生活。

对于钢琴神童来说，巴黎具备了天时地利。它已经取代了维也纳，成为欧洲的音乐之都，钢琴和其他乐器从未像现在这么流行。据研究，巴黎当时有六万架钢琴，大约有 10 万人弹钢琴。如果数据无误的话，就是说巴黎有三分之一的年轻人在弹，或者准备弹钢琴。泰尔伯格、肖邦、佛朗兹·李斯特和海科特·波里奥兹都正处于事业的高峰，像巴黎的夜空一样群星灿烂。特别是肖邦，他的音乐以及他与乔治·桑的爱情故事，已经让他成为艺术天才和浪漫精神的代表。对于莫尔茹来说，肖邦是一颗最亮的星。

音乐神童在巴黎并不稀奇，可以说是巴黎的传统，但莫尔茹是美国的神童，这是新鲜之处。

他在珀莱雅音乐厅的首场演出有全套的乐队。他以肖邦的 E 小调协奏曲开始，接下去是泰尔伯格和李斯特的乐章。最后爆发的掌声确定无疑地表明了，他远远超出了人们的期望。

据有人描述，肖邦本人来到了后台，和莫尔茹打招呼，用法语说："好，孩子，好，非常好。让我再握握你的手。"莫尔茹的妹妹克拉拉后来说，肖邦把手放到了莫尔茹的头上，像在祝福，说："我预言你会成为钢琴之王的。"

《音乐周刊》上赞扬这个美国青年，"弹奏得利索优雅"，并预言说将来他的名字会位于大师之列。美国国内,《新奥尔良快报》在头版报道说,有1200名"主要是上流社会"的人出席了音乐会,"这位路易斯安那年轻有趣的孩子将前途无限"。莫尔茹耀眼的事业以这样有纪念意义的方式开始了。

4月中旬,在"拇指汤姆将军"出现在音乐厅之后的大约三周、莫尔茹首场演奏会两周之后,乔治·坎特林带着他的"艾奥瓦"印第安人,进驻了马德琳教堂后面肖沃·拉伽日大街的维多利亚旅馆。除了500多幅印第安的绘画之外,坎特林还带来了大量的印第安器物——印第安战斧、剥皮刀、摇鼓、手鼓、头骨、厨具,还有四个完整的棚屋——画和器物加起来共重八吨,用巨大的柳条箱装着。

坎特林和别的美国艺术家不一样,粗壮结实,中等身材,下巴铁青,胡子刮得很干净,看上去不苟言笑。他可以算是画家、学者、探险家、梦想家、企业家和巡回演出团老板。他生于宾夕法尼亚,开始当律师,后来辞职画画,专攻小型肖像。和摩尔斯一样,他也渴望成为历史画家。在费城时,他见到了一个身着盛装的西印第安参观团,他说这足以刺激起他"毕生的热情"。

1832年,霍乱袭击巴黎,摩尔斯在库柏的陪同下绘制《卢浮宫大画廊》的时候,36岁的乔治·坎特林正沿密苏里河逆流而上。他一定是受了库柏的《皮袜子故事集》,特别是《大草原》的影响,鼓起勇气出发到西部,要用画笔记录"居住着红色人种的辽阔的绿色国土"。他花了近8年的时间,坐汽船、独木舟、骑马旅行,研究了45个平原上的印第安部落,画他们,和他们一起生活。他沿着密苏里河逆流而上到了联合港,又沿密西西比河顺流而下,一直到新奥尔良。没有艺术家曾进行这么大规模的主题，花这么长的时间，用了这么大的努力。他画肖像、风景、捕猎野水牛的场面、狂野的印第安游戏和宗教仪式——用他的话来说就是"野蛮社会的骄傲和英雄气概，在文明之外的纯粹原始的自然"。他知道，过不了多久，这种生活方式就会消失，被腐蚀掉或被完全毁掉。他决定用画笔来把它从人们"即将的忘却中拯救"和保存下来。他也希望以此来出名，并赚取足够的收入来养活自己的妻子克拉拉和孩子们。

坎特林从未从政府和个人那里得到过任何的赞助。1839 年他表示愿意把所有的收藏卖给美国政府，但没有得到回音。于是，他带着自己的收藏航行去英国，希望有好运气。克拉拉和孩子们随后跟了过来。

绘画在伦敦皮科迪利的埃及厅展出，坎特林做了演讲。为了增强效果，他经常打扮成印第安人的样子。他也带着绘画到其他城市展出，但同时陷入了越来越多的债务中。正好有两三个奥吉布瓦和艾奥瓦印第安人代表团来伦敦展示他们自己的文化，坎特林就邀请他们一起巡回展出。他对于他剥削印第安人的说法，他深恶痛绝。

"真正"的印第安人给展出添了很大的彩。他们的翻译杰佛瑞·道尔维也成为这队人中的一员。坎特林又给他们中的每一个艾奥瓦人画了像，从而增加了他的作品数量。奥吉布瓦人说在伦敦待够了，要航行回家，而坎特林也已经在英国待了几年。于是，他决定把整个队伍移往巴黎。他的家人也都加入到了队伍中来。他料想会在巴黎受到什么样的接待，却不得而知。他们到旅馆的时候已经天黑了，直到第二天早晨，艾奥瓦人才从窗户里探出头来看这个城市第一眼。看到那么多画着脸、戴着羽毛的红色脑袋在高处招呼着新的一天，下面街上的人群被很快吸引了。坎特林写道：

旅馆的侍者开始吓了一跳。好脾气的女店主看到他们出人意料的面目，微笑着。当她被告知床被挪出了房间，他们铺上自己的衣服，睡在地板上时，她大笑了起来。旅馆里所有的人，几天就和他们熟悉了起来。

他们爬上了公共马车，周游了这个城市，参观了杜勒里公园、卢浮宫，从新桥上过了塞纳河，到了市政厅。那里聚集了几千人等待着一睹他们的风采。"他们一下车，进入大厅，人们欢呼起来。他们进到里面的时候，人们的数量也不见减少。"坎特林写道，他对这个欢迎的场面激动不已。在市政厅里面，打开了香槟酒，警务总监授予了艾奥瓦人代表团的首领"白云"一枚银质奖章。

"白云"作了一个简短讲话："父亲呀！我们到过了伦敦，看到了城市的一切，不过我们认为还是您的村庄最美。"

代表团还有其他成员，包括"白云"的妻子"骄傲的鸽子"，武士"小狼"和他的妻子"在别的熊背上行走的母熊"，还有他们的婴儿女儿，用布包裹着。总共有七个男人和一个男孩，四个女人和两个女婴。他们每天的活动、名字、相貌是人们的谈资。

《加里格兰尼新巴黎指南》报道，艾奥瓦人"身材好，招人喜爱，态度和蔼"，推断说人们不必害怕他们。

从面相学的角度看，他们都智力上乘。他们的皮肤呈古铜色，偏红，有许多让欧洲人羡慕的特征。他们的服装色彩艳丽，堪称优雅。他们似乎都很忠实于首领，以他们的方式恪守自己的宗教，在分享食物之前总会祈祷，祈求神的保佑，并感谢他们所受的恩惠。

印第安人继续观光，所到之处都吸引着大批的人群。坎特林把他的展览移进了圣奥诺雷街上的像洞穴似的瓦伦蒂诺展厅。绘画作品并排摆放，布满了墙壁。一幅肖像生动地描绘了最强壮的"小狼"——他的脸画成了亮红色，眼睛鼻子和嘴用桔黄色和绿色的线条装饰；他的肩膀上挂着一个用大灰熊爪做成的沉重的项链；在项链的旁边，他佩戴的金质奖章给他更加增色添彩。另一幅画像上是曼丹人的首领——"四熊"——他骄傲地站立着，有着王者风范，头饰上雄鹰的羽毛拖到了地上，长长的鹿皮衣上装饰着战争中英勇的标志。坎特林在描述"四熊"头一天坐下画像的情景时，说："任何悲剧作家走上舞台，或角斗士走上罗马竞技场，都没有他那么优雅庄重的雄风……"

还有一幅肖像上画的是一个帅气的夏延族妇女"洗膝女"，她穿着山羊皮衣服，插着漂亮的蓝色羽毛。有的绘画画的是让人不寒而栗的自虐情景，战争舞蹈，剥头皮舞；愤怒的临死的水牛，鲜血从伤口中喷出；着火的高秆草草原，上面黑烟滚滚，坎特林恰当地给天空涂抹上了火气冲天的色彩。

为了衬托景物，坎特林在画廊中央搭起了克劳族人的棚屋。他后来说，巴黎人从未见过如此表现偏僻地域文化的展览。他一点儿也没有夸张。

当时许多名人——国王身边的人、著名的科学家、作家、画家、报纸出版商，都对坎特林的绘画和艾奥瓦代表团着迷。国王是对此最感兴趣、最欣喜的人。路易·菲利普、玛丽·阿美莉王后和王室成员，于1845年4月22日在杜勒里公园接见了坎特林一行。坎特林骄傲地注意到艾奥瓦人"都兴高采烈"……

175

他们都戴了贝壳串珠和奖章、熊爪项链，拿着弓、盾和箭、标枪和战棒、战斧和剥皮刀……他们身着画了水牛的衣服……

路易·菲利普"非常平易近人"，立刻用英语和他们交谈起来——由杰佛瑞·道尔维翻译。他谈起了他在美国的经历，比以往兴致更高，也让这些从大平原来的客人很高兴。

"告诉这些朋友，我见到他们很高兴。"他一边招呼一边说，"我年轻时到过很多美国印第安人的棚屋。他们非常友善地招待我，我喜欢他们。"

他谈起半个世纪之前在美国荒野的冒险经历，就像发生在不久前一样。"告诉他们，我到过布法罗附近的塞内卡部落……在首领的棚屋里，和俄亥俄的肖尼人和特立华人在一起。"

1797 年冬天到1798 年，路易·菲利普和他的两个弟弟一起，从匹兹堡开始，沿俄亥俄河坐小船一路顺流而下，到了密西西比河。然后继续沿着密西西比河顺流下去，到了新奥尔良。路线和坎特林走过的一样。他也成为过切罗基人、奇克索人和乔克托人的客人，抽过他们表示友好的烟袋，并学习了一些他们的语言。

坎特林写道："这使得印第安人瞪大了眼睛，让那些女人习惯性地用手捂住嘴，发出了惊叹。"

"请告诉他们，杰佛瑞，我很高兴见到他们把妻子和孩子带到这里，也很高兴让他们见见我的家人，他们现在基本都在我身边。"路易·菲利普说着，把他的妻子、姐妹、两个儿子和他们的妻子还有两个孙子，都一一作了介绍。

作为国家元首，国王接着授予了头领"白云"一枚金质勋章，给他的每一个武士一枚银质勋章。后来大家都移到了大舞厅，印第安人坐在地板中央，开始打鼓和唱歌，后来挥动起武器，跳起了鹰舞。

舞蹈在热烈的掌声中结束，艾奥瓦人坐了下来；鼓声又起，比上次更高昂激越。"小狼"把水牛皮大氅甩到一边，从地板上跳起来，拿起了战斧和盾牌。"发出了吓人的战斗呼号，把武士都召唤到了他的周围。"坎特林写道：

> 没有什么比此刻这个身材高大、面目狰狞的武士所表现的场面更加激动人心和别具一格的了。他挥舞起战斗的武器，紧皱的眉头和额头上现出杀气，他跳跃蹦窜，似乎要立即杀敌！官殿的地板和屋顶随着他脚步的重量颤动，大厅里回荡着武士战斗呼号的激动人心的音符。

"小狼"突然停了下来，把战斧举过头顶，让大家停了下来。他走到国王面前，说：

> 我伟大的父亲，我把我的战斧献给您，我用它杀过一个敌人……你看上面还有血留在斧刃上……我的父亲，自从我们来到了白人中间，我看到和平比战争要好，我把战斧交到你的手中——我再不战斗了。

坎特林在旁边看着，想象着这位国王沿俄亥俄河和密西西比河顺流而下，看到了美国的大西部和那片土地上的人们的生活方式，这种经历在美国人当中顶多有千分之一的人有过。(阿列克西·德·托克维尔1835年在《论美国的民主》第一卷中，把密西西比描绘成"上帝给人类预备的最好的居住地方"，不过告诉他的读者们那里还是"大片的荒野"。)

坎特林对国王产生了钦佩，甚至是敬畏之情，没有多少美国人能产生这种感觉。因为他知道这样的冒险需要什么样的"意志和技巧方面的力量"。这里，他贵为法国国王，"在他的宫殿拉着贫穷的森林印第安人的手，向他们表达他永远也忘不了的感激之情……"

坎特林写道，这种想法一闪而过，但在巴黎独自散步时又经常出现。

> 我经常带着这样的想法，边想边走过大街小巷。在冥想中穿过中央大街和十字路口，这是世界流通的大动脉，而我的感觉像是走在荒野中。我看着熙熙攘攘的人流从我身旁经过，各自都在专心于自己忙碌的事情。心中比较着我的流浪生活中到过的各种安静偏僻地方的情形。
>
> 在川流不息的人流中没有一张熟悉的面孔，我几乎感到自己就是在荒漠之中，没人来打扰我的冥想，我就像乘一叶独木舟顺着波光粼粼的密苏里河漂流而下一样……

艾奥瓦人在杜勒里宫的长篇报道出现在了巴黎的报纸上。不过，当坎特林几天之后在瓦伦蒂诺展厅开始了印第安画展时，来的人却没有他所希望的那么多，"拇指汤姆"时的耀眼场面没有出现。"拇指汤姆"现在在沃德维尔剧场夜间演出。不久，《加里格兰尼新巴黎指南》报道，展览吸引了"大批的知识分子和其他人"。到了5月下旬，画展和艾奥瓦人的舞蹈在下午和晚上"吸引着很多的时尚观众"。

坎特林作品的内涵、原始的色彩、接近纯真的形式，都具有很大的吸引力。这些画作和詹姆斯·库柏的印第安故事一样，对法国人具有同样的吸引力。这是他们想象中"荒野的美国"，他们对此种诱惑是无法抵御的。《争鸣周刊》说，这些艾奥瓦人来到巴黎，似乎就是"为库柏著名的小说提供活生生的例证的"。

法国知识阶层那种对原始和异国风情的向往、从卢梭开始的那种对不受污染的"自然人"的浪漫理想都加剧了人们对展出的反应，特别是在作家和艺术家中的反响很大。19 世纪 30 年代初，坎特林出发去大平原的时候，欧仁·德拉克洛瓦已经去摩洛哥画过阿拉伯酋长和猎取狮子的情形了。现在德拉克洛瓦和其他的知识分子一起赞誉坎特林这个"能吃苦的美国人"。乔治·桑描述了这些绘画、物品和舞蹈混合起来的效果，说她从未经历过这样的体验。

> 开始时我感觉到最强烈最不愉快的情绪，这是看别的展览没有过的。我刚看了坎特林博物馆的所有吓人的物品，原始的战斧……拍扁了的、变形的头骨骷髅摊在桌子上，其中有几个明显有剥了头皮的、血腥的战争痕迹，令人生厌的面具、表现神秘场景的绘画、极端的肉刑、折磨、宏大的狩猎场景、杀戮的战争……雪橇铃声响起，好像一群牲畜要冲过来了，我赶紧跑到座位上，准备看到惊人的场面。这时，我看到了画像上的面孔活生生地来到我面前，有的血红，就像透过火焰看见的一样……半裸的躯体，简直就像美丽的雕像，上面画着各种颜色……熊爪项链好像把他们穿的衣服撕得乱七八糟……我承认

我开始害怕了，我的想象力把我带到了《最后的莫西干人》悲惨的场景中。更糟的是，野性的音乐响起，战争舞蹈就要开始了。

随着呐喊和喧嚣，"发狂"舞蹈开始了，她完全吓坏了。"我冷汗下来了，觉得我可能会看到一场真的剥战俘头皮的场面，或者一场更加吓人的肉刑。"

那些无忧无虑的巴黎观众喜欢被惊吓，在我的周围笑着。这种笑声在我看来是魔鬼般的。一直等到舞蹈停了下来，印第安人神奇地恢复了他们纯朴善良和真诚的表情，这使得他们看上去比我们都好。

她被整个表演激动着，第二天又带了几个人去看表演。她相信坎特林的绘画要比公众意识到的意义深远得多，应当与维克多·雨果和夏尔·波德莱尔的作品同属一类。

法国重要的批评家波德莱尔特别喜欢坎特林给"小狼"和黑脚族首领"肥背公水牛"的画像。他觉得坎特林抓住了这些优秀人物"骄傲和自由的个性，以及其崇高的表现"。至于坎特林的色彩，其中的神秘让他感到欣喜。红色，"血的颜色、生命的颜色"到处都是，还有覆盖着绿色森林的山峰和无边的绿色大草原。"我发现这两个主角在轮换着坐庄。"

《宪章报》上的一篇评论说，"由于其画风的纯真和其所表现主题的原始"，坎特林的印第安画廊是"在巴黎所见的最让人好奇的收藏"；还评论说，这位美国画家表现出来对技巧和雕琢的轻视使得其作品更加魅力四射。

> 坎特林先生从开头就静静地绘画，把一种正确纯粹的颜色排列到另一种颜色旁边，好像他从不回顾自己的作品，不上光也不涂抹。但是他的情感是那么深厚，那么真挚，他的处理那么纯真、那么自然，效果是那么恰到好处，表达是那么合适。

另一家杂志《观察者》说，看了这个收藏之后，很难相信这些作品都出自一个人之手。坎特林被比作希腊历史学家希罗多德——在努力记录着偏远民族的历史，赞扬他作为一个演讲者的"了不起的力量"，他不怎么懂法语，只说英语，他的态度被描述成"冰冷有礼，脸上严肃的表情中透出思考，就像一个见过很多世面的人"。

这些赞扬和坎特林在伦敦受到的接待相比要热烈得多。另外，在英国最后的日子，死亡为艾奥瓦人蒙上了阴影——"小狼"和"在别的熊背上行走的母熊"的女儿在一次全体去苏格兰的旅行中去世了。这样，巴黎对他们的态度就愈加重要了。

在巴黎的一切都似乎很顺利的时候，"小狼"的妻子出人意料地死于结核病，被葬在蒙马特公墓。"小狼""心碎了"，每天都到她的墓旁边坐着。这件事在所有的报纸上都作了报道，人们到处谈论。肖邦在那年夏天的一封家信中也提到了这件事。

艾奥瓦人受够了打击，他们很快就收拾行装踏上了归程。

坎特林和家人刚搬到了拜伦男爵街的新住所，克拉拉·坎特林就病了。开始似乎就是平常的嗓子痛，但很快，"她瘦弱的身体垮了。"坎特林写道。1845 年 6 月 28 日，克拉拉死于肺炎。

坎特林强忍悲痛，安排将她的遗骨运回家安葬，并尽可能安慰孩子们。他曾和克拉拉谈过离开巴黎的事情，现在他只想等瓦伦蒂诺展厅租期到期就离开。他的花费很高，债务不断增加。一队加拿大的奥吉布瓦人听说了艾奥瓦人的成功，来到了这里，想要代替他们。坎特林决定留下来。

接着有了更多的好事，路易·菲利普安排坎特林所有的藏品进入到卢浮宫的一个画廊，这样他和他的家人就可以自己也欣赏一下了。在别人眼里这就是最终的赏识，这对于任何艺术家来说都是少有的荣誉，更别提是从美国来的了。另外，路易·菲利普还让坎特林给他在凡尔赛宫的画廊复制 15 幅作品。

1845 年秋天，不管是巴纳姆、"拇指汤姆"、莫尔茹·高特肖克，还是乔治·坎特林，都不急着离开巴黎回家。巴纳姆作为一个巡回演出团老板，觉得自己天生就应该在巴黎过锦衣玉食的生活。他喜欢法国大餐、话剧、歌剧和在大街上散步。巴纳姆后来说，在巴黎逗留的那些日子是他一生最幸福的时候。

莫尔茹·高特肖克长得越来越英俊，是一个完美的青年绅士，一直受到音乐界的欢迎。他在时尚界小有名气，并开始演出自己根据童年听到的克利奥尔音乐写的曲子。特别是其中的两首——《班布拉》和《拉撒瓦纳》，几年之后第一次在巴黎演出就让他名扬大西洋两岸，并受到了人们的喜爱。三年里，他在美国和加拿大举行了 1100 场音乐会。他去了加利福尼亚和中美洲旅行。1869 年，他突然病了，40 岁就去世了。

乔治·坎特林沉浸在失去妻子的痛苦中，他"退休"了。他在巴黎的公寓里创作，并照顾孩子——三个女儿和一个儿子——年龄从 3 岁到 10 岁。他写道："我继续画画，把时间花在了画架和孩子身上……下定决心把余生献给艺术……"

坎特林的印第安展览从卢浮宫搬到了好消息大街的美术馆，到 6 月份结束。坎特林不断创作，画了一幅又一幅的印第安肖像。在离开巴黎之前，他创作了 50 多幅画，主要是出于经济需要。如果说他的主题有所变化的话，那就是画了一些巴黎的景色，或考虑过画一幅卢浮宫，但没见动静。

1846 年夏天，悲剧又一次发生了，坎特林的四个孩子都得了伤寒。"我主要的工作转到了他们的床边，他们都在疾病的袭击下精神不振。"三个小女孩活了下来，但是他最小的儿子乔治没逃过这场劫难。坎特林依然在巴黎待了将近一年时间，没有停止工作。

一直坚持不懈的塞缪尔·摩尔斯，现在被称为"电讯人"，于 1845 年秋天又一次来到巴黎，仍希望能申请到法国的专利。不过，他又一次失望了。他的朋友和热切的支持者多米尼克·阿喇戈把他引荐给了下议院。展示了电报之后，他得到了热烈的反响。不过就像他所说的，他带着荣誉离开，其他的什么都没有。

直到第二年，也就是 1846 年，乔治·希利才回到巴黎。不到半年，他又踏上了回到美国的旅途。这次他想多待一些时候，带了妻子路易莎，把孩子们留给路易莎的母亲照看，这次他们又添了个女儿玛丽。他这次的任务是收集素材，准备趁丹尼尔·韦伯斯特事业的高峰期给他画像。他于 1830 年发表了著名的回应参议员罗伯特·Y. 海纳的演讲。等希利返回巴黎时，他那慷慨的雇主——法国国王——已经离开了，前途未卜。

183

第六章　风雨欲来

外人怎么能看清迷雾重重的法国未来呢？

——理查德·鲁什

一

美国新大使一到勒阿弗尔港，就听到人们对国王和他的政府不满意的议论。这是他没有料到的。据他报告中说，到了巴黎，人们的不满和指责更是"增加了百倍"。报纸对于各种公共政策"每天进行攻击"，包含着对路易·菲利普的不信任。他被指责为自私、狡猾、老迈昏庸、不守诺言、玩忽职守。这一切似乎都和前一任美国大使刘易斯·卡斯所说的，以及见过他的美国人对他的印象，完全不同。

出任驻法国大使对于理查德·鲁什来说既没有料到，也不是自己所愿。不过，他完全胜任这个职位。在漫长的政治生涯中，他 31 岁任宾夕法尼亚的首席检察官，33 岁任美国总检察长、州政府秘书长，后任美国驻英国大使，处理过各种各样的纷争，显示了坚定无私和刚正不阿的品质。在约翰·昆西·亚当斯总统的政府里，他担任财政部长，尽职尽责。1828 年，他作为亚当斯的竞选伙伴和安德鲁·杰克逊竞选总统，结果失败了。他悄然离开了政治中心，但继续为公众服务，解决边界争端，保护了英国人史密森捐给美国的遗产，为成立史密森学会奠定了基础。

鲁什大使的家族也很有名。他的父亲本杰明·鲁什医生是费城的一名医生，曾是《独立宣言》起草者和签字人之一。鲁什和父亲一样兴趣广泛。他父亲虽然已经 67 岁了，但是仍然英俊，蓝眼睛炯炯有神，宽宽的前额高高突起。总之，他作为自杰斐逊以来的一名法国大使是很称职的，最明显的弱点是不会说法语。

鲁什于 1847 年 6 月中旬到巴黎，共有 10 个子女。这次带了其中的两个女儿，安娜·玛丽和萨拉·凯瑟琳，都二十几岁。孩子们的母亲身体不好，留在了费城。在找到租金合适的住所之前，他们就先住在里沃利大街的温莎旅馆。和他的前任卡斯不同，鲁什并不富裕。

7 月 31 日，他第一次正式拜见国王，呈上詹姆斯·K. 庖克总统的"国书"，并发表了简短的讲话，表示他很荣幸能代表他的国家来到法国。国王非常和善地以流利的英语作答。仪式结束后，国王邀请他参加晚上的非正式宴会。

9 月，鲁什在圣日尔曼区的利勒街上找到了一所"足够大"的房子。他觉得因所担当的角色的需要，还得雇一辆马车和几个佣人。

> 我代表的是一个大国，我不能生活得像一个吝啬鬼，也不能像一个普通做工的人，必须得像一位绅士和外国大使……不过，我还是希望能用这 700 美元把一切办完……但会很难……

很快，他就和路易·菲利普以及令人生厌的外交大臣弗朗索瓦·基佐建立了友好的关系。基佐很谨慎，在涉及到法国政治时，总是不表明立场。鲁什常和国王见面，谈论的话题很广。他也常去拜访基佐，参加必不可少的外交招待会和宴会。在这些场合，他经常见到拜伦·凡·洪堡男爵。男爵快 80 岁了，善于交往。他愉快地回忆起理查德·鲁什还是孩子的时候，他在费城鲁什家吃饭的情形。总之，从日记上看，鲁什很愉快，尽管他的法语不好、经济状况欠佳。

> 昨天晚上我们在王尔施先生家（王尔施是美国驻巴黎领事）。聚会人很多，尊敬的洪堡先生也出席了……德·托克维尔……德卡尔布家族的人也出席了，他们的法国祖先在我们独立战争时出力很大。还有其他很多法国社会的名流。许多我的同胞，有许多女士……大家谈着话，气氛轻松，不时传来轻松的音乐。

鲁什和许多人一样，对不断动荡的政局感到不安。所谓的"改革宴会"成了七嘴八舌声讨国王的非正式会议。在城外红城堡举行了一次宴会，有 1000 多人参加，包括了下议院的议员，会上唱起了古老的《马赛曲》，并对自 1830 年以来政府的一切行为都给予了抨击。

鲁什想知道会上人们的指控是否属实。1847 年 9 月 24 日，他写信给国务卿詹姆斯·布齐南说，从"表面上看"，法国繁荣富足，生产到处在增长，气氛祥和。如果拿破仑复生的话，"他会认不出他离开时的巴黎，无论从规模上，还是商业上、美观上，特别是整洁度上，都有了很大变化"。

诚然，法国税赋很重，但也不比其他欧洲国家高。至于国王，路易·菲利普的生活俭朴。鲁什承认，国王和共和派同时当权是一件很难办的事情，孕育着敌意和动荡的唯一原因就是法国人自己，他们总是太狂热了，"无论是否有原因，他们都能从统治者身上找到过错"。

鲁什强调说，这些都是"随意的想法"，是他"到目前为止的短期逗留期间，在原始消息很难得到的情况下得出的不可靠的观察结果"。

路易·菲利普似乎还是那么活跃，喜好参加各种活动，但看上去比较疲惫，而且易怒。他喜爱的一个妹妹——阿黛莱德去世了，这对他来说是很大的打击。鲁什没有提到，对国王下台的预言已经有好几年了，许多地方都有。詹姆斯·库柏早就认为国王该被"赶走"了。库柏那年秋天从库柏镇写信说，欧洲已经处于"严重危机"的边缘了，其时路易·菲利普完全有机会离开。

国王对他所听到的传言进行了判断，觉得巴黎人在那年冬天不会举行革命。新年将近，巴黎报纸上说全国的不满已经"深刻而普遍"了。不过，鲁什没感到什么威胁。他于 1848 年 1 月 22 日向华盛顿报告说："尽管有'改革宴会'，我看不到会出现什么变革。"

一周之后，阿列克西·德·托克维尔警告他下议院的同僚们说："我们睡在火山口上。"

2 月 20 日，由于害怕出现骚乱，代表会议和政府取消了一场原定于两天之后举行的改革宴会。结果，大规模的群众骚乱爆发了。鲁什给家人的信中私下里写道，整个事情都变得"让人厌烦"。

后来发生的事情以无人能预测的速度变化着。

2 月 22 日，人群走上街头，设置路障，阻止军队前进。第二天，更多愤怒的人群开始抢劫商店，并到处设置路障。一支军队驻扎在外交大臣基佐住宅附近，人不断拥来。一个哨兵开了一枪，别的士兵也开枪了，打死打伤 50 多人。

一位名叫理查德·莫里斯的美国学生随人群冲到了基佐的住宅附近，他后来写到人群是如何从四面八方压向士兵的。

> 我们被挤得很不舒服，看到了闪光，听到了枪声。有一刻我们认为是烟花。我们被人群拥着……向前，向前，不时被阻止我们的士兵拦住，我们不相信他们的枪口会对准人民。

有几百名国家卫队的士兵也参加了起义，全城教堂的钟声整夜响个不停。在杜勒里宫，精疲力竭的路易·菲利普不停地说："我见到的血已经够多了。"

第二天早晨，也就是 2 月 24 日，星期四，路易·菲利普由于受到所发生事情的震撼，而且不愿意因他的命令再让人民流血，他退位了。

他和妻子从杜勒里公园的一个边门逃了出去，上了一辆等候的马车。他们拼命赶路，从巴黎跑到了勒阿弗尔港。躲了一两天之后，路易·菲利普和玛丽·阿玫丽化名为"威廉·史密斯夫妇"，渡过了海峡，到英国去避难了。

这样，法国最后一位国王 18 年的统治就结束了。

他到了英国不久，维多利亚女王给老墨尔本勋爵写了一封信。

> 可怜的国王和他的政府在最后两年中犯了很多错误，而且固执己见，不可避免地导致了最后逃亡的结果。不过在之前的 16 年，他做了很多事情，维护了法国的和平与繁荣，这不应该被人遗忘……

两年之后，也就是 1850 年，路易·菲利普客死于萨利的克莱尔蒙特，享年 77 岁。

2 月 24 日，星期四，那是个重大的日子。理查德·鲁什早晨匆忙地给国务卿布齐南写了一封信，汇报了他所知道的有关动乱和前一天造成的伤亡情况，并说"大的混乱和不确定"依然不会停息。"即使现在……我也能听到军队在大街上匆匆跑过，用人们带来传言说国王已经退位了……"

他还不知道，造反的人们已经为胜利发狂。他们冲进了杜勒里宫，把里面全都毁了。衣服、家具从窗户扔了出来，在公园里焚烧。国王的王冠也被作为最终胜利的象征，拿出来游街，最后烧毁。

一周之后，鲁什有了很多的情况汇报。就在国王逃跑的那天夜里，新政府就像旧的王权倒台那样突然地成立了。共和派成立了临时政府，目前表现出来的是"谦逊和宽宏大量"。在他的汇报中"最重要的"是，作为美国大使，"在紧急情况下独立采取了行动"，他已自作主张，毫不迟疑地承认了新政府。

这是一个重大的决定，他写道："直到国内接受了这个决定，我才不会焦虑。我肩负使命，我的国家希望我怎么做呢？在这样的紧急情况下，我该为我的国家做些什么呢？"

他从未像法国的反对党那样评论过路易·菲利普及其政府，对自己能超脱政治纷争而感到骄傲。如果不是这样的话，事情就不好办了。"不过只有法国人民自己才是政府行为的裁决者，只有他们能决定他们想要什么样的政府。"

巴黎很快恢复了往日的生机，这令人难以置信。商店和剧院又开门了，人们各自忙碌着，好像什么事情也没有发生过一样。似乎新政府权利行使得很恰当，没人反对。国王退位的消息传到华盛顿，鲁什接到回信，已经是两个月之后的事情了。他该做什么呢？"法国现在这种情况，我们似乎是落后了吧？"

2 月 28 日，星期一，下午 2 点。他身着外交正装，出现在了新政府所在地市政厅，外面聚集着大批的人群。他进去被正式介绍之后，发表了演讲。

> 作为美利坚合众国的代表，肩负着我们国家和在法美国公
> 民的利益和权利，我没有时间等待指示，第一时间就向你们表
> 达了祝贺，建议我们政府批准我所采取的行动。我相信法国和
> 美国的联盟以及传统的友谊会继续发扬光大，充满活力。

里外的人群发出了呼喊："美利坚合众国万岁！"

没有一个欧洲外交官采取这样的行动，美国是第一个，也是到当时为止唯一承认新的共和国的国家。其他的人还都在等待着指示。在华盛顿，鲁什的决定得到了顺利通过。总统对国会说，美国驻法大使得到了他"完全的、无条件的认可"。

巴黎还继续保持着"神奇的平静"。国民议会的选举按部就班地按计划完美地进行着。游客们又回到了这个城市。这个城市四五月交接的日子和每年这时候的天气一样宜人。拉尔夫·沃尔多·爱默生又一次故地重游。他写了塞纳河沿岸永久的美景和巴黎人的"文明友好和礼貌好客"。

美国人很久之前就阅读了《加里格兰尼新巴黎指南》，上面说巴黎流动人口多，容易导致"犯罪频发"，不过容易从创伤中恢复，让人及

时行乐。"巴黎人完全生活在现在，他们很快就忘记了烦恼，用现在的乐趣来安慰自己，陶醉在目前的快乐中，不去考虑未来。"唯一干扰爱默生兴致的事情，是 2 月人们制作路障时砍掉了大量的树木。

不过，表面现象和指南手册是一种误导，情况其实不好。政府为失业者提供面包和工作的项目从一开始就遇到了麻烦。鲁什在长长的报告中解释说：

> 他们不会，也没有能力雇用所有的人……工作做得不好，救济变成了交易，多年累积起来、找不到任何工作的失业人员被当作慈善救助对象甩给了政府……这使得政府的开支大增，但也满足不了工人们的期望，结果是所有的人都不满意。

失业越来越严重，成千上万的人没有工作，忍饥挨饿，甚至有人要饿死了。孩子们更是饿得厉害。同时，革命的热潮和暴力活动迅速在整个欧洲扩散，扩散到了德国、意大利和波兰。

爱默生于 6 月 3 日离开。6 月 23 日，巴黎的骚乱燃烧成了全面、大规模的起义。

根据法令，国会有权授予国防部长路易·欧仁·卡芬雅克将军最高的权力——无限制的权力。巴黎宣布进入戒严状态，有 3 万军队从城外冲进来。战斗很激烈，卡芬雅克将军进行了残酷的镇压，命令使用大炮和刺刀，对起义者毫不留情。

巴黎的大主教德尼·阿弗尔要求去战斗最激烈的现场进行调解。鲁什写道："他路过我的门口，身着全套的主教服。当他爬上一个显眼的路障时，双方的射击暂停了一下，接着他中弹了，第二天就辞世了。"

这后来被称作"1848 年的六月革命"的革命，共持续了 4 天。纽约和伦敦的报纸上报道："这是世人从未见过的出现在一个城市中心的凄凉，这是出自其自己公民之手的。"可能共有 5000 人死于这场暴乱，包括 1200 名士兵；有 11000 人被捕，成千上万的人乘船逃往阿尔及利亚。相比之下，2 月所发生的只是一场小小的骚乱。

一位年轻的德国作家，也是共产主义者的卡尔·马克思曾一直住在巴黎，直到几年前被勒令离开。他写道，二月革命是"美丽的革命"，六月发生的是"丑陋的革命，可恶的革命"。

等战斗结束后，鲁什和成千上万的其他人一样，去看"战场"。他们发现，整个巴黎都是战场，死者和伤者都被抬走了，只有路障和被炮弹炸毁的、弹痕累累的房屋是这场浩劫和屠杀的证明。大街上看起来像废弃的营地，"散落在路上的干草和骑兵乱扔的垃圾、拴在栅栏上的马匹、零零散散的吊着胳膊的步兵，躺在干草上的人看上去疲惫不堪，有人睡着……这就是大街上现在的情景。"鲁什写道。

他不可能预测以后会发生什么，来这里之后没多少事情是预测对了的。

> 没人能够透彻地了解一个国家到可以完全说出其未来的程度，不过那个国家的人，或者在那里生活的时间足够长，可以知道其特点的人……陌生人怎么能看出法国那朦胧的前景呢？

虽然戒严令直到 10 月才正式解除，成千上万的部队随处可见，但日常生活还是迅速恢复着。国民大会召开了，鲁什又恢复了外交官的生活，出席外交招待会和国民大会主席和内阁成员举行的宴会。

11 月，下了第一场雪，给巴黎披上了银装。12 月 10 日，开始选举共和国的第一任总统。以绝对优势赢得选举的是路易·拿破仑亲王。对于大多数国人来说，他只是一个名字，不过仅这个名字就够了。他的对手是卡芬雅克将军和诗人兼政治家的阿尔封斯·德·拉马丁。在总共的 700 多万张选票中，路易·拿破仑赢得了 500 多万张。

1849 年元旦这天，新总统搬进了圣奥诺雷街上的爱丽舍宫。虽然爱丽舍宫和杜勒里宫相比要逊色很多，甚至有点儿寒酸，但是大家都知道，这曾经是拿破仑皇帝最喜欢的住所。2 月，爱丽舍宫举办了第一场大型舞会。这个舞会颇受重视，佣人们都穿上了皇帝时期的绿色和金色的制服。

二

美国人继续源源不断地涌向巴黎。各种年龄、职业、爱好、社会地位和经济实力的人都有，怀揣着不同的梦想。他们中有学生、记者、作家、社会改革者、销售员、商人、游客、老人、雄心勃勃者、失意者、无所事事的富人。不过，来的人群中一个明显的变化是，美国妇女越来越多了。其中一个是纽约文学评论家，也是积极的女权主义者，名叫玛格丽特·富勒。她把来巴黎的同胞分为 3 个各有特点的类别。

她把第一类称为"奴性的"美国人。他们是"彻底的浅薄"，几乎没有什么价值。

> 他出国就是为了花钱和放纵，他来欧洲的目标就是穿时尚衣服，品尝外国厨艺，认识一些名人，听一些咖啡厅里的小道消息……

还有一类就是自以为是的美国人。他们"本能地咋咋呼呼，对自己知道一点浮皮潦草的东西骄傲不已"，其实"深切地无知"。不过她认为这类人也不是没有希望。

第三类人是艺术家，是"思考的美国人"。这是她欣赏的一类人。她觉得自己和这类人有天然的联系。

> （他）认识到了出生在新大陆的优势……但并不希望失去
> 过去文化的种子。他如饥似渴地收集每一种能够适应新气候、
> 新文化的植物……

很明显，有很多新来的人和以前来过的任何人都不同。他们为自己的同类人开道。玛格丽特·富勒就是这样的人。她是第一个到巴黎并描写巴黎的非常有天赋的美国职业女作家。她在波士顿出生和长大。在事业的开端，她和拉尔夫·沃尔多·爱默生共事，编辑超验主义的刊物《日晷》，后来成了《纽约论坛》的成员。36 岁时，她终于亲眼观察欧洲了，这是她的一个夙愿。她给《纽约论坛》写的"信函"有一部分被刊登在了首页，大部分都是关于巴黎的魅力的。她写了"姿色尚佳的女郎戴着特别漂亮的无边帽，用缤纷的色彩——鲜亮的绿色、桃粉色和淡黄色宣布着春天的到来"，而"手挽手漫步"的男人们则是另一回事了。

> 他们的神色有些像军队，又有些像浪荡子，有些自大又有
> 些机智，不是特别有趣，也不是很呆滞，没有劣质雪茄的味道。
> 他们是你跟着春天的气息敞开心扉时最想遇到的一类人……

她写道，肖邦在钢琴前的演奏是第一次听他的音乐；在国民议会的图书馆里，卢梭的原始手稿让她大饱眼福。

> 我看这些手稿，触摸它们，就像看他刚发表的东西一样，写在质地优良的白纸上，用丝带扎着——岁月在它们的身上留下了发黄的印迹。然而，触摸时我似乎感觉到了青春的激情，这种激情永远辐射开来，范围越来越大，就是这种辐射使得他的灵魂在整个世纪不灭。

她见到了乔治·桑，和她谈话，对她充满了敬意——她"由于自己的思想深度，像男人一样赢得了社会地位"，而且"有充分的理由离开她的丈夫——一个愚蠢粗鲁的男人"。巴黎的"五光十色"无论白天还是晚上都让人眩目，不过对于整个法国来说，她不能确定。在给爱默生的一封信中她说："我发现法国人有些狡猾。"她知道自己对法语的掌握还不足以"完全了解法国人"。

爱默生回信中说："很明显，你应该先征服他们的语言，然后才能打开宝库。"

一位法语私人教师说，她说话和做派都像意大利人，她很高兴。她的下一个目的地就是意大利，可能会在那里感到很放松。

玛格丽特·富勒后来遇到了一个身无分文的意大利贵族——安格罗·奥索里，并嫁给了他。1850 年，在去往纽约的航行中，船只在长岛附近遇到暴风雨沉没。眼望着已经进入视线的陆地，她和丈夫以及他们年幼的儿子却葬身大海。

另一个可以归入玛格丽特·富勒所说的第三类人的美国人，是理查德·莫里斯·亨特，也就是在 2 月的流血事件中被裹挟在骚乱人流中的那名学生。理查德是被艺术学院的建筑学院录取的第一个美国学生。这是世界上最好的建筑学院。后来，理查德对美国建筑界产生了巨大的影响。

另外，他也是第一批被美国富裕的家长带到巴黎接受教育的孩子。理查德出生于佛蒙特州的勃兰特伯洛，16 岁时也就是 1843 年随寡居的母亲和 4 个兄弟姐妹到巴黎的。其家里的财产来源于在新英格兰的地产投机。他的父亲曾经是国会议员，1832 年在华盛顿死于霍乱。

理查德立志要当一名建筑师，为了准备参加艺术学院的入学考试，他拜法国著名的建筑师海科特·马丁·勒弗艾尔为师。艺术学院的入学考试是出了名的难。他第一次没被录取，于是加倍用功，第二次考试终于通过了。

他的哥哥威廉·莫里斯·亨特原来想成为一名雕塑家，但当他在一家艺术品商店的橱窗里看到一幅画时，决定转学绘画。这是一幅乔治·希利的朋友托马斯·考图尔绘制的肖像画，叫做《法尔科内》。据说威廉宣称："如果这就算是画作的话，我也可以当画家。"他成了考图尔的第一位美国学生，也是他最喜爱的学生。

亨特两兄弟都身材削瘦，一头黑发，相貌英俊，举止大方。威廉年长理查德 3 岁，更聪明，动作夸张，不过脾气也更急躁一些。两兄弟都真心爱着对方，喜欢和对方在一起。几年来，他们一直共住在雅各布街一号的五层公寓里。这里离艺术学院就几步远。

1846 年，理查德开始在艺术学院学习，威廉也开始跟随考图尔学画。不久，理查德也报名到考图尔的画室来学习。威廉也是第一批对法国画家的作品感兴趣的美国人。他特别对有影响的农民画家让·佛朗索瓦·米勒感兴趣。米勒住在巴黎东南 30 英里处叫做巴比松的风景如画的小村庄里。

两兄弟的天赋和努力，使他们各自在法国学习的几年中都取得了很大的进步。托马斯·阿博顿向父亲汇报说："威廉·亨特先生是我们这里最有希望的画家。"

1849 年春，伊丽莎白·布莱克威尔"带着一点点儿钱，也没什么重要人物的引见"，来到了一个"陌生的世界"——巴黎。她是第一个美国女医生。她和美国男同胞一样，来巴黎进修医学。（考虑到医学还被认为是艺术，她也应当属于玛格丽特·富勒所说的第三类人。）

她生在英国，从小移民至美国，最后她家在辛辛那提落户。年轻时，她教过书，后来决定要当医生，想当外科医生。当时如果女人有这样的想法，往往被认为是"疯了，或是坏女人"。一位医生在《波士顿医学杂志》上撰文，直截了当地说，妇女不"适合"这个职业，因为她们"神经质而且容易激动"，"不要让妇女自以为可以像男人一样进入到这个嘈杂的行业，她们毕竟不具有和男人一样的能力"。

伊丽莎白后来写道，要得到一个医学学位的想法慢慢发展成了"道德的挣扎，而这种和道德的抗争对我有着巨大的吸引力"。她向一位知名的医生提起她的想法时，他被这一想法吓了一跳。不过，这位住在辛辛那提的邻居哈里耶特·比彻·斯托还是告诉她，这个想法虽然不大现实，但一旦实施的话，可能会很有用。

她后来写道，觉得自己还得学习，老师和朋友鼓励她去巴黎。当时她 28 岁，根据护照上的描述，个子不高，只有 5.1 英尺，圆脸，眼睛浅灰，淡黄色头发。

她见到的一个又一个的巴黎医生都对她没什么兴趣，不愿伸出援助之手。最后，她遇到了皮埃尔·路易。他建议她去妇产医院，这是世界上顶尖的妇产医院。

在 6 月的最后一天，伊丽莎白·布莱克威尔穿过位于圣雅克街一面灰色高墙上的一扇小门，走进了妇产医院那与世隔绝的生活。这里，年轻的女士们在著名的妇产科主治医师玛德莱娜·艾德梅·克莱芒蒂娜·夏里埃夫人的指导下，学习做接生员。伊丽莎白第二天在家信中写道："寄出一位志愿囚徒的问候。"

> 想象一下，原来是修道院的一大块建筑，坐落在一个大场地中央，后面有树林和公园，周围散布着一些独立的建筑，整个被高墙围了起来，越过高墙，可能会看到蓝蓝的天空和先贤祠（或者是）荣军院的穹顶……内院被回廊围着，这些回廊是穹顶的通道，连通着整个建筑。我猜测这些回廊以前是削发的修道士去往教堂所走的路……

她住在一个长长的宿舍里。这里住了 20 位姑娘，都是法国人，大多数都比她小 10 岁。她们都"漂亮可爱"，除了在这个机构学习之外，没受过别的教育。每人都有一张铁架的窄床、一张椅子和一个小台灯。砖铺的地面擦得锃亮，走在上面有打滑的感觉。她写信给母亲说，她应当穿着白大褂画张像，"还有法国的姑娘们确实能叽叽喳喳说个不停"。

5 点半是一天的开端，整天都是讲课和在病房、诊所里的工作，几乎没有停顿。不允许有任何的干扰，没有报纸，除了医学书籍之外，没有其他的书。中午的钟声宣布一天中的第一顿饭开始，有一片面包、一小瓶葡萄酒、汤、煮肉和蔬菜，大家吃饭都"匆匆忙忙"。

根据伊丽莎白的描述，夏里埃夫人是"一个有点儿畸形的女人，上了年纪，但肤色仍然润泽，有一双和善的蓝眼睛"，受到学生们的喜爱。考虑到伊丽莎白是外国人，夫人每次上课时让她坐在自己身边，以便让她能够完全理解课堂内容。

每周都有几天"值班"的时间，每个学生白天或者晚上都要在病房值班。每天早晨都会有三个学生来到夏里埃夫人面前，进行口头测验，考察对前一天学的东西掌握得怎么样。夏里埃夫人那轻飘飘的高卢口音似乎在阐释着巴黎这个城市的氛围。伊丽莎白写道："如果她们的回答迅捷而且准确……她的脸上就会绽开笑容。她的'好！太好了！'确实对我有很大的鼓舞，听起来是那么的真诚。"但是如果学生吞吞吐吐、回答声音太小或者不知道她应当学会的东西，她就会发出吓人的斥责。

> 她的确发火了，一会儿挖苦，一会儿怒斥，从椅子上站起来，拍着手，看着天空。如果接下来出现了一个好的回答，那么一切都过去了，她表达起满意来，其程度也和生气的程度一样大……开始时，我对这种暴风雨般的指导有些惊讶，不过这看起来真是有必要，而且效果不错。

这就是日常的生活，是巴黎医学界里面的一个世界，和男性的"医学界"迥然不同而且完全隔绝。就像一个法国医生告诉伊丽莎白的，这提供了"见证奇迹的机会"，在很短的时间内——短短的四个月，会见到比世界上任何地方都多的婴儿，比有些医生行医一辈子见到的都多。

在妇产医院的学习临近结束，伊丽莎白的一只眼睛受到了感染。卧床几周后，一只眼睛失明了。不管她是多么的不情愿，但这使她成为外科医生的希望破灭了。

写到她受到的照顾，她说："大家都是那么的友善。"

她总结道，妇产医院的培训是艰苦的，没有隐私，空气不好，食物不好，工作辛苦，缺少睡眠。"但是在那样一段的努力中，所得到的医疗经验是无价的。这段经验使得我后来能够充满信心地从事妇产科医学，没有任何一段学习可以比得上这段时间的努力"。

几年之后，她就创办了纽约女子医院与学院，一个完全由女性办的医院。

同一年，也就是1849年夏天，伊丽莎白·布莱克威尔专心于妇产科学习的时候，另一位美国的先驱者以不一样的方式，在一个完全不一样的环境中让世人感受到了他的影响。这位是威廉·威尔斯·布朗。他作为出席大会的800名代表之一，在圣拉扎尔街的圣塞茜尔会议厅，参加了由维克多·雨果主持的世界和平大会。他是一位演讲家和作家，是激进的废奴主义者。他本人就是一名逃亡的奴隶。

他生于肯塔基。在1847年出版的《威廉·W.布朗——一位逃亡奴隶的自述》一书中，他讲述了自己的故事。他的母亲是奴隶，父亲是奴隶主。10岁时，他听到了母亲被监工鞭打所发出的哭喊。他几次逃跑，最后终于成功。18岁时，他逃出俄亥俄的时候，一位名叫威尔斯·布朗的贵格派教徒给他提供了避难所。此后他就用了他的名字。以后的数年，他在伊利湖上的汽船上工作过，接受了教育。作为废奴主义演说家，他在宾夕法尼亚、纽约和马萨诸塞的废奴协会中有了一定的名气。他英俊、善于表达，讲的事情令听众的信服。

布朗那年夏天第一次申请护照时，在给国务卿约翰·M.克莱顿的一封信中说："我是肯塔基州土生土长的人，我是有色人种。"他没有收到直接的答复，但后来被告知护照不会发给"有色人种"，只是通过马萨诸塞州政府，他得到了一个证书，允许他到英国去。他到了英国，成功地通过伦敦的美国使馆拿到了护照。

他既没有得到废奴协会的经济援助，也没有朋友出钱为他付旅费。他完全是自己来负担花费的。

在巴黎大会的最后一天，也就是8月24日，在维克多·雨果的邀请下，布朗发表了拥护和平、反对奴隶制的演讲，被巴黎的各大报纸详细刊登。关于消灭战争，他说："我们要打碎……所有的枷锁，解放所有被压迫者。"对此听众给予了经久不息的欢呼。他曾经做过近20年的奴隶，他知道自己要讲什么。在巴黎，他可以"自由地"谈自己的感受，而在美国，他提醒大家，这是要冒生命危险的。

他对听众的反应非常满意，对后来他参加的法国外交大臣阿列克西·德·托克维尔盛大的招待会，表示更加满意。在国内，他只能在这种招待会上当佣人。托克维尔夫人对他很好奇，想了解更多的情况，让他坐在了自己身边的沙发上。从众多的目光中，他看到的唯一不友好的目光，就是来自美国领事罗伯特·沃尔什。

在离开巴黎之前，他步行走过了这个城市大部分的地方。从会议开始前的第一缕阳光出现时开始，他从贝德福德旅馆出发，看了塞纳河两岸大部分的主要景观。尽管他不会说法语，但他喜欢这一切。他在这里的任何时候、任何场合都感受到了人们对他的欢迎。

威廉·威尔斯·布朗后来成了一位多产作家、历史学家、第一位美国黑人小说家和剧作家，小说有《克朗苔尔》（或《总统的女儿》，1853年），戏剧有《逃亡》（或《奔向自由》，1863年）。他是30岁出头到的巴黎，之后又写作了30年。

1849年夏天，是乔治·希利和家人从美国回到巴黎、理查德·鲁什和女儿准备离开巴黎回国的时候。

华盛顿政府有所变动，令鲁什遗憾的是，他被召回了。他觉得他工作做得很好，自从到法国后，从未有一天放弃过自己的职责。阿列克西·德·托克维尔送来一封短信让他非常感动："得知你要离开现在的职位，我很关心，你为你的国家和我的国家的利益做了那么多有益的事情。"鲁什和女儿于10月乘船离开。

希利在连拱廊街上建立了一个大型的工作室，着手创作他事业中最雄心勃勃的作品《韦伯斯特对海恩的回答》。这幅画是15英尺乘27英尺的巨幅画作。（塞缪尔·摩尔斯的《卢浮宫画廊》是6英尺乘9英尺，相比之下要小。）

场景是1830年1月26日的美国参议院，内容是美国历史性辩论的高潮，辩论的题目是"一起创立了宪法的各个州是否有权不支持联邦政府的政策"。韦伯斯特是一位积极的"国家主义者"，他的立场是各州共同建立了政府，任何一个或几个州都无权不听从联邦政府的指令。"自由和统一，现在和永远，一个且永不分离"是他的演讲中响当当的声明，也是让人们永远记住和引用的名言。

希利把韦伯斯特画在了突出的位置。他以演讲人的经典姿势，坚定地站着，背部略弓，左手按着桌角，在对着满满一会场的议员们讲话。

韦伯斯特戴着白色领结，身着浅黄色西服背心、一件带有铜钮扣的蓝色大衣，他的身上加了光彩，就像阳光照在身上一样，增添了戏剧效果。

除了韦伯斯特之外，希利在画中添加了不下 120 个可以辨认出来的人物面孔，包括参议员约瑟夫·Y. 海恩、詹姆斯·K. 庖克、约翰·C. 卡尔豪恩和刘易斯·卡斯将军。人们可以看到约翰·昆西·亚当斯在观众席上看着，实际上，韦伯斯特演讲时他并不在场。还有几个人实际不在场，希利也把他们画在了画上，比如亨利·瓦兹沃思·朗费罗。希利甚至还把他喜欢的两个法国人——阿列克西·德·托克维尔和托马斯·库图尔画在了画上，安排在了亚当斯的身旁。

根据证明画面真实性的小册子上说，有 111 个人是从实际生活中"仔细描绘"的，这也显示了希利部分地依赖了达盖尔银版照相。其中，参议会里总统椅子上雕刻的鹰，还有桌子细长的储物格中塞满的文件都和当时的实际情况一模一样。

希利在他称之为"我的大画"的作品上花了两年的工夫，没有收入保障。1850 年，他和妻子路易莎经历了丧失两个儿子的痛苦——他们的小儿子小乔治得了猩红热，10 岁的老大亚瑟在学校游戏时摔倒在石头台阶上，不久就死了。

1851 年夏天，希利在巴黎的工作室里完成了《韦伯斯特对海恩的回答》的最后一笔。几个星期之后，他就带着这幅画去了波士顿，9 月在灯塔山的雅典娜神庙首次展出。成百上千的人来看了画展，入场费是每人 25 美分。星期六，由希利相陪，韦伯斯特本人来了。据报道："这对于我们年轻的美国画家来说，这是骄傲的时刻……"

亨利·朗费罗写道："请接受我对你伟大作品的真挚赞美，你用一个极其难画的主题创造了奇迹，我高兴地看到你的努力取得了如此圆满的成功。"

这幅画后来到了纽约的国家设计院展出。和在波士顿一样，公众的反应热烈，但同时也有一些批评的声音。大部分的赞扬都集中于希利对韦伯斯特的处理，也就是画卷的主体部分。《纽约时报》说：

> 面部——惟妙惟肖地表现了这位政治家的神态，及其被演讲的激情所激起的光彩。人物……表现出了庄严、自立，映射出了内心对该历史性时刻的强烈意识，以及为此所做的努力。眼睛由于激动而放出光彩，浓密的眉毛抬起，目光中流露了演讲者那胜利的兴奋……

这幅画的艺术价值如何？《纽约晚邮报》问道。一位评论者说："我们必须说，它没有什么艺术价值。"不管画家的技巧怎样，一个人在演讲，不适合作为一个艺术王国的主题。

至于商业收入，每张票25美分，也是让人失望的。后来，这幅画又走了几个地方后，回到了波士顿，在这个国家的最具历史意义的凡讷尔厅免费展出。最终，随着1852年韦伯斯特的逝世，波士顿市以2500美元的价格买下了这幅画，在这个厅里永久悬挂。这个价钱还不到希利所希望的一半。

希利没有后悔在这幅画上所花费的时间："对于画家来说，其创作都是费神的，这幅画对我来说尤其如此。"他说画了那么多卓越的同胞是一种荣誉，画韦伯斯特尤其是荣誉。

1851年9月14日，詹姆斯·库柏在其库柏镇的家中逝世，差一天就是他62岁的生日。他是第一个有国际声誉的美国作家。

不久前，在纽约见过他的老朋友都觉得他的健康状况不错。"结实得像城堡一样。"华盛顿·欧文说。其实，他患肠胃病和肾病已经有一段时间了。

欧文是在纽约悼念会上发言的名人之一。一本出版了的《追念》收录了爱默生、朗费罗、查尔斯·萨姆纳、塞缪尔·摩尔斯和理查德·鲁什的书信。摩尔斯选择了用简短的语言来表达哀思，他回忆了他和库柏20年前在巴黎度过的"多事的时光"："我从未遇到过他那样真挚、热心、永恒的朋友。"

这些话如果库柏听了会比任何话都让他感动的。可能让他更感动的是理查德·鲁什的话，他说国家的名望在很大程度上要靠文学和科学上取得成就的美国人。他说这话的时候，也许脑子里也想着摩尔斯。

第七章　城市大变革

我终于来到了一个梦幻之地。

——哈莉特·比彻·斯托

一

路易·拿破仑·波拿巴不可思议地成为第二共和国的总统，有人喜欢称他为王子总统。他是一个城府很深的人，喜怒不形于色。他面色苍白，表情严肃，一只大鼻子占据了面部很大的空间，鼻子下面的小胡子一点也不小，因为胡子尖留得很多，下巴上还有上翘的山羊胡子。小小的浅蓝色眼睛很少露出生机，眼睑下垂，让人感觉他处于半睡眠状态。乔治·桑把他比作"梦游者"。让人意想不到的是，他还有一副灿烂的笑脸。虽然个子较矮，低于平均水准，还有点儿罗圈腿，但他骑马很好，骑在马背上很稳。

有些巴黎的政治精英把他看作"傻瓜"，认为他很好操纵。而维克多·雨果则相反，大家对他的印象不错。英国大使看到了他的"魅力"；里查德·鲁什觉得这位总统"谦和专注"；鲁什之后继任美国大使的弗吉尼亚的威廉·莱乌斯报告说，他受到了"最热忱和悦人"的接待。

随着时间的推移，路易·拿破仑越来越被看作是一个矛盾的集合体，身上有许多截然不同的东西。他既纯真又会算计，既真诚也诡计多端。阿列克西·德·托克维尔写道："考虑到他以前的生活和疯狂所为，他现在比人们预期的要好得多了。"托克维尔在过渡时期担任外交大臣，有机会近距离观察总统。

> 作为个人，他有一些不错的品质——和善的气质、讲人情、温文尔雅、生活俭朴……他隐藏自己想法的能力是从过去阴谋活动中得来的，同时他的表情本身也不多……他的目光就像不透明玻璃那样那么呆滞。

另外，总统还是一个有名的好色之徒，善于对女性恭维奉承。有些人认为这是值得尊重的，也有人认为这不是什么好的品质。不过，这都可以作为解释他总是半睡半醒的表情的原因。托克维尔对此的评论是："他那庸俗的乐趣消耗了精力。"

有一个美国人和总统建立了可以说是友谊的关系，这就是托马斯·W. 埃文斯。他是一个善于社交的费城人，在巴黎是第一批牙医。他的技术不错，善于给人镶金牙，而路易·拿破仑是他的病人。在埃文斯看来，总统是一个有"魅力"的人，有"超常的自制力"，看上去"泰然自若"。埃文斯觉得总统并不冷漠和诡计多端，而是很慷慨，令人喜爱。按照埃文斯的说法，那些说他坏话的人，或者是他的政敌，或者对他这个人不了解。

"我的力量在于我这个不朽的姓名。"总统常喜欢这样说。的确，除了姓名之外，他也没有什么让他能占据高位的素质或受公众欢迎的地方。除了婴儿时期在巴黎生活过之外，他一直不在巴黎。他是在瑞士和德国接受的教育，所以他的法语有点儿德国口音；又因为在伦敦流亡了好多年，他也染上了英国人爱喝茶的习惯。

他生于 1808 年，是拿破仑一世的弟弟路易·波拿巴的儿子。年轻时大部分时间随母亲在国外生活，1830 年曾阴谋推翻路易·菲利普国王，以失败告终。他流亡美国，不久之后就去了伦敦。（和路易·菲利普一样，他说起英语来很流利。托马斯·埃文斯发现，如果不考虑身旁的人是否能听懂，他喜欢说英语。）

1840 年，他又一次发动了策划不周的起义。这一次被判终生监禁，关押在巴黎东北的中世纪汉姆城堡里。这里到处是壕沟和吊桥。在这里，他找了一个年轻的伴侣——一个洗衣女工，生了两个儿子。他花了五年半的时间阅读历史、政治和军事理论。对于那些惊讶于他丰富的知识的人，他经常说："你忘了我在汉姆大学学习了好几年。"

1846 年，他剃掉了胡子，乔装成工人，扛起一块木板，走出了监狱，逃到伦敦，再一次去追寻他的"命运"。

1848 年的总统选举中，他以绝对的优势获胜，支持他的力量主要在法国的农村地区。不过在巴黎，反对的声音也相对要少一些。选举之后，他一直很受欢迎。他喜欢说，自己的名字本身就是最完美的一个代表，"它代表着秩序、权威、宗教、人民的福祉、国家的尊严……"经过了这么大的动荡和流血，人们最希望的就是——秩序。

作为一个领袖，路易·拿破仑还有一个特别的才能，就是表现他的和善。这是这个国家已经缺失了很久的东西。总统在爱丽舍宫举办的舞会规模很大也很铺张，用爵位称呼客人，尽管宪法已经废除了爵位。他知道巴黎特别喜欢出风头，他出现在公共场合的时候，经常有人喊："帝国万岁！皇帝万岁！"

《纽约时报》的一名记者写道，1851年的秋天特别的美丽，就像美国国内的印第安的秋天一样。空气中弥漫着"温和与朦胧，阳光丰润而醇美"。许多人的痛苦"慢慢地爬出了视野"，消失在了狭窄弯曲的小巷中，通常出了视野，人们就"眼不见，心不烦"。衣着鲜亮、面色滋润的人们来到了大街上，香榭丽舍大道时尚的人群可以和春天最美的景致媲美。

当然，还有人在议论政治动荡、阴谋和政变，而这似乎和巴黎人没有什么关系。

> 他们吃喝享乐，尽情地享受每一天。未来无论可能发生什么，都不会干扰现在的快乐。这种生活态度是明智的——记住，这是法国的生活方式。

1851年12月的第一天，路易·拿破仑派人去把他的美国牙医朋友托马斯·埃文斯请了来。埃文斯来到爱丽舍宫后发现，总统对他不同寻常的热情。埃文斯后来写道，就像总统有什么话想要对他说一样，然而却没说。

在那天晚上宫里的正式招待会上，他以常见的平静招呼着客人，没表现出他有什么特别的想法。10点的时候，他道歉离开客人，到了后面，和他的心腹开起了秘密会议。他们聚集到他的桌前，他打开了一捆秘密文件，上面就一个词："破釜沉舟。"

1851年12月2日的第一个小时，午夜刚过，突然的政变开始了。

拂晓前，有70多位政治人物、将军和记者从睡眠中被唤醒、被捕。

黎明时分，大街上到处是军队。他们占领了国民议会、火车站和其他战略要地。建筑物的墙上贴上了告示，宣布国民议会解散。路易·拿破仑曾宣誓要维护的宪法被废除了，要制定新宪法。

一切计划得是那么周密。报馆的门前站上了士兵，不让他们发行。甚至连教堂大钟的绳子也割断了，以防用它来召集人们抗议。

就是几个小时的光景，路易·拿破仑成了独裁者。第二天早晨，他骑马穿过巴黎，没有什么事情发生。不到两天的时间，确实有抗议发生，但很快就被坚决地镇压了下去，有上百人死去了。两周之后，举行了全民公决，全国以压倒性的多数支持路易·拿破仑的政变。

许多人愤怒了，美国大使威廉·莱乌斯很气愤，拒绝参加总统的外交招待会，直到受到了来自华盛顿丹尼尔·韦伯斯特的温和的批评。维克多·雨果开始时对总统的印象不错，现在逃到了比利时。在那里他可以自由地说出他对"拿破仑这个小人"的看法，他写道："12 月 2 日，一个史无前例的可恶、恶心、臭名昭著的阴谋实施了。"

> 这场罪恶的制造者是一个最卑鄙无耻的恶人，他的同谋与海盗无异……法兰西从睡梦中醒来时，她会对如此的暴行感到战栗。

雨果后来又流落到了英吉利群岛的盖西岛，过了 15 年的流亡生活。

巴黎又恢复了其一贯的繁华。大街上的人群各自忙碌着自己的事情，追寻着各自的欢娱。许多被捕的人被释放了，报纸又恢复了发行。不过，有了一条新的规定：任何人如果宣传虚假信息，一旦发现就会被立即逮捕。这实际上意味着新闻失去了真正的自由。

似乎政治的异端和暴力都被镇压下去了。对于大多数人，甚至巴黎人来说，现在这已经够了。当"自由、平等、博爱"这些字从公共建筑的表面上抹去的时候，几乎没有听到什么反对的声音。

第二年10月份，路易·拿破仑44岁时宣布为拿破仑三世皇帝，1852年底标志着第二帝国的正式开端。对于法国大部分地区来说，第二帝国是从1853年1月那个阳光明媚的早晨，路易·拿破仑与漂亮的西班牙女伯爵欧也妮·玛丽·德·蒙迪若在巴黎圣母院举行了婚礼之后开始的——法国从此又有了皇帝和皇后。

二

至于新皇帝要用权力做什么，有一点非常清楚，他要把巴黎这个城市变得更加美丽，解决原来城市建设方面难以解决的许多问题。

巴黎的魅力长久以来就是人工的建筑，其自然景色没有什么特别之处，没有群山环绕，也没有海滨的迤逦。就像爱玛·薇拉德和其他的美国人所注意到的那样，塞纳河几乎无法和哈德孙河相提并论，更别说与俄亥俄河或密西西比河相媲美了。这个地方的"特色"就是那空间和建筑的布局，是整个巴黎的全景。现在要大规模建设了，几乎是全面的建设，巴黎的全景图变得无限的长了。

没有花时间进行长期的论证，皇帝不喜欢论证。他委任了一个塞纳区行政长官，一个职业公务员和规划大师，名叫乔治·欧仁·奥斯曼。在奥斯曼宣誓就职那天，皇帝给了他一张地图，上面用蓝红黄绿彩笔标示了他想建什么，是"按紧急程度"标示的。

工程进行了近20年的时间，奥斯曼喜欢把自己叫做"拆迁艺术家"，大规模地、整区地进行改建。大片的建筑，不管其有什么样的历史，现在的住户是谁，都被夷为了平地。许多人觉得他的目的似乎就是轻率地破坏。在巴黎有历史意义的西岱岛上，巴黎圣母院周围古老的贫民窟被拆除。维克多·雨果在《巴黎圣母院》中描写的街道完全消失了；主恩医院被毫不犹豫地拆掉了。奥斯曼写道："我永远也忘不了流经两所医院的这段河流上带篷顶的天桥通道和那里污浊的空气，这是 800 多病人散发出来的气味，污染着这个地区。"西岱岛上原有的约 15000 多人口减少到了 5000 人。

宽阔的大道从凯旋门辐射开来，就像是一个巨轮上的辐条。北起西岱的是赛瓦斯托波尔林荫大道；南面是圣米歇尔林荫大道；在左岸，靠着河边，是一条长长的东西向大道——新的圣日尔曼林荫大道，横穿旧拉丁区的中心。

奥斯曼精力充沛，很有主见，肩宽背厚，身高 6.2 英尺。他对阻碍他行动的人或事毫不留情，是人们常说的，正适宜担当如此巨大艰难工作的那种人。

这个城市的人口现在已经超过了百万，还在不断增加，急需进行现代化改造。即便只考虑人们的健康，那个中世纪的旧巴黎，拥挤肮脏，空气和水污秽不堪，这些问题也不能再熟视无睹了。近年来并不是没有什么进展，路易·菲利普统治时期进行了一些改造，但远跟不上需要。

计划是要提高公众的健康水平，减少犯罪，改善交通和商业；建立新的污水排放系统，以改善卫生状况；改进城市的供水系统；为人们提供更多的活动场地和清洁的空气。同时，这些年的改建也为数十万的工人们提供了就业岗位。正如批评者们所说，笔直宽阔的街道不再适宜设置路障，而是有利于快速部署军队和炮火。不过，对于城市规划者来说，交通顺畅和宏大的感觉实际更加重要。把城市建设得更加辉煌总是首要的目标，规划的最长大道——拉法耶特大道，长3英里，笔管条直。到最后共修建了71英里的新大道。

沿着新的大道盖起了新的公寓——一律白色石灰建筑的街区，都不超过6层高，统一的美术馆的建筑风格，高高的法式窗户，铸铁阳台。人行便道都拓宽了，街道两旁都栽上了树。晚上，32000盏汽灯把大街照得通明。明亮的汽灯到处都有，把巴黎变成了真正的不夜城。

有了大街，一些新鲜的东西也随之出现了，报亭、公厕小便处、人行道上摆着桌椅的饭店。

皇帝指示要把布洛涅森林，也就是城西的大片森林，建成超过任何其他城市的公园，还要修一条通往那里的大道——皇后大道。规划里还有许多英里的人行道、花坛、人工湖和瀑布，还要建很多小公园，比如美丽的蒙梭公园。

奥斯曼在日记中自豪地写道："每走一步都会感受到改善和进步。"奥斯曼也承认，贫富差距扩大了，巴黎有超过一半的人口还生活在"贫困线以下"。

卢浮宫的改建终于完工了，建了新的图书馆；西岱岛上修建了新的法院；还有全新的主恩医院。对于西岱岛的整体规划是保持其城市中心的地位，但是很多历史遗迹的保护忽略了。随着大部分贫民窟的搬迁，巴黎圣母院的正面完全沐浴在了阳光之中，呈现出了前所未有的气象。

一座新的市场——中央菜市场出现了，用钢铁支架搭起了带天窗的顶棚；作为建筑的高潮，象征第二帝国实力的最庄重、最豪华的建筑，位于新的歌剧院大街顶头的歌剧院，成了新巴黎的中心。

飞扬的尘土和堆积成山的瓦砾成了巴黎景象的一部分。在里沃利大街，一条主水管的爆裂造成了交通的停滞；在刨起雅典娜神庙铺的石板时发现了一处古老的地下洞穴，非常像墓穴；在拆一个古老的修道院时，发掘出了 11 具修女的遗骨，有的身上还有羊毛衣服的残片；一次事故造成了工人严重的死伤。

肯定地说，并不是所有人都赞成改建。当时爱德华·布尔沃里顿写的一部英文小说《巴黎人》，其中的一个人物问道："这样连绵不断的景色难道不会使人感到乏味吗?"很多读者都点头同意。

还是这个人物，一位法国的子爵，说："大路在人的眼前延伸出去那么长，多么可怕呀!"

> 在旧巴黎那弯弯曲曲的路上，人可能会免去一眼望出去就感到从一点到另一点得走那么远路的那种愁绪。每条曲里拐弯的街道都有其独特的特点，各有不同，那是多么有意思的集合呀，现在全消失了! 天呀! 这是为什么?

改建的花费超过了过去最铺张时期的花费，得用政府资金和借来的钱补上。到 1869 年，花费了约 25 亿法郎，是路易·菲利普改建城市花费的 40 倍。这些投资希望能通过不断的繁荣补偿回来。有一种古老的说法："巴黎的建筑兴，万事兴。"有了秩序和繁荣，人民可能会忘记他们失去了根本的自由。

和许多人假想的正相反，皇帝和奥斯曼都没有从工程中谋私利，尽管皇帝身边的人这样做了，有些人还得到了不少，包括美国牙医托马斯·埃文斯。由于得到了"内部"消息，埃文斯买的地增值了 30 倍。他也在从凯旋门所在的星形广场延伸出来、通往布洛涅森林入口的大道边上买了豪宅。

无可置疑，改建所取得的辉煌让巴黎更加迷人。

在 19 世纪 50 年代初，来巴黎的游客已经明显增加了。往来于巴黎与欧洲及法国其他地方的铁路服务，还有法国的港口服务都已经很不错了，干净、快捷。海上，更大更好的汽船整年都按时往来于美法两国之间，为旅客提供了几年前还不可想象的舒适。变化是眩目的。

美国的科林斯公司的汽船"大西洋号""太平洋号"和"北冰洋号"，可以称为"漂浮着的宫殿"。例如，"北冰洋号"就给乘客提供 200个一等舱的住宿和膳食，有很大的饭厅，男士吸烟室、理发馆。内壁是用着色木装饰的，屋顶贴了一层金光闪闪的材料，有长毛绒的扶手椅、巨大的镜子、大理石桌面。"太平洋号"上，同样装饰得金碧辉煌，有五个很大的特等舱，设计成了新婚套间，藏酒舱里带了 3000 多瓶葡萄酒。

这种船冬天航行时用蒸汽取暖，舱房里有暖气管道。冰房里存放着40 吨冰，主食有新鲜的鱼、水果和蔬菜，烹饪水平赶得上最好的饭店。这样的船没有下等舱，头等舱的船票正如人们预测的那样，价格很高，单程 150 美元。（再加 24 美元可以带一条狗。）"上帝已经答应人类，他们在旅途中会得到和在家一样的照顾的。"一位纽约的记者描述在"北冰洋号"上的生活时这样说。

大多数横渡大西洋的人还是乘坐帆船的。其中为数很多的人不是从美国出发到法国的，而是坐着下等舱驶往美国。他们是逃难的，有的要逃避爱尔兰的饥荒，也有的要逃避欧洲的革命。在 1851 年的高峰期，超过 20 万爱尔兰人逃往美国；1853 年和 1854 年，从欧洲来的人更多，超过了 35 万人。

总的来说，能付得起船票，进行一次豪华的汽船航行的美国人越来越多了。更多的人开始认真考虑进行这样的旅行了。1851 年伦敦的水晶宫举办了大博览会，从纽约出发的"太平洋号"上乘坐了 238 名乘客，创造了汽船单程载客的新纪录。

出发去伦敦的人中有很多人也去了巴黎。逐渐地，富裕一些的人带上了他们的家人。丈夫带着妻子和三四个小孩再加上一两个佣人一起乘船，再也不像詹姆斯·库柏时代那么稀奇了。

早期旅行的夫妻中有宾夕法尼亚的罗伯特和凯瑟琳·卡萨特夫妇。他们于 1851 年带着三个孩子亚历山大、莉迪亚和玛丽出发到国外旅行，先是到了伦敦，后来又去了巴黎。在巴黎他们住在大陆旅馆，7 岁的玛丽一生也忘不了路易·拿破仑政变的那一天。据说她绘画的兴趣也是从那天开始的，她似乎是被巴黎艺术魅力所迷倒的年龄最小的美国人了。

两年之后，1853 年春天，另一个著名的，同时又是很特别的美国家庭开始了海外的生活。

前一年，也就是 1852 年，一位不出名的作家写了一本小说《汤姆叔叔的小屋》引起了轩然大波。这是托马斯·潘恩出版了《常识》以来的又一次风波。这本书在英国也颇受关注，其作者哈莉特·比彻·斯托不再默默无名。她出发去英国，告诉她的朋友马萨诸塞的参议员查尔斯·萨姆纳，希望为反对奴隶制的事业"做点儿事"。

据称，在英国，《汤姆叔叔的小屋》对发掘人性的贡献比任何小说都大，超过 50 万的英国妇女签名请愿反对奴隶制。在斯托正前往的巴黎，出版商正在抢时间翻译此书。乔治·桑在《出版》上发表文章，把斯托夫人称为："一个圣人，是的，一个圣人！"

和她一起旅行的有她的丈夫——传教士学者加尔文·斯托、她的弟弟查尔斯·比彻传教士，还有丈夫家的三个人，他们的孩子没有一起来。他们乘坐着汽船"加拿大号"渡过大洋。对于哈娣（斯托夫人家人对她的称呼）来说，这是41岁的她第一次在海上航行。

这位作家的英国之行时间很长，也很累人。她在写书之前没有参加过任何反奴隶制运动，现在却代表着美国被奴役着的人们说话，而且她的话很有影响。自从她坐的船驶入利物浦码头，在英格兰和苏格兰的每到之处都有人群在等待着她。她的丈夫对此实在无法忍受，最后放弃旅行，回家了。

等哈娣在6月的第一周到达巴黎的时候，她盼望能有些平静和私人空间，想尽量低调地出现在这座城市里。她没有住时尚的旅店，而是搬到了圣日尔曼区凡尔纳伊街的一所民宅里，成了一位美国的朋友玛丽亚·查普曼的客人。查普曼是波士顿妇女废奴协会的"灵魂"人物。

哈娣写道："我终于来到了一个梦幻之地。离开了人们的关注，不为人知，也不知道外面发生的事情……"

现在的时间是自己的了，她尽量利用这难得的机会多看看。第二天是一个星期天，她去曼德雷恩的教堂去做礼拜。这是她第一次的天主教礼拜。通常，她的弟弟查尔斯会陪伴着她。查尔斯精力旺盛，脾气温和，她喜欢有他陪伴。她在巴黎游览了近三周也没有引起人们的注意。她看上去是一个小个子的憔悴女人，不引人注目。用她自己的话来说："一个无足轻重的女人，就像一撮鼻烟一样，又少又干。即使是在青春年少时，也没有引人注目之处。"

她不知疲倦，看了那些在她之前许多美国人看过了的东西。不过，她花了时间去仔细思考她所看到的东西。查尔斯写道，哈娣是一个天生的"观察者","总是观察周围的一切"。对于别人说过的话题，她总能写出新意。

她一下子就喜欢上了巴黎。她不需要别人指点，和这座城市没有一点儿隔阂。像奥利弗·温德尔·霍姆斯一样，她立刻就有了很自如的感觉，在人们当中这种感觉更好。"我到了法国人中间，总是精神很振奋。"

天气不知为什么很温暖，她在日记中写道，在阴凉里的温度也有80华氏度。她描述了坐在杜勒里公园观看人流：

> 全家人来了，锁了门，带上孩子，工作、吃饭，坐在几把椅子上，度过一天。放眼望去，很多人坐着，像在教堂一样；还有很多人走来走去，孩子们在嬉闹着，有的在比赛什么，有的在玩球、滚铁环等，不过他们自己活动，不大喊大叫。

法国的孩子们学会了自己游戏而不打扰别人。这对她来说简直是一个谜。

> 有头发灰白的老人和残疾人；有美丽的少女在编织刺绣做针线；男人们在看报；实际上人们在干着各自在自己的庭院里干的事情。一切是那么优雅、安详和亲切，没有一点儿的粗鲁和不得体。

她想，难怪法国人热爱巴黎呢！

长长一天的游览之后，她在王宫的一个小公园餐厅停了下来，吃了一点儿冰。她很高兴地发现许多人也在这样做。正像她所希望的那样，没有人注意这个其貌不扬的美国小妇人。

另一天，和查尔斯一起爬上了凯旋门的旋梯，到了顶层，她没有提及那近300级的台阶，只是对这里的景色惊叹。不管看到的风光多么绮丽，她也不会忽略那些看不到的东西："一切都是那么令人赏心悦目，不过下面孕育着火山。"

在意大利人大道上，她看到了皇帝和皇后坐马车走过。她觉得皇帝看上去很僵硬，相貌平平，而皇后很漂亮，却面带悲伤。

那天傍晚，主人玛丽亚·查普曼在凡尔纳伊街举办了一次沙龙，摆出了茶点招待巴黎朋友，哈娣和查尔斯都不会说多少法语。查尔斯决定抛开谨慎，开始"滔滔不绝地东拉西扯，谈是论非"。他写道："这是一个完美的障碍赛，越过壕沟篱笆，什么性、格……名词、形容词、各种各样的词尾变化。"客人们和他的姐姐对此都很惊奇，也很高兴。他写道："可怜的哈娣！她除了说'是的，夫人。不，先生'之外别的法语都不会说。"

查尔斯觉得，这种小聚会里那些知道她身份的人对她的关注是"感人的"，"她感到很自如，……人们对她的关注以一种……那么周到的方式表达出来，她不感到疲惫，只感到振奋。"

她想，巴黎的神秘魅力在哪里呢？其对人的心灵和想象有什么样的影响呢？一天，她走在奥斯特里兹桥上想到，的确，"生命动脉"塞纳河在不断流淌。她生活在辛辛那提，看着俄亥俄河，在书中描写这条河流，这让她对河产生了一种认识。她觉得河流是分界线，是开放的道路，是度量季节变换、度量生命的尺度。不过，像塞纳河这样的河流，有着这么多美丽桥梁的装饰，周围有那么多有纪念意义的建筑，和她原来见过的河流都不一样。"没有见过这样的景色，我朝着上、下游放眼望去，一眼就看到了艺术和建筑构建的广大全景——生命、运动、事业、欢愉、壮丽和力量。"

就像真正的巴黎本能地教会了她如何用衣物的美丽来衬托人的优雅一样，这个国家本能地用建筑和装饰的美丽来映衬出了这个城市的迷人之处。

爱玛·薇拉德和其他的新英格兰有着清教背景的人，因见到了鲁昂大教堂而激动。同样，哈娣在巴黎圣母院凝望着那高大的建筑，感到了一种"崇高"，这种感觉是无法分析和表达的。这离缅因州布朗斯维克的餐桌太远了，而她就是在那个餐桌上写出了《汤姆叔叔的小屋》，当时脚边还有一个婴儿在布篮里。

她对艺术的兴趣越来越浓，在卢浮宫度过了许多时光。据她所说，她不知道任何"绘画的规则"，但对文学她自信自己有着深刻的理解，她把那些对她最具吸引力的画家和她所喜爱的文学家相比较。比如，伦勃朗的作品打动了她，那种感觉就和霍桑的小说对她的影响几乎一样。

他选择了简单常见的对象，把他们放到光和影之中，赋予他们富丽和神秘的光辉。《七个尖角顶的房子》是对伦勃朗的继承，不是用油彩，而是用语言继承了伦勃朗的风格。这让我们欣喜，因为我们的生活本身确实是一个谜，最简单的东西之中包含着神秘，看不见的世界就在我们周围，如影相随……

博物馆中没有别的作品能像伦勃朗的作品那样，让她流连忘返。

鲁本斯——"伟大、快乐、灵魂高尚、充满力量的鲁本斯！"——
也是她的最爱。她觉得鲁本斯就像是莎士比亚。不过，鲁本斯也让她感
到不安，他那"充满豪情的丰富生活既喜人又让人接受不了，他让我笑，
让我生气，让我不能不喜欢他"。

> 像莎士比亚一样，他迫使你接受并原谅他的放肆，把自己
> 的错误当作了音乐家对不和谐音符的使用，只是为了增加和谐
> 的完美。即使是缺陷也当然有其用处，没有缺陷的完美会让人
> 倦怠。缺陷引起人激动，让人追求并欣赏优秀的东西。

在大画廊中来回走动，停下来从远处欣赏画作，然后仔细赏析，她
发现没有多少作品"魅力巨大能够让她全神灌注地欣赏"。她觉得太多
的画家的画作"没有激情"，"他们只想着色彩和艺术技巧，没有想到主
人公、信念、爱和永恒"。

对于雅克·路易·大卫和其他法国画家的作品一起挂在方厅中的大
型画作，她觉得没有什么价值。大卫的问题在于没有灵魂和思想，他的
画仅仅是对经典作品"干巴巴的临摹"。

她把法国绘画看成是"有巨大困难和危机"的法国生活的总代表。

> 对于外在的和看得见的东西充满激情，这使得他们的教育、
> 社会生活、文学艺术都不断地孕育和发展。这样他们在我可以
> 称为小的艺术中，也就是能把生活装饰得更加美丽的艺术方面，
> 在世界领先。这样，法国就有了世界上最精致最招人喜爱的绘

画和印刷品，但很难产生最为深刻、称得起是巅峰的艺术。

不过，她很快又修正了自己的观点。她说有一幅作品例外，那就是泰奥多尔·热里柯的《美杜莎之筏》。这幅巨型（16 英尺乘 23.5 英尺）的深色画作表现了 1816 年"美杜莎号"船在塞内加尔海岸发生的悲剧。在热里柯那狂野、黑暗、无情的大海上，没有英雄，前景中至少有两个人已经死亡，那些活着的人互相抱在一起；在画的右上角形成了人的身体堆成的一个金字塔，活人中最壮的一个人是个黑人，在挥着衬衫或者是一片破布，朝着象征着希望的、遥远的地平线上一条船的轮廓挥舞着。

她写道，如果说全卢浮宫的伟大作品中能有什么全身心地吸引她，那么就是这幅画。她在这幅画前站了整整一个小时。

> 凝望着它，周围的一切都消失了，我独自在辽阔的大西洋上。那些透明的碧浪不再是虚幻的，它们疯狂地跳跃着，饥饿地扑向猎物。那面鼓满风的大帆让人害怕，死人的脚悬在沸腾的海水中，让人看到了凄凉的现实。那个老人的眼神是那么的绝望，没有生气！一群绝望至极的人围在脆弱的桅杆周围，一个充满渴望的人在向远不可及的船只挥动着信号。柯勒律治的《古舟子吟》也没有如此骇人如此真实地反映了这样的主题……没有什么声音可以呼唤到远处那飘扬的风帆！

这幅作品的作者"绝不是一个只看到人生苦痛的外表的人，他从灵魂深处感觉到了我们生活的这个世界所蕴含的神秘激情和苦痛的颤动"。她相信这是最有力量的作品，好像这一幅作品就完全让她不虚此行。

不到三周的时间，她和随行人员就去往了瑞士的阿尔卑斯山和德国，后不久又回到巴黎长时间地逗留。

她一直在思考人类对美的需求，想着小时候她是如何为了理想忍饥挨饿的，她觉得自己被无情残忍地欺骗了："有着新英格兰人所有的认真和实干，而灵魂中最具精神价值的那部分，也就是对美的追求被粉碎了，这是可怕的。"

> 儿童与生俱来有一种对美的感受，但受到被压抑的欲望和无休止的饥饿的折磨而慢慢消失了。我知道，是因为我有过这种感受。

这是对她自己受到的教育的控诉，也是对美国生活的批评。直到来到巴黎，让她有了如此强烈的感觉。

更重要的是，她意识到巴黎的美不仅仅在于其增加了这个城市本身的魅力，而是在于其拥有的魔力，能唤醒人们思想中对美的感觉。"人的美感被长期压抑着，来到巴黎后，这种感觉在他的心中被唤醒了，好像灵魂要展开翅膀，大声疾呼一样。"她觉得，美国人不应当笑话法国人的爱美和愉悦，而是应当认识到要向他们学习。

那些出色的新英格兰人中，著名的文人很多都曾在 19 世纪 50 年代到巴黎朝圣——奥利弗·温德尔·霍姆斯、亨利·朗费罗、拉尔夫·沃尔多·爱默生，现在是哈莉特·比彻·斯托。1858 年，又一个作家，纳撒尼尔·霍桑来了。1849 年，赫尔曼·麦尔维尔曾路经巴黎，不过他来去匆匆，巴黎之行似乎对他的影响不大。新英格兰唯一一位没有来过巴黎的"不朽"的人物就是亨利·梭罗，不过他什么地方都没怎么去。

霍桑、他的夫人和三个孩子在寒冷的 1 月来到巴黎游览了一周。他们从英国来，霍桑在利物浦做美国的领事。在巴黎，他们住在新建成的卢浮宫旅馆，就在博物馆里沃利大街的对面。

在第一天结束时，霍桑记录道："我迄今所看到的巴黎的风采让我吃惊。"相比之下，伦敦就不算什么了。他觉得在如此短的时间，巴黎发生了如此的改变，皇帝功不可没，每一个来巴黎游览的人如果从自私的角度想，都应当希望他的统治长久。至于卢浮宫的艺术品，霍桑觉得它们"无味"，他宁愿看星期天大街上成群结队的游客。

尽管跨越大西洋的旅行有了很大的改善，海上的危险也绝非虚无缥缈之事。1854 年传来消息，美国最大的"漂浮宫殿""北冰洋号"在航行返回纽约途中，由于大雾，与一艘船在纽芬兰的大浅滩附近相撞，乘客和船员的死亡人数达到了 350～372 人。两年之后，库纳德的汽船"太平洋号"冬天从利物浦驶往纽约，上面有 186 名乘客和船员，全部失踪了，后来再无消息。

不过，美国的渡洋旅行者还是源源不断地来到巴黎。1855 年召开了巴黎博览会，来的人数达到了空前的数量。《纽约时报》报道说："也许美国在欧洲的人数从未有过这么多。"这些人中间有纽约的詹姆斯一家，他们继承了遗产。他们一家有父亲、母亲、四个儿子和一个女儿。父亲说，他们的目的是"让孩子们接受异域的教育"。大一些的两个孩子，威廉 14 岁，亨利 12 岁，被放到了巴黎。他们常常走过香榭丽舍大街，穿过杜勒里公园到卢浮宫。亨利记得他是如何"一遍又一遍地看"那些画的，他对巴黎那"还在眼前的过去"是多么的感兴趣，还有那"五十种秘密"，他努力想象他会把自己的生活变成什么样子。

主要陈列在香榭丽舍大道上的博览会是一个巨大的成功，有 5000 多件展品。在那一年，超过 500 万游客来到了巴黎。当维多利亚女王和阿尔波特王子到来时，有 80 万人排列在了街道两旁，看他们的车驶过。（当时英法和土耳其联盟，在克里米亚半岛的战争中一起抗拒俄罗斯，英国君主的出现就超出了传统的象征意义。）

彩旗到处飘扬，各个旅馆都贴出了"客满"的标志，物价飞涨。对于皇帝和塞纳区的行政长官奥斯曼来说，这证明了他们原来的说法，花在城市建设方面的钱，会因更多的游客而完全收回来的。

虽然大规模的拆建还在进行，但人们已经惊讶地发现建了那么多的东西。阿尔波特王子惊叹地写道："巴黎完全改变了。"

法国的知识分子抱怨说，在策划博览会的时候对工业展馆的重视过分了，对工业技术的物质生产过于大惊小怪了。而美国的游客则欣喜地看到人们对这些技术的关注，金奖颁发给辛格的缝纫机、柯尔特的自动手枪、麦考密克的收割机和摩尔斯教授的电报机。

在美术馆的 796 幅法国画家的作品中，有 40 幅是安格尔的作品，这是法国政府最欣赏的画家；还有 35 幅是德拉克洛瓦的。而美国画家的作品少得可怜，一共只有 12 人的作品，几乎让人注意不到。这其中有威廉·莫里斯·亨特和乔治·希利的作品。希利的 13 幅作品入选，包括他最新的作品《本杰明·富兰克林寻求路易十六支持美国独立的事业》，这幅作品为他赢得了金奖。

如果皇帝和当权者从博览会中得出什么结论的话，那就是下一次博览会要办得更大、更辉煌。

乔治·希利在其画肖像画的年月中，喜欢一边画画，一边和人交谈，但他从未遇到过来自于芝加哥的威廉·奥登这样的交谈者。奥登正是在博览会的那年夏天，来到了希利的画室画了几次像。他是地产开发商和铁路建设商，做过芝加哥的第一任市长，当时芝加哥只有 4000 人，他热衷于谈论这座城市"辉煌的未来"。奥登越谈，希利越感兴趣。42 岁的希利在想，现在可能是他该改变一下的时候了。

> 我常想回到美国定居，但一大家子人很难迁移，同时也不知道该迁到什么地方去，害怕被我的同胞按照当时较为直接的说法，称为"该死的外国人"，我犹豫再三。

奥登热情地提出，让希利住在他芝加哥的家里，直到希利安顿下来为止，并允诺在他认识的人当中为希利拉生意，在佣金方面会"大丰收"的。于是，1855 年秋天，希利加入到了成百上千的从博览会回国的美国人中。因为其妻路易·莎很快就要再生孩子了，所以决定她和孩子们以后回来。这距希利到巴黎学画已有 21 年了，他是否想过再回来，不得而知。

随着希利的离开，他这一代的美国艺术家从巴黎的舞台上谢幕了；而另一个人——詹姆斯·麦克内尔·韦斯勒就像排队一样，以一种完全不同的形式走上了这个舞台。

他只有 21 岁，身材不高（5.4 英尺），偏瘦，打扮得像一个花花公子——留着长长的黑色卷发和黑色的小胡子。他精力充沛，喜欢嬉闹，聪明外露，自信满满，很多人并没有把他当回事儿。

他的童年大部分是在俄罗斯的圣彼得堡度过的——父亲乔治·韦斯勒少校是一个土木工程师，毕业于西点军校，为沙皇尼古拉一世修建了连接圣彼得堡和莫斯科的第一条铁路。在那里，他显示出了绘画天才。16岁时，像父亲一样，他进了西点军校。而他马上就对那里感到不喜欢。他唯一优秀的课程就是绘画。三年级时，他由于化学不及格被勒令退学。他欢喜地说："如果硅是气体的话，我就可能成为一名少将。"

像希利年轻时一样，韦斯勒也来巴黎的画室接受专业训练。不同的是，韦斯勒会说一口流利的法语，还记住了最近的亨利·摩格写的法语小说《贝尔妲米亚生活场景》中描写的拉丁区的艺术家们过的那种放纵的生活。该小说后来被改编成了贾科莫·普西尼的歌剧《贝尔妲米亚人》。

当时在巴黎认识"吉米"韦斯勒的美国学生，都把他描绘成"精力旺盛""古怪""总抽自制香烟"而且"乐趣无穷"的人。他们忘不了他那顶"古怪"的帽子——一顶大的黄色草帽，带有宽宽的边和低低的冠，冠用黑色宽丝带包裹着，长长的两头垂下来。这就是他的"贝尔妲米亚生活"的标示。

他对新生活兴高采烈，并不确定是进画室还是找工作。他开始和一个名叫爱洛漪丝的年轻裁缝建立了亲密的关系，一起搬进了雅科布街的一个小工作室兼卧室的房子里。他最终进了夏尔·格莱尔的画室。他在画室里花的时间似乎不多，但在那里所学的东西是有着长久的价值的——线条比色彩重要；在所有色彩当中，黑色最重要；黑色是"万能的和谐色"。

随后，他和爱洛漪丝从雅科布街搬到了一个廉价的地方，后来又搬家了。一个学生记得："我觉得他在任何房间里都不会待长的。"他的钱总也不够，却总到卢艾特那样的价格昂贵的饭店中消费。那里有名的勃艮第葡萄酒 1 法郎一瓶，可以让艺术学生无限制地赊账。

他学生时代圈子里的另一个人说："他虽然生性放纵，喜欢享乐，但他的才华得到了发挥。"实际上，韦斯勒比看起来的要用功。某种程度上说，他无时无刻不在工作。有人说："他作为学生所享受的一切都变成了一位画家的财富，晚上和他一起跳舞的女人，白天就是他的模特。他绘画，把铜版画做得活灵活现，在卢浮宫花很长的时间临摹。"

他在法国学生中交了很多朋友。有一个名叫亨利·芳丹·拉图尔，和他交往一生。他开始还往返伦敦，1959 年和爱洛漪丝分手后，就搬到了伦敦，他做学生的日子结束了。不过，这绝不意味着韦斯勒和巴黎的关系，或巴黎和韦斯勒的关系结束了。

离开时，他欠饭店老板卢艾特先生的 3000 法郎，及时还清了。

三

在离开索邦学院不到 20 年的时间，查尔斯·萨姆纳成了美国政界一名最有辩才的人物。他身材高大，英语功底深厚，声音低沉有力，是为数不多的可以鼓动起听众的演讲者。他一旦释放出对事业的热情，很少不会激起暴风雨般的批评，甚至是怒火的。他曾呼吁世界和平，无所畏惧地反对墨西哥战争和奴隶制，却很少关心得罪了什么人。他的朋友们为他的安全担忧，托马斯·阿博斯顿从英国给父亲写信说："看在老天的份儿上，他帮助别人时千万别伤害了自己。"

萨姆纳不断地"质疑"奴隶制，让他在全国的政界越来越有名。他是自由之土党的创始人之一，1851 年，40 岁的时候，被选进了美国参议院。看到了黑人学生在索邦学院的情况，他得出的结论是，美国国内对

228

黑人的态度是"违反自然的"。萨姆纳清楚地表达了他对奴隶制的憎恶，在这件事情上绝不让步。他写道："我认为奴隶制是罪恶，是个人和国家的罪恶，停止实施奴隶制是每个人的责任。"

1856 年 6 月 9 日，萨姆纳在美国参议院受到野蛮袭击的第一条消息传到了巴黎。几天之内，整个欧洲都知道了这一耸人听闻的消息。

袭击发生在 5 月 22 日，萨姆纳在这一周早些时候发表了他最长最尖锐的，同时也是观点最明确的演讲。他称之为"反对堪萨斯的罪恶"。和韦伯斯特对海恩的回答一样，这也是参议院历史上最重要的演讲之一；这是在两天会期的会议上，对所有参议员进行的演讲，又是马萨诸塞的参议员站在了台中央。

但是和韦伯斯特不同，萨姆纳出于愤怒，进行了人身攻击，这在参议院的传统中是不能容忍的。这次演讲的效果以及随后萨姆纳所受到的袭击，都产生了比韦伯斯特演讲要大得多的影响。

萨姆纳事先告诉一个朋友，他要揭露奴隶制"全部的罪恶"，"毫不留情"，他做到了。这篇演讲印刷出来长达百页，他记住了每一个字。他不仅仅声讨了奴隶制这个"卑鄙的怪物"，揭露了堪萨斯·内布拉斯加法案的"欺骗性"（这是辩论的核心），而且还挑出了几位犯了永恒的"人性错误"的参议员进行了尖刻的挖苦。其中有南卡罗来纳州的参议员安德鲁·P. 巴特勒。萨姆纳把巴特勒比做了愚蠢的老堂吉诃德爱上了"奴隶制这个妓女"，"他张不开嘴，但是却犯了一个愚蠢的错误"。

不出意料，这个演讲立刻在南方引起了反对，在北方引发了欢呼。废奴主义者，特别是马萨诸塞的废奴主义者欣喜若狂。萨姆纳的朋友亨利·朗费罗写道："你的演讲是有关这个最伟大主题上发出的迄今最伟大的声音。"

一位来自南卡罗来纳州名叫普莱斯顿·S. 布鲁克的议员非常愤怒。他本人是奴隶主，也是参议员巴特勒的亲戚。他用了一天多时间考虑面对如此的侮辱该怎么做来捍卫南卡罗来纳州的荣誉。他考虑的主要问题是，该在萨姆纳的背后使用马鞭，还是重重的胶木棍。他选择了胶木棍，他后来解释说，凭萨姆纳的块头和力气，完全可能从他手中夺过马鞭打他，那他该怎么办？

刚过中午，布鲁克溜进了参议院的会议厅，站在那里等着，只有几个人在场，萨姆纳独自一人在桌旁签署文件。

布鲁克走近，招呼道："萨姆纳先生，我仔细地听了你的演讲，那是对南卡罗来纳和我亲戚巴特勒先生的诽谤……"等萨姆纳抬起头时，布鲁克朝着他的头部反手击出了第一棒。

萨姆纳的桌子和其他参议院的桌子一样，是螺丝固定到地板上的。由于腿长，他坐下时双膝紧紧地楔入了桌子下面。急于保护自己，他猛地立起，爆发力如此之大，以至于把桌子都从地板上拔了起来。

布鲁克不断打击着，从左到右，他后来吹嘘说："30 下猛击。"直到那根认为是断不了的棍子断裂为止。"我完全打碎了我的棍子，但留下了那个金棍头。"

萨姆纳躺在地板上，昏迷不醒，满身是血。布鲁克悄悄地溜出了会议厅。几分钟之后，萨姆纳醒了过来，被抬回住处，放到床上。

在堪萨斯州，废奴主义者约翰·布朗和他的追随者听到了萨姆纳遭袭的消息后"发疯了"。他们中的一个人回忆说，布朗冲到了街上，杀了五个无辜的人，制造了珀特瓦特密惨案。

议员布鲁克由于他的所为，只被罚了 300 美元。在南方，他成了英雄，走到哪里都受到人们的欢呼，并赠予他带金头的棍子。

萨姆纳再也没有从这次袭击中完全恢复过来。经过了长时间的恢复，他想返回到参议院的工作中，但做不到。他走路都有困难，从椅子上站起来很痛苦。他的情况被描绘为"重力压迫知觉，或大脑受阻"，如果用脑，病症就会加重，谈话也不行。

　　随着新年的到来，他想要恢复工作，但发现即使工作一天也受不了。医生建议他到国外旅行——在海上对病情会有好处，而且"完全远离了国内他所关心的事情和责任"。

　　和1837年乘坐的拥挤的"阿尔巴尼号"完全不同，萨姆纳这次离开纽约乘坐的是舒服的汽船"富尔顿号"，彩旗飘扬，三十一响礼炮为他送行。

　　萨姆纳来到船上，看上去十分虚弱，挂着手杖，46岁的他看上去有近70岁。前七天，他晕船，待在舱室里。那天上午，他出现了，很明显，航行，包括晕船，对他有好处。船上的一位新闻记者描写了参议员不费力气地从椅子上站了起来，不用手杖，在甲板上走动。

　　　现在看着萨姆纳先生，和他谈话，他坚定地站在摇晃的甲
　　板上……我可以理解为什么一个恶棍，一个恶棍打手，选择在
　　他倒下时下手，而不是企图把他打倒。

　　很明显，他喜欢交往，几乎和每个乘客及船员都花时间谈了话。据说他在船上可以以绝对的优势被选举为他希望得到的任何职务。

　　"海上的空气，或者晕船，或是完全脱开了国内的政治，或是所有这一切的合力，让我恢复了许多从前的力量。"在勒阿弗尔登陆之后，他写

道。在法国学习之后，他又开始写日记了。

这次去巴黎的陆地旅行是乘坐火车，而不是坐马车。在途中他又一次在鲁昂停了下来，和上次一样，花时间去参观了大教堂。从鲁昂到巴黎，天气晴朗。他写一路的景色时说："文明无处不在。"他非常盼望着回到巴黎。他记得，歌剧院、话剧院、几家喜爱的饭店、和朋友们度过的时光。他知道，逍遥的托马斯·阿博顿已经在等他了。

一到巴黎，他立即"出发"，"震惊于我所见到的华美，出乎我所有的意料"。头一天晚上，他动身去了歌剧院，看了两个小时的《威廉·退尔》。第二天早晨他和阿博顿乘车游览了市容，他写道："变化是不可思议的。"他的精神一下子振作了，他连续七八个晚上看了法国歌剧、意大利歌剧和喜歌剧，还观看了话剧。他似乎做了想做的一切，到杜勒里公园散步，去了卢浮宫，在王宫"扮演了闲逛者"，在普罗旺斯三兄弟、威利和英格兰餐厅吃饭。萨姆纳和阿博顿至少一起吃了十几次饭。他到了塞纳河彼岸，"重温"了在索邦的日子，从他所住的和平街的和平旅馆，可以看到"整个巴黎的动静"。

不仅巴黎变了，他也变了。他在"富尔顿号"甲板上散步时显示出来的活力更加旺盛了，他的日程安排就连是他年龄一半的人也会感到累的。

阿列克西·德·托克维尔来拜访，并坦诚地谈了法国的政治形势。（他没有掩饰他的反政府立场……说这是一个"杂种政府"。）另一天，他和托克维尔以及其他的几个法国政治家共进早餐，其中有弗朗索瓦·基佐，他告诉萨姆纳，他也反对奴隶制。当有人问法国人最不喜欢听到的外国口音是哪个国家，基佐毫不犹豫地回答，是德国，并回忆了路易·菲利普，从一个人所说的语言上判断他的能力。几天之内，萨姆纳安排了一位不会说英语的法语私人教师，每天上午到他的旅馆中读法语、说法语。

他会见了诗人政治家阿尔封斯·德·拉马丁，并与他进行了长谈。拉马丁告诉他没有人能够预测法国的未来："这是一个多变的民族，没有什么确定的东西，只有变化。"

在晚餐会上，他见到了美国牙医托马斯·埃文斯。"他说起皇帝来，词语中带着热切的敬仰，"萨姆纳记录道，"把他描绘成一个勤劳快乐的人，每天早晨洗冷水浴，亲吻夫人。"

萨姆纳从未结婚，他对女人的兴趣很大，一张漂亮的女人脸蛋可以让他深深地感动，但他和女人在一起总感到不自在。他的工作和朋友就是他生活的全部。他有许多亲密的朋友，对他很忠实，像朗费罗、阿博顿和塞缪尔·格里德里·豪——一位积极的废奴主义领袖和盲人教育的先驱。

4 月 23 日，萨姆纳从巴黎给豪写了一封信。他说，他的时间的确"安排得很满"，不过他确实感到疲劳，走路之后，一旦停下来，他的腿就感到酸困。他当时感冒了——"他们说是流感。"不管是不是流感，他现在在巴黎了，他报道说，巴黎"非常让人愉快，非常美丽，到处是有趣的人"。

他开始感到一种要回华盛顿的欲望；"我为堪萨斯感到战栗……一想到那里有些可恶的人把那个地区人民的福祉视同儿戏我就感到恶心！一想到这些我就热血沸腾，我渴望在我的位置上再度谴责他们。"

小亨利·詹姆斯通过他的父亲见到了萨姆纳，他惊讶地发现这位斗士的精神很好，他的伤恢复的情况"有些令人失望"。

观光，还有和"有意思的人"社交的节奏没有放慢。一天晚上，萨姆纳和俄罗斯的小说家伊万·屠格涅夫交谈，屠格涅夫预言说俄罗斯的农奴制十年之内就会废除。在另外的聚会中他有机会见到了哈莉特·比彻·斯托，她又回到了巴黎，在努力学习法语。

他参观了王家图书馆，在战神广场他观看了阅兵式，这让他震惊，有6万军队列队走过，他从未见过也从未想过能看见这么多军队。他又对医学院旧地重游，甚至"冲进了散发着尸体恶臭的解剖室"。

阿博顿陪同他购物，准备带回家一些礼物，包括给阿博顿妹妹范妮的一套甜点餐具，她现在已经成了亨利·朗费罗夫人。他们只要有可能，就几个小时、几小时地谈话。

他们两个都是地道的波士顿人，年龄相仿，萨姆纳年长一岁。自从在哈佛相识之后，他们相交了20多年。和萨姆纳不同，阿博顿选择了一种为自己的喜好活着的生活。（阿博顿早期在巴黎给他父亲写信说："我经常出去吃饭，随意地吃喝，之后香甜地睡觉，用彩笔绘画，很风雅地畅谈……"）不过，还是很难找到两个美国人有他们这么多共同爱好的——歌剧、话剧、艺术、书籍、旅游和思想的喜爱以及这些方面的知识。他们可以在任何一个话题上深谈下去，兴致勃勃。

也许，他们的友谊有点儿同性恋的味道，但没有证据。阿博顿的性取向可能有些模糊，但除此之外不得而知。另外，萨姆纳的政敌利用能抓住的一切机会诋毁他，对任何丑闻都不会放过，但没有这方面的流言。

有时他们在巴黎一起吃饭时还有另外的客人。一天晚上，是一位美国的海军军官威廉·林奇，他最近写了一本畅销书，是有关在约旦河和死海探险的故事。更多的时候是他们两个人，遗憾的是，他们都没有记录下那些情况。很容易想象他们一起在诸如三兄弟之类的饭店，点了饭店的特色菜蒜拌腌鳕鱼、一瓶或更多的波尔多酒堡的干红或干白葡萄酒，在谈论莫扎特、威尔第或他们最近看的、让他们喜爱的多尼采蒂的《玛丽·斯图亚特》，或者谈论济慈、大仲马或鲁昂或巴黎本身，一个傍晚很快就过去了。萨姆纳的谈吐中没有许多的幽默，而阿博顿则是妙语连珠。

谈论最喜欢的东西，而这些东西在华盛顿的政界是很难得到的，对于萨姆纳来说，这是能得到的最好的药物。他的老朋友阿博顿曾说过："当美国的好人要死的时候，他们去巴黎。"

5月24日，萨姆纳在巴黎住了两个月之后，出发去外省旅行。接下去的两个月，他有点儿头脑发热，又到了伦敦、德国、荷兰、布鲁塞尔和苏格兰观光。他又有点儿感觉不太好了，他咨询了一位伦敦的骨相学专家。专家告诉萨姆纳他的大脑"虽然看起来运转很好"，但受不了美国政治生活的压力。

到1857年12月初，他返回了华盛顿，及时赶上了议会的新一届会议。结果，他发现自己坐在那里听就很累。他既不能工作，也受不了首都的"卑劣和庸俗"。12月底他又离开了，几乎一下子就好多了。之后，他又试过几次要回到华盛顿，但结果都不行。

他长期疾病缠身，不能参加参议院会议，不过马萨诸塞人没有抛弃他。没有什么认真的声音要求他辞职的，没什么人谈起取代他，他知道，在这方面他非常幸运。

又有几个医生劝他返回欧洲，他又一次踏上了驶往勒阿弗尔的航程，于1858年5月22日出发，这是他在参议院遭袭的两周年。

萨姆纳落下的病痛到1858年时不用担心再复发了，一些在巴黎的美国朋友推荐他去见一位名叫查尔斯·爱德华·布朗·塞加德的法籍美国医生。这位医生以"在理论和实践上大胆，敢于在动物和人身上做试验"而闻名。

布朗·塞加德来到了萨姆纳的旅馆，经过了 3 个小时的检查，最后肯定地断定：布鲁克议员打的伤，由于当时萨姆纳的坐姿，严重地伤害了脊髓中的一些关键点。这位医生建议的治疗方法是"火疗"，用蘸了燃烧物的药棉在萨姆纳背上的关键点的皮肤上烧。布朗·塞加德提醒说，这样的治疗可能会很痛苦。萨姆纳要求立即开始，并选择了不用麻药，以免减弱治疗效果。

在旅馆的房间里进行治疗的过程中，萨姆纳咬牙忍受着痛苦，紧紧地抓着椅子背，最后把椅子背都掰断了。

在接下来的五周中，他又经受了五次这样的"治疗"，都没有使用麻药。他在给朗费罗的一封信中说："医生很清楚，没有这样痛苦的治疗，我将永远是一个残废，总会突然或者严重地复发。当然，生命有时要经受磨难。"

显然他对治疗过程以及布朗·塞加德没有丝毫的怀疑。不过，国内的一些朋友和医生认为他成了"毫无理论根据"的庸医试验的牺牲品，除受罪之外，还得花钱。

布朗·塞加德似乎毫不怀疑他的方法的准确性，况且这个治疗是在巴黎，世界先进医疗之都，由一个成名的医生进行的。这给了治疗以让人信任的成分，特别是对于一个特别渴望能治好病的病人来说。

从留存下来的记录看，布鲁克的袭击既没有打裂颅骨，也没有形成脑震荡，这些，再加上后来的证据充分地表明，袭击给他造成了后来人们所说的心理创伤。他的痛苦是完全真实的，但引起症状的原因更多的是心理创伤，而不是神经方面的原因。

萨姆纳几乎忍受不了再回到参议院，回到他遭袭的现场。他离华盛顿越远，情况就越好，这也是证明。当时有几个医生持这种观点。只要变换一下地点，不管是哪里，都会对他有好处的。即便没有布朗·塞加德的"残忍疗法"，1858 年的巴黎本身也会像前一年那样对他有治疗作用的。

进行了最后一次治疗的六周之后，8 月份，萨姆纳收到了参加一个盛大宴会的请柬。这是巴黎的一些美国人为了庆贺塞缪尔·摩尔斯的成功而举办的。他写了一封短信给摩尔斯说他仍然很虚弱，还在经受病痛的折磨，不能参加。

摩尔斯在 67 岁时终于成功地得到了他所希望的认可，他的电报成了美国生活的一部分。几年前，他在给第一个承认他的发明的法国学者多米尼克·阿喇戈的一封信里自豪地写道："现在我的电报系统在这片大陆上已经部署了 15000 英里的线路。"电报到达欧洲要多少英里，他不知道。

在经济上，他有了从未有过的安全感。他的财富已经可以让他建立自己第一个真正的家了。他在哈德孙河东岸的鲍甫吉普希下面盖起了一所意大利式的豪华住所，叫做洋槐林。他和萨拉·格里斯沃德结了婚，又有了四个孩子。他还面临着别人和他争抢发明权的一些诉讼，不过现在看来这都无关紧要了，因为最大的电报工程就要完工了，大西洋电缆把美国和英国连接了起来。随时都会传来成功的消息，这使得宴会上的气氛更加让人激动。

摩尔斯到了巴黎，几乎带来了他整个一大家子人——他的妻子、三个小儿子、他的岳母等，共有 15 个人，住进了卢浮宫旅馆。

8 月 17 日，非常完美，就在宴会举行的那天傍晚，传来了大西洋电缆铺设完成的消息，维多利亚女王和美国总统詹姆斯·布加南通过越洋电报互致问候。据后来发表在《纽约时报》上的对巴黎宴会的报道说，这激起了"极大的热情"。

在普罗旺斯三兄弟餐厅，80 名绅士身着正装，参加了宴会。至少有四分之一的人似乎有话对摩尔斯说。《纽约时报》报道"大电报节"说："对摩尔斯的赞誉把修辞的词格都用尽了。"轮到摩尔斯发言了，他很谦虚，说明了为什么美国人应当感到自豪。他的发言赢得了一阵又一阵的掌声。

最重要的事情是新任美国驻法大使约翰·Y. 梅森站起来宣布，欧洲的政府，由法国带头，授予了摩尔斯教授"人类贡献奖"，他将会得到 40 万法郎的（大约 8 万美元）、法国出了大部分的奖金。

对摩尔斯来说，这是一个终身难忘的夜晚，查尔斯·萨姆纳的雄辩的语言也为此添彩。在他给摩尔斯，谢绝邀请的短信中，用了一段话说出了许多人想说的话，说得那么郑重、恰到好处。

我要借此机会，以这种非正式的方式，表达我微不足道的谢意。感谢这项和您的名字密切相连的伟大发明。通过您，人类文明取得了又一个伟大的胜利。我毫不为过地加上一句，如果人类要感谢为其文明的发展做出伟大贡献的人，对如此发明的人的感谢应当高于对于一个元帅的规格。

摩尔斯立即写了回信表示感谢。

到 9 月初的时候，人们得知大西洋越洋电缆突然讯息中断了，没人特别在意，只当作了暂时的不便。《加里格兰尼新巴黎指南》上说："暂时的中断不会让人对伟大的事业感到失望，而是让人看到需要铺设更多的电缆……"

萨姆纳觉得身体恢复得可以四处走动了，出发去了布列塔尼，然后去了法国的阿尔卑斯，到了艾克斯温泉，据说那里的温泉从罗马时期就有治疗作用。健康大为好转后，他去了意大利，后来又去了维也纳、布拉格和德累斯顿，以后又到了慕尼黑，顺莱茵河往下，到了科隆，然后回到巴黎。整个旅程，他一直和国内的老朋友保持联系，还抽出时间和路上新相识的朋友联系。他决定一直旅行，并让他的大脑完全被占满，以度过健康的"转折点"。到了巴黎，布朗·塞加德医生提醒他，他还没有恢复到可以返回美国的时候。他立刻动身去了法国南部的蒙彼利埃。1859 年春，又到了意大利，然后回到法国，到布列塔尼和诺曼底观光，中途在圣米歇尔山、圣马洛和雷恩停歇。他给弟弟写信说："如果有人关心问起我的健康，就可以说，越来越好了。"

1859 年秋，他回到巴黎，终于准备永远离开。回国，回到他参议院的工作中去。在巴黎最后的日子里，他用疯狂购物来款待自己。他像真正的美国旅游者那样，购买了瓷器、铜器、旧文稿、雕刻和稀有图书。他对书情有独钟，所有这一切都要带回去。他还去了拉格朗日，向拉法耶特表达最后的怀念。

从波士顿来的一位朋友，颇受争议的一神教神父西奥多·帕克也因健康原因来到欧洲。他惊讶地发现了"亲爱的老萨姆纳"奇迹般的变化。

> 他的长腿走起路来速度可以达到每小时四五英里，面色像常人一样健康，走路和坐着都腰板挺直。病痛完全从他大脑中消失了……他的信息很多——关于事实、人、思想等……我从未见过他像现在这样精神抖擞，充满希望。看着他是一种享受。

1860 年秋，乔治·希利和他的家人在伊利诺伊州安顿了下来，又一个孩子出生了，这是第六个女儿，这样一共就有七个孩子了。就像芝加哥的朋友威廉·奥登许诺的那样，他的佣金丰厚。又一个让他画像的人是约翰·贝尔纳·费兹帕特里克大主教。他和希利用法语交谈，劝说他重回天主教信仰，他已经离开天主教多年了。

1860 年 11 月的第二周，在总统选举之后，希利被请去给当选的总统亚伯拉罕·林肯画像。11 月 15 日，希利坐火车去了斯普林菲尔德，画了在伊利诺伊州议会画像中的第一张。一位碰巧在场的政客描述了林肯"面对画家坐在那里，右脚搭在左脚上，两脚都向里弯曲——像鸽子一样"，他一直讲着故事，"不时被自己的妙语逗乐……让几个小时愉快地度过"。

在一次画像期间，林肯在看信，看着不知谁的信大声笑了起来。他告诉希利："她抱怨我丑陋。"她建议他留大胡子，以挡住"难看的灯笼下巴"。他问希利他是否要给他画上大胡子，希利说不，林肯又笑了，"心情非常愉快"。

这幅肖像画是希利最主要、最在意也很重要的作品，因为他用彩色记录了林肯，没有胡子。这是侧面像，林肯的脸上还没有日后操劳和重担刻上去的痕迹，是年轻、还未受磨炼的亚伯拉罕·林肯。林肯有几幅这样的画像。

不到五个月之后，1861 年 4 月，希利来到了南卡罗来纳的查尔斯顿，给皮埃尔·古斯塔夫·图腾特·布尔伽德将军画了像。这正好是在布尔伽德加入邦联之前，4 月 12 日布尔伽德下令萨姆特港进行了炮击。查尔斯顿发狂了。希利从未卷入政治，不过他说："我是北方人，有北方人的感情，反对奴隶制。"查尔斯顿的一家报纸宣称，如果北方佬画家"在日落前还没有离开这座城市，他就应当被涂上焦油和插上羽毛"。希利听到这个消息笑了起来。不过，主人告诉他，这可不是笑话，一辆车在一小时之后来门口接他，他确实必须离开。

听到了萨姆特开火的消息，回到华盛顿的查尔斯·萨姆纳就直接去了白宫，向林肯总统保证他全力支持。他告诉总统要"全身心地投入"，"战时权力让总统完全有权解放奴隶"。

巴黎的4月就像想象的那样，天气晴朗，阳光明媚，气温达到了70华氏度，接连几日万里无云。在香榭丽舍大道上，时尚的人们按照传统的习俗在秀自己。他们愉快地在春光中展示自己的春装，让自己成为春光的一部分。

瓦格纳的《唐豪瑟》首次公演（大家一致的意见是还需要加工）；书店中新的翻译作品中有朗费罗的《海华沙之歌》；在杜勒里公园和卢森堡公园，漫步者在慢慢停下来欣赏长长的花圃上盛开的鲜花。

在庄严的仪仗队护卫下，拿破仑的遗骨被从他安息了20年的荣军院的圣杰罗姆小教堂移到了大教堂的大殿之下。拿破仑三世皇帝和欧也妮皇后身着"深色葬礼服"下到了地宫，在棺材上洒了圣水。

皇帝的帝国之都的伟大计划在按部就班地进行着，不免噪音四起，尘土飞扬，瓦砾堆到处可见。"延长"宽阔大道的拆迁还在继续，马勒塞尔伯大道计划这年夏天竣工。据宣布，法国建筑师夏尔·加尼埃在竞标中胜出，赢得了设计完成歌剧院的工程。这是标志性建筑，计划要成为第二帝国辉煌的缩影。与哈莉特·比彻·斯托、纳撒尼尔·霍桑和查尔斯·萨姆纳一样，大多数美国人喜欢他们见到的新巴黎。

4月27日，星期六，萨姆特港口爆发战争的消息通过跨越大西洋的"电报"传来。第二天《加里格兰尼新巴黎指南》的标题上登出"美国爆发内战",说华盛顿市"处于兴奋混乱之中"。

随着消息越来越吓人,巴黎的许多美国人匆忙准备离开。一位《纽约世界》的记者写道,成群的美国人一天天聚集在加里格兰尼和其他消息中心门口,等待着发布消息。虽然有一些人兴奋,并且"有些气愤的议论",大多数人的感觉是郁闷和悲伤。

我们居住在国外,远离行动现场,也许更能深刻感受到国内分裂的情形造成的恶果。这里的人来自美国的各个地区……无论来自联邦的哪个地方,拉住一位美国人的手就感到了骄傲和欣喜。但这种感情现在被仇恨所替代,在欧洲的北方人和南方人现在把彼此看作敌人。最新的消息让现在这里的人们急于回国,他们觉得在这危急关头应当出现在需要他们的地方。

对于美国人来说,在巴黎的美好时光暂停一个段落,谁也不知道会是多久。

第八章　注定成功

我对古斯所拥有的那么多让人注定会成功的品质印象深刻。

——阿尔弗雷德·加尼埃

一

奥古斯塔斯·圣高登斯 1867 年第一次来巴黎。那一年似乎全世界都来到了巴黎参加万国博览会，这是第二帝国辉煌的宏伟顶峰。

他是在 2 月份的一个傍晚坐火车到的，天已经黑了，他显然是一个人来的。他 19 岁，是一个红发的纽约市男孩，鞋匠的儿子，从 13 岁就开始工作。他并不是美国内战之后来巴黎的第一批雄心勃勃的年轻人，虽然他比大多数人都要年轻，但是他有着和别人不同的背景以及为未来所进行的力量积蓄。这之前他从未离开过家。

> 我提着沉重的毛毡旅行袋从勒阿弗尔车站一直走到了协和广场，站在那里看着广场上和香榭丽舍大道上的灯光照在我的身上，不知所措。我体验着灯光的辉煌和旅行袋的沉重……我走上了没有尽头的香榭丽舍大道，来到了凯旋门……

他的法国父亲，第四大道上一个鞋店的老板，问他想不想去看万国博览会，并提出给他出路费。他上了"波士顿城市号"汽船，买了最低价舱位的票，一路上"晕船晕得比一大群狗都要厉害"。

这个年轻人想的不仅仅是博览会，他计划在美术学院报名，需要在巴黎留多长时间就留多长时间。和30多年前的乔治·希利，以及温德尔·霍姆斯、查尔斯·萨姆纳、伊丽莎白·布兰科威尔还有其他人一样，他也有自己的理想，于是就下定决心，实现自己的理想。他说他注定会成为一个雕塑家。尽管美术学院之前从未在雕塑专业录取过美国学生，但这也没能阻止他。不过，首先他需要一份工作，他的口袋里只有100美元，这是他的父亲从自己微薄的工资中给他节省下来的。

人们称他为古斯，1848年3月1日出生在爱尔兰的都柏林。他的父亲贝尔纳·保罗·厄尼斯特·圣高登斯来自法国南部比利牛斯山脚下的村庄阿斯佩，后来到都柏林，在制鞋业找到了一份工作。在都柏林的鞋店里，他遇到了博利曼宏的玛丽·麦克基内斯，她给拖鞋上带。由于爱尔兰大饥荒，这两口子在古斯六个月大的时候移民到了美国。

在纽约，贝尔纳·圣高登斯经过奋斗，终于在里斯本纳德大街上开了自己的鞋店，标牌上写着"法式女靴女鞋"。所有法国流行的样子他都能做得差不多，他小店里的顾客有阿斯特和贝尔蒙特。

他们又生了两个孩子，都是儿子，安德鲁和路易斯。在家，父亲和孩子们说法语，带有法国南方的口音，孩子们也习惯和他说法语；母亲总是说英语，古斯说，她的英语带着"甜甜的爱尔兰土音"。古斯说他父亲个子不高，很结实，头发深红，有着红色的小胡子，"个性独特"；他的母亲有着波浪形黑色头发，"一张慷慨可爱的爱尔兰长脸"。

他们在杜安大街上住过一段时间，后来又搬到了福西斯街、宝沃里，后来在二十一街一个杂货店上面的一所公寓住了下来。这个孩子在街上和附近的小流氓打过无数次架，在如雨的石块中"英勇地冲锋和反冲锋"。在墨尔百丽街的圣帕特里克大教堂有星期天学校，学生总是在背诵一段祈祷词，结尾的词是："我的错，我的错，我那令人伤心的错。"这总让他疑惑，他的错是什么。学校是"长期的监狱"，不过也有"乐趣"，比如他读过的第一本书《鲁滨逊漂流记》。他父亲的朋友考纳留斯·安格纽，一位眼科大夫，曾在巴黎学习过，在看了古斯画的几幅做工鞋匠之后，鼓励他继续画。

古斯 13 岁生日那天，父亲宣称，他到了该工作的年龄了，并问他想做什么。古斯说他想干点儿能有助于他成为艺术家的工作。父亲让他去跟一个名叫路易·阿威的徽章浮雕匠学徒，阿威也是法国人。

徽章浮雕雕刻品作为领带夹在男士中间很流行，有狗头、马头和狮头，狮头特别受欢迎，都是用紫水晶或其他石头刻的。路易·阿威在这项技艺上有着很高的造诣。他是一个严厉的师傅，发起火来，让古斯觉得自己就是一个"悲惨的奴隶"。不过，这样的训练对古斯大有好处。他后来把工作习惯归功于阿威，比如干活时唱歌，阿威就是这样的，"他不责骂我的时候，就不停地唱"。

古斯每天工作 10 小时。学徒的第一步是给师傅做好的石头刻品抛光。他很快就被允许干更多的活了，包括给客户定做的贝壳刻品上染色画画。

刻制徽章据说应当算是雕塑的一种，而不是雕刻。工匠在一个小凳上干活，使用各种各样的钢铁工具，或刻刀，上面有各种形状的小点，由像缝纫机一样的脚踏板给力，来进行刻琢。徽章雕刻工干活时，把石头或者贝壳用胶固定到一个棍上面。《美国科学》上的一篇文章说："塑像的头是研究的最好模型，雕像的身材是最好的教材。"至于徽章肖像，大多数的雕刻者都是看照片雕刻的。

关键是要以最大的细心去工作，这个过程中容不得半点儿匆忙。雕像的成功在于其设计，这样，古斯就学会了在任何工作中都认真地设计。在很短的时间里，他就可以制作了不起的作品了，相当完美。

跟着阿威学徒三年，直到有一天，阿威发脾气解雇了他。因为他吃午饭时把食物的碎屑掉到地板上了。很可能，阿威发脾气是出于嫉妒，这么小的年纪能有如此的天赋，进步飞快。不管怎么说，阿威还是认识到自己错了，他去找贝尔纳·圣高登斯，要出更高的工资把古斯雇用回去，但古斯拒绝了。他后来说起这件事，认为是自己做过的一件很勇敢的事情，他一辈子都会记住父亲脸上骄傲的表情。

他去给另外一个法国雕刻师儒勒·勒布来敦干活。勒布来敦制作大的贝壳雕像。除了也整天唱歌之外，他在脾气秉性上和阿威完全相反。

大贝壳雕像上刻着肖像，成了衣着时尚的女士喜爱的饰品。正是和新雇主学习、工作的这三年，决定了古斯选择了雕塑作为他的事业。他不仅仅喜欢给对象一个物理的维度，而且开始欣赏脸的重要性了。勒布来敦慷慨地允许他每天花一个小时的时间用胶泥来雕塑自己。

在父亲的鼓励下，古斯开始晚上到库柏学院上绘画课。后来他又到国家设计院去上夜校。他记得："我非常用功，每天下课之后，要干到11 点，相信我的身上有另外一种天才。"

　　确实，我白天干了一天雕刻的工作，晚上绘画，是非常累的。早晨母亲把我从床上拖起来，推到洗脸池跟前，我随便抹一把，然后扑餐桌前吃早餐，有茶和很多法式长面包及黄油，然后跌跌撞撞下了楼梯，到了大街上，我才真正醒来。

他在两个雕塑师那里学徒的几年，正是美国内战的时代。每天看见上演的悲喜剧，战争总也不会被抛到脑后。贝尔纳·圣高登斯成了一个直言不讳的废奴主义者。大街上满是士兵。有一次，还是在路易·阿威的作坊里，古斯从窗户上看到一大群新英格兰的志愿者从百老汇走过，边走还边唱着"约翰·布朗的身躯"。还有一天，他看到了"格兰特本人"，戴着宽边帽，骑马走过。最让他激动的是，他看到了林肯总统，他高高的个子，坐在车上，好像"完全不成比例"。

古斯不会忘记拥挤在报馆外面的人群，以及从战场回来的缺胳膊少腿的战士。有一天赶上了"征兵暴动"，为了他的安全，勒布来敦先生送他回家。

内战之后来到巴黎的美国艺术学生和艺术家，没什么人没有受到过战争的影响。有人在战争中服役，有人见证了军营生活和战争的残酷，这场战争有 60 多万人丧生。亨利·培根是一位风景画家，被征到马萨诸塞第十三军团服役，在布尔朗第二次战役中受重伤；温斯洛·赫马以《哈珀斯周报》的绘画记者身份参加了战争，到 1866 年来到巴黎时，他已经画了 20 多幅以战争为题材的作品，包括《新战场上的老兵》，画上一个高大有力的人在金黄的麦田里挥舞着一把镰刀，就像死神在收割生命一样，让人们想起了葛底斯堡麦田里的屠杀。

在葛底斯堡战役之后的几周，满火车的伤兵抵达了绘画学生托马斯·伊金斯的家乡费城。伊金斯的父亲没有多少财产，但他还是交了要求的 25 美元，以免托马斯被征入伍。这对于父子来说都是很艰难的决定。

后代很难想象，或会忘记，像费城这样的城市，有一半多的年龄在18~45岁的男性人口都在联邦军队上服役。

让古斯揪心的是看到亚伯拉罕·林肯安静地躺在纽约市政厅里。他在"没有尽头的"队伍里等了几个小时，看到了林肯的脸之后，又跑到了队尾，再次排队从林肯脸前走过。

他和刚到法国的美国人很快知道了，在法国，人们是以冷漠的态度来评价美国内战的。更有甚者，人们同情战败的南方邦联，而且从战争开始时情况就是如此。这有点儿奇怪，因为法国人是反对奴隶制的，更别说从美国独立战争起，两国政府就有着传统的友谊了。1863年，情况进一步复杂化了，美国政府在进行战争，拿破仑三世在墨西哥扶植了他的傀儡皇帝——年轻的奥地利人费迪南·约瑟夫·马克西米兰。许多美国人认为这明显地冒犯了门罗主义，这更增长了法国对南方的同情。

伊利诺伊的议员埃利胡·B. 沃什波恩很快就要成为美国驻法大使了。他后来确认路易·拿破仑"完全同情造反方"，而且"在他敢于做到的范围内，尽可能地给予他们支持和帮助"。

在巴黎，大家都明白，南方邦联的人到处都是，他们受到吹捧和招待，不仅仅在杜勒里官，而是整个城市都这样。对我们政府忠诚的人在任何场合都往后放。

南方邦联在巴黎当丹街25号建立了代表处，南方妇女组织了邦联妇女援助协会为邦联的军队收集药品和服装，并举办募捐音乐会和义卖活动。

有一次，内战的"波动"来到了法国的门口，那是在1864年6月19

日。那天邦联的捣乱者"阿拉巴马号"和美国军舰汽船"奇尔萨日号"争着要占瑟堡港，好几千人在海岸旁的山顶上观战。"阿拉巴马号"一直在和联邦的船只摩擦，开到了瑟堡港修理。等"奇尔萨日号"到了这个地方时，"阿拉巴马号"出来迎击，战斗进行了一个半小时，最后"阿拉巴马号"起火沉没。法国的各家报纸和杂志都刊登出了对这场戏剧性事件的描绘，画家爱德华·马奈画了这个场景的漫画，巴黎报纸上的社论都对"阿拉巴马号"及其勇敢的船员表示同情。根据一本名叫《宪法》的期刊所说，"阿拉巴马号"的沉没引起了"全法国深深的遗憾"。

对于奥古斯塔斯·圣高登斯来说，他的成长过程没有什么是轻松的。纽约大街上的生活、工作和战争使他过早地成熟了。他到达巴黎的时候，身体已经长成了，站起来5.8英尺。他有父亲的那满头硬直的深红色头发，长而白的脸像他的母亲，一双深陷的小眼睛是浅灰蓝色的，还有一个朋友们经常取笑他的长鼻子。他自己在卡通和漫画中也常拿自己的鼻子取乐。

人们喜欢他的幽默和精力充沛，还有他的"凯尔特精神"。一个朋友写道："在他那瘦高结实的身材上，他有力温暖的手上，他的神态和姿势上，都能让人感到他充沛的能量，几乎是全身都充满了旺盛的精力。"他似乎天生乐观，有一副浑厚的男高音的嗓子。一位叫托马斯·莫尔的朋友记得，在库柏学院周六晚上课程结束之后，他、古斯还有另外两个名叫何佐戈和格罗特米耶的人"挽着臂膀走很长的路到中央公园去，一路高歌《玛莎》《马赛曲》等歌。古斯的声音总是最高最有磁性"。

古斯总是看到事情光明的一面，并以此出名。他后来在生活上经历了一段很厉害的抑郁。他坚持认为"在我灵魂深处总有抑郁的低音，这

249

是来自于我亲爱的爱尔兰母亲的"。

他在浮雕雕刻和自由绘画方面显示了不一般的天才。在出发来巴黎之前，他为父亲塑了一个半身像，塑得特别结实、自信。他特别珍爱给母亲画的一幅铅笔肖像画。他知道，他的天才能让他走多远，在激烈的竞赛中究竟有多大分量都是未知数。当然还有许多的因素，不过他知道，他的才华是他来巴黎的主要原因。

他先找到了父亲的弟弟、他的叔叔弗朗索瓦，搬进了大军大道，并且"马上"就找到了临时工作，在蒙马特给意大利徽章浮雕师工作。得知申请美术学院的事情要几个月之后才有结果，他在一个"小学校"培训班报名参加了模特课程，上午和晚上都有课。培训班在医学院，从蒙马特到拉丁区的医学院要走2英里，他每天就来回走。

弗朗索瓦叔叔的工作是拆迁专家。在乔治·奥斯曼把巴黎拆得七零八落的日子里，他的工作还不错。但随着皇帝的城市规划即将完成，拆迁基本结束了，弗朗索瓦叔叔的日子"不大好过"。古斯被迫找另外的住所，"越来越找便宜的住所"，很快生活就成了问题。他几年之后写道，那时"贫穷得凄凉"。不过，当时他什么也没说，他"拒绝想事情糟糕的一面"。

"小学校"培训班的课程对他来说是一种快乐，上课的条件不好也不会让他精神沮丧。

我们在一个憋闷、拥挤、完全不通风的剧场上课，有两排学生，也许每排25人，呈半圆围在靠墙站着的模特周围。在画画的人后面有大约15个雕塑者，我回头钦佩地看着年轻有力的人们在几乎是令人窒息的空气中生活、工作和快乐着。

二

1867 年，辉煌的万国博览会就像之前承诺的那样，比世界上任何的盛会规模都大，让人眼花缭乱。一个巨大的椭圆形玻璃和钢铁建成的展览"宫殿"，还有 100 多座小一点的建筑占满了左岸的战神广场。有 5 万多个团体和个人参展，博览会的主题是"提高大众的物质和道德状况"。在 10 月 11 日，博览会的结束日，有 110 万人，涌过了耶拿桥，到了张灯结彩的凯道赛主入口。

人们来自于世界各地，拿破仑三世皇帝举行了盛宴，隆重招待俄国沙皇、普鲁士、巴伐利亚和葡萄牙国王、埃及的帕夏和戴着毡帽的土耳其苏丹。一夜一夜地举行晚会、宴会。在新装修的富丽堂皇的杜勒里宫举办盛大的舞会，可以见到普鲁士的首相奥托·冯·俾斯麦伯爵穿着白色的制服和大家一样纵情欢乐。在奥地利使馆，在彩灯鲜花摆成的山、洞穴和搭建的真水瀑布旁，从维也纳来的乐队奏起了施特劳斯的交响曲，客人们伴随着音乐翩翩起舞，跳起了华尔兹。施特劳斯也来到了巴黎，并亲自指挥了第一场《蓝色多瑙河》的表演，舞会一直持续到近拂晓时分。

为了给各种游客增添在城市中游览的乐趣，一排称为"飞蝇小舟"的观光汽船撒满了塞纳河河面。

令人尴尬的是，由于 3 月的天气不好，博览会的准备工作进展缓慢。等到 4 月 2 日正式开始的时候，有近一半的展品还没有开箱，人们把这戏称为"万国包装箱国际展览会"。不过到 5 月的时候，一切就绪，巴黎比任何时候都要耀眼。没人见过那么多彩旗飘扬，那么多灯光缤纷闪耀，那么多各式各样的人。

《纽约时报》报道说："在大宾馆里，餐厅都搭上床铺住人了。"夏季开始，人更多了。"美国人终于来了，登记册上填满了他们的名字，从波士顿到新奥尔良，一直到旧金山的人都来了。"在庞大的美国游客群之中，作家马克·吐温也来了。他来欧洲和圣地旅行，抽出时间来到了巴黎，入住卢浮宫旅馆。

塞缪尔·摩尔斯写道："巴黎现在是世界的中心。"摩尔斯现在已经78 岁了，带着他的夫人和 4 个孩子来了。（在美国，电报已经成为人们生活中不可或缺的东西，西联公司的电报线已经铺设了 5 万英里，每年发送电报 200 多万份，包括 1867 年从巴黎博览会最新发送的电报。）

新鲜的东西真不少，大大小小地陈列了一大片，有许多东西是人们几乎无法想象的——宏伟的火车机车、蒸汽机、一种叫做铝的轻如鸿毛的金属、德国制炮专家研制的大型攻城炮、拿破仑三世官方的乐器制造人阿尔多芬·萨克斯发明的一种新的铜号——萨克斯管。从人群的反应看，最受欢迎的美国进口货是汽水。费城的艺术学生托马斯·伊金斯给家人写信说，他排了比一个街区长的长队，等着喝一喝汽水。

马克·吐温和几个旅伴在巴黎没待几天就继续旅行了。后来他写出了令人捧腹的《傻子国外旅行记》，此书在他的有生之年都是他最畅销的书。他和他的伙伴以前没出过国，对他们来说旅行是"极其新鲜的"。他写道：巴黎"在我们面前闪耀着一颗光辉四射的流星"。不过他没怎么想到他们，他的幽默是以牺牲巴黎人为代价的。他常说，他不是反法国的美国人，但却是一个反巴黎的美国人。他还讨厌巴黎的导游，说他们"欺骗每一个第一次来巴黎的美国人，无论是单独来观光的还是几个和他一样没有经验的人一起来的"。

巴黎的妇女给他的印象也不好，"灰衣小女工"是最让人失望的，"我从她们的神态上看就知道她们满身都是葱蒜味……我现在为那些拉丁区漂泊不定的学生感到难过，其程度比我从前妒忌他们有过之而无不及"。他说第一次看著名的康康舞时，他用手捂住了脸，"从手指缝中看"。

其核心是尽量跳得狂野、高噪音和兴奋；如果是女人的话，尽量多暴露些，腿踢得高些……天啊！

对于因博览会而明显出现在城市的妓女，他没有说什么。不过他承认，他短暂的逗留结束时，他"遗憾地告别了这座美丽的城市"。

参展的当代绘画和雕塑的数量和重要性上都超过了以往的任何展会。尽管美国的艺术展区和法国的相比要小得多，但是也要比 1855 年博览会上宏大了不少，其中有些展品可以算得上是美国当时的代表作了。许多人围在两幅巨大的风景画前称奇。这两幅画都是以美国的景物为主题的，一幅是阿尔波特·比尔斯达特的《落基山脉》；还有一幅是佛莱德里克·丘奇的《尼亚加拉瀑布》，这是美国绘画唯一被授予银奖的作品。美国还有几幅作品是从北方人的视角反映内战主题的，有约翰·佛古森·威尔的《铸炮厂》，表现了西点军校附近的兵工厂；还有温斯洛·赫马的《前线战俘》，画的是三个邦联战俘被押到了北方将军面前的情形。

詹姆斯·麦克内尔·韦斯勒的《白人姑娘》是一幅真人大小的全身画像，画的是他的红头发的爱尔兰模特兼情妇乔安娜·西佛南，她穿着白色的衣服，靠在白色的背景上。这幅画在伦敦王家学院以前的展览中曾遭拒。因为这个年轻的女人头发纷乱，站在狼皮上，即使是在巴黎，人们也觉得画的诱惑性太重。

许多观光者觉得美国的艺术展品令人失望。法国批评家给予的两个刻薄的评价是"幼稚傲慢"和"稚气无知"。尽管有一个人认为："赫马先生还可以，公正地说，他被忽略了。"另一个人则看到了希望。

考虑到美国的美术一旦开端，其发展速度会很快，要向前看。向前！向前！

赫马1866年12月到达巴黎，1867年在巴黎待了近一年。他在8月份给一个朋友的信中说："我在努力，有很大的进步。"不过他不经常写信，也没有详细描述他的情况。他和一位法国艺术家弗莱德里克·荣德尔共用位于蒙马特的一个画室，并向他学习，还在瑟内拉维尔的艺术家聚集地画风景画。

赫马的一幅画叫做《画室》，好像是在巴黎的作品，亨利·詹姆斯说："里面有很多的巴黎味。"两位画家在坐着，用大提琴和小提琴演奏着室内乐，乐谱架在画架上，他们都留着胡子。那年在巴黎照的一张照片上，赫马也像拿破仑三世那样把他浓密的小胡子尖用蜡粘成了尖尖的形状。和其他美国学生一样，他也到了博览会上，但花了多长时间，不得而知。

遗憾的是，没有任何记录说明奥古斯塔斯·圣高登斯来博览会上看了什么，也许他的钱不够，只来过一两次。他的信念是"钱花得要值"。他肯定会看很多东西的，他确实也看到了一些对他终生有益的东西。那是一个小铜像，是法国雕塑家保罗·杜布瓦的作品《圣洗者约翰的童年》。古斯多年后写道："这对我来说是太异乎寻常了。"杜布瓦的作品和杜布瓦本人对他产生了"深刻"的影响。

巴黎的美国人太多了，他们自己很高兴，但却让其他国家的人不快，特别是英国人。旅馆经理、商店店主、职员、豪华的新百货商场的楼层经理，比如春天商场和撒玛利亚商场，都非常欢迎美国人。《纽约时报》的记者写道："他们花钱大方，不怎么砍价而且不做作。"

除了大批的美国游客之外，在巴黎居住的美国人也稳定增长，当时已经有4000多美国人在这个城市居住了。这个数字虽然远远低于英国和德国居民的人数，但和上一代人相比，已经是他们的四倍了。

内战期间，法国人对美国北方人的恶感很快就消失了。7月2日，消息传来，墨西哥的皇帝马克西米兰被叛军首领本尼图·胡亚雷斯派出的枪手队给处决了。拿破仑三世第一次从递过来的一个字条上看到这个噩耗时，他正在博览会上2万人面前颁奖。

显然，他在墨西哥的打算落空了，这也对巴黎人对那年夏天来的大批美国游客的态度产生了影响。《时报》的记者写道：

> 大多数有思想的人……都发自内心地高兴，皇帝的计划结束了，现在似乎通过诚心地对待北方人，有望修复南北战争期间产生的敌意和恶感。如此迅速地恢复了传统友好的感情，我们无疑在很大程度上要感谢博览会。

欧洲人惊叹于在南北战争期间北方整合起来的工业力量和战争以来

生产力的突飞猛进。用很快就要成为美国驻法大使的前伊利诺伊议员埃利胡·沃什波恩的话来说："美国通过成功地镇压了世界上最惊人的叛乱而震撼了整个欧洲。经过了历史上最大的一场战争，美国的地位提高到了世界的前列。"

生产力的空前提高也意味着大多数美国人空前的富裕。他们手头有了以前从未有过的那么多的钱，有什么地方是比巴黎更好的花钱之地呢？富裕的美国妇女现在可以每年都来巴黎一次，用沃斯品牌来充实她们的衣橱了。著名服装设计师查尔斯·佛莱德里克·沃斯是在法国的英国人，在巴黎的和平街 7 号开了自己的企业。他的名字在纽约和旧金山也是高品位的象征，不比在巴黎和伦敦名气小。如果沃斯还不够的话，还有其他高端的制衣商，像博堡福和费利克斯。

一位年轻的美国土木工程师华盛顿·罗伯林写道，带一个女士来巴黎，花费是两个男士的数。他和妻子艾米莉来欧洲收集技术信息，准备建造美国最大的、连接布鲁克林和纽约的大桥。在巴黎，他们的钱花得很快，不得不比计划提前离开。

美国的另一位名人、波士顿的亨利·亚当斯只想尽快离开巴黎，但让他和夫人克拉沃烦恼的是，他们被耽搁了好几天，"等着女士服装和女帽销售商的账单"。很讲究的亚当斯夫妇说，巴黎的东西贵得"吓人"，而且到处是人。他从未想象到这个城市有"一群群的德国、英国、意大利、西班牙和美国下层社会的人，他们盯着人看，发呆而且散发着气味，挤满了每一家商店和每一条大街。在他们中间我看不到一个看上去还算体面的人……"

平均每个月都有 100 个在巴黎的美国人向美国大使申请，想要被引荐到宫廷去。几乎所有人都觉得有必要这样做，这是最时髦的事情了。托马斯·埃文斯医生经常给皇帝提供"拿得出手的"美国人的名单，让皇帝会见他们，或请他们参加在杜勒里宫的舞会，或在圣克卢宫、枫丹白露及贡比涅举行的节日庆祝活动。

还有一位像埃文斯一样经常，出现在王家客人的名单上的美国人是莉丽·格林纳夫·穆尔顿。她是富有的美国人叫查尔斯·穆尔顿的夫人。她二十几岁，歌喉甜美，长相漂亮，赢得了皇帝和皇后的喜爱。她的日记中除了描述宫廷的鲜花、钻石王冠、耀眼的制服和其他的奢侈之外，还记述了为去皇帝的贡比涅宫住一周所做的准备。

> 我得带 20 件左右的衣服，8 件白天的衣服（算上旅行的服装），绿色的打猎服，我被告知这是绝对必需的。还有 7 套跳舞的服装，5 套喝茶的礼服……
>
> 一个职业的打包工来给我打包，我有 7 件行李，查（尔斯）有两件，女佣和男仆每人一件，加起来有相当多的一大堆行李。

他们是坐着标有"王家"字样的专列去的。

巴黎的金融界越来越多地谈论北美正在建造的横跨大陆的大铁路及其对世界贸易的影响，特别是再加上可以通行大船的新的苏伊士运河的开挖。法国投资了苏伊士运河，并由法国的外交官费尔南德·德·雷赛来主持工程。未来从来没有像现在这样充满着希望。

费城的医生斐兹威廉·萨金写道："巴黎到处飘扬着美国国旗，似乎我的同胞在这里很受欢迎。"他来巴黎有几年了，本来是学医的，而现在带着妻子和孩子常住在欧洲。

"可以看到林肯的画像常常和其他名人画像一起挂在商店的橱窗里。总之，美国的地位在上升……"萨金医生 12 岁的儿子约翰尼也令他骄傲，"他素描画得很好，有不错的眼力。"

三

奥古斯塔斯·圣高登斯在等待了 9 个月之后，终于等来了正式的录取通知书。他被美术学院录取了。他立刻报名参加弗朗索瓦·儒弗鲁瓦的工作室。而像托马斯·伊金斯那样的美术学院学画画的学生，都愿意找让·列昂·热罗姆这样经典风格的大师来指导，因为他特别强调人体素描。对于学习雕塑的学生来说，儒弗鲁瓦的工作室，用圣高登斯的话来说，就是"响当当的"。

儒弗鲁瓦 62 岁，是一个面包师的儿子。古斯记得他身材瘦高，脸膛偏黑，"有一双睿智的小眼睛，在点评学生作品时，他说话语调低沉，鼻音很重，习惯性地把目光从模特或学生的作品上移开"。

儒弗鲁瓦说古斯还没有表现出自己的才华。儒弗鲁瓦的评价并没有让他泄气，他对自己的才华毫不怀疑。几年之后他承认，这就是年轻的虚荣。后来他才有了怀疑。

他进了班之后，有一个学生的聚会，有人让他唱《马赛曲》，这在第二帝国时期是禁止在公共场合唱的。他像在纽约的家里和朋友们一起那样用英语唱了起来。他的表演赢得了热烈的掌声。他们让他再唱，赞美他的声音，告诉他说他的声音很美，他相信了。那天和第二天，他唱了许多遍，结果意识到他们是在拿他开心。

"很快我就被他们完全接纳了，没人再取笑我，而我成了学生中最能吵

258

嚷的。"他喜欢交朋友，交了几个终生的朋友。他的朋友多数都是来自法国南部的，说话的口音和他的一样。他从父亲那里学的法语就是这种口音。

后来回忆起来，古斯他没有什么"恋爱之类的事情"。他在纽约喜欢的一个女孩写信问他，是否还要和她"相伴"，他没有回信。他究竟是有多童贞，不得而知，他总是对自己认为的私事非常谨慎。不过后来朋友和同事都说他喜欢女人。

他下午去做雕塑的工作勉强够生活费。很久之后，他和朋友们走过拉丁区狭窄的后街，他总是指着那些破旧不堪的小饭店说，他学生时代为了生存，吃的是非常不堪的食物。不过，他的雄心"猛涨"，他后来说生活虽然"极其简朴"，但他有一种"斯巴达般的高傲"。

一位叫阿尔弗雷德·加尼埃的好朋友说，他"有那么强的品质，这种品质让人注定成功"。不过他还是"最快乐的人"。为了锻炼，古斯、加尼埃和其他人经常去体育馆。（古斯"酷爱摔跤"。）假日的远足，他们有时能走30英里，古斯来定快慢。有一次进行这样的探险，他们出发去诺曼底海滨的圣瓦莱里昂戈。加尼埃记得："我们刚到海滨还不到五分钟就下水了，尽管浪很大，古斯是一个一见到水就非要下去不可的人……"还有一次在瑞士的长途跋涉，当他们爬上教堂的尖顶时，没有人像古斯那样对景色有那么高的热情，"没有人的钱像他花得那么值，他觉得一切都那么迷人，一切都那么美丽！"

一年多的时间里，古斯都是儒弗鲁瓦学生中唯一的美国人，直到1869年奥林·沃纳加入到这个班级。沃纳比古斯大4岁，来自佛蒙特，以前是电报操作员。在给"家里亲爱的人们"的一封信中，他以非常简洁的语言表达了各种各样美国学生的共同情感。

巴黎是我见过的最辉煌之地……

葡萄酒比牛奶还便宜……

没有什么地方比这里更适宜学习……

我口袋里身无分文……

越往前走感到越吃力

不过成功的愿望让我一直坚持下去……

在儒弗鲁瓦的工作室里，古斯可以说是最有定力的，同时也是最能喧闹的学生，"以震耳欲聋的声音唱歌、吹口哨"。他兴致勃勃地回忆起，他是如何"嚎"出贝多芬舒缓的第七交响曲，或莫扎特《堂乔瓦尼》中的小夜曲。尽管在朋友面前他非常活跃，但在不认识的人面前他则特别羞涩。他对于穿着、时尚一点儿也不关心，对任何的矫揉造作都十分讨厌，一生如此。

三年来日复一日地画模特和素描，让他取得了明显的进步。儒弗鲁瓦虽然不是最好的雕塑家，却是一个非常好的教师。他的工作室是法国雕塑新运动的核心，这个新运动是从意大利的文艺复兴得来的灵感。从这个方面说，古斯来巴黎学习赶的正是好时候。

就是在巴黎学习的时候，他对工作得出了一些结论，这后来成为他的指导原则。在后来指导自己的学生时，他总是反复强调。

孕育一个想法，然后抓住不放。只有不懈坚持的人才能有所成就。

你做什么都不要紧，重要的是做事的方法。

一有好事，尽快实施，绝不拖延。

1869 年，苏伊士运河带着其光环开通了，把地中海和红海连接了起来。皇后欧也妮出席了庆祝仪式。她站在王家游艇的甲板上，戴着大草帽，挥舞着白手帕。她记得："这是真正埃及的天空，光线迷人，像梦幻一样绚烂……"运河的建成是一个胜利，它给法国带来了荣誉，其建造者费尔南德成了欧洲当政者的英雄。运河建成的时机绝佳，初夏，美国的跨大陆铁路完工。就像法国流行小说家儒勒·凡尔纳所假设的那样，现在从理论上说完全有可能仅用 80 天就环游地球了。在法国有几千人投资了雷赛的工程，他们大赚了一笔。

同时，第二帝国首都的恢宏建设还在继续，博览会来了又去了，但巴黎的展示从未结束。灯火辉煌，最新的、最时尚的商品陈列在各种商店和百货商场的柜台里，充满了诱惑。古诺和奥芬巴赫的音乐、康康舞、新开的"疯狂的牧羊女"音乐厅、通宵营业的饭店；白天可以看见戴着高帽和无边帽的贵族，男男女女在公园里斑驳陆离的阳光和林荫间徜徉；富足的美国人也不断流入巴黎。

1869 年，在显赫的美国富足家族中，有两个家庭特别引人瞩目，都主要是因为他们的孩子：西奥多·罗斯福，他们家的大儿子小西奥多或叫做"梯迪"身体虚弱，患有哮喘病，11 岁；乔治·佛莱德里克·乔尼斯（据说他的生活方式催生了"跟上乔尼斯"这种说法）有一个勤学的红发女儿伊迪丝，也就是未来的伊迪丝·沃顿，在巴黎居住了两年，伊迪丝 11 岁的时候在巴黎画了她的第一幅肖像。

不过，这一切都离想成为雕塑家的贫穷的年轻纽约朋友甚远，古斯太穷了。出于自尊，他对一切的"普通娱乐"活动都抱着一种"深深的嘲讽态度"。他喜爱歌剧，一旦雕刻品的销售略有增加时，就犒劳自己，

261

去看歌剧。

1870 年 7 月 15 日夜，古斯和几个朋友在看歌剧。消息传来，法国和普鲁士宣战了，这是每个巴黎人都忘不了的一个夜晚。

达尼埃尔·弗朗索瓦·奥柏的《波尔蒂奇的哑女》接近尾声，一个指挥——玛丽·赛丝夫人，拿着一面三色旗走上舞台，让观众们和他们一起唱《马赛曲》。阿尔弗雷德·加尼埃记得："大家都疯狂了。"

观众们冲到意大利人林荫大道上，人群高呼："冲向柏林！"对古斯和加尼埃来说，这完全是发疯了。他们发现自己正用拳头砸那些喊得最响亮的人。

在古斯看来，帝国已经"失去理智"并且"腐化"。他和朋友们都是激进的共和派人，把战争看成是皇帝的事情。没有什么比唱《马赛曲》更无厘头的了。《马赛曲》是法国革命的歌曲，和拿破仑一点儿关系也没有，现在居然成了皇帝的战歌！

从那天起疯狂升级了，巴黎到处响起《马赛曲》，人群走上街头高喊着支持战争，政府控制的报纸毫无例外地叫嚣着战争。

美国驻法大使埃利胡·沃什波恩在给总统尤利西斯·S. 格兰特的一封电报中写道："一切都停滞了，普通人惊呆了，但人群疯狂地激动着，事态的发展让人眼花缭乱。"法国的国防大臣向人们保证说，和普鲁士的任何战争都似"闲庭信步，手杖在掌中"。

皇帝病了，突然衰老了。他私下里反对这场战争。他知道法国没有做好战争准备，1867 年奥托·冯·俾斯麦访问巴黎时也得出了同样的结论。事实上，德国有 40 万训练有素、装备齐整的部队，而法国只有 25 万军队，而且装备很差。战争的缘由很荒唐，就是西班牙王权的继承问题。但人们似乎并不关心这些，皇帝被身边的人裹挟着，这些人的狂妄让他们失去了理智。

7月28日，皇帝脸色苍白，面带倦容，身着整齐的将军服，坐私人专列从圣克卢出发去了前线。他看上去没有一点儿信心，膀胱结石让他疼痛难当，不能骑马。他以前从未当过将军，连上校也没当过，现在让他指挥军队。到达前线梅斯的时候，他向皇后欧也妮报告说一切都没准备好，"我感觉我们已经败了"。

8月的前几周，法国经历了一连串可耻的失败，维森堡、福尔巴巴和沃埃斯。一位和德国军队在一起的美国观察员菲利普·谢里丹将军说，德国步兵团是"我见过的最优秀的"。克虏伯大炮的射程是法国炮火的二倍。

消息传到巴黎，效果是毁灭性的，许多人不相信。美国大使沃什波恩写道："没在巴黎的人想象不到前线传来的惊人消息给人们造成了什么样的感觉。"

美国驻法新闻记者通过电报发回的消息，也让美国人对这场战争产生了很大的兴趣。战争开始没几天，纽约、波士顿、辛辛那提的报纸就刊登了战场的现场报导。为了让《辛辛那提商报》的一位记者能够跟随法国军队采访，沃什波恩发行了特别护照，"上面盖满了大印"。

9月2日，传来了法国最终全面战败的消息，这是在一个小的边界要塞色当。在那里拿破仑三世尽管疼痛难忍，还是坚持骑马到了战场上，好像宁愿被杀死也不愿意面对即将到来的耻辱。

色当之战是法国历史上最突然的、灾难性的失败，皇帝的104000名士兵投降，皇帝本人也被俘。

9月3日下午晚些时候，巴黎知道了所发生的事情，第二帝国立即崩溃了。这距7月那天晚上刚宣战时，情绪激昂的人群冲上街头高喊

"冲向柏林!",只有7个星期。

9月4日是一个阳光明媚的星期天。在灾难到来之际,人们预测德国军队很快就会行进在巴黎的大街上。这时新任的内政部长,精力旺盛的雷翁·甘必大爬上了市政府大厦的一扇开着巨大窗户的窗台,对着下面的人群宣布,第三共和国诞生了。

"路易·拿破仑·波拿巴及其王朝不再统治法国了。"他喊道。突然间,这一天成了欢庆的日子。对于埃利胡·沃什波恩来说,他和任何在巴黎的"外国人"的心情一样。他私下里写道:"我看到这个可悲的王朝的倒台和共和国的建立,喜悦之情无法用言语来表达。"

"一个小丑及其帝国就像气球上扎了一针一样,一下子就消失了。"一位美国医学生玛丽·普特南怀着同样喜悦的心情写道。

> 法国,至少是巴黎,没有惊慌,而是欢欣鼓舞,像庆祝节日一样。人们给斯特拉斯堡的雕像戴上了花冠,到协和广场、里沃利大街游行,到了市政厅大厦前,像在欢迎凯旋之师一样。他们忘了普鲁士,甚至忘了皇帝,只是在兴奋地狂喊:"共和国万岁!人民万岁!我们有共和国了!"

奥古斯塔斯·圣高登斯对巴黎所发生的一切一无所知。他在那个星期天的早晨坐火车离开了巴黎,去里摩日,去看他的弟弟安德鲁。安德鲁在一个陶瓷厂找到了工作。他觉得需要离开一下,思考一下该做什么了。

就在宣布共和国成立的那天下午,杜勒里宫外的喧嚣越来越大,也越来越吓人。皇后欧也妮决定是该试着逃跑的时候了。她从未相信过,这种事情会落到她头上，会像路易·菲利普国王和玛丽·阿玫丽王后一样耻辱地离去。几天来，她看上去面色苍白、憔悴，但勇敢地坚持着。别人劝她在能走的时候离开。现在佣人们跑了，把制服丢在了门外的路上。

"我听从命运。"她最后平静地说，把一切都丢在了身后——钱、首饰。她是通过宫殿和卢浮宫相连的屋子走的，只有奥地利和意大利的大使以及几个忠实的随从跟着她，事先没有什么安排，也没有化妆。她离开时穿着那身穿了好几天的简单的黑色羊绒衣，加了一块深色披肩和一顶带面纱的黑色女帽。

她匆忙地沿着卢浮宫的大画廊，穿过方厅，进入到七壁炉大厅，在那里她一下子看到了热里柯的《美杜莎之筏》。她后来说，这幅画是个凶兆，也是她在卢浮宫看到的最后一件东西了。

一旦出去，到了里沃利大街，她和一个宫廷侍妇阿得莱德·夏洛特·勒波莱顿夫人上了一辆普通的出租马车，顺着香榭丽舍大道很快来到了皇后大道，想看看埃文斯医生能否帮忙。

他们大约 5 点钟到的，发现埃文斯不在家。一个小时左右，埃文斯回来了，跟着一个多年的美国同事，爱德华·克瑞恩医生。他被告知有两个不认识的女士，非常"焦急"地在书房等着见他。

近 20 年了，托马斯·埃文斯在巴黎无论是职业上还是社会上都很成功。他来法国时谁都不认识，也不会说法语，没有什么积蓄。而现在住的是皇后大道，根据 1867 年的《巴黎指南》，那里"到处是微笑，人们穿着完美……典雅，是华丽之所"。他和妻子安格尼丝住的房子，被人们称为"美丽玫瑰"。除了书房之外，还有白色和金色的舞厅，带有大大的磨砂玻璃窗，宏大的比利牛斯大理石铺成的台阶由新歌剧院的建筑师夏尔·加尼埃设计，有宽阔的院落、喷泉、能放 20 匹马的马厩。埃文斯认识在巴黎的所有有点名气和有点财产的美国人，还和大使沃什波恩相识。大使就住在这条街的前面。他和安格尼丝过着豪华的生活，习惯到最时尚的海滨去度假。安格尼丝现在正在诺曼底海滨的多维尔度假。

埃文斯英俊、风度翩翩，就是生活有点过于优越，在职业上有着最高的荣誉，包括法国荣誉勋章。对于牙医来说，这样的荣誉在美国和法国都是不可想象的。在巴黎，他刚来的时候发现，那些治疗牙病的医生的地位和理发师一样。医生们看不起牙医，觉得他们的职业和医疗职业无法相比。有钱的病人请牙医，牙医得从后门走，像小商贩一样。

尽管适应了巴黎的生活，埃文斯从来没有放弃他对自己国家的忠诚。最为明显的是，在内战期间，他公开支持北方，一有机会就游说皇帝，尽管他的病人中有很多南方的同情者，更别说皇帝本人了。

另外，法国进入战争的那年夏天，埃文斯领导了医疗急救的准备工作。他立即成立了叫做美国国际卫生委员会的组织，由他和在巴黎的几个美国朋友出资。他们在"美丽玫瑰"对面一条街的开阔地上搭起了账篷，准备建立战地医院或"急救所"。他在那里插上了美国国旗。埃文斯和他的朋友克里恩在那里准备了牛肉罐头、饼干、蜡烛、麻药、床上用品和衣服。将要照顾的伤者和病人会超过巴黎医院的承受能力，那么给养充足、设备完善的露天医疗所要比空气污浊的教堂和公共大楼好。如果是真正关心紧急情况的人，都会欣赏埃文斯医生所做的一切的。

埃文斯一进入到书房看到等他的人是谁时，马上就明白了她们希望他做什么。他毫不犹豫地伸出了援助之手，尽管一旦事情败露，他会冒很大风险，这些不用说她们也都明白。他后来写道："我们对要做的事情的风险是很清楚的，要成功需要极其准确的判断力。"

她们同意在这里待到第二天早晨再离开。皇后几天来都没怎么睡，埃文斯亲自在妻子的房间里给她铺了床，他不敢相信佣人。

5点钟，他们在天亮前上路了，都穿着昨天晚上的衣服。他们一共四个人，埃文斯、克里恩、皇后和她的侍妇。他们坐着埃文斯个人的封闭的马车，由一个信得过的车夫赶着，径直向多维尔赶去。在检查点由埃文斯说话，换了一次马，一路顺利，没人认出皇后来，在多维尔也没有人认出来。

埃文斯让一个英国游艇驾驶员约翰·布格英先生和他的妻子把皇后带过海峡，去到英国的收容所。布格英夫人回答说："好，可以。"

经过了非常艰难的横渡海峡，皇后安全地到达了彼岸。

在巴黎，无人知晓这一切，只有传言。最普遍的说法是皇后设法跑到比利时去了。就在她和埃文斯逃出巴黎，也就是9月5日这一天，维克多·雨果经过了多年的流亡，返回了巴黎，引发了人们的欢呼。

奥古斯塔斯·圣高登斯到了里摩日后才知道新共和国的事情。"我全身心支持法国的事业。"他宣称，接着坐下一趟能赶上的车回巴黎。

在火车上，他周围都是为了前线的丈夫和儿子哭泣的妇女。在巴黎，他看到了来自于布列塔尼的志愿者，他们没穿制服，只穿着白衬衣。和他们一起的"乱哄哄、尘土飞扬的"是羊群和牲口，都赶往植物园，为即将到来的围城做准备。他在给一个在康涅狄格的美国人的信中写道："在我看来他们都是无辜的人，现在却走向死亡。"这个美国人名叫艾尔米拉·威托尔赛，她在巴黎时曾订过他的雕塑。从信的长度和坦率度上来看，她是他很信任的人。"我控制不住自己的情感，吻了几个从我前面走过的可怜的人。我相信，他们现在大多数人已经死了，成为几个恶棍的野心的牺牲者。"

他接到了他母亲的来信，信有 8 页长，"非常伤心"，请求他远离法国的政治，不管花什么代价，赶快回家。他从未觉得情绪如此低落，感觉到了他天性中的"抑郁的低音"。他本可以全身心地投入到法国的事业中，但他不是法国人，而是美国人。

那年初夏，巴黎大约有 13000 名美国人，大部分是游客。自从 7 月宣战以来，有几千人离开了。在巴黎 4500 人以上的聚集点消失了，别的美国艺术家和艺术学生已经走了。托马斯·埃文斯 7 月份离开了，另外一个费城人玛丽·卡塞特也离开了。古斯在巴黎的亲戚都让他走，甚至他的弟弟安德鲁也打算离开。到 9 月份，似乎每一个有美国护照的人，如有可能都走了。一位去送家人的美国人记录，火车站拥挤得"可怕"。古斯知道，去往勒阿弗尔和法国南部的火车挤到了极限。

他的法国朋友要去战斗，阿尔弗雷德毫不犹豫地应征入伍。奥林·沃纳虽然是美国人，也签名要在法国朋友的队伍里服役，作为正规军的后备队。

古斯又回到了里摩日，悲伤地给加尼埃写信："我觉得你肯定认为我是一个懦夫，我不怪你。"

如果他的父母在法国的话，情况就不一样了，他会毫不犹豫地应征入伍。"但是他们年纪大了，他们爱我。他们一生都在劳作，一直穷困，他们还在劳作，他们如果现在失去了我，会怎么样？"

他下定决心，要坚持追求他来时的目标，继续努力当一个雕塑家。他在创作上还没有达到可以回家的水平。如果不能继续在巴黎学习，他就去另外的地方。现在，他要去罗马。

第三部分

Part 3

第九章　围城

我有我的责任，所以我得坚守岗位。

——埃利胡·沃什波恩

一

美国驻法大使埃利胡·沃什波恩从他在皇后大道布洛涅森林入口处住所大厅的窗户看去，只见他的前门附近新架起了两门巨大的加农炮。远处阳光正在消失的地方，士兵们正在做晚饭。他在日记中写道，这是一个晴朗宜人的傍晚，一切都是那么安静，只有远处偶尔传来炮声。

> 在大街上没有车辆经过，在喧嚣了数年的这条交通大动脉上，看不到了王公贵族，也没有了富裕、时尚和浮华，看不到了巴黎的堕落……只有死一般的沉寂。

他想："世界上有人见过在如此短的时间里发生这么大的变化吗？对我来说就像做梦一般。"

巴黎变成了一个兵营。到处是士兵，从凯旋门周围沿香榭丽舍大街一线驻扎。他被告知，有30多万人。戴着红色的军帽、穿着红色裤子的正规军，预备役的机动保安队和国民自卫军，还有穿蓝色制服的"民军"，手里拿着能找到的各式各样的武器。街上到处都是账篷、行李车、马匹和草料。杜勒里公园成了大炮公园；布洛涅森林成了牧场，里面有10万只羊、8万头牛。

前一天，也就是星期天，德国人切断了所有进城的路。1870年9月19日，星期一，下午1点钟，最后一趟火车离开了巴黎。德国人就在门口，近200万人，平民和士兵陷入了包围。

沃什波恩写道："似乎很奇怪，我们是在这个世界上，同时又和这个世界断绝了联系。"

他已经习惯和华盛顿经常进行可以说是即时的联系。在两周前新共和国成立的时候，他报告了形势发展之后又发出了一封电报。华盛顿立即回电，指示毫不拖延地承认新政府。这和理查德·鲁什在1848年所经历的情况完全不同了。而现在电报线被切断了。

另外一个国家怎么会来故意伤害巴黎呢？这里是"光明和文明"之都，这让大多数巴黎人无法想象。维克多·雨果给德国人写了广为流传的呼吁书："在巴黎可以感知欧洲的心跳，巴黎是城市中的城市。人类有过雅典，有过罗马，现在拥有的是巴黎……"雨果宣称巴黎是不会屈服于武力的："如果逼急了，巴黎是有全法国的支持的，可以战斗，也决心战斗；你们的这次行动已经引起了全世界的反感，你们将一无所获。"

到那年夏天、战争爆发之前，沃什波恩一家非常喜欢他们在巴黎的生活。他们给孩子们找了法国女教师，还有高级厨师——弗朗西斯夫人和她的丈夫给她做助手，有女仆和保姆，一位法语家教除星期天之外的每天早晨都来教孩子们法语。孩子们在房子周围跑来跑去，这里更像一个家庭，而不像办公场所。

巴黎的美国人聚居区相对不大，沃什波恩很快就和许多人熟识了。他们来这里咨询和提建议，参加招待会。甚至还有人来这里结婚，让美国大使主持婚礼。女儿玛丽还记得他父亲的一秘——维克汉姆·霍夫曼上校说，如果新娘漂亮的话，大使就吻新娘；否则的话，就轮到他吻新娘了。

和沃什波恩在华盛顿的生活以及内战期间做议员的生活相比，在巴黎的工作最"惬意"。他的夫人阿黛乐是他很好的助手。他说的法语就够好了，但和夫人比，他就是"磕磕巴巴"。他自豪地给伊利诺伊的一个朋友写信说："她的机敏、优雅、热忱和自然赢得了很多朋友。"

这年夏初的时候，他甚至都闲暇到了可以坐下来让乔治·希利给他画像了。希利是短期回巴黎来，并给沃什波恩的弟弟堪德沃拉德画了一幅像。希利告诉他，他们哥俩有很多相似之处，如果配合的话，就是帮了自己一个大忙。沃什波恩很乐意配合。这样闲暇的日子现在恍如隔世了。

为了安全起见，他已经送走了阿黛乐和三个小孩子——苏西、玛丽和两岁的小埃利胡。他们的三个大孩子，海姆斯戴德在美国上学，威廉在英国上学，只有21岁的老大格雷蒂奥特留在了父亲身边。

隔壁现在已经住上了军队，这条街其他的房子都在由佣人看管。沃什波恩的朋友埃文斯医生帮皇后成功出逃之后，现在还在英国。用沃什波恩的话来说，其他的邻居们都"仓皇溜走了"。

主要国家的大使只有他选择留了下来，还有比利时、丹麦、荷兰、瑞典和瑞士的外交代表。沃什波恩在私人日记里写道，其他人都"跑了"。（英国外交官理查德·比克顿·彭内尔·雷翁斯勋爵在解释他离开的原因时写道："我认为无论什么理由，让自己陷在巴黎是不适宜的……"）

沃什波恩觉得无论发生什么，留下来为那些还留在巴黎的同胞尽可能地做些事情是他的职责。几乎所有人都想走，但有人由于有生意要照料，或有其他的事情，失去了走的机会。查尔斯·梅伊和另一个名叫威廉·瑞纳德的美国人是来明顿武器装备公司的销售员，他们就是等待的时间过长了；有几个像医学生玛丽·普特南那样的，是选择自愿留下来的；还有一个是纳山·塞帕德，芝加哥大学现代英国文学讲师，他留下来是作为《辛辛那提观察》的战地记者的；还有一些像穆尔顿老先生那样的银行家，他们早已经把巴黎当作自己的家，不愿离开。

现在，在这个问题上的选择已经不再由个人的好恶来决定了，沃什波恩更没有什么选择。"无论我多么想离开，都觉得利用我外交官的有利条件离开，而让我的同胞们在这里无人理睬，是一种懦夫的行为。"

除此之外，他刚成功地完成了一项他一生中了不起的工作。虽然精疲力尽，他却从中学到了很多东西，而且在国内和欧洲赢得了无限的尊重。

在围城前几周的恐慌和混乱中，沃什波恩不仅仅负责几千个美国人安全迅速的撤离，而且还负责约 3 万德国人的撤离。这些德国人被勒令离开，很多德国人被当作间谍抓了起来，有人被关入了监狱，有人被枪毙了。

有些在巴黎的德国人有长期建立起来的事业和财产，但大多数是受雇于人的做工者，有洗衣工、清洁工、垃圾清运工，他们没受过什么教育，有很多孩子。作为一个留下来的中立国的代表，沃什波恩发现法国和普鲁士政府都来找自己，要保证在很紧的时间里让这些德国人安全离开。

一秘霍夫曼上校写道："雇主解雇了他们的（德国）员工，有人想收留他们也不敢。"

> 他们在思想和身体上的痛苦都是很大的，应当想到，他们中许多人已经在巴黎定居多年了。他们在那里结婚生子……我们听过许多……西班牙驱逐摩尔人；法国驱逐胡格诺教徒；我们的同情心被深深地拨动了……我觉得驱逐德国人为什么不能像驱逐那些人那么做呢……

沃什波恩和使馆工作人员签署安全通行证，并安排专列每天晚上从北站出发，运送这些人。沃什波恩每天工作 12～18 个小时。他是如此努力，其他人员也觉得有责任跟上他的工作节奏。据一名叫做弗兰克·摩尔的助理秘书写道，他一旦决定了，没有什么可以"把他拉回来"的。

美国使馆在香榭丽舍附近夏约街 95 号一所七层楼里的一处寒酸的公寓里，有两段弯弯曲曲的楼梯。从沃什波恩的住所到使馆有近 2 英里的距离，要沿皇后大道到凯旋门，然后走香榭丽舍大街，从出门到进门得走约半个小时。

他的办公室不起眼，中等大小，有一张办公桌，几把椅子，一个黑色大理石壁炉台，上面放了一个钟，也是用这种深色的材料做成，有一块深绿色的地毯，经过了多年的使用都发黑了，这更增加了整体上阴郁的气氛。

每天早晨在使馆前门等待的人非常多，挤满了弯弯曲曲的楼梯，需要六个警察来维持秩序。日复一日，每天都有 500～1000 人等待着，许多是老人，很明显没有条件旅行，有些人没钱，有各个阶段的孕妇。有一天，就在门口外面的长椅上一个小孩出生了。

9 月 2 日，沃什波恩给夫人阿黛乐的信中说："看到悲凉、受难和苦恼的情形，我很郁闷伤心。"

> 昨天下午，一位可怜的妇女带着三个孩子来到了使馆，怀里抱了一个婴儿，有一个约三岁，最大的五岁。前一天晚上正要离开时，她的丈夫被抓了，说是……间谍，被关进了监狱。她身无分文，留在了火车站……她在那里待了一整晚，昨天带着孩子来了使馆。她心碎地哭着，两个小孩跟着哭，只有婴儿对此一无所知。我立即给了她路费和买食物的钱，并派人去查看她丈夫的情况……
>
> 昨天晚上要走的人太多了，我亲自去了车站。至少有两人，我们给他们发放了通行证，让他们可以买车票，人群拥挤……拉拽……呼喊，谩骂，你从未听过。铁路无法把他们都拉走，他们毁坏了铁轨，其中有一个人差点挤死。我直到半夜才离开。

等到城市被封锁起来的时候，并不是所有的德国人都离开了。不过，由于法国官员和铁路方面的努力，更主要还是因为美国大使无私的工作。大多数德国人，有两万多人已经安全地离开了。维克汉姆·霍夫曼写道："我们的大使用尽了一切的精力和善心来帮助这些可怜的人离开，以减轻他们的痛苦。"

"我可以说，没有人可以把这份艰难的工作做得更好……"

> 如果他一直从事外交工作，就有可能会犹豫，查找原来的

先例，而这些根本没有先例，这样就会耽误宝贵的机会……还好大使是新人，他不纠缠于细节，在紧急时刻表现了无所畏惧的作风。

那年9月，埃利胡·沃什波恩54岁。他是个了不起的人，精力充沛地在国会工作了16年。在总统尤利西斯·S.格兰特任命他出任驻法大使时，有些人认为他不是合适的人选，他不适合担任任何外交工作，更别说是到巴黎这么重要的外交岗位了。

他在缅因州的一个农场长大，早年在伊利诺伊一个偏僻的煤矿小镇加利纳镇从事法律和政治事务。从外表和风度上看，他很普通，远没有外交官的风度。他身高5英尺10英寸半，穿着朴素，身着深蓝和黑色平绒衣服。当时男人都喜欢留各式各样的胡子，而他却很不时髦地把胡子刮得干干净净。一头铁灰色的头发，后面留得很长，盖住了衣领。他前额很高，眉毛浓密，最突出的是一双大大的蓝灰色眼睛，目光深邃。他说起话来热情洋溢，声音浑厚，让人感觉明白无误。

他以前没有外交工作经验，尽管他在国会很有影响，但从未担任过任何涉外委员会的工作，也没有表现出对这类工作的兴趣。他处事缺少圆滑，被认为是担任这一新工作的重大缺陷。在他被委任时，《民族报》的一篇评论被许多人接受："他作为驻法大使，也许有些资格，但这些资格是什么，很难说。"

《纽约世界》曾把他称为"目光狭隘的人"，说他从不会有什么创意性的设想，在任何情况下也没有过有影响的独特行动。更尖锐的指责来自于林肯总统的海军大臣吉登·威赖斯，他觉得沃什波恩"粗俗，没有教养"，没有"远大目光"，"他可能很合适代表委任他的人（格兰特），但对国家没有什么益处"。

沃什波恩在回忆录中写道:"我家非常非常穷。"他的父亲叫伊斯雷尔·本杰明·沃什波恩,母亲叫玛莎,有 11 个孩子,7 个男孩,4 个女孩,其中一个男婴就夭折了。他在兄弟姐妹中排行第三。1816 年 9 月 23 日,他出生在缅因州安德罗斯考金县一个叫做利沃摩尔的村庄。这个村庄地处一个多风的山区的十字路口。他父亲是从马萨诸塞迁移到北面来的,买了 60 英亩的农田和附近的一个小商店。这所复斜屋顶的房子面对着新罕布什尔州的西山界,在晴朗的日子可以看到远处 50 多英里之外的华盛顿山。

伊斯雷尔·沃什波恩喜欢站在商店的柜台后谈论政治,并慷慨地给人们赊账,很远地方的人都来这里买东西。1829 年,商店倒闭,法官派来了几辆牛车,把商店里的货物拉走了。

一家人依靠着土地,挣扎地活着,种植土豆、玉米、苹果、小麦和燕麦。那确实是很艰难的生活。缅因州被称为"对于燕麦来说是个鬼地方",多石的贫瘠土地"不愿"产出任何东西。据说,沃什波恩家的孩子从来不知什么是艰难,因为他们对奢侈一无所知;他们都有对付艰难劳动的能力,因为他们从来不知道劳动还有不艰难的。其实,他们永远也忘不了父母为他们树立的克服艰难的榜样。特别是他们的母亲玛莎,在面对逆境时的勇气和对家庭未来的雄心都影响着孩子们。从几个孩子后来的事业上看,她一定是起了很大的作用。

玛莎出生于利沃摩尔。她的父亲是她的骄傲,他参加了整个的美国独立战争,从莱克星顿到约克镇。她没有受过多少教育,担心自己朴素的乡下作风会让孩子们尴尬。据埃利胡·沃什波恩说,她的头脑"灵

278

活",是报纸的热心读者（报纸由骑马的邮差每周送来），她也像她的丈夫那样对公共的事情很感兴趣。她为自己的孩子们骄傲，对他们在生活上的发展抱有无限的希望。她在埃利胡去了西部之后，给他写信说："年轻时打下的基础会影响人的一辈子。"他一定记得母亲的话："如果一个人连话都说不好，那他什么也干不成。"埃利胡回忆：

> 我想到她的操劳、担忧和谨慎，她对我们提出的有用又明智的建议，还有她对我们愿望的关注，都让我的心里充满了感激，这些都无法用语言来表达。

玛莎的四个儿子都是国会议员，从不同的州选举的——缅因、伊利诺伊、威斯康星和明尼苏达，有的还被连续地选举。曾有一段时间，三兄弟——伊斯雷尔、埃利胡和堪德沃拉德，同时进入了众议院。这在美国历史上也是绝无仅有的。伊斯雷尔是老大，后来当了缅因州的州长。堪德沃拉德比埃利胡年龄上小一点儿，是家里第一个去西部的，他在银行、铁路，特别是面粉业上发了财。他是通用面粉公司的创始人之一，让"金牌面粉"声名远扬。后来，在南北战争时他当了联邦军队的将军。最小的弟弟威廉在明尼苏达定居，也在铁路和面粉业方面取得了不小的成功，帮助创办了《明尼苏达论坛》，后来成了美国参议院议员。

由于农场的粮食不够吃，埃利胡 12 岁就出去给人打短工。"我挖树桩，赶着牛耕田耙地，种土豆、锄地"，他一直盼望着能"轻松一些"。14 岁时，他被迫自己谋生，穿着母亲做的衣服，到 30 英里外的伽蒂尼尔镇，在一家报社当了印刷工学徒。这是他喜欢的工作，提供食宿，每年还有 24 美元报酬。就是在那时，他决定在自己的姓沃什波恩后面加一个字母 e。这个姓（Washburne）在英国开始时就是有字母 e 的。

伽蒂尼尔的报纸倒闭了，叔叔陆奥·沃什波恩接纳他进了在利沃摩尔的律师事务所，并教他拉丁文。

18 岁时，埃利胡曾尝试教书，结果发现他这方面的兴趣还不如干农活呢。于是，他又开始成为奥古斯塔《肯纳贝克报》的"印刷学徒"。他在那里和以前一样快乐。"在印刷业里没有欺骗，一个人可以是假律师、假医生或假神父，但如果他没有学过印刷手艺的话，他是不会排字的。"他利用业余时间上公立学校得到教育，挣够食宿费后又在附近的雷德菲尔德的一所私立学校学习。他在公共图书馆尽量地多阅读，并培养了一生对莎士比亚、狄更斯的作品以及英国诗歌的喜爱。他又在汉露威尔的一家律师事务所工作了两年，后于 1839 年被录取到了哈佛法学院学习。

与此同时，弟弟堪德沃拉德已经去了西部。埃利胡在法学院学习了一年之后，即 1840 年，23 岁时，他也跟着去了西部。后来有人问他们的母亲，为什么孩子们都离开了缅因州？母亲的回答是，没有一个州够大，可以容纳她的家人。

堪德沃拉德当时在伊利诺伊的罗克艾兰定居了。他建议埃利胡试试附近密西西比河支流格里纳河岸上的格里纳。愚人节这一天，埃利胡乘一叶小舟到了这里，举目无亲，在一个牛圈旁、年久失修的木屋找到了住处，很快扎下根来。那时格里纳的人口有 4000 人，街上是"没膝深的"烂泥。由于附近有铅矿——邦克汉姆矿、哈德斯克兰宝矿和烙林营矿，格里纳成了一个新兴城镇。那里的人们，用埃利胡的话来说，"爱打官司"。不到一个月，他就可以从他的律师费中往家里寄钱了。

在一个民风彪悍的小镇，其他的律师喝酒赌博，他立誓决不抽烟、喝酒、赌博。他坚持了下来。沃什波恩家信普救教，但格里纳只有为数不多的教会可以选择，他入了圣公会教。

他喜欢格里纳的生活。后来他把那个时期的生活叫做"黄金年代"，从他在第三大街上建造的漂亮的"希腊复兴"房可以看出，他在这里的成功和地位。1845 年，29 岁时，他和阿黛乐·格雷蒂奥特结婚。新娘比他小 10 岁，娇小、苗条，黑眼睛，受过良好的教育，是法国人后裔。她像埃利胡的母亲一样，出生在西部，就在格里纳。确实，她可以骄傲地宣称，她是这里出生的第一个白种人孩子。她到圣路易斯的学校在法国修女的指导下学习，学会了法语。于是，埃利胡也决定学习这门语言，当时人口越来越多的家庭就说法语。

根据沃什波恩家的历史，"他只受到了他妻子的影响，她给予了他很多事业上的支持"。另外，也和他的母亲一样，"她从不怀疑他能做成立志要做的任何事情"。

他在 1848 年的议会选举中失败了，而 1852 年再次参加选举，他成功了。不久，他就成了议会商务委员会的主席。人们赞扬他"独立""无畏""一丝不苟地诚实""工作和讲话热情洋溢"。不过，他也有生硬不耐烦的时候，有时甚至粗鲁。一位俄亥俄州记者从旁听席上观察，描述了埃利胡代表是如何没耐心听别人讲话，甚至他弟弟的讲话也没耐心听，只几分钟就低头干自己桌子上的文字工作，或者跑到旁听席上去和别人说话，再不就向后斜靠在座位上，双手紧扣在脑后，"发出汽船般的鼾声"。在当拨款委员会主席时，他以说"no（不）"的坚决而出名，好像"no"这个词尾有两个字母"o"一样。

他和他的兄弟们都投身于反奴隶制的事业，成为新共和派的积极支持者。（据报道，是伊斯雷尔·沃什波恩在缅因州的一次讲话中，首次使

281

用了"共和派"这个名字来指他们的政党。）随着国会有关奴隶制的争论越来越激烈，沃什波恩兄弟在会议上所起的作用也越来越明显。

1858年2月6日，约凌晨2点，议会已经进行了好几个小时，争论着奴隶制的问题。突然两个代表，一个北方的，一个南方的，开始拳脚相向。据报道，很多人也都冲了上去，加入混战。"伊利诺伊州的沃什波恩先生明显地站在共和派一方，招架着拳打。"这时，弟弟堪德沃拉德看到密西西比的代表威廉·巴克斯德尔扑向了埃利胡，便跳过去抓住了巴克斯德尔的头发。结果那是假发套，被他一下子抓到手里。这一惊，让人们停止了打架，笑了起来。堪德沃拉德交还了假发，巴克斯德尔却戴反了，让大家更是捧腹大笑不止。这两兄弟回到中西部后，人们对他们的敬意大涨。

回到伊利诺伊，埃利胡和一位前国会议员的政治前途连到了一起。这个人就是亚伯拉罕·林肯。他非常喜欢和林肯在一起。1843年，他们第一次见面。1860年，林肯竞选总统时，埃利胡给他写了竞选简介。就职之前，林肯坐火车去华盛顿，临时化了装，因为有传言说有人要刺杀他，埃利胡一个人去车站接他，并驱车把他送到旅馆。

在内战严酷的岁月里，埃利胡一直和国会里的其他人一样，是总统坚定的支持者。特别值得一提的是，他支持了尤利西斯·S. 格兰特的上台。格兰特从军队退休后，当农场主和房地产商都以失败告终。之后，他来到他父亲在格里纳的皮货店做店员，此时埃利胡"发现"了他。林肯亲口所说，埃利胡·沃什波恩"总是说，是他发现了格兰特"。

战争年月，在给阿黛乐写的长信中，埃利胡·沃什波恩详细地描述了华盛顿的人和事，以及战场上激烈的战斗；并说他也经常到战场上去，对格兰特绝对信任。1864年5月，经过了激烈的战斗之后，他从格兰特的斯伯茨瓦尼亚附近的军营给妻子写信，说："我可以绝对公正地说，如果没有他，我完全相信这支军队早就溃败了。"1865 年 4 月 9 日，他和格兰特在阿波马托克斯一起见证了南方军队的投降。1868 年 11 月，格兰特就是在格里纳沃什波恩的家中书房得到他被选为总统的消息。

沃什波恩信任格兰特，格兰特也同样回报，任命沃什波恩做国务卿。沃什波恩在这个位置上几天就退下来了，因为突然得了当时叫做"充血型恶疟"的疾病，大病了一些日子。他的女儿玛丽写道："他生命垂危，我在家里为他祈祷。"身体恢复之后，他觉得精疲力竭，没有精力担当起国务卿的责任，决定离开华盛顿。格兰特给他去巴黎的机会，在阿黛乐的怂恿下，他接受了，希望最后能享受一点儿"安静和悠闲"。

尽管有人怀疑这一任命，还有吉登·威赖斯之类人的讥讽，但那些了解沃什波恩的人，包括格兰特本人，都完全相信他会为国家做出贡献的。

二

在巴黎悠久的历史上，曾经历过 15 次围城。最早的一次是在公元前 53 年，罗马人围攻西岱岛上的"巴黎西"土著；最近的一次是 1814 年，北欧联军大约 20 万人包围了这个城市 6 个多月。当时的巴黎也就是现在规模的一半大，其防御根本无法与现在相提并论。大多数巴黎人对守住巴黎非常有信心，因此在这种情况下心情还很不错。

晴朗的天气日复一日，即使大街上士兵在训练，巴黎也似乎和往常一样。沃什波恩于 9 月 28 日，围城的第 10 天，在给阿黛乐的信中写道："天气迷人，巴黎看上去很宜人。"为了让美国大使的联系保持畅通，普鲁士首相奥托·冯·俾斯麦允许外交邮件通过封锁线。

每周二上午进行正式的邮件交换，交换地点在巴黎西南两英里的塞夫勒。这是塞纳河边的一个村庄，以其瓷器厂而闻名。整 10 点钟的时候，听到号声，看到白旗，一位身着正装的德国军官就会正步走到塞夫勒桥的一个炸断的桥洞处，向前来迎接他的法国军官敬军礼，说："先生，有幸向您表达敬意。"

回答是："先生，有幸向您致意。"

"先生，有幸能告诉您，我的任务是把沃什波恩先生的邮件交到您手中。"

"先生，我们会送达的。"

两个军官互相敬礼之后，回到自己的桥那面，走下河堤。然后，法国人就会派小船过河从德国军官的手中接收邮件和包裹。互致敬礼之后，军官立即各自返回自己的战壕，降下白旗，两边再次开火。

巴黎的其他人开始使用"气球通信"。9 月 21 日，勇敢的气球驾驶员从城市出发，成功地证明气球可以把巴黎的事情传到世界的其他地方。从此之后，不断飞行的气球成了美国公众感兴趣的新闻话题。最后计算，从巴黎飞出了约 65 个气球，携带出了 200 多万件邮件。人们要往巴黎送信，就使用信鸽。

沃什波恩写信给阿黛乐："我从未感到像现在这样，想要你还有亲爱的孩子们在眼前。不过我每天也有很多事情要做，闲不下来。"她知道，他是在轻描淡写。

在给他缅因州的哥哥伊斯雷尔的信中，沃什波恩强调说，城里算上国民自卫军法国军队有 50 万人，士气高昂，防御坚固。巴黎周围有 30 英尺高的城墙、护城河，有 16 个堡垒，绕城 6 英里。不过，法国军队似乎也没有希望突破强大的德国防线。

9 月 30 日早晨，经过了通常的重炮轰击之后，法国军队对德军的两处阵地发动了全线出击。沃什波恩描述说他们"勇气极佳，士气高涨"，但力量悬殊。最后损失惨重，死 500 人，伤 1500 人，一无所获。

早晨，使馆门外的人群少多了。现在美国人想方设法要出城，沃什波恩好像也帮不了什么。10 月初，美国武器装备销售商查尔斯·梅伊觉得自己在这里的事情已经圆满结束，问沃什波恩能否给他搞一个德国护照，沃什波恩说无能为力。10 月 7 日早晨，法国内政部长雷翁·甘必大，坐了轰动一时的气球逃跑。大胆的梅伊和他的生意伙伴瑞纳德也作为甘必大的客人，乘坐另一气球相伴。

他们从蒙马特山顶，在众人的欢呼声中起飞。甘必大裹着皮毛大氅，看上去面色特别苍白，非常不安。他从巨大的黄色气球下摇摇摆摆的柳条筐里向人们挥手。

乘坐着两个美国人的气球是雪白的。巴黎其他的美国人多年来进行过各式各样的冒险，但迄今为止还没有人乘坐气球逃跑过。

又是一个晴朗的天气，"我们缓慢起飞时看到那里的朋友们挥动着帽子和手帕，这是很美的情景。"查尔斯·梅伊写道：

> 天气晴朗，万里无云，气温也非常适宜，很温暖，风也刚好能让我们飞起来。
>
> 甘必大的气球正好在我们上面一点的西北方向。很快我们飞过了巴黎的郊区，到了圣德尼附近。我听到了下面的马蹄声，看到了德国炮兵的演练，炮轰隆轰隆地响着。我们意识到他们看见了我们，像要把我们打下来。炮火越来越猛了，炮弹从我们旁边呼啸而过，我们还在上升。

285

甘必大气球上的一位驾驶员用手放在嘴前做喇叭状呼喊着："快!快!"梅伊继续写道:

> 我们打开了沙袋,加快了上升速度,向远处飞去。20 分钟之后,射击停止了。我们的前面只有天空,没有什么干扰和让我们害怕的东西了。

梅伊接着写道:"没有动的感觉,没有噪音,没有摩擦,没有刺耳的声音——完美的旅行。"他带了一篮子的饼干、巧克力、罐装牡蛎和葡萄酒。"我们非常惬意。"

这两个气球装的都是煤气,只需几颗流弹,气球就会变成火球。结果是,甘必大最后在德军的防线之外南面 150 英里的图尔附近安全着陆,梅伊和瑞纳德在巴黎以北 70 英里的罗瓦下了气球。

第二天,这个月第一次下了雨。据沃什波恩记录是"瓢泼大雨"。这是围城的第 24 天,食物的问题越来越突出。他写道:"时间流逝,给养也在下降。"政府开始定量供应肉食,确定价格。发行了定量卡,士兵们在肉店站岗,检查定量卡。沃什波恩给家人报告,他事先已经"储存"够了充足的食品。

他精力旺盛、头脑冷静处理问题的声望在欧洲和国内广为传播:"要不是沃什波恩先生有在大西部艰苦生活的经历,换一个一直在政府和法庭办事的人的话,那些还留在这里的人会感到很无助。"一位名叫亨利·拉伯奇尔的记者给伦敦的《每日新闻》写道:"他的作用比他所有的同事加起来也大。"一天下午,拉伯奇尔在美国大使馆惊讶地看到,沃什波恩走来走去在"同每个人亲切地握手，告诉他们别拘束"。

> 美国大使和那些在海外代表我们的面目狰狞的老妇女是多
> 不一样啊，我们在海外的代表就雇用几个无所事事的纨绔子弟，
> 他们把所有找他们办事的人都看成是天然的敌人。

《芝加哥报》写道："世人不会忘记他在危险之际坚守岗位的坚定。"
10 月中旬，沃什波恩病了。他得了被他叫做"格里纳老症疾"的
病，剧烈地头晕恶心。两天之后，10 月 15 日，他仍然"很难受……浑
身酸痛，几乎不能动……手脚冰凉，关节疼痛……"，但他没有屈服。
10 月 17 日，他就回到了办公室，"很放松"而且"忙了一天"。

> 许多人来访。中午去监狱（圣拉扎尔）看了可怜的德国妇
> 女。我发现其中有 74 人并没有犯什么罪，只是因为他们是德国
> 人才被关入监狱的……我作了安排，第二天让她们获释，并照
> 料她们，直到围城结束。

把人从巴黎弄出去的压力越来越大。在巴黎新政府——国防政府中，
首脑是路易·特罗胥将军，外交部长是儒勒·法弗尔。特罗胥怕影响士
气，不允许任何人以任何理由出城。
"不过沃什波恩不是面对这种拒绝就安静地坐下来的。"威克汉姆·
霍夫曼写道，他直接去了特罗胥在卢浮宫的总部。在儒勒·法弗尔也在
场的情况下，经过了三个小时"不间断的喋喋不休"，特罗胥让步了。10
月 27 日，一队 19 辆车的车队，装满了行李，由军队护送，把 48 位美国

人和 21 位持有沃什波恩大使签发的护照的人，都送出了城。这其中有男女老少。

沃什波恩想随他们一起坐车到德军防线，看他们安全过关，但"疟疾"仍然折磨着他。他承认，和家人分开这么久，他"精神有点儿抑郁"。他派去了霍夫曼和他自己的儿子格雷蒂奥特。

霍夫曼写道："我们驶过了法军前哨，并从那里派出了特罗胥的一个军官，带着旗子。"

> 我们等待着的时候，德国警戒哨的六个人朝我们过来了，躲在树后，端着步枪，手指紧扣扳机。我承认我对这些德国卫兵没有多少印象，他们太像在表演的北美印第安人了……做了必要的安排之后，我们继续朝德军前哨走去。在这里，普鲁士军官核实了名单，一个个地按名字叫，谨慎地辨认每一个人。不过我后来得知，一位法国要人扮作车夫逃走了。

现在滞留在巴黎的美国人还有不到 150 人。

10 月 31 日，特罗胥的部队又对德军发动了进攻。这一次是在拉布尔日村，为了扩大巴黎的防区。进攻刚开始好像是成功了，巴黎立即掀起了庆祝胜利的热潮，但随后证明是一场可怕的失败。

同一天，和这一令人失望的信息相随的还有另外一条消息：在巴黎以东，法国人一直守着的梅斯要塞，一支 17 万人的法国军队投降了。让事情更加糟糕的是，有传言说，那天上午，在市政厅大厦，特罗胥和其国防政府在秘密商讨巴黎投降的事情。

这是万圣节，沃什波恩在日记中写道，事情"大踏步地变化"。

一群工人和市民战士喊着口号来到了市政厅，对任何停火的谈判都表示愤怒，决心要拯救巴黎。沃什波恩整天都在使馆忙着，不过他的朋友南森·谢泼德挤进了人群，看发生了什么事。谢泼德写道："人、人，到处是人，人们匆忙拥向了市政厅。……一万，一万五……都拥挤到了宫殿前面的广场上，万人空巷。"

> 身材高大、腿脚粗壮的妇女；戴着干净白帽的女仆；嬉闹的男孩们在人腿的森林中捉迷藏；小狗在大声地吠叫；颤颤巍巍的老人们……穿着制服和半制服的机动保安队和国民自卫军，有的全副武装，有的装备不全——他们都拥了进来，在这里聚集、呼喊、拥挤和摇摆……

横幅和标语上写着："绝不停火！""抵抗到底！""共和国万岁！""公社万岁！"

> 一个高个子、保养得很好的先生，穿着拆掉装饰的军官服，上前想制止这样的乱态，他傲慢地看着聚拢在他周围的暴民们。人们面带威胁，指指点点。而他抱起胳膊，坚定地看着周围的人，他们在躲闪着他那凌厉的目光……
>
> 代表团分开人群走进了（市政厅的）铁门……门口的钟报时音乐响起……音乐淹没在了愤怒的呼喊声中……门开了，人群拥了进去……有哨兵保卫的会议在进行，哨兵让开了路。枪

响了，谁打的，朝谁打的，无人知晓……上万人跑来跑去，喊叫着："武装起来！武装起来！他们袭击政府了。他们朝人民开枪了。"一片大乱，惊慌、乱窜、疯狂，只有巴黎才会有的景象。

市政厅内，起义的"红色巴黎"已经控制了政府。听到发生的事情，沃什波恩从使馆赶往市政厅。他约6点钟到了那里，从人群中挤了进去，发现大多数国民自卫军的士兵倒提着枪，这是和平的标志。"他们似乎都认为革命已经成了既定事实，就等巴黎人民投票承认了。"沃什波恩离开了，"一个真正红色共和国"成立了。他当夜在日记中写道："天知道这个不幸的国家的前途是什么样子的。"

起义来得快，去得也快。第二天，特罗胥和国民自卫政府又回来就位了。"这是什么样的城市呀！"沃什波恩叹息道，"一会儿是革命，一会儿又是深深的平静！"

更让他头痛的是，越来越多的英国人来找他了。他们听说通过他的努力那么多美国人逃出了巴黎，而他们却留了下来，"完全发狂了"。不过，这时俾斯麦已经告诉沃什波恩不要再给任何人护照了，离开的门堵死了。

三

远处大炮的轰鸣每天都能听见，伤兵不断送到城市的各家医院和美国急救站来。人们在说着不惜一切代价"坚持到最后一个人"。总体上，平民的适应还是令人惊讶的顺畅。

大多数人相信，这座城市的城防是坚不可摧的。在沃什波恩看来，他们有理由决定安全。他去外面的城防转了转，感到震惊。南北战争时期，他见过堡垒和巨大的地堡，而这里的工程是"力量和神奇的奇观"。他写道："的确，整个城防所呈现的奇观，在世界上没有哪个城市可以与之比肩。"整个防御圈都是正规部队在守卫，法国水兵们负责大炮。沃什波恩想象不出比这更"完善"的了，"我一辈子也不明白，这样的城市怎么会被攻占呢"。

虽然为了集中精力防御，城里个人的建筑工程停止了，但工作并没有减少。小工厂比以往更忙地在制造战备物资；百货商店、剧场、旅馆、公共建筑都变成了医院；大旅馆、法兰西喜剧院、王家公园、巴黎大法院的房顶上都飘扬着红十字旗。建筑师夏尔·加尼埃还没完工的歌剧院用作了军需站。奥尔良火车站被改造成了气球工厂。

特罗胥在卢浮宫建立了指挥部，窗户上都堵上了沙袋。为了安全起见，画和雕塑都装箱运走了。在大画廊，没有了画家在画架前安静的临摹，看到和听到的是枪械师在工作台上叮叮当当地把老滑膛枪改造成后膛枪。

在一个和外部完全断绝了消息的城市里，报纸比以往更多了，至少有 36 种，代表着各种政治见解。巴黎人急于得到各种消息，在街上走路时也看报纸，但同时也对发表的东西的准确性更加怀疑。

起初，所有的剧场都关门了。不久之后，法兰西喜剧院又开门了，演出的剧目既无布景也没有服装。再之后有几个剧院也跟着开了。饭店和餐厅也都营业，不过只开到晚上 10 点。面包的供应还很充足，价格便宜，但肉食不足。据报道，不久会杀五万匹马供应肉食，不过马拉的车辆会显著减少。当然，吃猫肉和狗肉都只是笑谈。

巴黎在从容地应对，公开的抱怨少了，犯罪率明显下降。至于美国人，虽然他们只占总人口中微乎其微的比例，但他们的命运和别人也没有什么两样。沃什波恩在 11 月 12 日总结了一下情况，写道："这里的情况很糟。普鲁士人进不来，法国人也出不去。"天气也跟着捣乱，变得潮湿阴冷。11 月 22 日，他记道："今天没有什么有意思的事情，外面下着雨——寒冷、无聊、忧郁……"他抽时间去照相，摄影师说他的表情"过于严肃"。

南森·谢泼德为了消磨时间，在城市里一直漫步："唉，找一个出逃的机会！人非常想把自己的听觉、视觉和理解力增加一百倍，想去什么地方，一下子就能到，不错过一点儿值得感知的东西。"他对遇到的"鬼鬼祟祟的目光"感到烦恼——把所有的"外国人"都看成是间谍。一天傍晚，他和另外两个美国人在香榭丽舍大街被抓了起来，罪名是用外语谈话。

他写道，最糟的是这种神经过敏，没事儿找事儿。

> 就是这种难以容忍的紧张，和对未来的不确定让人窒息，这种情绪每时每刻都在折磨着人。人们不知道现在情况怎么样了，有一种普遍的感觉，觉得会发生什么，而且随时都会发生，这给人的整个生命一种非现实感。

傍晚大街上的沉闷难以想象，伦敦《每日新闻》的记者拉伯奇尔写道。路灯只许亮三分之一，饭店也只允许使用一半的汽灯。很多人都患上了严重失眠。一位来自宾夕法尼亚的名叫罗伯特·希贝特的美国医生，来巴黎本打算进医学院听课，但赶上医学院在紧急状态下关门。他发现自己患上了失眠症，而且听说许多人都有此病。最糟的是炮击，"炮击对人的神经产生了决定性影响"。许多夜晚他都无法入睡，连一个小时也睡不着。

美国医学生玛丽·普特南说，她的优势是有一些对自己来说最重要的事情要做。她集中注意力在学业上，并在爱心医院照顾病人和伤员。越来越少的食品供应、不方便对她影响相对都不大，她也不想离开。

她住在一个法国人的家里，他们善解人意，有文化，有见地。她很喜欢有他们相伴。她把自己唯一的心事压在心底。她爱上了另一位医学生，是法国人，他们订婚了，但是他得去前线服役。她没有抱怨，也不多想，她得全身心投入到她的论文中去，年底得完成。她的论文题目是《天然脂肪与脂肪酸》。这是她要成为第一个从医学院毕业的美国女学生的最后一关。

她在围城的前夜写信给母亲说："战争不可能会持续到 12 月。如果那时学校重新开放了，我就什么都有了。"她曾申请去美国急救站工作，但被告知志愿者太多了，职位不够。

随着日子一天天过去，疾病越来越多，特别是天花。在围城的第一周，有 158 人死于天花；到第四周这个数字上升到 200 人；第八周 419人死于这种病。经过两个月的围城，让巴黎成为不夜城的汽灯没有燃料了，食品和木柴也缺乏。命令传来，原来亮三分之一的路灯，现在只能亮六分之一了。

随着夜幕降临得越来越早，而且黑暗也越来越重。沃什波恩发现自己越来越频繁地想起他在格里纳的家和童年时在缅因州表现出来的坚忍。11 月 18 日，他在日记中写道，这天是父亲 86 岁的生日，就在不久之前，父亲和利沃摩尔最后的居民都离开了。他写道：

他们是什么样的人呀，他们智慧、高尚、荣耀、节俭，他们身上有新英格兰最好的性格……在这遥远的地方，在这被包围的城市里，在这漫漫的忧郁的日子里，我想起了他们所有的人……

对于巴黎人来说，只要阳光灿烂，像 11 月 20 日这样的天气，他们就大批地到街上去散步。这没有什么稀奇的，他们好像什么也不在乎。南森·谢泼德注意到："阳光刚好让人感到舒适，气氛很好。"他在人们的脸上没看到什么沮丧，"相反，在 11 月的阳光照射下，他们的脸上写满了满足和惬意。他们每个人都是一幅自我欢乐的图画"。皮鞋擦得锃亮，孩子们活蹦乱跳。在一个广场音乐会上，一位年轻的女士表演得很不错。人们送给她的不是一束鲜花，而是一大块奶酪。这让她高兴得合不拢嘴。

同时，布洛涅森林里的牛羊基本见不到了，马肉成了巴黎人的主食。大家都知道情况还会更糟。"他们就要到在格里纳矿井里叫做硬底层的时候了。"沃什波恩指的是矿井无法钻下去的部分。

由于德军指挥官还给他特权，让他通过外交邮袋能收到外部的消息。因此，巴黎除了美国使馆之外，别的地方没有外面的报纸。他也送出写好的通讯，觉得有责任报告他所知道的尽可能准确的情况。如果时间允许，他会出去看看外面发生的事情，希望可以对未来有一个更好的判断。不过，在这种情况下，巴黎能有什么反应呢？法国人似乎让人捉摸不透，他们看上去是那么矛盾。他在 11 月的最后一周记录道："一个贫穷的市政府，没有警察，没有组织，巴黎却从来没有过这么安祥，犯罪率如此之低……"

激进的政治党派又开始"兴奋起来"了。他写道:"饥饿和寒冷起作用了。"他向华盛顿汇报说,不管情况怎样,没人知道再有多久情况才会改变。

在战争开始时,托马斯·埃文斯和其他人建立起来的美国急救站很大,设备齐全。这被证明是很成功的。对于每一个知道它的美国人来说,这都是骄傲的。救护站的负责人是两位美国医生,外科主任约翰·斯维波恩医生和内科主任 W. E. 约翰逊医生,还有其他几位美国医生协助,有近40人的志愿者,包括格雷蒂奥特·沃什波恩。

在全城的许多家医院和急救站中,它是唯一的帐篷急救站,目的就是尽可能提供新鲜空气。"这里秩序井然,有条不紊。"威克汉姆·霍夫曼写道。这里的工作从不停歇,风雨无阻。在寒冷的冬天,为了给大帐篷供暖,挖了一条壕沟。壕沟贯通帐篷,一端在帐篷里的一边,另一端通过一个洞连接到帐篷外的一个煤火炉上。这样一来,地面就干燥温暖了,也让整个帐篷温暖了起来。这个办法在南北战争时用过,很有效。在美国急救站里,没有病人受冻。霍夫曼写道:"我知道外面的温度是华氏 20 度,帐篷里的温度是华氏 55 度。"

斯维波恩医生在南北战争期间是战地医生,普法战争爆发时正在法国旅行,于是就留在了巴黎服务。他法语说得很好,似乎从不休息,大家都很钦佩他。他和约翰逊医生都是无偿服务的。

《自由选举人报》的一篇社论提问道:"我们是不是应该思考一下这家急救站的干净卫生的环境,和我们的伤员在那里受到的治疗?"又说,看到这些外国人"为了这种人道主义的工作毫无保留地奉献是很感人的"。法国军队的外科总长告诉埃利胡·沃什波恩,他认为美国医院比法国的任何一家医院都好。

12 月 1 日，法军又对德军进行了一次无果的进攻。下午沃什波恩站在寒风中看着超过 100 名的伤员被拉到了帐篷里。格雷蒂奥特和志愿者们上了战场去救护，一个士兵就死在了格雷蒂奥特的怀里。

冬天寒冷的日子到了，沃什波恩继续在日记里记录着不断恶化的情况和不断逝去的希望。数着围城的天数，他记了一页又一页，字体清楚刚硬，两边都不留什么空白，很少删除或修改一个字。

12 月 2 日。围城的第 76 天。寒冷……昨夜结的冰有半英寸厚。

12 月 3 日。围城的第 77 天……今天没有战斗，昨晚下了小雪，今天傍晚下了一点小雨。这些日子，双方部队都忍受着可怕的痛苦。法军没有毯子，没有什么吃的，半冻僵，半饥饿，在这样阴冷的日子里……我刚从美国急救站回来，在那里我看到一个可怜的正规军上尉咽了气，在他最后的时刻，我们照顾伤病员的美国女士安慰他。

12 月 4 日。围城的第 78 天。早晨冰冷刺骨……在屋子里围着炉子几乎待了一天。傍晚像往常周日的傍晚一样和格雷蒂奥特去了穆尔顿先生处……没有谈别的，想别的，只谈了……围城和物资匮乏，还有我们"在远方那明亮幸福的家……"

12 月 6 日。围城的第 80 天……又进行了一次突围未果，只是徒劳地增加了伤亡。我们听到上周战场上的消息越多，似乎越感到血腥。法军损失惨重，特别是军官。他们在生死面前表现出了勇气。

12 月 8 日。围城的第 82 天……从未有过这么寂寞的一天……

12 月 11 日。围城的第 85 天。我的感冒比以往更严重了，不能出去……来的人说外面的天气糟透了。这是第一次（说）面包的供应短缺……

12 月 15 日。围城的第 89 天……下午 2 点去了使馆。候见室满是等候着救助的可怜的德国妇女。我给 600 多名妇女和儿童发放了援助……

他在给家里一个弟弟的信中说，他手中救济难民的钱来自于德国政府，但钱买不到食品和木柴的日子快要到了。

有 10 天了，每天的阳光不足 10 分钟。这是人们记忆中最寒冷的一个冬天。普鲁士指挥官开始用轰炸来威胁巴黎，但人们没有惊慌，士气没有明显的低落。

在美国，到处可以听到对巴黎人同情和钦佩的声音。《纽约时报》的一位记者写道："巴黎人在这些日子所受的煎熬和物资贫乏之苦面前的行为，怎么赞扬也不过分。"

没有任何人在同样的环境中表现出更大的耐心、秩序和英雄主义。普鲁士人想他们开始威胁轰炸的时候，巴黎人的意志就会崩溃，他们错了。巴黎人知道他们的前途是什么，他们做好了一切准备。

华盛顿，国务卿汉密尔顿·费什尽一切努力给沃什波恩鼓劲，说他的努力会得到人们的赞赏的。"你的工作得到了美国人的一致赞誉。"他写道，"该做的你一点儿也没有漏掉，而且你所做的都那么好。我想你已经赢得了'守护神'的美誉。"

全城都排着长队，主要是妇女，在寒冷的天气里站在肉店和面包房的外面，有时队伍的长度有上千人。从凌晨4点人们就开始排队，有时会等五六个小时，只是买一些马蹄子和已经严重变色了的面包。在克里希大街的一家珠宝店，通常用来摆放银器的橱窗里，摆出了用棉花包裹着的鸡蛋。

随着木柴告罄，晚上有几千人到大街上去砍树、拆木头栅栏来做燃料。许多贫穷的家庭烧家具取暖。圣诞节是最冷的一天，南森·谢泼德把其称为"凄凉的高潮"，"温度计已经到了零下，飘着雪，阴着天，路上很滑，到处一片死寂……为了节约食物和燃料，人们在床上躺着"。

"这是一个最为凄凉的圣诞节。"沃什波恩写道，"痛苦……远远超过了我们所见过的任何时候。"在这么多悲凉的事情中，不断地杀马让他特别郁闷。

> 政府在抓任何一匹能抓的马来制作食物。马任劳任怨地干着活，拉公共马车、出租马车，那些用来干活的马、娱乐的马，在屠宰场都一样地被宰杀，让人于心不忍……

他决定圣诞节不能这样无声息地过去，杀了两只下蛋的母鸡，摆了家宴。除了格雷蒂奥特之外，他还叫了威克汉姆·霍夫曼、约翰逊医生、南森·谢泼德和其他几个美国朋友。菜单包括牡蛎汤、沙丁鱼、烤鸡、腌牛肉和土豆、西红柿、蔓越橘、青玉米和青豆。除了鸡之外，全都是沃什波恩储存的罐头食品。

据霍夫曼解释，法国人习惯每天都买新鲜食品，但并不是他们喜欢新鲜食品，主要是因为大多数人住在很小的公寓里，没有存放食品的地方。而美国人喜欢储存罐头食品，结果许多巴黎的杂货店进口了大量的美国居民吃的罐头。围城时大批的美国人走了，大量的罐头水果、蔬菜、牡蛎甚至大虾就都剩在了市场的货架上。霍夫曼写道："法国人不了解这些食品，等到围城后期他们才发现了这些食品的好处。与此同时，美国人把附近能买到的都买了。"

沃什波恩挑选了一些罐头水果来作为甜点，再加上巧克力，巴黎的巧克力还不缺货。的确，法国巧克力、芥末和葡萄酒似乎是没有穷尽的。

圣诞节过后第二天，他记录了一场完全没想到的"木头骚乱"，就发生在他的前门。

> 离我们的房子不远，街对面的大广场上堆放着从布洛涅森林砍来的木头，准备烧成木炭。大约下午 1 点钟，有两三千名妇女和儿童聚集起来……就在我们附近，"直奔"这些木头……几乎所有的木头都被搬完了。

这似乎只是开始，他想："人们不能冻死、饿死。"

两天之后，12 月 28 日，他出现了一种消沉的感觉，对一切都感到绝望，包括他自己。"形势越来越危急……我完全失去信心了。"

> 我不适合做任何事情。这种被围的生活让人无法忍受。我
> 没有心情读任何东西……我做什么事情的心情也没有，每周一
> 次的邮件都需要很大的努力才能完成……

到新年了，巴黎人快要冻死、饿死了。人们能找到什么就吃什么——骡子肉、狗、猫、乌鸦、麻雀、老鼠，还有又黑又硬的面包。沃什波恩说，这样的面包就像格里纳矿井中的铅块。南森·谢泼德说，这种面包尝起来有"锯末、泥土和土豆皮的味道"。

谢泼德几乎什么都尝过，既是好奇，也是出于需要。他发现狗肉比马肉好吃，但不能说他喜欢狗肉。他觉得猫肉"十分好吃"，许多人也喜欢吃。猫肉的价格在市场上是狗肉的四倍。对于穷人来说，什么也买不起。到了12月下旬，一只鸡蛋的价格是三法郎，是国民卫队一个士兵日工资的两倍。一只麻雀1法郎。几周来沿香榭丽舍大街，在杜勒里和卢森堡公园、塞纳河的码头，人们一直在忙着打麻雀，以至于有人经过那里都觉得危险。

一只老鼠的价格只比麻雀便宜一点儿，谢泼德惊讶地发现，老鼠的味道吃起来特别像鸟的味道。人们也都同意，由于其吃的东西不一样，酿酒厂的老鼠要比下水道的老鼠味道好。鼠肉松被认为是美味，不过据谢泼德所知，只有一家商店有卖。

食物成了一个主要话题。他说："糟糕的是，我们越谈论，越想吃。"许多巴黎人由于长期喜爱狗，把狗藏了起来。一位老太太告诉他，她快饿死了，但不会吃自己的猫。

没有饲料来喂养动物园的动物了。政府开始宰杀这些动物，直到几乎所有的动物都用来填饱人们的肚子——熊、袋鼠、驯鹿、骆驼、牦牛，

甚至豪猪，还有两头很长时间以来一直受人喜爱的大象卡斯特和庖鲁克斯。

情况还在恶化。不久，用钱即便是黄金也将买不到好的食品了。巴黎人都不怀疑，在敌军防线之后，敌军有他们想要的一切，面包、德国香肠。

人人都在梦想着白面包、加奶咖啡和绿色的蔬菜。玛丽·普特南写道："但，呸！这些都不值得说。"

"这种特别寒冷的天气一直持续，这座城市的苦难还在不断增加。"沃什波恩在一封邮件中向国务卿强调，在1月的第一周，他怀疑在华盛顿舒服地生活着的人们一点儿也不知道巴黎的痛苦，无论是军队的还是平民的。几百名法军士兵冻残疾了，有的冻死了。

贫穷的德国人的苦难太严重了。他们仍然绝望地来找沃什波恩，请求他的帮助。沃什波恩把整个使馆的一层变成了宿舍，解决了100多位男女老少的食宿和取暖。

穷人受罪最大。城市的死亡人数，不算那些死在军队医院里的，已经达到了每周4000人，是平时的五倍。死得最多的是穷人家的孩子和老人。沃什波恩写道："贫穷的阶级现在普遍不满，不过似乎有一种精神让他们坚持着，等到最后的极端情况。"

四

地冻得像大理石那样坚硬，冻土层有一英尺半，普鲁士人能够把他们最大的克虏伯大炮架起来了。1871年1月5日，围城的第109天，他们开始轰炸巴黎了。许多人预言普鲁士不会轰炸巴黎的，俾斯麦不会允许这么做的。事实上，俾斯麦早在10月份就想轰炸了，他相信"两三发炮弹"就能把巴黎人吓得投降了。

沃什波恩写道:"下午2点,我沿香榭丽舍大道走着,听说炮火很激烈,我没有多想。我觉得是在炸堡垒,我没想到炮弹打进城了。"

开始,密集的炮弹打在了左岸,第一发炮弹在拉兰德大街爆炸。奥林·沃纳没有像他原来想的那样去参军打仗,而是还住在左岸。他写道,德军的炮弹整夜在他的附近"到处开花","有时他们打到很近的地方爆炸,我都能闻到爆炸的火药味。一次,我听到了一个女人的尖叫……"

对左岸的炮击持续了一天一夜,一个老太太被炸没了脑袋;在卢森堡公园附近,一位要去上学的小姑娘被炸成了两截;一位从肯塔基的路易斯维尔来的美国学生查尔斯·斯威格的一只脚被炸烂了,一发炮弹炸到了他在左岸的房间。他被送进了美国急救站,把腿截了肢。沃什波恩适时地注意到,他的手术是斯维波恩医生和约翰逊医生做的,但一个月之后,这位年轻人死了。

美国医生罗伯特·希贝写道,穷人特别可怜。

他们抱着他们的孩子和被褥,走过深深的雪地,挤到剧院、教堂和其他建筑的地下室去,在那里可以不受严寒和炮弹的袭击。

炮弹在玛丽·普特南在左岸所住的房子周围爆炸。她被迫搬了出去。一天晚上,她和四五百人睡在了先贤祠的地宫里,这里埋葬着法国民主的英雄和伟人们。她写道:"简直是戏剧性的,伏尔泰和卢梭的坟墓为普鲁士野兽的受害者提供庇护……"

轰炸仍在激烈地进行,炮弹每天雨点般落下,有三四百枚,都炸在左岸。（先贤祠和荣军院的穹顶一直是德军喜爱的目标。）根据城市的人口，伤亡人数出奇的少。"将近 12 天猛烈的轰击，不过收效甚微，"沃什波恩 1 月 16 日写道，"炸死炸伤了为数不多的人，炸毁了城市里的几百所房子，这对一个 200 万人的城市来说，不算什么……"同一天，他向国务卿费什报告说："轰炸迄今为止并没有让这座城市加快投降的步伐，相反，似乎更加坚定了人们的决心和信心。"

在 1 月 18 日的私人日记里，沃什波恩写道："我越来越相信，我们只能饿死。"从来没有这么绝望，"围城四个月了，最后会怎么样？我似乎被活埋了，什么事情也没做成，不能和家人及朋友在一起，在很大程度上和外部切断了联系。这些阴郁的日子最好能从我的生活中消失。"

大约 10 万军队在调动，巴黎国民自卫军没有什么战斗经验。他们要在城西发动最后一次拼命的突围。"所有的急救所都得到了通知，我为未来的恐怖战栗。"有些部队只经过几天的训练。

法国小说家爱德蒙·德·龚古尔写了看到的"宏大的令人震撼的场面"，民军"朝着远处炮声的轰鸣处前进——"

> 队伍中有胡子灰白的人之父，也有嘴上没毛的小伙子，他
> 们是人之子；在队伍的旁边，女人们拉着丈夫或是恋人横背在
> 背后的枪，依依不舍。

第二天，战斗在圣克卢附近激烈地进行。沃什波恩和威克汉姆·霍夫曼去了帕西，到了有历史意义的古老猎舍城堡，和儒勒·法弗尔以及其他法国官员们一起观察。他们从最高的炮塔上，用望远镜观察。沃什波恩写道：

10 万人冲锋要突破那火与铁铸起的包围圈，这个圈已经困了他们长长的四个月了。由于这里的地势，我们看不到战场……远处大炮在低沉地轰鸣，还有升起的烟尘在诉说着战斗的残酷。炮塔上的法国人确实很悲伤，我们也不禁为他们焦虑。

　　沃什波恩从城堡回到美国急救站，从战场上来的车辆一辆接一辆，都"满载着多处受伤的伤员"。

　　他们已经运来了 65 名伤员……助手们在给伤员们剥去全都湿透了、凝结着血块的衣服，医生们在给他们包扎可怕的伤口。

　　约翰逊医生和格雷蒂奥特告诉他，法军的伤亡惊人，"全城到处是尸体和伤员"。

　　这天结束时，他写道："全巴黎都在警戒，惊人的报道到处传播着。街上都是人，男女老幼都有，谁能来测量一下此刻人们的激愤！"起雾了，传言说"城里出问题了"，特罗胥像"热锅上的蚂蚁"。1 月 22 日，星期日上午，爆炸声似乎比以往更激烈了。

　　那天下午，国民自卫军和愤怒的人群又一次冲向了市政厅。这次遭到了机动保安队部队的阻挡。他们开了枪，打死了 5 人，打伤了十几个。沃什波恩写道："人们四散奔逃，这些不幸的人跑往各个方向……20 分钟，一切结束了。"这是法军第一次朝自己的同胞开枪。

　　他又和霍夫曼奔往香榭丽舍，想看一看情况，但没有结果。人群和部队太多了，什么也看不到。

"要出事了。"沃什波恩当晚在日记中猜测，他从莎士比亚的《裘力斯·凯撒》中引了一句："第一滴血已经洒下，没人会知道快要饿死的……巴黎人会做出什么事情来。"

一连四天的雾天，传言和爆炸连续不断。1月24日他写道，他从未见过到处如此凄凉。街上除去那些被砍倒的树之外，几乎看不到一个人。"这座城市即将崩溃……"

接下来的事情发生了。1871年1月27日，星期五，围城的第131天上午，巴黎宣布投降——战争结束。

沃什波恩写道："天呢! 今天没有枪炮声了，一切都沉静了下来……"

第十章 疯狂

在这到处是疯狂的地方，我一点也说不清将会发生什么……

——埃利胡·沃什波恩

一

1871 年 1 月的第二十九天，投降的条款公布了。巴黎的所有军队立即放下武器，城墙上的炮被扔进了护城河。德军同意过几天再进入巴黎，不过只等不长的时间，巴黎处于无人占领的状态。

对法国人来说，这是历史上最不明智的、灾难性的战争，不到五个月的时间就完全失败了。法国青年在战场上伤亡的是 15 万人，德意志帝国的伤亡是 117000 人；据报道巴黎的死亡数字是 6.5591 万人，其中 10000 人死在了医院，3000 人是在战场上死的，城市里婴儿的死亡数在 3000～4000 人。

根据投降条款，法国要付出战争赔款 50 亿法郎，并被迫把阿尔萨斯和洛林两个省割让给德国。这让法国人感到极端的耻辱和气愤。

巴黎人的情绪有克制忍受的，有忧郁悲凉的，也有不知所措的，还有怒火中烧的，特别是那些穷人和政治上的左派，他们想继续战斗，觉得自己被政府出卖了。

政府在自己的公告里说："敌人是第一次向整个巴黎人民的道德力量和勇气表示敬意的。"保守派的报纸《晚报》宣布："法兰西死了！法兰西万岁！"而自由派的《集合》表达了成千上万人的情绪："巴黎在愤怒中颤抖。"

奥林·沃纳的心情代表了围城期间几乎所有在巴黎的美国人的感觉。他彻底松了一口气，觉得一切结束了。他向父母保证说，如果再遇到类似的情况，他耽搁的时间不会超过"收拾一下必须的衣服"。

对玛丽·普特南来说，她拒绝放弃对一个共和国理想的信仰，投降是不符合人们愿望的，也没必要。她坚持说，巴黎至少还能坚持三个月，许多巴黎人也这么认为。"我们都很激愤。"她在从使馆写的一封信中告诉她父亲。她去使馆一方面是为了取暖，另一方面是因为她知道从这里寄信，寄出的几率更大。

大街上日复一日被不肯散去的大雾所笼罩，悲凉的气氛久久不能退去。食品开始越来越多地运到巴黎，包括从美国运来的大批面粉。几周的时间，各种食品就变得非常丰富了，比围城之前还要便宜。火车又通了，人们可以来去自由了。别处的报纸和邮件开始流动起来了，天终于晴了。到2月末，随着一段"悦人的天气"，埃利胡·沃什波恩报告说巴黎又"很巴黎"了，"心情愉悦的人们"又开始充满大街小巷了。

他急于希望家人回来。由于他在危机时刻帮助了那么多困难中的人们，受到了广泛的赞誉。大家都像他一样认为，最坏的时刻过去了。他的朋友穆尔顿夫妇问他，如果没有他，那些被围在巴黎的人该怎么办呢？他回答说："噢，我只起了个邮局的作用。"国内对他一片赞扬声。《纽约论坛》写道：

沃什波恩先生在战争期间，特别是巴黎围城期间的行为，是那么具有判断力，那么有勇气。他的所为赢得了法国人民和德国人民的尊重和敬佩……在我们的外交史上还没有过在如此严峻和微妙的时刻能把工作做得如此精彩和成功的。

　　国务卿费什传来了亲笔的感谢信："还没有大使……能像您一样在艰难的非常时刻显示出了雄才大略的……"

　　沃什波恩只想平静和休息。他告诉一个朋友，他希望尽责，但又怕得到过多的赞誉："太风光了往往是危险的……"

　　他看清了这一切之后，就带着阿黛乐和孩子们去布鲁塞尔待了几天。

　　3月1日，德国军队进入巴黎，沿香榭丽舍大道行进。整个城市看上去像在举行葬礼，都大门紧闭。不约而同，沿路的店铺都关门停业，街上没有公共马车和出租马车，没有报纸出版，也没有告示贴出。

　　9点钟，征服者最先出现了，3个穿蓝制服的德国骑兵慢慢走上大街，马相距一步，荷枪实弹，手搭在枪的扳机上。后面跟着大队人马，有骑兵也有步兵。早晨天气阴沉，午后太阳出来了，明亮温暖。1点半时，普鲁士王家卫队刺刀闪亮，围在了凯旋门周围，然后大部队行进，走了有两个小时。

　　沃什波恩从一个朋友在香榭丽舍大街的公寓阳台上看着，记录说许多人在大街两旁的便道上。

　　部队开始进城时，人们发出了嘘声和猫叫的声音等侮辱性的喊叫，但随着部队越来越多……人群似乎害怕地安静了，除了士兵行进的声音和偶尔的口令声外没有其他的声音。

那天晚上，街上没有人群，没有饭店开门，只有香榭丽舍大街上的两家饭店，德国人命令它们不准关门。沃什波恩写道："巴黎似乎真的停止了呼吸。"

> 汽灯还没亮，大街上有一种阴森和不祥……只能说巴黎人带着很大的尊严和克制，忍受着一切痛苦，这给他们赢得了声望。

他告诉阿黛乐，为了尽量多看，他"几乎整天整宿地走着，脚都起泡了"。

3月3日上午，在占领了48个小时多一点儿之后，占领者走了。商店、饭店和旅馆都开门了。香榭丽舍大道洗刷一新，协和广场的喷泉又开始喷水了。"下午3点（阳光明媚）……人们看上去比这几个月的任何时候都要高兴。"

汽灯又亮了，新奥尔良捐赠了20万法郎来救助法国伤员。对杜勒里公园和布洛涅森林的修复工作开始了，卢浮宫的一些画廊又重新开放了，逃出城的人们成千上万地又拥了回来。

如果认为就这样顺利地进入春天了，那就错了。3月17日，沃什波恩在给华盛顿的一封急件中提到，国民自卫军收集了100多门大炮，在蒙马特高地构筑了阵地。他后来说，没有料到第二天，也就是1871年3月18日早晨发生了事情。

政府突然派了一支正规军去收回大炮，大批愤怒的人群立刻武装了起来，立即加入到了蒙马特高地的国民自卫军中间。在对峙之时，一个团的正规军突然掉转了枪口加入到了反政府的队伍中。正规军的指挥官克洛德·勒贡特被拉下了马，和另一位将军雅克·克莱芒·托马斯一起被押到了附近玫瑰树街的一所房子里。托马斯在此之前就被抓了起来，尽管他身着平民服装。托马斯将军是一个老人，同情共和。他这次没干什么，只是在便道上看热闹，不过人们早就厌恶他曾参与 1848 年镇压革命了。抓起这两个人之后，人们喊着要处死他们。

经过了临时的模拟审判，举手表决，判决这两个人有罪。然后他们被带进了公园，绑在一起靠在墙上、枪决。据报道，这之后一些妇女往尸体上撒尿。

蒙马特的暴动标志着巴黎公社起义的开始。

二

公社实际上与共产主义没有关系，后来人们总是误把两者联系起来。公社这个词指的是大家共有的什么东西，用来指城市或城镇的政府时是区域自治的标志。因此，现在当政的巴黎公社理想的意思是政治上代表着巴黎人民的意志。

星期六下午，沃什波恩和朋友穆尔顿一家去了乡下，直到第二天才知道了蒙马特发生的事情。当时，也就是 3 月 19 日，星期天，国民自卫军中央委员会接管了市政厅。以阿道夫·梯也尔为首的政府已经逃到凡尔赛了。到处张贴着公告说，现在委员会当政。大家都知道，城里的国民自卫军有五万部队，都还没有解除武装，有不到 2 万人在市政厅外驻防，有四五十门大炮。

让沃什波恩"达到恐怖顶点"的是，这一天他的家人从布鲁塞尔回来了。

3月21日，几千名市民自称为"秩序之友"，进行抗议，沿和平街游行到市政厅，没带武器，平安无事。不过，第二天，更多的"秩序之友"沿同一路线在围观者的欢呼声中游行，一队国民自卫军在旺多姆广场拦截他们，有人开枪了，不知道是哪一边人打的。立刻，街上枪声、喊声一片，几十名"秩序之友"，还有至少一名卫兵倒下死了。

接下来的一周，沃什波恩一封又一封函件发往华盛顿，努力说明这里发生的情况。现在官方政府在凡尔赛，短期内没什么希望回到巴黎。他不得不几乎每天都坐车往返于这两个地方之间，来回有20英里。他很焦虑，担心家人的安全，筋疲力竭，大部分时间感觉不舒服。

他写道，情形要比围城时还糟得多。一个200万人口的城市里，"没有法律、没有保护、没有当局，只有一群乌合之众的暴民"。公社刚成立的前几天，他还在朋友中为他们辩护，说他们的信仰是好的。但现在，他对他们"完全反感了"。

一如既往，他和围城的前夜一样，没有离开巴黎的打算。他又是唯一一个选择留下来的大国代表，其他人都搬到凡尔赛去了。他也在凡尔赛建立了一个临时办公室，由威克汉姆·霍夫曼负责，但只要有美国人在巴黎，他本人拒绝住在那里。

3月28日，公社大张旗鼓地正式在市政厅安顿了下来。军乐队奏起了音乐，自卫军的军官和中央委员会成员都戴着红领巾，到处飘扬着红旗。沃什波恩向国务卿费什报告说，聚集的人群超过10万人。公社委员讲话之后，一片欢呼，人们高喊"公社万岁！"

同时，沃什波恩还报告说，巴黎的报纸《新共和国》是公社半官方

311

的喉舌，宣称对各种代表团体的审查不再进行，只颁布法令。

新印发的公告贴在了蒙马特的街上，指定了一些公民，他们将受理对任何人和凡尔赛政府"勾结"的告发。在城市其他地方进行了搜查，按照新的警察总长拉乌尔·里高——一名二十几岁的原记者的命令，几天工夫就逮捕了400多人。

沃什波恩对国务卿费什说，这样的"告发"制度，很快就会让巴黎的监狱人满为患。他的私人秘书，一位叫詹姆斯·麦克奇的年轻人去过警察署，发现大群的人聚集在那里，寻找被捕和被"偷走"的朋友。

沃什波恩不仅仅反感那些公社的人，而且开始觉得凡尔赛政府那边发的公告大多数都是"垃圾"。他私下里写道："凡尔赛……无能而且无主见。"他钦佩的阿道夫·梯也尔告诉他，政府的指挥官帕特里克·德·麦克马洪元帅要集结足够的力量来镇压巴黎的起义，至少需要两周的时间。沃什波恩儒勒·法夫尔认为，一旦这样一支力量就位，起义者马上就投降了。沃什波恩在日记中写道："他错了。"

沃什波恩3月31日记录道："公社运转起来了，而且是当真的。一切都很凶险，现在的巴黎是人间地狱。"

他通过各种方法要搞清楚正在发生的事情，但要在这样狂躁的情况下得到"真相"是不可能的。他并不为自己担惊，而是为他的工作人员担忧，时时刻刻为他的家人担忧，希望在来得及的时候，让他们安全离开。

同一天，就是3月31日上午。沃什波恩朋友的漂亮儿媳，有着一副完美歌喉的莉莉·穆尔顿去了新任警察总长里高的办公室，去办一个离开巴黎的护照。警察总署设在西岱岛上法院旁边的一个监狱里，本身就很吓人。即使是在一切都好的时候，沃什波恩也把那里描述成是一个

"可怕的地方"。"在大墙里有多少神秘，多少痛苦、折磨和罪恶……"

拉乌尔·里高曾说，他是左岸激情洋溢的激进分子的典型，半是记者，半是学生，想要摧毁一切现存的特权和权威。此刻他在巴黎的权力比任何人的都要大。他厌恶一切社会等级制度，上层阶级、中产阶级、教会，特别是神父。他早期曾宣称："我想要没有约束的性乱交，不管什么法律的同居。"

莉莉·穆尔顿后来描述他"个矮，身材结实，有……浓密的黑胡子，很肉感的嘴唇，面带一副玩世不恭的笑容"。他极度近视，戴深度玳瑁眼镜。她说不过即使这样，"也掩盖不了他狡猾的眼睛中邪恶的眼神"。沃什波恩把里高称为历史上最"可怕的"人是有理由的，他"奇怪，险恶……还有一颗凶残的心"。

莉莉等了很长一段时间才被叫进了里高的办公室。她站在了他的桌前，他还在那里坐着写东西，根本无视她的存在。她继续等着，觉得自己就像是"犯人"一样。两个身着制服的警察就站在他的椅子后面，另一个人在屋子的另一头斜靠在一个小壁炉上。他是帕斯卡尔·格卢塞，委员会的外事代表，是沃什波恩得与之打交道的那类人。也许格卢塞出现在这个屋子里和沃什波恩有些关系，否则的话，他怎么会允许莉莉一个人来见里高呢？

她打破了沉默，告诉里高她是来办理护照的，并递上了沃什波恩的名片。

他问她，想离开巴黎吗？她说，是。她后来写道："他带着一种自以为有诱惑性的微笑回答说：'我觉得巴黎是一个对于像你这么漂亮的女人有魅力的地方。'"

是美国人吗？是的，很高兴是这样的，她回答说。

"美国大使本人认识你吗?"

"是的，很熟。"

他拉开了桌子的抽屉，拿出一个空白的护照表格，开始问一些标准的问题。不过，他是以一种很轻慢、含沙射影的语气问的。她觉得"厌恶"，都快晕了。直到帕斯卡尔·格卢塞走过来干预，事情才加快了速度。难熬的时间终于结束，她安全地出了门。

她后来写道："埃尔莎欢迎她的罗亨格林（解救她的骑士）从云端出现的心情，也没有我希望我的罗亨格林从壁炉那里过来的急切。"

几天几夜炮声又响起来了，和围城时候一模一样。不过，这次是法国人打法国人。

4月4日这天，公社正式对凡尔赛政府的成员进行了宣判，没收他们在巴黎的全部财产。夜幕降临之后，警察总长里高秘密迅速行动，逮捕了巴黎大主教乔治·达尔布瓦先生，把他和二十几位神父投入了监狱。大主教没犯什么罪，也没有说因为什么理由抓他。他也像沃什波恩一样，拒绝离开这个城市，觉得在艰难时刻应当和他的人民在一起。

大主教被捕的消息让人吃惊，惹怒了许多人。报纸报道说，大主教被带到拉乌尔·里高面前，里高"冷冰冰地"审问着犯人。

> 起初，达尔布瓦先生还想用他神父惯用的态度来说话，抬起眼睛，把面前的人称作："我的孩子!"然而，公民里高立即打断了他，说他不是在和小孩说话，而是和法官在说话。

炮击加重了，从巴黎出逃变成了成千上万人的惊慌逃窜，每人能藏在身上多少钱，就尽可能带多少。在教会发现的所有金银都被公社没收了，建筑物上贴出的布告指责神父是贼。

到了 4 月的第二周，所有身体健康的男人都不允许离开城市。铁路停运了，炮弹打到了皇后大道上美国大使家的附近，有一颗炮弹就在 50 英尺的范围内炸响了。沃什波恩把家人转移到了城里安全的地方。

他在 4 月 10 日的日记中写道："今天早晨炮火猛烈，炮弹很快落下。"

> 我朝城里的使馆走去，炮弹呼啸而过，在马约门和凯旋门附近爆炸。我离凯旋门只有 200 码远，轰的一声，一颗炮弹打在凯旋门上爆炸，一片弹片落在大街上，一个国民自卫军员捡了起来，还发烫，冒着烟，他两法郎卖给了我。
>
> 4 月 17 号……炮击一直在进行……很近，就像在窗户下面……每过一天，情况愈加糟糕……我们旁边的房子前天晚上有人进去堆砌了沙袋……我不知道要干什么。
>
> 4 月 19 日……巴黎就是一条大破船。财富、生意、公私信誉、事业、劳作都在"底层的海洋里埋藏"（引自莎士比亚《查理三世》）。城市的面相一天比一天悲伤，香榭丽舍大街的北段由于害怕炮击，完全没有人迹。巨大的路障一直摆到协和广场，大的工厂和商店都关门了……我写日记的地方，75 号（皇后大街），炮弹经常轰鸣着，耳边到处是炮弹的呼啸声和步枪的嗒嗒声。我那天晚上 6 点半回到家时，枪炮声震天……格雷蒂奥特到枫丹白露去给家人找地方住，但没找到。

教皇的大使启哥尼阁下强烈要求，美国大使作为还在巴黎的唯一的高级外交人员来干预大主教被捕之事，强调说情况已经变得十分危险。沃什波恩同意尽力而为。

4 月 23 日，星期天的早晨，由年轻的麦克奇陪同，沃什波恩正式拜访了公社的战争事务秘书古斯塔夫·保罗·克吕斯莱将军。他有着法国军人特别的经历，曾在美国内战时的联邦军队中服过役。在参议院查尔斯·萨姆纳的帮助下，他成了联邦军队的一名上校，并在谢南道峡谷指挥过部队。沃什波恩是在那个时候认识他的，克吕斯莱现在非常热情地接待了他，并表示了对大主教的同情。但他说，不幸的是，考虑到"巴黎人的情绪，如果有人建议释放他，这个人就会非常危险"。

沃什波恩就像法庭上的律师一样，"抗议"了抓捕这么一个无罪的人，把他投入监狱，不允许任何人和他谈话是"不人道的、野蛮的"。如果克吕斯莱无权释放大主教，那么就得允许沃什波恩去监狱里探望他。

克吕斯莱觉得这是一个合理的要求，同意立即带沃什波恩去见警察总长里高。

"于是我们出发了（麦克奇先生跟着我），朝警察总署走去。"沃什波恩记录道。他们大约 11 点到的，被告知里高还没起床。克吕斯莱自己去见他，很快拿了一张通行证回来。沃什波恩然后和麦克奇径直去了臭名昭著的里昂站对过玛扎大街上的玛扎监狱，大主教就被关在那里。

他们惊讶的是，没有一丝耽搁，就让他们进去了，并把他们带到了探望室。几分钟之后，囚徒出来了。

乔治·达尔布瓦 58 岁，出生于上马思省的费尔比约。他 30 年前就来到了巴黎，作为城市教区大学的宗教督察，1863 年任大主教。沃什波恩从未见过他，看到他，被他的外貌惊呆了：

他身材消瘦，有些驼背，长长的胡子，他被囚禁之后显然就没有刮过胡子，病容满面，这些就是让心肠最硬的人见了也动容。

大主教说，见到他们很高兴，因为迄今为止，他还没被允许见过外面的任何人，他也不被允许看报纸。

他似乎明白他危险的处境，已做了最坏的打算。他没有诉苦，和谴责自己所受的迫害，相反，他说世人把他们想得过于坏了，实际不是这样。他耐心地等待着事情的发展，并祈祷上帝能找到一种不流血的方法来解决这些可怕的问题。

他对来看他的人说，他被关在一间10英尺乘6英尺的小牢房里，有一个小窗户，一把木头椅子、一张小桌子和一张监狱的床，同一家监狱现在关了40名其他的教士。沃什波恩问他需要什么，可以帮忙，他说他没有什么需要的。

沃什波恩是一个新教徒、一个外国人，不过走的时候他下决心尽一切可能争取大主教获释。他还要做一个自由使者，就像在围城期间和在国内反对奴隶制时救出过那么多人一样。两天之后，他又来到了监狱，给大主教带来了一堆报纸和一瓶马德拉白葡萄酒。

4月25日，阿黛乐和家人在麦克奇的护送下离开了巴黎，去了30英里外的志教堂村，过了凡尔赛。沃什波恩在晚上察看地方时给格里纳的一位朋友写道："这是一个有400年历史的法国村庄。我们在一座古老的

317

城堡附近占了一个小屋，有非常好的院子和公园等，非常宜人、舒适。夫人和孩子们都很好，很高兴、很满意。"

不过，他本人却不大好："我的身体不大好，有那么多的事情得去想，有那么多的责任……"他没有说他瘦了许多，身上的衣服都显肥大了。他说："孩子们在长大，他们说起法语来就像小鸟一样唧唧喳喳……"

回到巴黎，有一件涉及老查尔斯·穆尔顿的事情让沃什波恩提起了精神，在巴黎的美国人听说了这件事后都感到有意思。

多年来，人们都知道穆尔顿说法语时，几乎没有什么能发音准确的。在巴黎生活了 20 多年，他说法语还是有浓重的美国口音，这也让家人很尴尬。他读法语没什么问题，常坐在客厅他喜欢的椅子上，给大家高声读巴黎报纸上的东西。他自己觉得这是很好的，可大家都跑出了屋子。

5 月 9 日，公社的一群人来到了穆尔顿在库尔塞勒街上的房子里。全家人都知道，现在富人有很大的危险。莉莉·穆尔顿说："我们觉得末日来了。"

无论是佣人还是家人，大家都不敢出去见这些人。穆尔顿决定亲自去，莉莉写道："他是一位真正的美国人。"她也主动陪同他出去。

他个子矮小，瘦弱，戴着眼睛，本来就不魁梧，在高大的房屋的映衬下显得更矮小了。人群中一个长相凶恶的首领走上前来，手里拿着一张盖有公社交通委员会大印的纸，以委员会的名义向他们索要家里的动物。莉莉写道：

穆尔顿先生拿过这张纸，故意整了整眼镜……开始随意地

318

读了起来（不知道这些凶恶的家伙怎么会有耐心安静地等着，不过他们确实很安静，我想他们是受了我公公平静神态的影响）……

穆尔顿先生刚开口，众人就笑了起来，他的发音带来了魔力。他把声音提得很高说，他们可以牵走"瓦"（马），但不能牵走"留"（牛），"马"这个词前用阳性冠词"le"，"牛"前面本来要用阴性冠词，穆尔顿也用了"le"，这让大家实在忍不住大笑了起来。

莉莉写道："我们面前的人们笑得直不起腰来。"

穆尔顿的法语救了他们。她后来承认，虽然这帮人粗俗而且很凶，但他们"对这个站在那里平静地从眼镜里看着他们的老头的勇气很佩服"。

家里一匹可爱的马被牵走了，不过"留"（牛）还是给他们留下了，房子和人也都没有受到伤害。

公社颁布了法令，要拆除旺多姆广场上纪念拿破仑军队战绩的著名的旺多姆圆柱。随后又颁布了法令，要烧毁卢浮宫，因为里面的艺术品是宣扬神明、国王和神父的；另一条法令是要拆毁巴黎圣母院，因为它是迷信的根本象征。

几百人已经开始在旺多姆广场动手了，准备推倒这个155英尺高的圆柱，在可能砸到地面的地方，垫起了厚厚的马粪。在城市另外的一处地方，圣乔治广场，公社的社员们在忙着拆毁阿道夫·梯也尔的家，搬走他的财物，包括巴黎最好的私人图书馆。

好几天人们聚集在旺多姆广场，希望看到大圆柱随时的轰然倒地。

乐队像过节一样奏着乐，有成千上万人观看，沃什波恩判断，5月16日下午得有2万人。工程师们切开了铜面，挖到了圆柱基座厚实的石头地基，就像砍伐一棵巨大的树一样。上面拴了绳子，就拴在拿破仑塑像的下面，安装了滑轮和绞盘，要柱子倒在固定的位置上。5点半，圆柱倒了，在砸到马粪堆之前就碎成了碎片。沃什波恩后来写道："我没有看它的倒塌，不想看。"

对于站在那里欢呼这种破坏的大部分人来说，这象征着帝国主义的末日，象征着在公社领导下的新时代的开端。现在已经空了的基座上立即升起了一面红旗。一连几天，巨大的雕像躺在那里，身首异处，右胳膊也掉了。

埃德蒙·德·龚古尔在第二天的日记中写道，他看到越来越多的人在街上走着，"像疯了一样"大声自言自语。

全城的墙上都张贴了公社的大字公告。

公民们：

军国主义到头了，我们不要那些肩扛杠杠、处处耀眼的将军之流！人民要当家，普通的士兵要做主！革命战争的钟声敲响了……

如果你不想让过去六周那些忠烈的鲜血白流，如果你想生活在人人自由平等的法兰西，如果你想让你的孩子免受你受过的苦难和悲伤，那就团结起来，万众一心……

公民们，你们的领袖会和你们一起战斗，如有必要，一起牺牲；以光荣的法兰西的名义，她是一切人民革命的母亲，是公正思想的源泉。我们一定要团结，世界人民团结起来去迎敌。

让你的革命意志告诉敌人，他们可以出卖巴黎，但是他们不能把她运走，不能征服她。

公社依靠你们，你们也依靠公社。

似乎一天比一天糟，沃什波恩 5 月 19 日写道："今天他们威胁要毁掉巴黎，把任何要投降的人埋葬在巴黎的废墟中。"在官方言论中，他没有说过一句贬损公社的话，但在他的日记中，他们是"强盗""凶手""流氓"，"我现在没有时间表达对他们的厌恶……"

那些急切要离开的人占用着他的时间，他已经签发了 4450 张通行证，那天上午 8 点，200 人在使馆外他的窗户下面等着。大主教吉凶未卜，营救他的工作要花费他很大的精力。公社想用他交换他们的一个英雄——奥古斯特·布朗基——一位理想主义的激进反叛者。他蹲过很多政治集团的监狱，在监狱的时间很长，被称为了"囚禁者"。沃什波恩理解为什么凡尔赛可能反对这项交易，不管有多大困难，他觉得政府同意了交换实际上并没有什么损失，而可救大主教的命。他亲自到凡尔赛去斡旋。他后来说，这是一件"非常微妙的事情"，他对那位"值得敬重的优秀的人"非常感兴趣。梯也尔和政府固执地不同意交换布朗基。

又一次去玛扎监狱探望，他发现大主教非常"虚弱"，卧床不起。再一次去监狱的时候是星期天，5 月 21 日下午，他发现"一切大不相同"了，看守换了新人，大多数都醉醺醺的，对他的到来很恼火。他们没有像以前一样让他去探监室，而是把虚弱的主教带出来到了走廊里，他们在一旁听着看着。主教也有了很大的变化，沃什波恩后来写道："他失去了快乐，看上去悲伤抑郁，更换了看守预示着凶多吉少。"

三

像多数巴黎人一样，沃什波恩上床睡了一整夜，从 5 月 21 日到 22 日，不知道发生了什么事情。也像多数巴黎人一样，他醒来后得到消息时惊呆了，三色旗飘扬在凯旋门上。一个兴奋的佣人天一亮就告诉他，凡尔赛的军队进入巴黎了。

他和格雷蒂奥特穿好衣服争先恐后地去亲眼看看。的确，其他人已经在大街上互相庆贺巴黎终于光复了。

正规军在前一天下午 3 点钟就行进到了圣克卢城堡，没遇到多大抵抗，沿塞纳河右岸连接巴黎和凡尔赛的大街上向公社在城市的核心堡垒协和广场稳步推进。

进攻前没有预兆，公社的指挥部完全没有准备。夜幕降临，凡尔赛部队在夜色中前进，凯旋门外把守着马约门路障和在大军街的国民自卫军的小队匆忙放弃了阵地，另一股正规军也拥进了那个城区。沃什波恩观察到，凯旋门附近花了大量人工修建的近 30 英尺高的巨大的街垒"没发挥什么作用"。

他和格雷蒂奥特跟着正规军朝协和广场走去，希望看到国民自卫军在那里的防线很快垮掉，但没有。在市政厅的中央委员会下了命令，部署了路障：简易路障，各个方向的路障。据《加里格兰尼新巴黎指南》后来报道："每个路过的人都被迫搬运一块石头或一袋土，谁拒绝就会有危险，妇女和儿童和国民自卫军一样积极地劳动。"

大约 9 点钟，公社在蒙马特的排炮朝城市开火了，炮弹"密集快速"。

沃什波恩不愿傻等着，他骑上一匹马，去了解更多的情况，完全不顾个人的安危。他写道："下午 5 点 45 分，骑马跑了很长路，混乱的情形很可怕——房屋被炸毁，大炮炸烂了，拼死反抗，等等。破坏令人难以置信。"

国民自卫军的紧急公告写着："武装起来！""到街垒中去！敌人就在街上，不要犹豫！前进，共和国！前进，公社和自由。"

这天晚些时候，八万多凡尔赛军队到了，西边三分之一的城市已经落入了他们之手。在协和广场和其他地方，战斗还在激烈进行，枪声、受伤人们的叫喊声响彻了夜空。

血腥的"流血周"开始了。

5 月 23 日，一个 200 万人口的城市变成了震耳欲聋的全面战场，一连 12 个小时炮声就没有停歇。蒙马特，公社的象征要塞，落入了正规军之手。公社社员把 12 个战俘丢下跑了。这些战俘由于拒绝参加公社，被砍下了双手，情景悲惨。激烈的战斗让双方都损失惨重，公社这边更甚。大约 4000 名公社社员被俘，任何被怀疑是正规军的反叛者，立即枪毙。

公社在旺多姆广场、协和广场、杜勒里宫和市政厅的阵地还在坚守着。巴黎的人们都尽量远离伤害，闭门不出。沃什波恩决定再做一次营救大主教的努力。他坐车去了凡尔赛部队在帕西的总部，要求麦克马洪元帅尽快占领玛扎监狱，救出大主教和其他因犯。他的努力得到的最终结果就是："他（麦克马洪）希望他们一两天就到那里。"沃什波恩晚上在日记中写道。

1 点钟（5 月 24 日，星期三）他再次被从床上叫醒，这次他被告知杜勒里宫起火了。他赶快出发，从使馆上面的一个窗户，上去六段楼梯到达顶层，可以看到城市的大部分。

这是可怕的、让人无法想象的景象，宫殿那边的大火映红了天空。

荣誉团和财政部也着火了，一时间好像荣军院也着火了，后来证明不是。"城市其他的地方又响起了震耳欲聋的炮声，使馆的窗户颤动着。"

像一连许多天一样，5 月 24 日的早晨也是非常美丽的，沃什波恩写道，只是城市里浓烟遮住了太阳。他大约 11 点钟去了"市中心"，起义者被从旺多姆广场和协和广场赶走了。据说，火是拿着汽油或煤油的"纵火女"放的，她们有上千人，威克汉姆·霍夫曼写道："几乎每一个拿着瓶子的妇女都被怀疑为'纵火女'。"他觉得难以置信。

沃什波恩写道："我无法把我的所见完全描述出来。"

> 和星期天以来及现在正在发生的相比，巴黎发生过的所有革命都不过是儿戏……你无法想象街上的样子……到了燃烧的杜勒里官跟前看到前面的都倒塌了，火焰又从建筑的另一处冒了出来……火焰从各个方向飞窜，由于很多地方在起义者的射程内，无法扑灭。

广场着了火，卢浮宫十分危险。就在沃什波恩给费什国务卿发出一个长长的函件的那天晚上，博物馆得救了。

两天前，警察总长里高和几个极端的公社社员秘密开会，命令处死大主教和另外五个神父。人质从玛扎转移到贝尔维尔区的芝麻莱监狱，那里还在公社的控制中。5 月 24 日傍晚约 6 点钟，巴黎正在燃烧的时候，大主教和其他人被命令出去，到监狱的院子里。他们下了楼梯，在一层停了下来，互相拥抱，说了最后的话。有一些国民自卫军队员出口辱骂时，一位军官让他们安静，说："这几个人今天的命运，谁保证说不是我们明天的命运呢?"黑暗降临了,六位囚犯被领到院子里,在灯光下靠近墙,大主教排在队伍的第一个。一个信号,行刑队立即开枪射杀了这六个人。

这天晚上晚些时候,尸体被堆到了车上,拉到了附近拉雪兹神父公墓,扔在了一个沟里。在玛扎监狱,另外53名神父也被残酷地杀害了。

直到第二天晚些时候,这些暴行才被报道。人们多数还不知道,就在5月24日下午,在大主教被处死之前,凡尔赛的士兵们在盖吕撒克大街的一家旅馆里发现了隐藏在那里的拉乌尔·里高。知道了他的身份之后,士兵们把他带到大街上对着他的脑袋开了枪,其尸体在排水沟里躺了两天。

大火着了一夜,市政厅也被放火烧了,还有法院和警察署都着火了,王宫以及里沃利大街沿线的房子也在燃烧。已经有一个月没有下雨了,一切都干燥得见火就着。

对任何被抓住或是怀疑是纵火者的惩罚是无情的,外国记者写了凡尔赛部队里的"野蛮情绪"。沃什波恩在另一封紧急函件中强调,这种仇恨发泄在巴黎,其可怕程度是无法描述的。受害者满大街都是。那天下午,一位使馆的工作人员在当丹街数到有8具儿童的尸体,都不超过14岁。他们被抓住正在投放燃烧盒,被当场打死了。

起义者像"魔鬼"一样战斗着,星期四和星期五杀戮在继续,下了第一场雨——暴雨。成百上千被捕的起义者在大街上、监狱里、卢森堡公园和卢浮宫外面被草率地处决了。几千名被捕的人在雨中游街,愤怒的人群喊着要打死他们。

"他们被抓的时候是什么样子,现在就是什么样子,大部分人没戴帽子，头发贴在前额和脸上。"埃德蒙·德·龚古尔看到几百名被俘的人从他面前走过，去凡尔赛。

他们中有普通人，用蓝格手帕盖着头，还有人在雨中都湿透了，把单薄的上衣拉起到胸前，在下面，一块面包露了出来。这是一群来自各个社会阶层的人，板着脸的工人、身着宽松夹克的工匠、戴着社会主义者帽子的资产阶级、国民自卫军队员……两个步兵团的人，面色苍白得像死人……你可以看到中产阶级的妇女、工人妇女、妓女，其中一个穿着国民自卫军的制服……她们都面带怒气，有的人眼里还满含着疯狂。

越临近结束，双方残暴越加剧。星期五，50 名公社战俘被从芝麻菜监狱拉出去枪毙了；那天晚上，又有 38 人被带到拉雪兹神父公墓处决了；第二天又有 4 个，一共就是 92 人。

5 月 28 日，星期天，最后还在战斗的公社社员被冲散后，麦克马洪元帅宣布巴黎"光复"。但暴行还在继续，变本加厉。一次臭名昭著的暴行发生在拉雪兹神父公墓，147 名公社社员被绑在了一起，在一面墙下被杀害。这面墙从此之后被称为"公社墙"。

"没有别的，只有大屠杀。"沃什波恩在日记中写道。

士兵和人们的怒火没有边际，对于有罪者，任何惩罚都不为过，都不够快，这一点是一视同仁的。有谁发出同情的声音，甚至是被人从人群中指出是同情者，他的命就没了……一个穿着很好，看上去令人尊敬的人被撕成了碎块……就因为他为一个快要被打死的囚徒说了一句同情的话。

"和发生在 19 世纪后半叶这个伟大的文明中心的恐怖的罪恶相比，黑暗时期的肆意破坏简直不算什么。"他在一封给国务卿费什的函件中激愤地说。

> 公社的罪行让人难以置信，他们杀害了巴黎的大主教和其他的人质，他们杀害了无数拒绝加入他们罪恶行动的人，他们可怕地、有组织地放火要毁灭整个城市……这些都是不能被遗忘的罪恶。我遗憾地说，凡尔赛部队的所为和公社这些史无前例的暴行并无二致……杀戮、撕碎、刀刺、毒打、火烧那些男女老少，不管是有罪还是清白，这些政府军的所作所为将会玷污法国近代的历史，对这些行为负责的那些人的名字会被记录到人类暴行的清单上，让人性蒙羞……

虽然对被政府军屠杀的人数的估计数字各异，但是似乎无可置疑的是，他们屠杀了 20000 到 25000 人。没人知道确切的总数，不过巴黎历史上每次大批死亡的数字都不确切——无论是法国大革命，还是 1832 年霍乱肆行。有一段时间，流淌着的塞纳河水确实被染成了红色。

地标性建筑和其他珍宝损失的价值不计其数。

奥林·沃纳和沃什波恩一样，也是这些事件的目击者。他后来为公社写了长篇的材料进行辩护，在材料中他把他们最初的理想主义比作了 1776 年美国的造反时的那种理想主义。不过，同时在给"亲爱的家人"的一封信中他说，他见到的太多了。"我希望不要让我见到再流一滴血

327

了，我只要活着就不想听到大炮的再一次轰鸣……我厌恶和战争有关的一切。"

6月1日，战争结束后的第三天，埃利胡·沃什波恩去了芝麻菜监狱原来关押大主教的牢房，去了监狱院子大主教和另外五个神父被杀害的地点进行了吊唁，可以清楚地看到墙上的弹痕。

大主教的遗体腐烂之前已经在拉雪兹神父公墓找到了，安放在格莱奈尔街127号的主教宫里。几天来成千上万的人前来悼念，沃什波恩也在其中。6月7日，更多的人列在街的两旁观看了送葬队伍走向了巴黎圣母院，在那里举行了隆重的葬礼仪式。对沃什波恩来说，这是一次他参加过的"最让人动情、印象最深的"仪式。

四

烧成炭的房梁、动物的尸体、破碎的门窗、残缺的街灯柱、马车、堆积如山的物品残骸，还有街垒路障都被清除了。人们日夜不停地忙碌着，生活逐步地恢复。公共马车开始运营了，饭店开门了。恐怖造成的痕迹不能完全从人们视线中消失，更不能从人们的心头抹去。杜勒里公园黑色的废墟在那里站立了十多年，无声地诉说着一切。

6月3日，《加里格兰尼新巴黎指南》转载了伦敦《泰晤士报》的一篇文章宣称："巴黎，文明的巴黎已经不再……烟尘和灰烬……余下的只有浓烟和恶臭……"伦敦库克旅游公司在销售去看大火废墟的专门之旅。不过，有一种全民普遍的热情要尽快恢复巴黎的秩序。7月杜勒里公园再度开放的时候，大约有六万名石匠在进行修复重建工作。石匠的人数相当于当时缅因州的波特兰或佐治亚州的萨凡纳全部的人口。

市政厅还要重建，旺多姆广场的圆柱又合在了一起，恢复到其旧基座上去了。

《米洛的维纳斯》从秘密的藏匿地点被找了出来，放回了卢浮宫。这座无与伦比的希腊雕像的历史要追溯到公元前，在围城的时候被埋藏在了警察署的地窖里。它被装在了巨大的橡木箱里，箱里垫了填料，在夜深人静时被运到了警察署的一条秘密通道的尽头。这条通道只有几个人知道，还建了一道墙来隐藏它，成捆的重要文件靠墙堆着，外面又建了一道墙，这样就让人以为这里是隐藏文件的地方了。警察署着火、巴黎一片火海的那天晚上，那几个知道维纳斯秘密的人心急如焚。好像是一个破裂的水管"奇迹般地"救了这座雕像。等冒着烟的废墟清理完毕之后，发现橡木箱完好无损，搬回了卢浮宫开箱。8月底的《加里格兰尼新巴黎指南》上写道：

> 大家都围着急切地看一看。她躺在软床上……似乎对保管
> 她的人面露感激之色……她的肢体完好无损……

对许多人来说，她从灰烬中的复归象征着巴黎文化和艺术的复活，这是不死的巴黎。

那些为了安全而逃离巴黎的人又潮水般涌了回来。和他们一起回来的还有外国的学生、商人、外交官及其家属，包括阿黛乐·沃什波恩和孩子们。那些没有离开的美国人重新复苏了只剩下的半条命。

莉莉·穆尔顿订做了好几身沃斯的衣服，准备9月到美国举办音乐会。她写道："如果观众不喜欢我，他们可以安慰一下自己说，看了我的衣服，票钱也没白花。"

玛丽·普特南像她的许多法国朋友一样，原来对共和国的热情消失

了，一方面是由于公社的过分行为，更是由于凡尔赛政府野蛮的复仇行动。她的婚约也解除了，她未婚夫回来后和她有了"疏远感"。原因之一是，她是一个女人，要在法国行医有着不可避免的困难，而他又不想离开法国。不过，她的论文完成了，并获得了最高的荣誉，就像她在5次考试中每次都能得到最高分数一样。7月29日她在给母亲的信中说："我通过了最后的考试……论文也通过了，现在是巴黎医学院毕业的医生了。"她是第一位获得这样职业资格的美国女性。她的成绩引起了纽约和巴黎报纸的关注，这对她来说很重要。学术期刊《医学档案》上说，一位女性得到了法律许可的行医资格，"是一件重要的事情"。

美国驻法大使埃利胡·沃什波恩在贝尔妲米亚著名的疗养温泉卡尔斯巴德，经过了几周的疗养之后决定，如果需要的话，他很高兴留在巴黎。

报纸上对沃什波恩的所为大加赞誉，在国内都有传言说他可能是总统候选人了。在巴黎也举行了多次褒奖他的宴会，对在外交界他所表现出来的勇气和毅力赞誉有加。"说起外交，我们在巴黎的大使做得不是很棒吗？"使馆的助理秘书弗兰克·摩尔写道，他在整个围城期间和公社恐怖期间一直在使馆工作，现在也和沃什波恩一起工作。

> 他有丰富的常识、善良慷慨的品性和对正义的追求。在过去这几年他为政府和人民所赢得的尊敬他们是无法报答他的。他的名字已经家喻户晓，肯定会有成千上万的孩子以他的名字命名，就像其他的伟人一样……将来的美国人读到历史时看到在1870—1871年巴黎围城期间和公社暴动的可怕情形下，只有

美国使馆是唯一一直坚持在巴黎的，他们会感到欣喜的。

别人欣赏不到，只有沃什波恩本人才能了解的，是他那些日记。这些日记的价值是无法估量的。在整个艰难的日子里，他日复一日地记录了那么多他的所见和所参加的活动。那些很多都是在经历了精疲力竭的一天的恐怖之后，他提醒自己作为大使的责任，记下来的。他本可以完全不用这样做的，记录也可以是简单的几句，就像电报体那样，或者"工作到深夜"之类的备忘录。然而，沃什波恩不是那样的人，他得当时当地地记录下来。神奇的是，他所写的不仅仅在数量上一直连续着，而且他写得那么好，层次清晰，包含了真知灼见，对身边发生的人间戏剧是那么动情入神。

从本杰明·富兰克林、约翰·亚当斯和托马斯·杰斐逊起，外交界他的许多著名前任，都曾写下过有见地、通常很生动的在巴黎的经历和所见。更有许多美国有名的作家——库柏、朗费罗、爱默生、霍桑、马克·吐温、哈莉特·比彻·斯托，也都在沃什波恩之前写下过他们在巴黎的岁月。以后还会有更多的人来到巴黎，记录下更多的东西，但是没有任何人，不管是之前还是之后，会写下像沃什波恩日记那样的东西。即使他决定留下来面对未知的命运，最后没干别的，只写下了这些日记，他也做出了巨大的、无可比拟的贡献。

第十一章　重返巴黎

我的生命开始了。

——玛丽·卡萨特

一

"我从未见过巴黎像这个圣诞节这么迷人，"小亨利·詹姆斯在给《纽约论坛报》写的第四封"信"中写道，"天空反射着光，空气温和纯净……这是在大街上度过的日子，全世界的人都出来了。"

他第一次到巴黎是在 12 岁时，当时他和全家来欧洲旅行。20 年后的现在他又回来了，要写一部小说。为了弥补开支，他每月给《纽约论坛报》写两封信，这为他赚取每周 10 美元不菲的收入。

他的第一封信是 1875 年 11 月 22 日写的，在其中他强调说任何一个到过巴黎的美国人回到巴黎之后会对"典型的巴黎事物有一种特殊的敏感"。他写了夏尔·加尼埃的新歌剧院，这座终于完成了的建筑"显然是巴黎建筑的奇观"，大仲马的儿子小仲马的新戏剧正在法兰西剧院排练。

在第四封信中他赞美了法国"惊人的弹性"。

经受了史无前例的重击和耻辱，掠夺、玷辱和经济上的大抽血——这些都不过是昨天的事情。巴黎今天从外观上看一样的闪光，一样的繁荣，充满了特殊的天赋，就像她的天空从未有过一片乌云一样。

詹姆斯在艺术上的修养，不亚于他在音乐和戏剧方面的知识。他怀着钦佩之情描写了法兰西剧院里悬挂着的几幅画，特别是卡洛吕斯·杜兰画的一位女士肖像，画上的这位女士正在摘手套。詹姆斯说，在17世纪西班牙大师迭戈·委拉斯凯兹的所有现代模仿者中，杜兰"无疑是最成功的"。

詹姆斯12岁就和他的哥哥威廉在卢浮宫度过了许多时光。他们"一遍又一遍地看"画，同时在想他要成为什么样的人。而现在他32岁了，事业很成功，已经发表了几十篇评论、游记和24篇短篇小说，第一部长篇小说《罗德里克·郝德森》就要出版了。他这次来巴黎就是要写第二部小说《美国人》，故事的开始是在卢浮宫，主人公克里斯托弗·纽曼靠在方厅里一个"宽敞的"沙发上，想着穆里罗的《圣灵怀胎》。

他还没有想要在欧洲住下来。在不平静地渡过了大西洋和短暂地在伦敦停留给他的衣橱添置新品之后，他没费什么事儿就在离旺多姆广场一个街区的卢森堡街（现在的冈本街）找到了一所合适的公寓——两个卧室、客厅和厨房。这条街相对安静，他的窗户朝南，可以享受充足的阳光。"如果您见到我，就会说我很富有。"他给在马萨诸塞州的剑桥的父亲写信说。他继承了父亲的财富，父亲很关心家里的钱是怎么花的。詹姆斯让他放心："想想这多好呀，并不贵。"

他一周又一周地写信——给父亲、母亲、姐姐爱丽丝、哥哥威廉，真实地描述他在巴黎的新生活。特别是，他对于见到的那些法国作家感到很兴奋，包括埃德蒙·德·龚古尔、埃米尔·左拉、古斯塔夫·福楼拜和他最喜欢的俄罗斯作家伊万·屠格涅夫。他还向母亲报告说，他已经"完全融入了"美国人的圈子，参加了两个舞会和一次聚餐。他知道这会让她高兴的。不过参加这样的活动不对他的口味。

他非常地想家，在给父亲的信中说："我焦急地等着威廉的来信，他在星期天您给我写信之后就给我写信。告诉母亲也让她给我写信，我离开家后就接到过她的一封信，那似乎是很久之前的事了。"他总是在给母亲的信结束时写："向所有的人转达我的爱。"

他来巴黎是为了工作的，巴黎是"一个工作的好地方"，他向《大西洋月刊》的主编威廉·迪恩·豪威尔斯保证说。豪威尔斯将会以连载的形式出版他的新小说。

和詹姆斯本人不一样，小说的主要人物纽曼是第一次来巴黎，纯粹是为了娱乐来的："我想得到作为人能够得到的最大享受。人、地方、艺术、自然、一切。"詹姆斯把他描述为一个瘦高个子、阳刚气十足的南北战争退伍军人，在生意上很成功，有足够的钱，也舍得花钱，法语很糟，但一定要有魅力的女人相伴。这一切和作者大不相同，詹姆斯是哈佛法学院的毕业生，由于身体虚弱免服兵役，从来没有做过生意，一天也没有过，个子不高，也不阳刚，似乎对女人除了擅长和她们进行精神方面的对话之外也没什么感兴趣。不过，他和小说中的主要人物一样，在法国的这个首都待的时间越长，巴黎就越吸引他。

"我该怎么和您说呢？"他在4月的一个早晨给豪威尔斯的信的开头写道，"我的窗子开着，春天的气息很浓了，老巴黎的温柔的繁忙之声传进了我照满阳光的屋子……"

几周之后，他写信告诉哥哥威廉："春天已经安下身了，很可爱。这让我特别喜爱巴黎，让我在这里有了家的感觉……我写了很多琐事……"他知道，威廉能明白他的意思。

1870 年到 1871 年的可怕灾难之后，来巴黎的美国人的数量稳步增长。1872 年 9 月仅一周，大宾馆就拒绝了 200 人的住宿请求，这里总是美国人很喜爱的地方（包括詹姆斯小说里的人物克里斯托弗·纽曼）。许多人像詹姆斯一样，是第二或第三次来了。他们中有参议员查尔斯·萨姆纳，他 62 岁了。医生说他需要休息和放松，他就再一次回到了巴黎。像以前在巴黎一样，他"受到了来自各个角落的人们的关注"。

在一个集中精力迅速复兴的城市里，美国人受到了前所未有的欢迎。他们的到来给经济上带来的效果明显，《加里格兰尼新巴黎指南》证实：

> 大家都承认，巴黎的贸易现在主要由美国的游客撑着。他
> 们在商店花的钱比其余的人加起来的还要多……我们希望有更
> 多这样的人，这是山姆大叔援助新的法兰西共和国的最好方式。

不过，相当多的法国人并不把美国人只看作是金钱支持的提供者。那些相信共和是理想的政府组织形式的人，把美国看作是一个光辉的榜样。确实，一群共和的信仰者酝酿着一个想法：要在 1876 年美国独立百年庆典的时候送给美国一个礼物。

这是一个巨大的雕像，叫做"自由女神照亮世界"。一位名叫弗雷德里克·奥古斯特·巴托尔迪的法国雕塑家到过美国，走了一些地方，见到了许多珍惜美法友谊的美国人。他返回法国时有了一个计划，要在

纽约港的入口处建一座巨大的雕像。在巴黎成立的新法美联合会支持这个工程，这个组织中有几个美国的政要是他们的荣誉会员，其中就有埃利胡·沃什波恩。

随着时间的流逝，大量有才华和激情的美国人来到这个城市学习。他们年轻，对法国不熟悉，不懂法语和法国文化，许多人以后会成为美国著名的艺术家和建筑师的。詹姆斯·卡洛·贝克维斯、J. 奥登·维尔、西奥多·鲁宾逊、托马斯·杜威、乔治·德·佛罗斯特·布拉什、安伯特·塞尔、威尔·鲁和建筑师路易斯·萨利文，都是 19 世纪 70 年代到的巴黎。像前辈一样，他们永远也忘不了初来时的兴奋。艺术学生威尔·鲁恰如其分地表达了第一次"在巴黎醒来"的感觉："我还不到 20岁，独自一个人，一句法语也不会说……但我是在巴黎，世界就在我面前。"

那些不是第一次来的人也有同样的感受。比如，亨利·詹姆斯那样的人，因为巴黎对他们来说是最好的工作的地方。这里特别要提一下画家们，乔治·希利在 59 岁时又回到了巴黎，这离他第一次到巴黎已经 40年了；费城的玛丽·卡萨特；还有约翰·辛格·萨金特，很年轻，几乎可以当希利的孙子，是美国神童。这样的神童自从路易斯·莫罗·戈特沙尔克之后，巴黎就再没有出现过。而戈特沙尔克恰巧是这个年轻人最喜欢的作曲家之一。

他们法语说得都很流利，很多美国人都做不到。当然詹姆斯除外，他们都和家人在巴黎。

乔治·希利和妻子路易莎，还有几个女儿和一个儿子，于 1872 年在拉罗什富科大街 64 号——所谓的画家聚集区——蒙马特附近高地的一个宽敞的 18 世纪"旅馆"里住了下来，隔壁有一个很大的工作室。希利是法国人很尊重的那种成功的美国人。他的房子和工作室都是配得上名人的：许多宽敞的房间，带有很多法式窗户，房间里有高大的镜子，白色和金色相间的木制品，还有一间小温室、可爱的有墙壁的花园和装饰华丽的人造洞穴。14 岁的小女儿坎斯林惊叹道："我们可以在这里举行花园派对了。"

希利一家是 1871 年灾难性的芝加哥大火成千上万的受害者之一。家人当时都不在家，倒是没人受伤。不过，他们在瓦巴什大街的家完全毁了，里面的一切也都化为了灰烬，包括希利的许多作品、书信、日记、账本和其他的一些记录。

希利本来想到意大利去定居。他们必须认真考虑，他告诉家人要选"合适的好地方，因为这确确实实是我们最后一次搬家了"。最后的选择是巴黎，"唯一符合逻辑的结论"。

佣金收入稳定，托马斯·戈尔德·阿博顿向亨利·朗费罗报告说："希利的肖像画太强了。"阿博顿当时已经恢复了每年去一次巴黎的习惯。希利曾画过美国内战主要人物的肖像——林肯、布尔加德、谢尔曼、格兰特。现在，在相对时间不久的情况下，他要画普法战争人物的肖像——阿道夫·梯也尔、雷翁·甘必大、奥托·冯·俾斯麦。这 3 个人都是埃利胡·沃什波恩付费请他给画的。

作为美国内战系列画的后继作品，他画了罗伯特·E. 李。李将军已经去世了，他的儿子古斯提斯——"华盛顿与李"学院的院长，来到了在拉罗什富科大街的工作室给他当模特。

希利还和原来一样勤奋地工作。他给艾玛·瑟斯比，美国的一位音乐会歌手画了全身像。瑟斯比在大西洋两岸都很有名，画像上她手里拿着乐谱，穿着漂亮的丝绸花边礼服。1879 年，托马斯·戈尔德·阿博顿同父异母的弟弟南森·阿博顿，法国计划修建巴拿马运河的美国支持者之一，把这个工程著名的领袖人物费尔南德·德·雷赛——"苏伊士运河英雄"带到了希利的工作室画像。"这将是一幅历史画作。"希利在他的日记中写道，这天他画了一幅德·雷赛指着地图上运河位置的速写。

在绘制佣金画的空隙，他画了自画像，也给路易莎画了一幅肖像。后来，他又画了一幅路易莎和女儿伊迪丝坐在公园里的画像，画上伊迪丝在编织，路易莎在大声读书。希利也喜欢一边工作一边听路易莎读狄更斯、巴尔扎克或乔治·桑。如果她不在或由于什么原因不能朗读，他就会郁闷。伊迪丝在日记中写道："我每天早晨去给父亲朗读……但……这不是母亲在朗读，他看上去很忧郁。"

希利对他的工作和家里发生的变化很满意。一个女儿，玛丽，要和一位法国作家兼教授夏尔·比格结婚了；另一个女儿，选择去做修女，在贡弗朗·圣·奥诺里娜的大殿发了誓；儿子乔治决定在法国学建筑，不回美国的大学了。对于希利来说，巴黎给他一种亲切的感觉。他对那些"刻苦学习"的美国年轻艺术家慷慨而热情，给他们以鼓励，就像他曾得到的那样。

玛丽·卡萨特也受到了芝加哥大火的沉重打击，尽管她的损失和希利的损失不可同日而语。不过，这也让她回到了巴黎。

像亨利·詹姆斯一样，她的童年很大一部分时光也是在巴黎度过的。她家庭富裕，喜欢旅行，据说7岁时就表现出了对艺术的兴趣。1866年，她21岁时，和费城另一位年轻的画家伊莱瑟·豪德曼一起旅行，返回欧洲学习和绘画，大部分时间在巴黎。她在巴黎进入了著名肖像画家夏尔·夏普林的画室。夏普林是为数不多的特别给女士开课的法国艺术大

338

师。她在卢浮宫临摹经典，到附近的乡下去写生，一直很努力。伊莱瑟·豪德曼在一封给母亲的信中写道：

> 我想她有足够的天才和勤奋。人需要在巴黎的这种生活，人们学习那么刻苦，结果很好……美国人和法国人的区别在于前者为了钱努力，后者为了名，另外，这里的人们很懂得欣赏。

在韦利耶·勒·贝尔的一个工作室里，玛丽跟着乔治·希利的老朋友托马斯·库图尔学习。后来，1868年在巴黎，她的一幅画《曼陀林演奏者》被挂在了展室。这幅画清楚地显示了库图尔充满活力不拘一格的风格对她的影响。她以她的中间名玛丽·斯蒂文森参展。伊莱瑟·豪德曼解释说："女孩不愿意抛头露面，这样更好些。"

对于玛丽来说，在法国的时光决定了她要成为职业画家，而不仅仅是人们所说的"会画画的女人"。在一封信中，她对这样一个熟人进行了评论，语言尖锐："她只是业余的，你要知道，我们专业的看不起业余的……"

1870年夏天，普法战争爆发，她回到了费城的家。她坚持画画，但没有了那种创作出伟大艺术作品的感觉。她非常灰心，差点儿放弃。她想芝加哥也许是她的作品的一个好市场，就去调查，是和两个亲戚一起旅行去的。她赶上了芝加哥大火。她和同去的人都没有受到伤害，但她在珠宝店展出的两幅画被毁了。

她回到费城后决定改变自己的生活。"我多么急切地要开始工作，再一次看到好的画作时，我的手指发痒，眼睛发潮。"她给在费城的画友艾米莉·萨坦写信说。12月时，两个人出发去欧洲了。

她们发现巴黎寒凉刺骨，雾气弥漫。这距围城最后的战斗还不到一年，距"流血周"仅六个月。"市政厅看上去像罗马废墟……雾气太大，50 英尺外就什么也看不清了。"艾米莉写道，"在卢浮宫我都很难看清那些画，光线太暗了。"

艾米莉和玛丽很快就继续旅行了。这次去了意大利的帕尔马，跟一位名叫卡罗·莱芒蒂的老师学习。他告诉玛丽："别灰心，记住，你能做到想做的一切。"

第二年春天，艾米莉离开了在帕尔马的玛丽，去巴黎和家人团聚。在出城远足时，他们路过一个地方曾是法军和德军的战场，他们被告知，死人被埋在了八个大坑里，空气里还弥漫着腐臭。

在帕尔马，玛丽还在努力着，集中精力研究科雷乔的绘画，并取得了不小的成绩，开始受到了关注。1872 年巴黎的春天，《加里格兰尼新巴黎指南》从《帕尔马报》上转载了一篇文章，是一位著名的意大利艺术评论家帕麦托·贝托利写的。他写了见到一位年轻的美国人对科雷乔的代表作《加冕》的临摹。

> 我必须公正地说，当让我去评论女性的美术作品时，我的赞誉往往有所保留，会说："对于女画家来说画得不错。"但看到这幅作品时，我发现自己的看法完全不一样了。这幅对伟大作品的临摹流露出了作者对艺术的丰富的知识，即使是男性画家，无论其经验如何，能画出这样的作品，也可以感到骄傲了。

后来，玛丽从马德里给艾米莉写信说，她发现了委拉兹开塞："委拉兹开塞，你明白画的！"

她不停地工作，先在马德里，然后是塞维利亚，接着在安特卫普过了一个夏天，又到罗马过了七个月，中间在巴黎停留过。她宣称她开始不喜欢巴黎了。

1873 年，巴黎的沙龙画展在连续拒绝了她的作品之后，她得到了消息，她的西班牙题材的作品——一个斗牛士和他的妻子的大幅画作，被接受了。

巴黎的吸引力太大了，1874 年她回到了这个城市。经过了几年，转遍了半个欧洲，她说她要在这里住下去了。"她告诉我她在找画室，让我很是吃惊。"艾米莉·萨坦写道，"她总是讨厌巴黎，我简直不敢相信这是真的……不过她说很有必要待在这里……"

玛丽·卡萨特，1844 年出生于宾夕法尼亚西部，在从匹兹堡流出的阿勒格尼河对面的阿勒格尼市。她的母亲是凯瑟琳·凯尔索·约翰斯顿，是一位匹兹堡银行家的女儿，是苏格兰和爱尔兰人后裔，玛丽很爱自己的母亲；她的父亲是罗伯特·辛普森·卡萨特，祖先是法国人（原来姓考萨特），是阿勒格尼市的第一任市长，在金融界和商业界非常成功，到 40 岁出头的时候觉得自己可以退休了，于是把家搬到了东部，先是在兰卡斯特县定居。

玛丽在五个孩子中排行老四。大姐叫莉迪亚；下面有两个哥哥，亚历山大和罗伯特；最小的是弟弟约瑟夫，比玛丽小 5 岁。孩子们都很幸福，家里有书，有高级家具，住的是兰卡斯特县最好的房子。但父母喜欢过城市生活，于是他们又搬到了费城。然后又到欧洲住了四年，两年在巴黎，两年在德国。之后全家又回到了费城，先是到了费城外的维斯切斯特，后来又进了费城。

他们不是巨富家庭，按照他们的说法，是"小康之家"，品位高雅，厌恶炫耀。孩子们上的是最好的私立学校，说话语法正确，举止端庄，衣着得体。父亲罗伯特·卡萨特觉得没有必要再去工作。

玛丽16岁的时候报名进入了栗子街的宾夕法尼亚美术专科学校。20岁时，她说想到国外学习，父亲发火了，说死也不愿意看到她成为艺术家，但玛丽坚持己见。她总是很固执，他同意了，没后悔过。

1874年夏天，她回到韦利耶·勒·贝尔跟托马斯·库图尔学画。那年秋天，她在巴黎租下了一个工作室，和姐姐莉迪亚搬进了蒙马特脚下拉瓦街（现在的维克多马赛街）附近的一家小公寓里。

她的生活道路定下了。如果要成为职业画家而不是"会画画的妇女"，就意味着放弃婚姻和自己的家庭，那她也心甘情愿。她在这方面是固执的，有时甚至是强硬的。

她的外表一贯是一位淑女，身高接近5.6英尺（约1.7米），对女性来说偏高，头发淡褐色，下巴略尖，给她添加了几分可爱，面容显得坚毅聪慧，大大的灰眼睛透出机警的眼神，身材苗条，很匀称。

"卡萨特小姐的个子高，这是她父亲的遗传，优雅有特点，没有一些艺术家身上的懒散。"纽约的路易西娜·爱尔德写道，她更被卡萨特小姐的知识和活泼所打动。

　　你一旦见到她就忘不了她，从她引人注目的小脚到她那总是戴在头上的带羽毛的帽子，以及布鲁塞尔的绣花面纱，几乎总是戴着。她说起话来激情四溢，你即使忘了她说的内容，也忘不了她的手势。

路易西娜·爱尔德是 1874 年在巴黎遇到玛丽·卡萨特的。当时玛丽的工作进展顺利，在巴黎和纽约的艺术圈里已经小有名气了。（她现在作品的署名为玛丽·卡萨特。）她的一幅肖像《科蒂尔夫人》悬挂在了美术展会上。

19 岁的路易西娜·爱尔德和她的母亲、两个妹妹在巴黎。她想尽可能多地观察和学习，对充满活力的玛丽·卡萨特的知识和成就着迷，佩服她走过那么多地方，而自己连到意大利和西班牙的勇气都没有。

玛丽带她到歌剧院和话剧院看戏，长时间快语速给她讲科雷乔和委拉兹开塞。"我觉得卡萨特小姐是我所遇见的最有智慧的女人，我珍惜她所说的每一个字……"至此，她们开始了一段长达 50 年的友谊，其结果意义深远。

与此同时，玛丽的另一份友谊经历了坎坷。对于艾米莉·萨坦来说，玛丽的固执，有时甚至是专断让她受不了。她们在一些事情上发生了争执，产生了怨忿。"卡萨特小姐说起话来没完没了，而且敏感自私，如果你在国内听到她谈论我，就像最近在巴黎那样，你就会知道事情的原委了。"艾米莉告诉她父亲，"我不再和她好了……"艾米莉回到了费城，到女子设计学院教书，开始了一段很了不起的事业。

不久之后，1875 年，玛丽发现了一群新的艺术家，他们自称为印象派，以后他们以此出名。他们中有克洛德·莫奈、皮埃尔·奥古斯特·雷诺阿诺瓦、爱德华·马奈、卡米叶·皮萨罗和埃德加·德加。就像美国的画家威廉·莫里斯·亨特在巴黎的艺术品商店橱窗里看到了托马斯·库图尔的一幅肖像画后，改变了自己事业的方向一样；玛丽第一次在奥斯曼大街的一个橱窗里看到了德加的彩色粉笔画之后，也开始想要改变自己的创作。

"我走过去，把鼻子紧贴在橱窗上，尽情地吸收他的艺术中的精髓。"她记得。后来她说"这幅画改变了我的生活"，她没有夸张。它改变了她的生活，因为它改变了她的创作。她从那时起，开始用一种全新的方式来观察和绘画。后来，她以此出名。

她带着路易西娜去看德加的彩色粉笔画《排练芭蕾》，并让她买下来。路易西娜写道："这对我来说太新鲜和奇怪了！我不怎么知道如何来欣赏它，不能断定我是否喜欢……（但）她无疑让我下定了决心，根据她的建议买了下来。"

价格是 500 法郎，约 100 美元。而美国纺织品经理人 A. T. 斯图亚特最近花了 6 万美元买了法国大师厄奈斯特·梅索尼埃的一幅作品。

路易西娜买了这幅画后，又买了许多画。她和后来的丈夫亨利·欧·汉弗美尔继续在玛丽·卡萨特的指导下，成为一代著名的艺术品收藏家。他们也是首次把印象派作品带回美国的人。

玛丽·卡萨特的第一幅印象派风格的作品，是她母亲的一幅肖像。

二

夏尔·艾米尔·奥古斯特·杜兰，他愿意被称为卡罗勒斯·杜兰，三十几岁，作为一个画家工作室的主人还显年轻。他之前是肖像画家，外表和神态很有派头，在教学上不拘一格。他在蒙帕纳斯大街上的工作室是巴黎最前卫的。

一头散乱的黑发，鼻子下面浓密上翘的小胡子，还有下巴上的山羊胡子，黑黝黝的面庞，再加上他经常引人注目的服装，一身黑色天鹅绒套装，配上了黄色的衬衣和绿色领带，有边饰的袖扣，再加上一大堆金首饰，他看上去就像是一个魔术师。对他的学生们来说，他就是魔术师。

他在西班牙待了两年，委拉兹开塞对他的影响显而易见。他最引人注目、同时也是迄今为止最重要的作品是《戴手套的女人》。这是他夫人的一幅全身像，尺寸是5英尺乘7英尺，上面有西班牙大师本人喜欢用浓重黑色的戏剧性风格。

作为教师，卡罗勒斯·杜兰和其他的教师不一样，他不怎么像长久以来人们认可的大师梅索尼埃和让·列昂·热罗姆那样强调画法。他强调的是形式和颜色。他希望学生们直接地画，拿起画笔就开始画。他说，要想学画，就得画，绘画不只是"模仿"的艺术。

和别的画家工作室的主人不同，卡罗勒斯·杜兰保持小班上课，10到15个学生。大部分学生都是"快乐的美国青年"，其中有人写到，他们把老师看成是"大哥"。课程早晨7点半开始，每周两次老师对画作进行评价，评价时有时他也演示，最多的是一两幅学生的作品，往往就几笔，好像是几分钟就画完的。学生的学费是一个月4美元，或每周1美元。

那些1874年春跟着卡罗勒斯·杜兰的美国年轻人中，有几个才能突出，而且之前也受过很多的训练。威尔·娄在纽约时是插图画家；J. 奥登·威尔从小一直在他父亲的指导下学习素描、油画，他父亲是著名的艺术家，在西点军校教授绘画；詹姆斯·卡罗尔·贝克维斯在芝加哥设计学院学习了3年，在纽约的国家设计学院学习了一年。

不过，他们表现出来的才华没有一个人高于约翰·辛格·萨金特。这一点从他5月份第一次踏进工作室那天上午就明白无误了。几年之后，回忆起萨金特的"出现"，贝克维斯说，那不是一个周二就是周五，那天卡罗勒斯对作品进行了评价。

我的位子靠近门口，听到敲门声，我转身开了门，有一个头发灰白的先生带着一个瘦高个子的年轻人，年轻人腋下夹着一个公文包，我猜他一定是刚来的。那位先生用法语和我打招呼，我同样用法语回答他，但不怎么流利……他显然看出我是他的同胞，因为他接下来和我说开了英语，我们简短地低声说了几句……卡罗勒斯很快做完了他的评论，我向他引见我的同胞。萨金特的父亲解释说，他带儿子来这个工作室，想让他来当学生。公文包在地板上打开了，展开了画卷，我们都围过来看……（我们）惊呆了……

有裸体画、肖像画、油彩和水彩临摹的丁托列托和提香的作品、水彩风景和人物画，画的是威尼斯、佛罗伦萨和罗马。过了很久，威尔·娄还能体验到当时的"震撼"。

老师非常仔细地研究了这么多的青年习作，然后低声说："你想来我的工作室做我的学生吗？我很欢迎。"没几天，他就进了班。

他的基础在他的新同学中无人能比，这位天才（这是个合适的词）很快就学会了当时画室中流行的方法，然后以此为激励，进步远远超过了能从卡罗勒斯的指导中得到的东西。

约翰·萨金特18岁，看上去还要小一些，个子刚好超过6英尺，特别有礼貌，能说几种语言。虽然他没到过美国，说的英语有英国口音，但是他认为自己是美国人。他从出生就在欧洲，他的父母离开了祖国，

346

在欧洲旅行，从一个城市或疗养地到另一个城市或疗养地。有 20 年了，他们根据一年的季节，寻找最适宜的气候和最经济的食宿，很少在一个地方常住下来，他们找不到在任何地方常住的理由。约翰出生在罗马，在佛罗伦萨、伦敦、巴黎，西班牙的各个城市，波城、比亚里茨、萨尔茨堡、尼斯、圣莫里斯、威尼斯、马焦雷湖、德累斯顿等地生活过，后来又回到佛罗伦萨，1874 年回到了巴黎。

他的父亲费兹威廉·萨金特 32 岁时就放弃了在费城行医，现在早已厌倦了这种自我流放的生活。"我厌烦了这种游牧式的生活。"他 1870 年曾从佛罗伦萨给母亲写信说。

> 春天来了，我们拆除帐篷，进行迁移，去寻找夏天，秋天到了，我们还得收拾行装，出发去气候温和的地方……我希望有一天能够回家，在我的同胞中安定下来，扎下根来。

他们的生活不是人们普遍想象的那种浪漫的国外生活，不受美国地方的限制，而在很多情况下，这是一种不得已的生活，在他来说是伤心的。他的妻子玛丽·辛格·萨金特不想回家。她喜欢欧洲——这里的艺术和音乐是她生命的一部分，她的水彩画画得很好，她喜欢娱乐，喜欢在文化圈中闪光。同时，她的身体不好，约翰的两个妹妹艾米莉和范厄丽特的身体都不好，她们的健康需要欧洲，她坚决拒绝回家。

另外，就是钱的问题。如果在欧洲花钱谨慎一些的话，人不仅仅能生活过得去，而且还能过得较为体面。花费比国内低得多，这一点是非常有吸引力的。如果回到美国的话，经济上的窘迫很快就会显现出来，而体面对于玛丽·萨金特来说是极其重要的。因为他们是依赖她的钱生活的，不是依赖她丈夫的钱，所以她的希望要优先考虑。

父亲费兹威廉私下写道："玛丽的收入仅能让我们越来越节衣缩食……"收入的数额大概是每年700美元。

母亲玛丽个子矮、圆乎乎红脸蛋，感觉好的时候充满活力，父亲则消瘦、俭朴、忧郁。约翰后来唯一一幅被人们所知的父亲的肖像画叫《悲伤研究》——他的瘦削的面颊、眼睛、嘴和下垂的海豹小胡子写满了沮丧。

不过，孩子们带给父母的喜悦是很大的。"约翰尼"特殊的才能越来越彰显，他们越来越高兴。小时候，约翰就在课本上画满了画，老师对让他学习印刷在课本上的东西绝望了。他的一个表姐玛丽·黑尔后来写道，他似乎从未放弃过对美的关注。约翰告诉她，他最初的记忆是佛罗伦萨的托尔纳波尼街水槽中的一块深红色的鹅卵石，那颜色是那么美丽，他常常想着它，让保姆每天散步时带他去看。

看到他小小年纪进步很快，母亲坚持让他几乎每天都画。"画画似乎是他最喜欢的事情，我想他有一个好的艺术家的天赋。"费兹威廉自豪地写信给自己的父亲说。随着时间的推移，还加上了许多别人对孩子的赞扬："此外，他还是个好孩子，大家似乎都喜欢他。"

约翰在学校的学习也不错，拉丁语、希腊语、地理、历史和欧洲语言学得都不错。他喜欢音乐，学习弹钢琴和演奏曼陀林，在学校也学习艺术，而暑假则有家教指导。费兹威廉报告说："我亲眼看到他学习很好而且喜欢学习，他喜欢他的老师，这对于取得进步也是很重要的，他的老师应当很喜欢他。"

母亲和约翰一起去画画，坚持要求他，不管每天开始画多少素描或水彩画，至少每天要有一幅成品。13岁的时候，约翰就知道了，他最想要的是过艺术家的生活，父母都很支持他。1870 年冬天，他进了美术学校，春天和母亲一起到波波利公园去画画。

1874 年春，全家搬到了巴黎。约翰跟表姐解释说："我们听说法国艺术家无疑是现在最好的，而且他们愿意收学生。"5 月 19 日，费兹威廉从巴黎给他父亲写信说："我们来这里主要就是要看看能否对约翰的艺术学习方面有好处……"但要找到"舒服又便宜"的住所很难，"住宿的地方都很贵"。

他们在香榭丽舍附近的阿巴特里斯街找到了一个"有点儿小"的公寓，一切都很合心，就是保姆（照顾范厄丽特的）不大令人满意，是和公寓"搭配"来的，很快就会解雇她。她喜欢讲她亲眼所见的公社兴衰的细节，她描述了火烧市政厅和杜勒里宫，说希望能再次见到这样的情形。费兹威廉说："这样，我们都不敢把孩子交给她，担心她把我们的血肉给卖了，或怎么着了。"

至于巴黎，他很高兴又回来了，他真心地喜欢法国。

> 我相信，人们对巴黎不公正。过客们只看到了浮在表面上的享乐、恶习和放荡……在其坚实的底层是和世界上其他地方一样的诚实、正直、节俭和道德，是智慧和勤劳，是不屈不挠的对道德、幸福和家庭伦理等真理的探求……

最主要的是巴黎对约翰很重要，他"非常耐心和勤奋，有成功的希望"。

随着夏季的到来，卡罗勒斯·杜兰把他的课堂搬到了枫丹白露，约翰跟了过去。那年秋天，约翰被美术学院录取。J. 奥登·威尔也被录取了，他说约翰是"我所见到的最有天才的家伙之一……这样的人让人振奋"。芝加哥来的卡罗尔·贝克维斯很努力，他也说了类似的话。在日记中他提到，约翰·萨金特的作品"让我自己对自己的作品摇头"。

威尔、贝克维斯、威尔·娄和其他的美国学生都还在努力学习法语。他们看到约翰·萨金特可以用流利的法语或意大利语或德语以及英语交谈，感到非常惊讶。

跟随卡罗勒斯·杜兰的学习还在继续，约翰集中注意力的能力也让大伙感叹不已。卡罗勒斯讲大家必须注意中间色调，一再强调他们应当毫不迟疑地学习委拉兹开塞。几年之后，在和亨利·詹姆斯的哥哥威廉谈话的过程中，约翰谈到了绘画："如果你开始绘画时用中间色，从那里开始朝深色过渡，你最后就得用最鲜亮和最深的颜色，才能避免颜色搭配不当。这是卡罗勒斯教我的。"

约翰和家人住在一起，集中精力在功课上，对左岸学生的业余生活知之甚少。直到一天晚上，他在给朋友的信中写道：

> 我们清理了工作室，把画架和画布清理到了一边，点起了彩纸灯笼，租了一架钢琴，进行了一次所谓的"疯狂发泄"。跳舞、喝酒、唱歌，一直到 4 点。总之，他们说这是拉丁区舞会典型的做法。

接着他补充说："我非常喜欢这种狂欢，我的希望不高，也许这对我来说太新鲜了吧。"

在同学中，他和贝克维斯相处得最好。1875 年，在父母的鼓励下，他离开了家，和贝克维斯搬进了左岸田园圣母街的一个五层画室。在业余时间，贝克维斯画了一系列的约翰·萨金特的素描，记录下了了不起的约翰（现在开始长胡子了），有约翰弹钢琴、约翰在画架旁、约翰在扶手椅上读莎士比亚。好像贝克维斯和其他人都对他着迷。威尔·娄解释说："当然，我们是和一个天才在一起。"

"对他来说没有什么困难。"另一个美国学生沃特·盖伊回忆说。不过，约翰比任何人都用功。这在有如此天才的人的身上似乎很令人惊讶，那些比别人学得快的人往往比别人努力少。另外，他生活的家庭中也没人工作，父母都不工作，而他能这样用功，的确稀奇。

同时，还很稀奇的是，对在巴黎的美国学生来说，他的家人就在身边，而且是那么有意思和好客。他的朋友们发现，和约翰去参加萨金特家的聚会是非常让人愉快的。贝克维斯、奥登·威尔、威尔·娄和其他人经常被邀请去参加萨金特家的星期天晚宴。这总是让他们很高兴。威尔描述说，那些参加晚宴的人是"我遇到过受教育最高、最和蔼的人"。他们中有几个年轻的女士——约翰的妹妹艾米莉和三个表姐妹——奥斯丁姐妹。按照威尔的说法，都"非常聪明漂亮"。

"萨金特家和奥斯丁家的社交……让我们度过了许多愉快的星期天傍晚……在女士中间的自如，我害怕失去，现在又恢复了。"贝克维斯在日记中愉快地写道。

从约翰大约在这个时期给妹妹艾米莉和表姐玛丽·奥斯丁画的两幅肖像上，就能看出为什么这些年轻的男士有如此反应了。

1876 年春，在费城举办的纪念美国独立百年的"百年博览会"的召开，是巴黎人经常谈论的话题。玛丽·萨金特决定要带上两位老人，还

351

有约翰和艾米莉，第一次去美国看看。他们要去四个月，这期间要去拜访他们在费城的亲戚并观看博览会。也许，约翰看到了卡罗勒斯·杜兰所画的像在法国艺术很显眼的位置；还有美国画家托马斯·伊金斯和温斯娄·赫马的作品，他们也都在巴黎学习过；他和千百万参加博览会的人们一样，会看到矗立在门外的巨大的手和火炬，这是巴托尔迪的自由女神雕像唯一从远道运来参展的部分。

也是这年夏天，在鼓乐齐鸣中，跨越纽约东河的新布鲁克林大桥的第一根缆绳架起来了。这年夏天也是卡斯特将军在小比格霍恩河的战役中倒下的时间。奇怪的是，约翰或他的母亲还有妹妹对这些事情的看法都不得而知，只知道玛丽觉得费城创纪录的 97 华氏度的气温酷热难耐，只好躲在阴凉下。

费城的表姐玛丽·黑尔记得，约翰给大家表演了钢琴弹唱，弹奏和演唱了他自编的激情洋溢的意大利爱情歌曲，歌词全都是专利药品的名字，这让每个人都觉得有意思。

萨金特一家去了纽约、纽波特和尼亚加拉瀑布。从约翰途中所记下来的东西看，看不出他离开了法国。他没有写信，他的素描和画是近似于日记的东西，但也没有多少路途之作。他投入最多时间和最大情感的风景画是在海上，有水彩画也有油画。其中有一张特别地画了他们在返程中遇到的一场暴风雨。

三

春天，约翰的朋友威尔·娄喜欢说，巴黎在"弥补"她"冬天所犯的天气错误"。这是一个万物复兴的季节，法国的古老历法把这叫做"回春"。在这样的日子里人觉得"快乐"，这是一种想"干点儿什么"

的情感，或者就全城走一走，走过桥梁，穿过公园。

1877 年春天，巴黎"到处都是高高兴兴来享受阳光的人流"。巴黎一家新的英语报纸《美国纪要》报道说：

> 树林里的丁香开满了花，空气中到处弥漫着它们的香味。
> 所有的公共公园和广场都栽了花，百花盛开……大街上挤满了
> 打扮漂亮的女士，在饭店和餐馆前有大群的人，大街上的车辆
> 五花八门，不过没有令人不快的匆忙和拥挤。

新桥粉刷一新，清理得干干净净，据说一天的人流达到了 63000 人。

亨利·詹姆斯一年前刚兴奋地说他完全被"巴黎化"了，1876 年就决定一见到巴黎冬天要来的迹象就整装回国。他的作品《美国人》已经写完，他准备动身了。于是，这个春天他到伦敦住了下来。不过，也像詹姆斯·麦克内尔·维斯勒离开巴黎去伦敦一样，他还经常回巴黎。

乔治·希利在柏林待了几周之后，又回到了在拉罗什富科大街的家。他带回了奥托·冯·俾斯麦的画像，挂在了画室中。《美国纪要》欢呼这是一幅高贵的艺术品："在我们的美国肖像画家中，没有谁的成就能和希利先生相比，他的作品让我们有一种民族自豪感。"

希利的另一幅人物画像是托马斯·埃文斯医生，他已经回到了巴黎，牙科诊所重新开业，和过去一样生活富足。

玛丽·卡萨特现在也几乎完全投入到了肖像画中，但用的是高亮度的调色盘。她的绘画现在是印象派的了，色谱几乎不再用黑色。（雷诺阿曾说："一天早晨，我们中有人没了黑颜色，就用蓝色代替，于是印象派产生了。"）委拉兹开塞和科雷乔几乎要被遗忘了。

玛丽在一个新的偶像——德加的鼓励下转变风格了，而她终于见到德加了。德加看了她的几幅作品后，让朋友给引见。他们来到了她的画室，交谈了一个小时后，德加邀请她加入印象派。她成了这个团体中第一个也是唯一的一个美国人，也是团体中仅有的两位女士之一。另一位女士是一位漂亮的淑女，非常聪明的法国画家贝尔姐·莫里索。玛丽非常喜欢她。

　　"我愉快地答应了。"她写道。

　　她在衣着、做派和背景方面都是那么完全的传统，现在却完全摆脱了艺术的传统羁绊，感受到了完全的自由。"我终于可以完全独立地创作，不考虑评审团最终的意见了……我讨厌艺术的陈规，我的生命开始了。"

　　德加比玛丽大 10 岁，家庭背景和玛丽一样优越。他黑眼睛、黑头发、灰色的胡子，总是穿黑套装、戴黑色绅士礼帽。另外，和大多数法国画家不一样的是，他到过美国，并且喜爱美国。他母亲是美国人，1872 年他去新奥尔良看望一个哥哥，他的一张最好的画《新奥尔良一个棉花经纪人办公室的内景》就是这次旅行的成果。

　　德加常常拜访玛丽的工作室，聊天或对她的作品进行点评。她法语纯熟，很喜欢交谈。他们谈得很愉快，他们的友谊是公开的，但仅限于友谊。他生性好斗，不是一个容易相处的人，他们有时很长时间不来往。美国的艺术学生沃特·盖伊非常钦佩德加的作品，并接受过他"许多好的建议"。后来谈起德加时，说他是一个极难理解的人，"他非常难以相处，非常聪明，但他的聪明带刺"。

　　多年之后，路易西娜·爱尔德·汉弗美尔问玛丽，德加是什么样的人，她回答说："噢，亲爱的，他糟透了，他会瓦解你的意志。"

那么，他们是怎么相处的呢？

"噢，"玛丽回答说，"我是独立的……喜欢工作，有时他在我的铠甲上找不到一个缝隙，这让他恼火，有可能几个月我们两个都不想见对方……"尽管德加对她的影响很大，但她从未成为他的信徒。他画芭蕾舞演员、洗衣女工、巴黎餐厅的场景和赛马，而她绘画的主题很少超出她个人的圈子。

1877年秋，玛丽找到了创作的主题，她的母亲、父亲和姐姐都回到了巴黎，要和她一起搬进一所新公寓。卡萨特一家废弃了费城的家，来巴黎定居了。原因和萨金特一家选择自我流放生活方式相似，面对收入的减少，他们希望来巴黎能让钱支撑的时间更长久些。和人们常常的所料相反，当时和后来，玛丽没有从家人里找太多的创作题材。他们家搬来巴黎的另一个原因是姐姐莉迪亚的健康，这成了全家关注的焦点。

父亲、母亲、莉迪亚和玛丽搬进了在蒙马特高地下面的特鲁岱大街13号的一座六层的公寓，离希利的住处不远。凯瑟琳·卡萨特在给孙子的信中写道："你知道我们住得相当高……不过我们房子都有阳台，从那里我们可以越过对面的房子，看到美丽的景色！"巴黎是一个"视觉的奇迹"，罗伯特·卡萨特写道，他的最大乐趣就是一个人进行长长的漫步。

玛丽总是和母亲很亲近，她很喜欢有母亲在身边。路易西娜·爱尔德·汉弗美尔写道，玛丽的母亲读了很多书，善于言谈，"对很多事情都感兴趣，说起话来比卡萨特小姐更让人信服，更有魅力"。为了给母亲找点儿事做，同时也是因为分别这么长时间后互相的亲近和了解，玛丽让她母亲坐下来，给她画幅像。1877年冬天，玛丽就开始了这幅开始让她成为印象派画家的肖像创作。

画的背景完全是私人空间，很显然她母亲很随便舒服地坐在一把软椅上，在读《费加罗报》，戴着深色贝壳夹鼻眼镜，穿早晨的白色居家便装，椅子上罩着的是有花图案的印花棉布。在左后面，是一面镀金框的大镜子，这是印象派画家最喜欢画的东西，也是玛丽反复使用的。

这和正式的学术派画风正相反，对象并没有放在传统的黑色背景之中，人物也没有直视观众，她在忙于别的，在想着别的。她可以是任何人，而且似乎根本不知道周围有别人。

标题上也不写明被画对象的姓名，这幅画就叫《读费加罗报》，让人钦佩的是画得那么真实，那么不做作。一位美国艺术评论家写道："看到一个穿着普通服装的普通人被画成这样，是一件令人愉悦的事情。我们想任何人……都不会不喜欢这幅绘制、明暗、剖析和构图都很好的画作的。"凯瑟琳·卡萨特本人十分高兴，觉得画上的她要年轻10岁。

玛丽有工作和家人，没有多少时间顾别的。她有了比以往更多的顾客和欣赏者。玛丽的父亲在把妻子凯瑟琳的画像运到儿子亚历山大在费城的住处时，写了一个便签："这里的人们对画的评价意见一致——好。"

姐姐莉迪亚同意来当下一个模特，玛丽准备了一系列画像的第一步——莉迪亚在读报、莉迪亚在喝茶、莉迪亚在公园编织、莉迪亚在织锦架旁工作，背景都是私密、家庭、幽静、安全、安静的，没有一点儿外面的世界。

自从搬到巴黎之后，莉迪亚的身体越来越差。1878年，巴黎的医生说她可能得了肾小球肾炎，肾慢慢衰竭下去，但没有确诊。她母亲写道："医生把我们吓傻了。似乎发现病因比治好病人更难……"很多时候，莉迪亚情绪低落，不想出去。在她感觉好些的时候，她让玛丽给她画像，这让她感觉自己有用。和母亲一样，和她在一起也让玛丽快乐。

玛丽也在画一个身着白色晚会礼服的小姑娘，躺在一个蓝色布艺扶手椅中，看上去对周围的事情一点儿也不感兴趣，甚至也不理躺在她旁边椅子上的一条小狗。她是德加的一个朋友的女儿。德加对玛丽的一切还是很感兴趣。在这幅画上，他建议她如何处理背景，"甚至对背景进行加工"。她后来承认，这为她的作品增色不少。

这一家人几乎完全按自己的节奏生活，不管巴黎不巴黎，他们的生活没有多大变化，和他们在费城一样。他们对巴黎的社交不感兴趣，对任何社交都不感兴趣。玛丽对这些没有耐心，他们在这些场合不舒服。他们和平时一样生活，凯瑟琳在写给儿子亚历山大的一封信中说："我们……不认识任何聚居在这里的美国人，按常规，在家我们也不想认识他们……"至于玛丽的法国印象派的朋友，只有德加和贝尔妲·莫里索和他们有交往。

就像在萨金特的家里，除约翰之外别人都不做什么事情一样，卡萨特一家人除了坐着看看书报，或给玛丽当画像对象，或出去散步之外，也无所事事。而玛丽则努力工作着，心甘情愿地工作着，她后来说："为了名和利。"

四

埃利胡·沃什波恩尽职尽责地做了8年半的美国驻法大使，觉得该让位了。他在这个位置上服务的时间比谁都长。妻子阿黛乐的身体不好，在皇后大道上的房子的租期也就要到了。新总统鲁斯福特·B.海斯就任了。

沃什波恩递交了辞职申请，于9月10日携全家人告别巴黎。不久前，他让乔治·希利给他和阿黛乐画了像，并付了希利佣金让他再画一幅尤利西斯·S. 格兰特的画像，这位前总统现在开始到世界各地旅行，两个月后到巴黎。

沃什波恩在回忆录中简单地写道："经过了到纽约的一次很好的旅行，我们到了以后就是家的芝加哥……"

不出所料，格兰特将军和家人的到来引起了不小的轰动，尽管很难和"拇指将军汤姆"或乔治·坎特林及印第安人引起的轰动相比。前总统、他的夫人朱莉娅和儿子杰西下榻在旺多姆广场的布里斯托宾馆。他们受到了法国总统麦克马洪在爱丽舍宫的招待，还有新任美国大使爱德华·诺亚斯的招待，听歌剧、在王宫和沃斯购物、在林荫大道和公园散步。应法美联合委员会的邀请，他们去了夏塞尔街戈蒂埃公司的加日工作室，参观了巴托尔迪先生雕像的制作。

格兰特写信给国内的朋友，同意说巴黎美丽，但不能想象在这里生活："我就不明白为什么那么多美国人一年年地住在这里，满足于什么也不干呢？"

他在希利那里的画像进展顺利，格兰特在 10 年前曾让这位画家给他画过像，很愉快有他相伴。和往常一样，希利一边聊天一边工作。格兰特得知希利最近给雷翁·甘必大画过像，表示有兴趣见见他。希利在家给他们安排了家宴。他后来写道："这两个人的对比太明显了。"

格兰特是典型的美国人的方形头，意志坚定，红胡子中掺杂着灰色，他手势简洁，沉默寡言；那位法国人有着南方人的神采飞扬的神态，他的手势、机敏的回答和宽阔的脸庞上丰富的表情……他们一看就是两个国家典型的代表。

格兰特不会说法语，甘必大不会说英语，单他们互致的问候就够希利的一个女儿忙个不停地翻译了。

格兰特在巴黎待了五周，12 月初又上路了。从一个国家首都到另一个，又旅行了一年半。

圣诞节这天，巴黎下了冬天的第一场雪。

第十二章　法拉格特

整个的灵魂都在他的艺术里。

——奥古斯塔·赫马·圣高登斯

一

奥古斯塔·赫马，一个来自马萨诸塞的罗克斯巴里的艺术学生。她曾在罗马生活过，把主要的时间都花在巴波利尼博物馆，临摹经典作品。她遇到奥古斯塔斯·圣高登斯的时候，与他相爱了。

四年之后，1877 年夏，这对新婚夫妇在巴黎搬进了佩莱尔大街一个很小的公寓。奥古斯塔写信给母亲："我们买了一小块波斯地毯，花了110 法郎，合 22 美元。现在我们觉得小客厅漂亮多了，上周六我们贴了壁纸，现在在给地板打蜡……"

丈夫一心一意地要在巴黎生活，奥古斯塔跟母亲解释说，这里的"艺术潮流"要强于任何地方，而他的"整个灵魂"都在他的艺术里。

刚安顿下来，她就和他一起去他的新画室绘画，或帮他干活。其他的日子她去卢浮宫临摹，就像在巴波利尼博物馆一样。

她二十几岁，人们叫她"古熙"，身材高挑苗条，算不上娇小，可以说很有魅力，大大清澈的蓝眼睛，微笑时，脸上放出光彩。她父母把她和一个弟弟送出国，到意大利去追寻她的艺术梦想。（这个家族的血液里似乎流淌着对艺术的热爱，温斯顿·赫马是她的大堂兄。）不过，去欧洲也是由于健康的原因，她不时困乏，精神抑郁，并随着耳聋的越来越严重而加剧。耳聋也是她家族的遗传病。她的父亲托马斯·赫马早年曾写过，看着古熙耳聋越来越重却不知如何来帮她是多么的痛苦。她写信说，自从见到了她的"圣高登斯先生"，她的听力虽没有什么好转，不过她的健康似乎改善多了。

她越了解他就越喜欢他，还沉浸在他们早期的浪漫情怀中。家里人不知道雕塑家的工作室是什么样子的，工作是如何进行的，看到雕塑作品是怎么一个"完美的奇迹"。不过他们应当知道他的长相。

中等身材，不高不矮，蓝眼睛，高鼻梁……不英俊也不丑，第一次见不会觉得他特别有才。不过你越了解他，你就会越喜欢他，他是一个我从未遇到过的正直的人。

她在 1874 年 2 月 8 日给母亲的一封信中写道："圣高登斯先生非常爱我。"并在信上标上了"私密"的字样。

"现在我告诉您他是什么人。"她接着解释说，他父亲是纽约的一个法国鞋匠，很穷，但是她的"圣高登斯先生"除了名字还有法语说得很流利之外，却没有什么"法国气"。她强调说，他通过自己的努力在事业上取得了多么大的成就，并告诉父母，他是如何 13 岁就去雕刻店干活，后来成功地被美术学院接纳。她描述了他在罗马的岁月，在那里以小雕刻为生，还有他所作的海华沙的雕塑，以及受到的赞誉。

她写道，纽约已经有些最有影响的人物对他的事业感兴趣了，他最后的成功似乎没有什么问题。她觉得他26岁，也许27岁。

他在艺术方面受到的教育很完善，但说话偶尔会出错。不过他从里到外都是一个绅士，很内秀。他对我的态度正是一个高尚的男人所应有的，我已经告诉他我喜欢他了。他没有让我对未来有什么许诺，因为他两年之后才能考虑这个问题。当然没有您和父亲的同意，我是什么也不会做的。

在结尾时她又补充道："我没有像别人所说那样，'死命'地去爱，但一旦我觉得应该的话，我会的。"

她在另一封标有"私密"的信中说："我确信，唯一可能反对他的理由是，他父亲是法国人，他母亲是爱尔兰人。不过母亲，他本人只是美国人，从骨子里是美国人。"

对于她新英格兰新教的父母来说，法国父亲和爱尔兰母亲，那么这个年轻人很可能是罗马天主教徒，但古熙的信中没有提到这方面的事情。不过，让他们放些心的是，她觉得他既是绅士，又是美国人，这些品质就够了。

这段时间他给她写过什么信，都没有保存下来，也许这些信和其他的东西一起在后来工作室失火的时候烧毁了。在几年之后，在一次一反常态的对私生活大爆料中，他在回忆录里提到在见到古熙之前，他和五个女人有过恋情，第五个是一个名叫安吉利娜的"漂亮"模特，他想和她一起私奔到巴黎去，不过她"聪明地拒绝了"。

他不愿意写信，在几封写给古熙父母的信中，他清楚地表达了他对他们女儿的高尚而认真的情感。他直接地概述了他迄今之前的生活，并表明了他对自己工作持乐观态度的理由。在结尾时他说："我会有光辉的未来和美好的开端。"

　　如果成功了，有你们的同意，我就会立即向赫马小姐求婚的；如果不成功，我就会推迟，直到……我能保证我们将来的幸福……我请求你们让我来关怀你们的女儿，不过完全不限制她的自由，对她无任何约束。

　　他给她雕刻了一个订婚戒指，自己买了一顶新的丝绸高帽。这是第一次，"热情高涨"。他戴上帽子"立即步行冒雨穿过西班牙广场，没有打伞"去看她。

　　她告诉母亲："你们应当习惯家里有一个古斯和古熙，听起来怎么样？……"不过她父母清楚地表示，直到他得到了一个重大作品的佣金，才会同意古熙嫁给他。他目前还没有得到这个。

　　他们当然关心她的幸福，不过同时也关心她未来的财产保障。他们曾很富裕，但由于托马斯·赫马在商业上的"不顺"，生活水准大大降低了。当然，他们随时会伸出援手的，但数目有限，古熙完全理解。

　　1875 年，圣高登斯离开了罗马，返回纽约。就像第一次一样，他又乘坐了最低等舱。在路上，他从电报里得知，他的母亲去世了。这是他第一次巨大的悲痛，是他一生中最痛苦的时刻。一种心痛，他说："像火一样。"

　　他在十四街和第四大道交汇处的德国储蓄银行大厦租了一间寒酸的小工作室，也可以在那里睡觉。他父亲的家里太挤了。

　　听古熙说在波士顿公共公园计划给查尔斯·萨姆纳塑像，要竞招，他决定试一试。但是他的作品遭到了拒绝。（被选中的雕塑师是托马斯·保尔，他以前雕塑过那个公园门口乔治·华盛顿骑马的雕像。）

不久以后，圣高登斯得知了有计划要在纽约建一个纪念馆，纪念海军上将大卫·格拉斯哥·法拉格特——名言是"去他妈的鱼雷"，内战时莫比尔海湾战役的英雄，这一战役导致了新奥尔良的投降。据说已经组成了一个塑像挑选委员会，纽约市拿出了9000美元。圣高登斯立即申请了，并和任何他认识的并可能会为他说上话的人联系。

要给法拉格特这样的人塑一个铜像可不是简单的事情。这位海军上将的经历很丰富，自从美国海军创建时就开始了，战功卓著。他是一位海军军官的儿子，10岁时随海军出海，甚至12岁就曾短暂地指挥过一艘被俘的舰船。他在轮船上生活，不到20岁就到过了世界大多数的地方。

他知识丰富、聪明，没有上过正规的学校，却学会了法语、意大利语、西班牙语和阿拉伯语。最重要的是，他勇敢。内战爆发时，他已经在海军服役近50年了。得到了让新奥尔良投降的命令之后，他命令这支最大的舰队挂上美国国旗。战争结束时，他是第一位美国海军得到名副其实的上将军衔的人。

圣高登斯给古熙的母亲写信说："我已经制作了两个模型，一个大型素描和一个石膏像。在我看来，拿到这笔佣金的可能性很大。"

他的事业和他的婚姻都靠它了，最后他得到了。

他在签合同时先得到2000美元，完成泥塑后得到3000美元，铸成铜像时得到2000美元，把塑像运抵纽约时得到2000美元，总共是9000美元。在后来的一个账本上，他记录道："1877年6月1日我结婚时，手头有2821美元。"

他和古熙在她的家乡，罗克斯巴里的温斯洛普大街举行了婚礼。两天之后，他们坐上了汽船"阿比西尼亚号"，到巴黎去度蜜月，并开始法拉格特塑像的工作。他们这次乘坐的不是下等舱。

古斯觉得这个工作得在巴黎完成，并不是因为这里的"艺术潮流"，而是因为在这里雕塑作为一种艺术形式比在美国国内更受重视，这里熟练的工匠很多，有石膏制模工、铸造工等。他手头的工程比他做过的任何工程都大，更富于挑战性，需要得到最好的帮手。

二

古熙是为数不多的在巴黎的一位美国新娘，即使有大量的美国年轻人在这个城市，她要尽力适应她的新角色。他懂法语，而她不懂；他熟悉巴黎，她不熟。此时，她在这个城市除他之外，没有一个认识的人。

古熙的健康改善了，古斯说是因为葡萄酒，她觉得真正的原因是心情愉快了。他大部分时间都在凯旋门附近的工作室工作，她也尽量让自己忙碌起来，到卢浮宫去临摹，到大市场去买手套。一天晚上，他们去看歌剧，她惊叹那宏大的楼梯，尽力去想象她听说过的那么多的巴黎社交生活。她给母亲写信说："我希望有人请我们去参加大型聚会或招待会，我会穿上我的结婚礼服……"她在另一封给母亲的信中写道：

> 想一想，这所房子里有 24 户人家使用同一个入口，12 户使用同一个楼梯，我们虽然在这里住了三个月了，但除了对门那家之外不认识任何人。这不奇怪吗？

"奥古一直在绞尽脑汁地想新奇的好主意。"她报告说。

他也抽出时间向她父母写信汇报她的健康状况，拿她日渐增加的体重开玩笑，并表达对他们的经济资助的感谢。他于 1877 年秋天的一天傍晚，这样开头写了一封信："古熙在奋力准备晚饭，我也要奋力写封信。她现在吃得多了，睡得多了，走路多了，说的和……我三年来见过她时一样的多。"

> 您给她写了很精彩的信，最好的就是……劝她："不要过于劳累。"她现在有那种趋向……她想把她所有的时间都填满，我想要修改一下，以便她能有更多的时间绘画。如果您愿意，她现在可以教您怎么做饭，她做的汤是一流的，她烧的鲭鱼是一流的，事实上什么都是一流的……她非常会照顾人的食欲……
>
> 我非常感激您，赫马先生，"非常感激"是太轻的词，不能表达我对您所做的谢意，在我们的经济方面……

第二年春天，他们搬到了一个更大更漂亮的房子里，在一个不错的位置，左岸的赫歇尔街 3 号，在圣米歇尔大道附近，离卢森堡公园不到一个街区，公寓还经过了简单装修。这是他们理想的房子：在楼里的第四层，有不大不小的客厅，高高的法式窗户，两个卧室、餐厅和厨房，楼上还有佣人房和客厅旁边的一个阳台，视野开阔，能看到公园和圣苏尔皮斯教堂。在她给父母汇报这个消息的信中，她还附了一张纸画的布局图。她和古斯几乎不敢相信他们的好运气。

他们另外发现了价格便宜的家具——两把铜饰的路易十六式椅子、一个漂亮的衣箱，还买了"一张漂亮的日本编席"，把客厅里的一面墙从头到脚都贴了起来。

古熙架起了画架，画了两张公寓书房的内景图，抽出时间给家人写了长信来描述她的生活、她对巴黎的喜爱和她四溢的幸福。

> 你们不知道今天早晨（1878 年 7 月 25 日）从我们的窗户
> 看出去景色有多美。空气清新，一切都那么可爱。我在阳台上
> 照料我的植物，就像父亲照料他的梨树那样。我的天竺葵出了
> 两个芽，马蹄莲长出了新叶……

奇怪的是，别的美国人送来请柬，邀请参加傍晚的活动时，"奥古"（她这样称呼古斯）总是一个人去，把她留在家里，就像她是"灰姑娘"一样。第二天她就觉得"情绪不高"。这也可能是她自我意识过于强了，对于自己的听力不好和不怎么会说法语太在意了。

古熙的妹妹欧仁（珍妮）·赫马这年秋天来巴黎小住，接着古斯的弟弟路易斯也成了这个家庭的成员。古斯很爱路易斯，从小在纽约时就是路易斯的保护者，不让他受欺负，为他做一切。很久以来，他一直鼓励路易斯也成为一名雕塑师，先教他如何进行雕刻。后来路易斯到罗马去找过古斯，显示了他的勤劳和才华。但是 1876 年 6 月，路易斯失踪了，两年来没人知道他去了哪里。直到 1878 年，古斯突然听说他在伦敦，处境艰难，便立即前往伦敦解救他。

路易斯说他只是和一个美国姑娘结婚了，而她难产死了，他经济有困难，而且有酗酒的问题。古熙同意收留他。她妹妹珍妮写道，路易斯被"藏进"了楼上的佣人房里。古斯让路易斯和他一起去工作室干活，很高兴有他帮忙和陪伴。大家对这个安排都显得很满意，包括古熙。她写道，路易斯"当然是家里最随和的人，而且很令人愉快"。

保存下来的父亲贝尔纳·圣高登斯那年秋天寄到巴黎的一封信，是

给他"亲爱的孩子们"的，"让路易斯反思一下他离开我们，不给我们半点消息而给我们带来的焦虑。"他在开始写道。

不过，我原谅你，只要你继续按你所说，沿着你自己标定的未来道路前行。因为，亲爱的孩子，我要告诉你，只有在工作中你才能找到灵魂和思想的平静。这是我们幸福的唯一源泉。通过工作，上帝给我们的灵魂以力量和智慧，别的什么也不能取代……

古斯的前所未有的工作需要更大的空间。他在左岸田园圣母街49号租用了一个像仓库一样的大工作室。田园圣母街是一个越来越大的美国艺术家聚居区。他发现如果从卢森堡公园穿过，他从公寓到工作室只需不到20钟。

画家在创作大型壁画时很少需要别人帮忙，使用的工具和材料也有限，只有油彩、画笔、调色板和画布；而雕塑家，特别是进行纪念性工程的时候，需要大的空间，以便让别人能插上手，还有各种各样的泥土、一袋袋的石膏、梯子、脚手架和工具。雕塑家的工作室就是一个车间。

新的工作室原来是一个公共舞厅，上面有14扇窗户，每个10方英尺，光线充足。不过，古斯还是让把所有的地方都刷成白色——屋顶、墙壁、木器，以增强光线效果。对于那些空房间，他告诉他的一些要好的画家朋友，可以在原来乐队使用的乐池里高高架起画架。其中一个朋友，麦特兰·阿姆斯特朗，对古斯的工作状态很感兴趣："圣高登斯工作时，一会儿发出一阵欢呼，一会儿发出叹息。"有时有人会唱起歌来，别人，特别是古斯，就会加入进来，一起引吭高歌。

在法拉格特的塑像制作上，除了弟弟路易斯之外，古斯还雇用了威尔·娄。娄也成了他家晚饭的常客。正如古熙对她妹妹珍妮所说："他一分钱也没有。"

她记账，记录了各处的开销，仔细记录了古斯给了路易斯多少钱，还有借给像阿尔弗雷德·加尼埃这样的老朋友多少钱。一条记录写道："古斯借给加尼埃 5 美元；古斯给了路易斯 5 美元；工作室零碎花费 2 美元。"

她每月付房租 350 美元，工作室租金 465 美元。也记录了加尼埃和其他人还钱的情况。

法拉格特雕塑是古斯的中心，也放在了工作室的中心。除此之外，他还忙于一些小的泥塑浮雕，另外还有一件重要的工程在进行中。

在离开纽约去往巴黎之时，他被请去在建造波士顿的新三一教堂中帮忙。被选中的教堂设计者，建筑师亨利·郝伯森·里查德森把教堂的内部装饰交给了有才华的艺术家约翰·拉法格，他转头又请圣高登斯来帮忙。里查德森也是巴黎美术学院的毕业生，正在成长为一名美国最优秀的建筑师；拉法格也曾在巴黎学习，尽管时间不长。圣高登斯很乐意有机会和他俩一起工作。（他后来说拉法格是"我所接触的人中最懂得如何鼓励人努力向上的人"。）在圣高登斯出发去巴黎的前夜，拉法格请他给纽约的圣托马斯教堂做一个祭坛影壁，一个高浮雕天使墙面。现在这个工程也占据了他巴黎工作室的很长时间。

还有两个为三一教堂工作的重要人物也成了圣高登斯的朋友，他们是建筑师查尔斯·麦克吉姆和斯坦福·怀特。这两位都二十几岁，在里查德森这里干完活之后，麦克吉姆开办了自己的公司，怀特去周游世界。圣高登斯喜欢这两个人，特别是怀特。他快乐幽默，对艺术、建筑、音乐有着无拘无束的爱，就像他的精力一样永无止境。

怀特在纽约长大，艺术、音乐和书籍包围着他，父亲是公认的莎士比亚权威、作曲家、大提琴演奏家。小时候，怀特就在绘画方面表现出了特殊的才能。拉法格是这个家庭的朋友，经常缺钱，他提醒说，艺术家可能自己很难养活自己，建议怀特从事建筑。于是，19 岁怀特就去里查德森那儿当学徒。

怀特和古斯第一次是在纽约相识。一天怀特正在爬德国储蓄银行大厦的铸铁台阶，听到一个高亢的男高音在放声高唱贝多芬舒缓的第七交响曲。他决定弄个明白，于是在古斯的工作室见到了古斯。

和查尔斯·麦克吉姆的友谊开始得要稍晚一点儿。按照圣高登斯的说法，是"对冰激凌如饥似渴的热爱"让他们到了一起。

1878 年初，听说怀特计划到欧洲旅行，圣高登斯写信说他正"勤奋"地干着法拉格特这个活儿，但他雕刻的人物的衣服缺乏吸引力让这个工作难以迅速进行。从雕塑家的眼光看，圣高登斯不喜欢现代式样的衣服，他只做了帽子、剑、望远镜、腰带和扣子。他叹息道："你过来的时候，我想和你探讨一下基座，也许可以做点儿什么。"

怀特很快就有回音了："希望你让我来帮你设计法拉格特的基座……那样我就出名了，即使是坏名，会因为给好的雕像设计一个不好的底座遭人骂的。"6 月，怀特说他已经上路来巴黎了，麦克吉姆也来。

他们在 1878 年仲夏时分到达。在雕塑家拥挤的"舞厅工作室"进行了长谈之后，非常高兴地和古斯夫妇及朋友们去了卢森堡公园旁边的法约餐厅聚餐，看了萨拉·贝恩哈特主演的莱辛的《菲德尔》。他们成功地说服了古斯，该休息一下，和他们一起去法国南部旅行。

古斯也想去，他后来写道，在怀特没来之前，"生活中没有什么冒险的东西"，而这些冒险是他学生时代喜欢的事情。古熙也鼓励他去，似乎她唯一直接拒绝过他的事情就是他想买一条狗。

他们说这次探险的目的是沿罗讷河去看哥特建筑和罗马建筑。她告诉母亲说："这其实是工作旅行。"他们旅行不到两周，坐三等车厢走的。

于是，古斯写道，这"三个红脑袋"就上路了。（怀特除了浓密的红棕色胡子之外，还有一头剪短了的红发，像刷子一样直立着；虽然麦克吉姆头顶上没剩多少头发，头发也是红色的。）他们的路线是从巴黎坐火车去第戎、博恩和里昂，然后从里昂坐船沿罗讷河到阿维尼翁、阿尔勒、圣吉尔和尼姆，接着掉头北上，坐马车越过山区，到朗戈涅、乐布，再到布尔日、图尔和博卢瓦，取道奥尔良回巴黎。

怀特在给母亲的一封信中描写了第戎很干净，令人愉快；博恩除了城镇本身漂亮外，还可以说是出"美酒和美女的地方"。更让人高兴的是沿着罗讷河顺流而下，船是一条侧轮汽船，有一个高高的烟囱，在运河船的基础上改建的。"有275英尺长，不到20英尺宽，"怀特写道，还画了一张图，"船上载大约200名乘客……"

阿维尼翁有古阿维尼翁桥的遗迹，还有巨大的教皇宫，可以追溯到封建时代，这是河上最引人注目的景点。几年之后，圣高登斯回忆，到达阿维尼翁天已经黑了，他走在窄窄的街道上，听到"贝多芬一首奏鸣曲从一扇开着的窗户里飘出，荡漾在夏季的夜空……"

斯坦福·怀特认为圣吉尔教堂12世纪的门楼是"法国最好的建筑"。后来，他在设计纽约巴塞洛缪教堂的门廊时，就从这个门楼得到了灵感。在尼姆，他们参观了可以容纳两万人的罗马大竞技场。怀特写道："我们坐在最高一排，想象我们自己是古罗马人。"圣高登斯和麦克吉姆坐在座位上的时候，怀特走了下去，跑到了竞技场中央"摆了个姿势，开始演

"讲"，沉浸在了角色之中。他开始向想象中的角斗士刺杀，结果被守卫人赶了出来。

离开了尼姆，他们坐马车出发越过山区去了乐布——法国最高的城镇，海拔 4000 英尺，然后继续前行到了勃艮第和卢瓦尔河谷。8 月 13 日，他们回到了巴黎。古斯觉得他们乘坐三等车厢所学的东西比从所看的建筑上学到的东西更多。

为了纪念这次一起探险，古斯制作了一枚仿罗马大奖章，直径 6 英尺，上面刻着他们三人各自的浮雕漫画，周围用仿拉丁文文字刻了颂词，中间是建筑师的大丁字尺，底座上刻着字母 KMA，据信是"亲吻我的屁股"（Kiss My Ass）的缩写。古斯把两个铜制奖章给了两个朋友，自己留下了第三个。

古熙向母亲汇报说，古斯进行了"非常成功的旅行"，"他觉得从他的建筑师朋友那里学到了很多"。

圣高登斯回到了法拉格特塑像的工作中，怀特去了他的工作室，帮他策划基座。有一段时间，怀特就在他们的公寓过夜，直到自己找到房子。麦克吉姆只盘桓了一小段时间，就回纽约去了。怀特又出发去看了法国其他的地方，回来时带了他的风景速写，有房子、街景、大教堂内外景。之后又去和圣高登斯一起工作，这是他们一起合作的开端。后来他们一起合作了 20 多个工程。

古熙看起来很欢迎怀特，她告诉母亲："他是我见过的一个最好的人，古斯说他非常有才气。"不过，怀特对她的看法不大一样。他写信告诉他母亲，他喜欢回到巴黎："我每次见到圣高登斯时拥抱他，就像拥抱一头熊，如果他的妻子漂亮的话，我也会拥抱她的，但她不漂亮，所以我没有拥抱她。"

　　不过她非常善良，请我吃饭，帮我补衣服，做各种事情。
她是一个活跃的衣服架子，有点儿聋，是一个较土气的北方佬。
我找不到合适的词来说她，命运为什么给这样的一个男人套上
了这样一个女人的羁绊，只有天知道。不过她对我很好，我这
样说她应该有愧。

他觉得古熙的妹妹珍妮要漂亮得多。

古熙对古斯和怀特他们去社交也表现出了非凡的耐心。她向父母汇
报，一天晚上，他和另一位喜爱交往的美国人——威廉·邦斯，去了歌
剧院的假面舞会，直到第二天早晨6点半才回家。"她头痛，我从她那儿
拿过这张信纸，我想她不写别的了，"古斯写道，"我写满这一页，封上
信封，古熙就不能在里面加东西了。"

她又开始了另一封信："我在工作室里写信。"奥古在水桶那里洗
手，和朋友说话，怀特在品尝他午餐的面包，她坐在桌旁写信。

　　法拉格特塑像的模特刚来了两天，现在正去帘子后面穿上
法拉格特的衣服，戴上佩饰，要站到奥古经常工作的架子上。
奥古和怀特先生还在忙于基座……那将设计成是一个高高的圆
形石头座。

她然后画了一张基座的小图。"请先不要告诉别人，这还没有最后
决定。"

怀特写信给他母亲说："你想知道我每天是怎么过的吗？"他9点半在房间中被佣人叫醒，然后再在床上待半个小时，起来去赫歇尔街3号吃早餐——"按门铃五次，这是我个人的门铃信号。"

把咖啡、鸡蛋和麦片吞下之后，我们就立即出发去工作室，我们两人各自干各自的工作。然后是午饭时间，对于圣高登斯，这很简单，他吃着他妻子送来的不可口的饭菜。对我来说，则大不一样，我像一个国王一样去买来我的午餐，花20美分，一般是这样的：油煎猪肝糜；带骨鸡肉，或沙丁鱼，4美分；两个烤得很好的小面包，2美分；一盘布丁，3美分；一小块瑞士奶酪，5美分；还有大约5美分的葡萄酒⋯⋯

然后我们再工作，到天黑——现在大约是5点钟，休息。

尽管工作很艰苦，古斯和古熙还经常和别人一起去娱乐。他们出去吃饭，偶尔参加社交活动，也去听歌剧。

古斯还一如既往地喜欢歌剧，不过他更喜欢话剧。舞台上的表演、舞台效果技巧——服装、灯光、布景，都对他很有吸引力。他喜欢看演员们表演，想象自己处于他们的位置。如果他能做一个和现在不同的人，他会说，愿意做个演员。他后来写道："我相信，如果我能克服自我意识的话，我会是一个很好的演员。"如果不当演员，就当一个剧作家，那可能会更好，他想。他会说："创造人物，描写各个阶段的情感，展示各种观点，用人物来揭示命运。"

我什么都考虑，这样我可能会两面都同情，都反感，有时候我觉得这是缺点，后来我又觉得这是优点。如果我是剧作家的话，我就会很好利用这一点的。

古熙的体力不好，法语水平不高。她觉得法语太不好懂了，很少跟他去看戏。不过，她似乎在乔治和路易莎·希利举行的一次晚会上感觉很好。"我们去希利先生家参加舞会，真的很喜欢。"她向母亲汇报。

古斯和希利多长时间见一次面，他们可能谈了什么，很遗憾都没有记录。他们两人当然有许多共同之处。不过，他们是否谈论过彼此从波士顿和纽约卑微的起点，早年在巴黎的学生生活，或是南北战争和他们的偶像，这些都一无所知。

古熙对巴黎越来越喜爱，这是显而易见的："我每次出去，都越来越喜欢它了。"

除了希利之外，他们也见到了其他有名的美国人，有波士顿三一教堂的牧师菲利普·布鲁克斯和马克·吐温。马克·吐温又和妻子一起回到了巴黎。他们记得在一次赫歇尔街 3 号的聚餐上，吐温一支接一支地抽黑雪茄，最后问了一句："什么是艺术?"这是大家要回家的信号，古斯从不喜欢"谈论艺术"，厌恶艺术理论。

卡洛尔·贝克维斯和约翰·萨金特经常出入他们的公寓和工作室。这两个年轻画家共用的工作室和古斯在田园圣母街 73 号的工作室在同一条街上。古斯学生时期的一些老朋友，像阿尔弗雷德·加尼埃和保罗·彼翁也常露面。

古斯对学生们很感兴趣，特别愿意鼓励那些他认为有希望的人。除此之外，威尔·娄写道，他有一种方式，他的表达就是"让人'看见东西'"，这让他们难忘。娄写道：

他，简单地说，就是认为自己实际上不善于表达；对于那些口头上滔滔不绝的人，他实际上有一种反感，就像一个技艺很高的艺术家对一知半解又喜欢吹嘘的业余人士的那种感觉。

但确实因为他是那么认真的一个艺术家，他的头脑中的图像很清楚，他自己能看到这些图像，然后把它们再表现出来，让别人看见。这些是不能言传的。

萨金特给圣高登斯的印象很深，另外，他喜欢这个年轻人。他们交换了作品。萨金特给了圣高登斯他的一幅水彩画；圣高登斯给萨金特刻了一个小纪念章，上面是萨金特的侧面浮雕像。这是他们互相欣赏的开始，从此开始了长久的友谊。

要在法拉格特塑像上取得"突破"，让其不同凡响，仍然是一件很难的事情。随着圣高登斯对自己的苛求，就变得愈发难了。他对小时候经历过的南北战争记忆深刻，还记得从徽章雕刻师的窗户看出去，看到新英格兰的志愿者走过百老汇大街，唱着"约翰·布朗的身躯"，看到林肯和格兰特，还有从战场上下来的伤兵。他以前写过："我对南北战争中的英雄充满了敬意，我觉得以一种高尚、尊严的方式来纪念他们是我的责任。"

纽约现在是、将来也永远是圣高登斯的家。他知道，法拉格特是纽约的第一个南北战争的纪念雕塑。

3月底，他突发严重的肠炎，发高烧。古熙写道："怀特先生、路易斯和我日夜照顾他。"许多天过去了，他才慢慢恢复到可以在她身旁到卢森堡公园去散步；几周之后，他才能恢复工作。抑郁——他称为灵魂中的"低音"出现了，更糟的是有一种时间在浪费的感觉。古熙告诉她父亲："您不知道他呆着不动有多么难受，有那么多的事情等着他去做。"

这是圣高登斯想过的最大雕塑。神奇之处在于，他开始是一个徽章雕刻匠，完美地掌握了这门精细的技术；而现在，时间并不长，就开始干如此大型的工程，不过徽章雕刻中所学到的"精细"，即使在这样大型的雕塑中，也是用得上的。

他的灵感来自意大利文艺复兴时的雕塑家多纳泰罗雕塑的比真人要大的圣乔治大理石雕像。他在佛罗伦萨见过后就再也忘不了。多纳泰罗是他的偶像，仅次于米开朗基罗。圣乔治的塑像，一个人平静地站立着，已经做好了要面对整个世界的准备，这种效果正是他期望他的法拉格特能够达到的。

在艰巨的任务面前，圣高登斯的内心和他所塑造的对象当时的内心实际是相似的。他常说："孕育一个想法，然后抓住不放。只有坚持不懈的人才能有所成就。"1870 年法拉格特牺牲后出版的纪念文集《军队和海军日志》中写道："法拉格特一旦决定要干什么事情，就是九头牛也拉不回。"

圣高登斯为制作法拉格特塑像，先用陶土塑了一个两英尺高的人像。他的另一条工作原则是："有问题都要在小样品上解决，不要留到大的成品身上。"因此在小样品上必须下大功夫，他喜欢说："整个效果都在小样品上。"

按程序是把这个两英尺的样品放大到真人大小，仍然是泥塑的。不过，这次里面用一个铸铁支架支撑，一旦真人大小的塑像完成，就作为样品，再制作八英尺高的塑像，还是用陶泥塑，不过用更大的支架支撑。

大的陶泥塑像需要进一步的加工，然后用石膏一部分一部分地做成模子，再按照模子铸出石膏像，石膏像再加以修饰，最后铸成铜像。每一步都是一个复杂的过程，除了雕塑之外还有很多工作，需要花很多的时间和精力。

这些工作的对象——大卫·格拉斯哥·法拉格特，圣高登斯从不认识，一眼也没有见过，只有照片和像章作参考，另外还有上将的遗孀和儿子的描述。他私下里还承认："我对大海也不十分了解。"

实际生活中，这位英雄身高约5.6英尺，要把真人大小的泥像制作成大尺寸的塑像，他需要用卡尺测量成百上千次。为此，在塑像旁边要搭一个大型的脚手架，工人们从脚手架上够到塑像的突出部分。

即使有精心计算和用卡尺测量，最熟练的工匠也不能做到十全十美。只有艺术家的眼光和给泥土以生命的强烈愿望，才是决定性的要素，这贯穿几乎每一个环节。

圣高登斯后来写了这个雕塑的"困难"所在，所有需要解决的问题，需要的各种助手、设备，以及产生的垃圾，还有"所有那些想一飞冲天的感觉"。

他解释工作中的延误，说雕塑家的作品需要长时间的雕琢，不能有半点儿疏忽，如果工作中有漏洞的话，简直就是犯罪。他非常怕把雕塑做不好。他写道："要是一张画不好，可以束之高阁；书不好，可以被世人忘记；而铜像是会永久保留的，或者让大众喜爱，或者暴露出我们的愚笨，这些都是不能磨灭的。"

完成的作品应当体现独特的人物个性，不仅仅是做到"形似"就可以了，而是必须表现出那个人的气质。

"法拉格特的腿似乎很不好办。"古熙汇报说，古斯坚持认为法拉格特的腿必须是稳站在大海上的，但怎么取得这种效果呢？有一个纽约来巴黎游览的朋友理查德·沃特森·基尔德，是《斯克莱布诺月刊》的编辑，有点像法拉格特。他同意来摆腿的造型。古斯还是很发愁，古熙在他发病前写道："法拉格特的一条腿一直困扰着他，他已经在上面花了几个星期的时间了，但仍然不满意。"

上将的纽扣、绶带、帽子和佩剑都得和真实的一样，同时也要成为他自然的一部分，就像他的站姿一样。最重要的还是脸。脸和头，和绘画不一样，必须从任何角度看都要合适，整个作品从任何角度看都得合适。

即使圣高登斯病后返回到了工作中，工作的进度也大大落后于计划的时间，花费在不断上升。古熙的父母一直在经济上资助他们，她觉得有必要向他们解释现在的工作状况，工作都需要什么，为什么需要更多的帮助。她有一次直言不讳地说："对不起这么麻烦你们，不过我们必须得有点儿钱，要不然就垮了。"她强调说，仅推泥塑样品车的车轮就得花40美元。

她对丈夫不动摇的信心是显而易见的，她想让家里的人知道他是多么地努力，为工作付出了多少。几乎没人理解他需要花多长时间工作和不断地思考。"他对一直不断（到工作室）的参观者感到很烦，他没有赶他们走，他不是那么……"

1879年5月8日她写道："古斯今天在做法拉格特的左腿。"一周之后，她可以汇报说："奥古斯塔斯……似乎征服了那条让他头疼的腿。"5月30日，她终于宣布："法拉格特有了两条站立的腿了。"不过又说法拉格特仍然让"古斯感到很麻烦，他发现要使自己满意很难"。

到6月，他开始制作上将那摆动的大衣，想让它看起来似乎有风在吹动。古熙看到他把丝绸做上了皱褶，还有那大衣的布，看上去就像真的是丝绸和布制的一样，她很是惊叹。

她越来越高兴——随着他工作的进展，还有他们在一起生活的日子越来越多。星期天，他们在布洛涅森林度过整个下午。就他们两个，采摘野花，坐在树下谈话。她从来没有这样喜欢过巴黎："很奇怪，在这儿生活几年之后，生活变得如此迷人，有那么多要看的和做的。"她给一个朋友画了像，是一位名叫法娄的旅法美国医生的妻子。医生对画像的效果感到非常高兴，也让她给他画一幅。

和斯坦福·怀特一起加工基座的工作还在继续。等到夏天又到了，怀特选择了去意大利，古斯决定也去。医生告诉他需要休息，换换环境。古熙和妹妹珍妮去瑞士的奥克斯城堡游览，等着古斯和她们在那里会合。他8月6日到了那里，给她带了一个漂亮的灯，后来挂在了他们巴黎的客厅。他们和怀特在瑞士又待了几天。

出门的休息对古斯很有好处。她说："（他）感觉像一头狮子。"基座的问题解决了，怀特返回了纽约，似乎一切顺利。

然而，古斯和怀特有矛盾了，究竟是怎么回事儿不是十分清楚，最接近于解释的是后来珍妮妹妹说的。珍妮写道，古斯的"友谊，或者应该说爱，不够"，因为可能有些看不惯怀特的个性和生活方式。

> 早期，怀特的热情、超乎寻常的行为、工作的能力、善良的品质和友情，让他有魅力；但后来，他的好斗、强烈的偏见和有点儿势利，让古斯有些烦……

古斯对衣食不讲究，和在巴黎的学生时代一样。古熙叹息说，他会把衬衫穿到满是破洞。根据珍妮的说法，他开始看不起怀特对食物的讲究。珍妮说，怀特那些天在食物方面"显示了自我放纵"。珍妮回忆起在瑞士过一个山口的时候，怀特坚持要耽搁好几个小时，放下一切，就为品尝一下当地小店中的一些名吃，这惹恼了古斯。

当然，事情不只是这些，不管是什么事情，似乎是在意大利开始的。在后来给怀特的一封信中，古斯说他"对在意大利（所做的）事情感到抱歉"。在回信中，怀特没有要求进一步的道歉："如果（在意大利）有人行为很好的话，是你，我有许多理由应该挨踢的。"

不管矛盾的原因是什么，他们的友谊没有破裂，即使说是淡了一些的话，他们的合作在继续。

还有重大的问题要解决，还没到定最后的高度和地点的时候。

古斯和怀特的通信继续着，有关于使用什么石头来做基座的问题，还有古斯要做两个浮雕天使来代表勇气和忠诚。十四街与百老汇大道之间的联合广场依然是法拉格特委员会选择的最佳位置。圣高登斯也趋向于同意，尽管他有点儿担心这个广场上巴托尔迪塑的拉法耶特塑像的高度。

怀特在纽约到现场去调查，报告说拉法耶特的塑像立起来不到 8 英尺 4 英寸高。他告诉圣高登斯："如果你坚持做到 8 英尺 6 英寸，我想你就没有什么问题。"

怀特觉得再往外一些，在二十三街和二十六街之间第五大道上的麦迪逊广场公园，特别是在二十六街和第五大道的拐角处是更好的地方——"安静而且独特，是大道高贵部分的起点……沿第五大道走过的人流会一下子就看到它的。"他还提醒古斯，戴尔莫尼孔——市里最时尚的饭店就在街对过。古斯明白仅这一点就对怀特有多大的意义。

"那就向麦迪逊广场进发。"古斯回应道。

他和怀特都知道这对纽约来说，以及他们的事业来说有多重要。他调动他能调动的一切力量，给委员会成员、前驻法大使约翰·迪克斯写信说，这座塑像"应该和普通的常规塑像区分开"。

1879年10月14日：……奥古和以往一样地忙碌，心情不佳。除路易斯之外，他又找了三个人在工作室干活，主要是制模工，现在的进展让他焦虑。他们准备放大塑像，昨天他们出了点错，今天就得花一整天的工夫来弥补和纠正昨天的错误。奥古的一位雕塑师朋友说他被它搞得快发疯了，很长时间了，好像没多少进展。我告诉你们这些是想让你们了解这儿的工作。奥古想要用蜡来放大头部，就在这里（公寓里）做。他对法拉格特很用心，现在在加工一边角（给基座）。我希望我能帮他，但似乎除了让家正常运转，保持他的衣服齐整之外，我也做不了什么，路易斯在尽全力干活，不做出点儿什么成就他是不会满意的。因为白天的时间太宝贵了，我们尽量9点就上床休息，6点半左右起床，我不知道将会怎么样，我们要试一试……

11月14日：法拉格特的塑像放大之后看，要比真人大小的那个好看多了。如有必要，现在就可以铸造了，但奥古可能会再自己加工两个月，再铸造。

这种"用心加工"一直持续着，古斯似乎对自己所做的很满意，不愿意就此结束。

古熙分到了任务，给"我们的法拉格特"的袖子上做镶边，这是"纯机械的事情……但花那么多的时间……"

当然，生活中不仅仅是工作，古斯租了一支长笛，古熙租了一架钢琴给他伴奏。她告诉父母，这两件的租金每月才 3 美元。

有时候她在信尾写上几句提气的句子，或者画一个自己的卡通或漫画，把头和胡子画成三角形，长鼻子就是从额头下来的一条直线，眼睛是两个小点。

在整个漫长磨人的过程中，塑像表层的大量陶泥必须保持潮湿，如果干透了，塑像就会裂。1879 年 12 月是自从围城那年以来最寒冷的冬天，巴黎下了一英尺多厚的雪，塞纳河封冻了。他们工作室的担心是陶泥结冰，塑像裂开。于是生了两个大煤炉来保暖，日夜仔细监测室内气温和陶泥表面的温度。古熙写道："可怜的奥古很着急，不知该怎么办，白天很短，光线也不好，他一天没有多大进展。路易斯就睡在工作室，一直看着炉火。"

1879 年 12 月 29 日，古斯在给理查德·基尔德的信中说："我现在脑子里所想的一切就是，带花边的胳膊、腿、衣服、鹰的图案、帽子等等，别的什么也不想，就想那个塑像。"

在同一天给拉法格的信中，他吐露说："我对我所做出的作品什么地方好没有什么概念，有时我觉得好，过一会儿，一般，再过一会儿，就觉得不好了。"

到 1880 年 1 月的最后一周，陶泥雕塑的像基本让雕塑家满意了。所有的都满意，就差一条腿很麻烦。古熙说："法拉格特的一条腿很让他烦，他肯定咒骂过无数遍了。不过昨天，第一次他把腿和裤子做得是那么合适，我去工作室的时候，他在唱歌，我知道，他非常高兴……"

上将直立起来有 8 英尺高，双腿分开，左腿（最让他头疼的那条腿）微微在右腿之后，14 英寸长的大鞋尖直指前方，身体左边悬剑，左边的大手抓着望远镜，比例正合适，颇有英雄气概。

他似乎是站在海上战船的甲板上，头微翘，眼睛直视前方，勇敢地面对一切。双排扣的大衣似乎真的被风吹开了，后摆在风中飘着。在注重袖口上的花边、扣子、腰带和挎剑的剑鞘这些细节的同时，在整体上有一种简洁，蕴含着巨大的内力。尽管塑像的尺寸放大了，看上去犹如活生生的人站在那里，例如，上将没有系上大衣的第三颗扣子。

那张饱经风霜的脸上写满了坚毅，极富表现力，脸上的表情就像充满了力度的站姿一样，让人一看就有一种指挥官的气势。

把塑像铸成石膏像计划于 2 月 9 日星期一开始。古熙从工作室报告说："这里有 19 大袋石膏，还有许多铁条，这些都将铸到塑像里面。要用四天的时间来做模子，然后……铸造石膏像。"

铸完之后，古斯马上就开始加工，做完之后，他向斯坦福·怀特报告说："觉得好多了。"

现在允许一些报纸的记者来看一看，大家都心知肚明，在塑像完成之前什么评论也不能发表。"我从未见过这么好的塑像，在法国也没见过，"《纽约世界》的记者立刻写了出来："塑像完美自然，看起来不像是泥土雕塑的，而是有血有肉的人。"这是第一篇夸赞的评论，但古斯很恼火记者在这个阶段就发表评论。

几天之后，已经做好了一切，准备要进行下一步了，结果出现了事故。在把塑像从脚手架上移动的时候，它滑了下来，重重地摔在了地上，把那条让人头疼的腿又摔裂了。有 20 人在用绳子和滑轮移动它，似乎谁都没犯什么错。古熙在信中解释说："它实在是太重了。"圣高登斯和其他人抓紧工作，修复了摔坏的地方。

让大家都高兴的是，天气一下子好像成了夏天。古熙写道："天气晴朗，万里无云，所有的植物泛出了新绿……每一扇窗户……整天大开……巴黎的春天似乎还没有这样过。"古斯"为他的塑像感到高兴，非常高兴……"

古斯决定把法拉格特的一个石膏像和五个浮雕交到巴黎艺术品展览会上。有一小段时间，在进入展厅之前，雕像暴露在了室外，古斯是第一次在室外看到自己的作品。古熙写道："他感觉非常开心，说他现在知道了，自己做得不错……"

他参展的作品获得了好评，法拉格特尤其得到了法国评论家的高度赞誉。圣高登斯记了下来，《两世界杂志》的埃米尔·米歇尔写道："美国人有大胆创新精神，法拉格特的塑像就表现了这种精神。"《艺术》的保罗·勒卢瓦说："塑像是水手的化身，其制作已经好得不能再好了。"

到了 5 月中旬，石膏像准备运到有名的格吕艾特铸造厂进行铸铜了。圣高登斯觉得这个过程十分重要，所以他坚持亲自指导整个过程。古熙告诉父母，花费是 1200 美元，她要和他一起去铸造厂观看："你们知道，这是让人兴奋的……"

圣高登斯参与了铸造的整个过程，每天心惊胆战。两周之后，塑像的下半部在铸造时又出了问题，又得重新来，又额外多了不少花费。到最后整个铸造完毕，塑像完全铸上了铜，像圣高登斯希望的那样，整个外表完美无瑕，上将的扣子和肩章发出了微微的亮光。

最后的成品——8 英尺 3 英寸长、重 900 磅，小心地包装起来，通过铁路运到勒阿弗尔，装船运到纽约。这是到那时止，从法国运来的由美国人制作的最大的铜铸雕像。

到仲夏，一切就绪，古斯和古熙出发回国。

三

9 月 29 日，一个男婴在罗克斯巴里出生了，洗礼时用了外祖父的名字取名为赫马。接下来的几个月，古熙和孩子待在娘家，圣高登斯急忙在纽约找了一个工作室，集中精力加工法拉格特的基座。

经过和委员会在经费问题上的激烈争论，古斯和怀特商定，基座加塑像共高出地面 9 英尺。基座包括一个高高的微带弧度的石头面延伸到左右，这样塑像放上去就好看了。上面还要刻两个象征着忠诚和勇气的浮雕人物，再加上海浪和鱼的背景。整个的基座是用哈德孙河的蓝色石料制作，想用这种石头的天然颜色来突出海洋的主题。同时还刻上了一篇纪念上将的铭文，由怀特的父亲执笔。

代表忠诚和勇气的人物浮雕本身就是分量不轻的工作，路易斯·圣高登斯也参加了。她们是坐着的，和法拉格特本身一样大，美丽而不加修饰的双胞胎姐妹，胳膊伸出 3 英尺。勇气的脸上多了几分坚毅，身着铠甲，而忠诚则是半袒胸脯。这样的基座在纽约，乃至在美国都很少见。

"昨天我干了整整一天，今天也是，希望两个星期左右完成勇气和忠诚。"圣高登斯高兴地从纽约给"亲爱的古熙"写信，"他们已经开始刻鱼了，看上去很好。给法拉格特做基座的蓝石是开采出来的最大块的。"

他逗她说："我告诉过你吗？这里有许多的美女，比法国要多得多，她们都有漂亮的胸部。"然而是谁作为忠诚和勇气的模特不得而知。

在信的结尾他问候了孩子"宝贝"："他还是小皇帝吗？"

1881 年 5 月 25 日，在麦迪逊广场举行了庄严的揭幕式。

海军军乐队演奏着进行曲，海军士兵列队行进。纽约著名的律师和演说家约瑟夫·H.考伊特发表了纪念上将的长篇演讲。10000 人在炽热的阳光下参加了揭幕式。

在演讲台上坐着 45 位"贵宾"，有法拉格特夫人、市长、州长、教堂的主教、海军上将、将军和委员会成员，还有雕塑家圣高登斯和他的夫人。这是他第一次在公共场合露面，就在他的家乡。

纪念雕塑取得了惊人的成功，评论家激情洋溢，整个艺术节感到了震撼。《纽约时报》欢呼法拉格特的诞生，标题上写着：美丽出色的艺术作品——圣高登斯先生的胜利。

> 法拉格特就和其本人一样，安静、率真、严肃、认真地履行职责。其英雄气概一点儿也不做作……雕塑的最大特色就是没有"雕饰和浮夸"，无论是在人物神态上还是衣着上。即便不是百分之百的质朴和真实，也做到了平凡中见伟大。

基座上的人物浮雕，忠诚和勇气可以位列美国雕塑精品之列，《纽约时报》继续说："面部自然……精雕细作，功力稍弱之人绝对无完成之力。"

《纽约晚邮报》的评论说，上将那不可战胜的气质"显示在了雕塑

387

的脸上"。雕塑作品让人感到其不是艺术作品而是有血有肉的人。"观众们感受到的不是铜、不是雕塑，而是上将本人。"

理查德·基尔德在《斯克莱布诺月刊》上写道："严峻、大气，而且精细……充满了尊严和含蓄的力量。"他一点儿也没提他曾给塑像做过腿的模特。他还写道，圣高登斯的作品可以称为是"新的多纳泰罗"。这一定让圣高登斯很高兴。

赞扬来自四面八方，最让圣高登斯感动的是那些来自同行艺术家朋友的。麦特兰·阿姆斯特朗也从巴黎回来了，写道，这个塑像让他惊叹："看到这样一个新东西让人感到青春的热血又回来了，令人觉得生活还是有价值的。"

揭幕式几天之后，大约半夜时分，圣高登斯、古熙还有一个朋友从一个聚会上步行回家，走在了第五大道上，快接近麦迪逊广场时，看到一个老人独自一个人在月光下看着雕塑。圣高登斯认出了那是他父亲。他走过去问这么晚了他还在这里做什么。

父亲回答道："你去忙你的事业了，我难道还没有权力在这里站一站吗？"

距离奥古斯塔斯·圣高登斯 19 岁那年乘坐低等舱去巴黎已经 14 年过去了。他当时什么也没有，只有雄心壮志和父亲给他积攒的他小时候的工资 100 美元。

现在他有了妻子和儿子。在巴黎的三年对他和古熙来说是困难的，也是高产的，他感到幸福。有了这么辉煌的开端，作为一个艺术家，他确实已经"一飞冲天"了，取得了他梦寐以求的人们的认可。以后他似乎没有可能再挣扎着去找工作，靠别人的资助生活了。他和斯坦福·怀特已经开始了一个新项目。

另外，他成了一个艺术家，用他出众的才华来纪念美国的内战。后来，他先后雕塑了六座宏伟的公共纪念雕塑，来纪念那场战争。这些中还有一个是像法拉格特一样，是在巴黎制作的。

第十三章　才华横溢

巴黎！我们来了……

我们有一种强烈的感受无法表达……

——罗伯特·亨利

一

1879 年，玛丽·卡萨特 34 岁，在巴黎第四届印象派画展上，开始成为印象派画家。约翰·萨金特比她小 11 岁，也在那时开始了他的事业。卡萨特的家人还和她一起在巴黎，在很大程度上，他们是她生活的核心；而萨金特的家人则又恢复了他们游荡的生活方式，于 1878 年下半年离开了巴黎，出发去了萨瓦，后来又去了尼斯，把约翰一个人留在巴黎。

印象派画展于 4 月 10 日在歌剧院大道的一家画廊开展，玛丽·卡萨特有 11 幅油画和彩色粉笔画参展，包括她给姐姐莉迪亚画的《在读书的女人》。几周之后，约翰·萨金特的第一幅人物肖像画出现在了巴黎沙龙画展上，画的是他的老师卡罗勒斯·杜兰。

这两位美国人的作品都赢得了高度的称赞，一篇评论说："《在读书的女人》……是一个质朴和优雅的奇迹。"另一个对印象派整体表示怀疑的评论家说，卡萨特小姐和德加先生"也许是这群艺术家中最出色的"。

萨金特的《卡罗勒斯·杜兰》在展会上得到观众和批评家的赞誉。他父亲那时回到巴黎，他写道："在这幅画前总围着人，我不断听到称赞的言语。"一位美国评论家说："还没有美国画家画得这么技巧娴熟的……可以赶上这个领域的法国画家了。没有缺陷，没有弱点，没有过分之处，艺术上是完美的……栩栩如生。"

波士顿的梅伊·阿尔科特是来巴黎学习艺术的，她认真地看了各家画廊和展会上几乎每一幅美国画家的画。她得出的结论，除了萨金特的画之外，美国女画家的画在美国画家中的水平要高，而玛丽·卡萨特排在前面。阿尔科特小姐是路易莎·梅伊·阿尔科特的妹妹，她后来写道：

> 约翰·萨金特先生仅一幅卡罗勒斯·杜兰的画像就无疑能让他算上是一流的画家。但如果不算他的话，现在在巴黎学画的美国男学生中，没有一个人在绘画上可以显示出费城卡萨特小姐画中常见的精彩着色技巧……

卡萨特和萨金特有很多相似之处，上流社会的举止、流利的法语、总体上的老练和非凡的才华，尽管他们的性别和年龄不同。他们生活在同一座城市，都是自己的选择，而且原因也有许多的相同之处。萨金特除了在 19 世纪 70 年代有时和同学一起碰到过卡萨特之外，他们没什么交往。只是点头之交，他们生活的世界各自独立。

卡萨特的日子几乎完全是在画室和在特吕代纳大道五楼的家中度过的；而年轻的萨金特的生活却一如既往地自由。他有许多可以做伴的朋友，经常出去旅行，比他的父母走的地方还多。只不过他无论走到哪里，都不会放弃用功的。

1877 年夏天的大部分时间，萨金特都在堪卡尔的布莱顿小港口度过。第二年夏天，他去了那不勒斯，又去了卡普里，后来去了尼斯和家人在一起。1879 年夏天，他跨越了大陆，到了马德里，按照卡罗勒斯·杜兰的要求，去普拉多博物馆临摹经典作品。他从马德里去了格林纳达，然后去了摩洛哥和突尼斯。

这一旅行所创作的作品颇多，他对什么都感兴趣。在堪卡尔，他在海滩上仔细观察并画了捡牡蛎的人——带着小孩、背着大筐的妇女，创作了 3 幅这个主题的作品。他画了轮船、小船、船夫和码头小景，有油画也有水彩画。在卡普里，他仔细观察，给卡普里的妇女画了像，还画了在海滩洗澡的孩子们、橄榄园。另外，还有很多张画的是一位名叫罗西娜的漂亮模特在白色屋顶上跳舞的轮廓。

在普拉多，他花了好几周的时间，临摹了委拉兹开塞的代表作《宫女》；在马德里，他用铅笔、墨水、油彩画了西班牙舞蹈演员和音乐家的速写；在格林纳达，用鲜亮的水彩详细画了阿尔罕布拉宫的建筑；在摩洛哥，他画了街景，穿白罩袍的伊斯兰和柏柏尔妇女。

好像没有什么主题是他不想画的。回到巴黎之后，他专门画了巴黎城的户外景色，这是没有多少美国画家画过的主题。两张帕斯戴露合唱团在阿麦罗大街的冬季马戏场排练的黑白油画，把他的精湛技艺显露无疑。一幅在卢森堡公园的晨曦中一对夫妇散步的画，他画了两遍，在巴黎引起了人们浪漫的情怀，能有这种效果的作品为数不多。而在他来说，这只是起步。

他还和卡洛尔·贝克维斯共用田园圣母街 73 号的画室。他们"圈子里"既有法国画家，也有美国画家，包括布列塔尼的保罗·赫鲁。他把萨金特介绍给了克洛德·莫奈。

和玛丽·卡萨特不同的是，萨金特没有尝试印象派风格的冲动。他不想成为哪一派的画家，他喜欢莫奈，也喜欢马奈，还喜欢别人。他在肖像画上花的时间和精力最多，这也让他很快引起了关注，增加了收入。

他画了他的美国学生朋友拉尔夫·科提斯、弗朗西斯·查德威克和高尔登·格林纳夫。又黑又瘦的保罗·赫鲁似乎永不疲倦地让他画，他们成了终身的朋友。费兹威廉·萨金特让他画了一幅忧郁的画像。法国剧作家埃杜瓦·帕叶隆成了第一个照顾他生意的老客户，不仅自己画了像，还让他给自己的夫人和孩子画了两幅像。

正如他所希望的，是卡罗勒斯·杜兰的肖像让萨金特开始了自己事业的。那内在的魅力在于他对夸张效果的细致入微的把握，这一点在后来他那些最好的、最引人关注的作品中都有所表现。

卡罗勒斯·杜兰所摆出的姿势是那么放松、自信，甚至有点儿轻薄。他可能是坐在了舞台前的脚灯光下，正要说出有意思的独白，或者要从帽子中变出一只兔子来。他直视着观众，黑眼睛一眨不眨。如果一个演员要表演类似的角色，只要看看画就知道该怎么做了。

正是看了卡罗勒斯·杜兰的画像之后，剧作家帕里仁让萨金特给他画一张类似姿势的画。在这两幅画中，萨金特画风中使用暗的背景来突出对象的技巧都是卡罗勒斯·杜兰所授。不过，其中包含了许多萨金特天赋，他仅用几笔就能把对象的主要特点勾勒出来。

1881 年，在伦敦随意画的一幅美国小说家和杂文家沃农·李的小肖像，也是他精湛艺术手法的一个展示。这一幅肖像上的神态好像是霎时间，毫不迟疑地下笔记录了瞬时情形。

沃农·李是范厄丽特·帕杰特的笔名。她是萨金特童年时期在尼斯的伙伴，当时她的父母也在那里过着远离祖国的生活。她在给母亲的信中叙述了她让萨金特画画的事情："我非常喜欢，约翰不停地在说话，有时还弹一下钢琴。"她觉得这幅画"特别机敏"，如果"仅有一些涂抹和勾勒"的话。"他说我的姿势很好，我的姿势的优点好像就是我一刻也不安稳地坐着。"

她也和他一样说起话来犹如疾风暴雨，而这些"涂抹和勾勒"恰到好处地抓住了她面部肌肉的动感，和从眼镜后面闪烁的眼神和不整齐的牙齿。她承认那"比我所期待的都更像我——喜欢吵闹争执"。

萨金特和沃农·李虽然彼此都很喜欢对方在身边，但他们很少谈论艺术。作为作家和批评家，她对"把心理学研究应用到艺术中去"这样的事情很感兴趣，但是萨金特也和奥古斯塔斯·圣高登斯一样不愿意谈论这些。她后来写道："在他眼里，这些都是荒谬的，好像还有点儿亵渎。"她又写道：

> 不过我不愿意在这个话题上向我童年的朋友低头，也不能让他认识到艺术可以运用到别的问题上，不仅仅是艺术家和艺术评论家的事情。另外，萨金特不喜欢别人和他顶牛，我也不愿意教条地固执己见。我们达成了默契，不导致任何一种不愉快的结果。于是我们的话题就越来越多地转到书籍、音乐和人上，涉及这些问题的时候，萨金特总是很乐意说，也很乐意听的。

有消息说，他会让找他画像的人感到很愉快。越来越多的有钱的妇女希望他给自己画像，其中有纽约证券经纪人的女儿艾莉娜·杰伊·查普曼和她的妹妹贝亚丽克丝，以及智利驻巴黎领事的夫人拉蒙·苏博卡索。她后来描述说，她和丈夫去萨金特的画室，让他们惊讶的是那里"显得很简陋而且有点儿放荡不羁，而画家本人尽管年轻，看上去是很有魅力的绅士"。画像的地点在布洛涅森林大道苏博卡索的公寓里，他让她坐在钢琴旁，右手放到钢琴上，像是要弹奏的样子。

> 他集中注意每个细节，努力让每件物品、每种颜色都显示出效果来。他是个很有技巧的人，工作时很放松，很有安全感。他很喜欢音乐，让我给他弹奏。他给我带来了几首路易斯·莫洛·高兹乔克的曲子……他非常喜欢这些曲子，特别是他对西班牙和南美舞蹈的诠释。

萨金特喜欢音乐，他的作品内含着一种浮华，有时很新奇。一幅漂亮的保罗·伊斯库蒂埃夫人光彩照人的画像：她穿好衣服要出去，她的衣服和占了三分之一画面的背景是黑色的，但是脸上焕发出来的光彩和她帽子上的白色飘带，再加上她红色的头发，本身就是很出彩的。

没人知晓萨金特是否对他所画的哪位女士有除了工作之外的兴趣。不过有两个例外，当时有些传言。一个是范妮·瓦特，是他第一次参加沙龙画展作品上的女士。和沃农·李一样，她是他一位在意大利的儿时的朋友，他们的家庭搬到了同一个社交圈。很明显他喜欢她，有传言说到他们有浪漫的关系，甚至订婚了。据猜测可能是他的母亲了结了这段感情，说这么早结婚会影响他的事业。

后来又有很多关于他和路易丝·伯克哈德浪漫故事的传言。她是萨金特一幅全身像《拿着玫瑰的女士》中的人。这幅画很受评论家的赞扬。他在巴黎时暑假经常和路易丝，还有卡洛尔·贝克维斯及其他人一起去枫丹白露和鲁昂远足。路易丝的母亲对他们传说中的感情给予鼓励，但传说中的订婚并没有发生。

萨金特对异性，或者是同性，到底有多大魅力很难判定。据说，男人如果对身体上吸引他们的漂亮女人不动心的话，是画不出他作品的那种效果的；也有说法是，他给男性朋友的一些素描或油画透露了相反的信息，他画女人是为了掩盖他的同性恋倾向。但没有人知道或说过谁和他有这方面的感情，他这方面的私生活是完全不公开的。

沃农·李对他很熟悉，后来写道："我越来越觉得萨金特的生活都被吸引到了画画上，他将来的传记我想一定是：他画画。"

很明显，同样的话也可以用在玛丽·卡萨特身上。除了偶尔身体不好，或者需要照顾家人而打断她的工作之外，她对工作的热情从未消减。她的生命也就是她的艺术。

她的父亲消化不良，腰痛；她的母亲干咳不断，失眠；姐姐莉迪亚的身体越来越不好，总让人担心。她的间歇性头痛和胃痛也越来越重，有时甚至很吓人，尽管她自己很少说。她母亲给儿子亚历山大写信说："她在各方面的精神都是很让人佩服的。"头痛减轻的时候，莉迪亚总是很愿意给玛丽当画模，玛丽不断地画她。

1880 年，为了帮助莉迪亚恢复健康，全家人开始到马利勒卢瓦乡下去度假。亚历山大、他的妻子洛伊斯和他们的四个孩子也按照原定的计划，来到了法国，到马利去和他们会合。玛丽画了几幅最好的画——《莉迪亚在马利的公园里编织》《莉迪亚膝上抱着狗在公园独坐》《凯瑟琳·卡萨特给她的孙子孙女们读书》。

同样，她画的是一个和外部世界不大来往的、安静放松的、不受威胁的女性家庭世界。各种迹象表明，她并不想从那个世界走出来。她画中的人物从不直视观众，安静地坐着，沉浸于自己当时个人斯文的兴趣中。即使在美国国内粗俗混乱的铁路界扮演积极角色的亚历山大，在画上也是手里拿着一本书，眼睛望着别处，好像沉浸在了哲学问题的思考中。

和萨金特的主题不一样，卡萨特的画中从未有过一丝的华丽和夸张。她的背景中没有戏剧性场面，没有任何噪音、欢快或神秘的迹象，只有安静、平静，几乎总是徘徊在悲伤的边缘。画里别说舞蹈了，甚至没有人站立。显然，她也喜欢她画的对象坐在她的画架旁干着点儿什么。

她作品中最接近描绘巴黎音乐和戏剧世界的绘画，画的是在看歌剧的女人。不过同样，她们像淑女一样安静地坐在包厢里。

她受到了大量的赞誉，她"是名副其实的奇观"，她的画很畅销。她父亲在 1881 年春天给亚历山大的一封信中，高兴地报告说："玛丽的成功今年比往常更加明显。"

> 在这些成功中最让她高兴的不是报纸上公开的称赞，因为通常她讨厌这些；她高兴的是有才华的成名艺术家还有艺术方面相关的重要人物愿意让引见给她，并称赞她的作品。她画的画能卖掉的就卖掉……

亚历山大整个工作生涯在宾夕法尼亚铁路公司，现在升到了公司的副总经理，现在也在玛丽的指导下开始收藏印象派的作品。不过在 1882 年初印象派内部开始争吵的时候，玛丽从中退了出来。更糟的是，那年夏天在马利，莉迪亚病得"非常严重"，玛丽极度伤心，没有什么作品。她父亲写道："当事情不好的时候，玛丽是最能大惊小怪的……在艺术上也做不了什么了。"和莉迪亚的医生私下交谈，得知莉迪亚的病没有治愈的希望，玛丽回家后抑郁之极，卧床不起。

她父亲在9月中旬写到莉迪亚的情况时说："可怜的孩子！这是她第一次平淡直接地谈论自己的死亡……"莉迪亚告诉父亲，玛丽已经变成了一个"最优秀的护士"。

莉迪亚·卡萨特于1882年11月7日在巴黎死于布赖特肾病，享年45岁。

玛丽从未经历过亲人的去世。三周之后，亚历山大、洛伊斯和孩子们到了巴黎。玛丽告诉洛伊斯，她是如此的孤独。她说，也许她结了婚就会比"独自一人离开这个世界"要好些。

二

1882年，莉迪亚·卡萨特去世的那一年，约翰·萨金特的才华得到了前所未有的展示。那年他26岁。仅一年的时间，他不仅画了《拿着玫瑰的女士》和伊斯库蒂埃夫人的光彩照人的小幅肖像，而且还画了一张她站在豪华的客厅中的肖像，另外还画了八张肖像画，其中有两张最大也最引人注目的作品：《艾尔加里奥》和《爱德华·达利·波伊特的女儿们》。两张画中都展现了他追求戏剧效果、喜爱强烈的光影效果的风格。

法国批评家亨利·豪胡塞伊把《艾尔加里奥》称为"年度最精彩的绘画"。这幅画高8英尺，长近12英尺，光尺寸就吸引人的眼球。这是萨金特对西班牙舞蹈和音乐激情的释放，也是艺术上大胆的探索。在一个脚光灯照亮的场景中，一位黑发的弗拉明戈舞演员身着银白色的长裙，在做激情表演；她身后，靠着墙的是一排音乐伴奏者和歌唱演员，都身着黑色服装，在演奏和歌唱；其他的舞蹈演员坐着鼓掌。

这幅画是在远离马德里的田园圣母街创作的，由一位法国模特摆出舞蹈的姿势。这是他3年前在西班牙和后来在巴黎的无数铅笔、墨水和油彩速写准备之后的巅峰之作。西班牙语的"加里奥"指的是掌声和弗拉明戈舞中喊"噢来"的叫声。萨金特摆放好了画布之后，运用简洁有力的笔法突出了舞蹈演员的裙子，好像他本人也在和着她那高跟鞋咔咔的踩地声高喊着"噢来！"黑影朦胧的墙壁，戏剧效果的光线，歌唱者狂歌时后甩的头，都是那么富有纯粹、强烈的戏剧性。

萨金特在仅几个月后绘制的又一幅作品中也不缺乏戏剧效果。区别在于，这次在一个完全安静的画面上，窗帘完全打开了，四个很合适的人物在画面上完全静止不动，只有一个在直视着观众——最吸引人之处在于，他们都是孩子。

爱德华·达利·波伊特和玛丽·路易莎·库欣·波伊特是居住在国外的美国富人，也是萨金特的朋友。他们雇萨金特给他们的四个女儿画像。波伊特放弃了在波士顿做律师的打算，要学绘画，专攻水彩画，对水彩画技艺娴熟。他的妻子继承的财富比他的还多，被亨利·詹姆斯描述为"聪明友好"的人。

他们对萨金特的画没有特殊要求，把背景、姿势、画面安排等一切都交给了画家。结果是，这幅画的布局和气氛与传统的画大相径庭。画面是巨大的正方形，7英尺乘7英尺，其本身就很奇特，组合、人物布局显然是应和了委拉兹开塞的代表作《女孩》。这幅作品画的是在西班牙法庭上的孩子，萨金特在普拉多临摹过。

波伊特的两个大女儿——14 岁的弗萝伦丝和 12 岁的珍妮，一起站在一个又高又宽的门厅处。珍妮位于画面的正中间，而弗萝伦丝只是侧面像，她的脸处于阴影中，几乎认不出来。再向左，7 岁的玛丽·路易丝独自一个人站着，背着手，脸上光线照得很清楚。而"小宝贝"，3 岁的朱丽娅，位于画面的右前方，脸上也照得很亮，坐在波斯地毯上。

一对高大的日本花瓶要比两个大女孩高出不少，分别立在门厅的两边，和波斯地毯搭配，暗示了波伊特家奢华的生活方式。（两个日本大花瓶是他家的荣耀，每年都要跟随着波伊特家人的搬迁，来回横渡大西洋，在波士顿和巴黎之间搬来搬去。）

3 个大点儿的女孩都穿着浆过的白色学生裙，这被认为是玩耍时合适的服装，3 岁的小家伙拿着她的娃娃。尽管她们穿着学生裙，但没有一个人在玩，都看上去有一种奇怪的孤独。

当时其他艺术家画正在游戏的小孩时，一般是在巴黎公园的阳光下，通常旁边有打扮入时的母亲，或戴着白帽的女佣。而萨金特把这四个美国小姑娘不仅放到了室内，而且采用了黑暗虚空的背景，并通过后面镜子里的一道反光，突出了这种黑暗。另外，一个红色屏风的一部分，在门厅的右边，从上到下形成了一道明亮的、尖刀状的色带，给画面增加了几分戏剧和神秘的效果。

孩子们当然有话要说，让观众有一种期待感，就像演员已经登台，就要开始讲述了，也许故事就要展开了。

与画面上棱角分明的几何构图，以及静止不动的主人公们，形成鲜明对照的是萨金特笔法的独特活力，在非常显眼的白色学生裙上，还有日本花瓶的装饰图案上。他就像是一位大师级的钢琴家，指尖在琴键上划过，把每个音符都弹奏得完美无瑕。另外，除了神秘的气氛之外，在墙上和拼花木地板，特别是在两个较为突出的小女孩脸上，有一种很大的热度在里面。

沃农·李后来写道："我相信了，每一个艺术家的个人气质，在作品中不自觉地就会表现出来，更多地是表现在他创作的方式上，而不是选择的主题上……"她感觉，就是在这样"完全纯粹的颜色反差中"和"手疾眼快的准确捕捉画面中"，在《艾尔加里奥》和波伊特的女儿的画像中，可以发现约翰·萨金特的真正气质。

波伊特女儿的画像完成于 1882 年，原来准备参加来年春天的巴黎沙龙画展，但萨金特等不及了，于是 12 月以《儿童画像》的名称参加了在赛兹大街的乔治·珀蒂画廊举办的画展。

当时和以后的沙龙画展上，人们都对画的反应不一。有些评论家不喜欢画的气氛，有一位法国评论家描述说画上的孩子们好像挨了处罚一样。亨利·詹姆斯在《哈珀每周评论》上写文章说，萨金特的作品从没有这么"贴切和有趣"。詹姆斯说，这幅画是"让人吃惊的"，并赞扬道："整个的效果、光线、运用自如的技巧，还有给人造成的神秘印象都是本能和知识的良好结合……"

在伦敦，一位批评家在《艺术纪实》上报道说，萨金特发现自己"是在法国让人谈论最多的艺术家，很受人钦佩，走在路上有很高的回头率"。还有一位英国的批评家写道，《艾尔加里奥》不仅让萨金特排在了在巴黎的美国画家之首，而且也使他"跻身于法国最重要的画家之列"。

一位来旅游的名叫 T. 杰斐逊·库利奇的波士顿商人，毫不犹豫地买下了《艾尔加里奥》，花了 1500 法郎，合 300 美元。有些旅居国外的美国人在谈论《儿童画像》上的孤独感和神秘感时，说其与萨金特本人童年有些关系。作品在小乔治艺术馆和巴黎沙龙画展上展出时，人们不断返回来再三地仔细观看这幅画。

萨金特对此没有在意。他现在接到了一个新的创作任务，要给著名的巴黎美女戈特罗夫人画像。他很兴奋。

正如沃农·李所写的那样，萨金特本质上总是"对奇异和古怪的事情有特殊的兴趣"。和大多数人的印象相反，弗吉妮·阿梅莉·艾夫诺·戈特罗是一位美国人。

戈特罗夫人生于新奥尔良，8岁时被寡居的母亲带到巴黎。她母亲想在社交界一展风采。美国内战时，她父亲是联邦军队中的一位少校，在夏伊洛战役中阵亡。1883年，她24岁，比萨金特小两岁。

在母亲的极力支持下，戈特罗和一位富有的法国银行家皮埃尔·戈特罗结婚，成了一位所谓的"专业美人"，也就是以美貌和社交地位而出名的社交名人。她有希望引领时尚衣服和化妆品的潮流，其影响不亚于著名的演员。她在脸上和身上都使用了很浓的紫色粉底，特别引人注目。批评她的人说她就是一个名利狂。

她的美是非常特别的，几乎有些怪。按正常标准看，她的鼻子过长，前额太高，但考虑到她像沙漏一般的魔鬼身材，还有她走路的姿势，她的面部特征给了她一种极为动人的整体效果，极具诱惑力。

一位名叫爱德华·西蒙斯的美国艺术学生写到道，她"每个身体的动作都让人感到刺激"。

　　她走路的姿势就像维吉尔所说的女神一样，滑动，好像不用迈步似的。她的头颈就像一头小鹿，她给人的印象就是完美的比例、无限的风韵和无比的优雅。每位艺术家都想给她塑像或画像。

萨金特在社交场合遇到了她，有人说他被她迷住了。他说想用一幅画像来"向她的美致意"，并参加沙龙画展；并暗示说，即使她不用裸体摆姿势，也可以给他们各自带来像马奈轰动一时的《奥林匹亚》那么大的名气。他写信给沃农·李道：

> 你会不喜爱那些浑身上下都是粉白色或是吸墨纸颜色的人吗？如果真的不喜欢的话，你就不喜欢我的绘画对象了。但她的线条绝佳，如果说粉白的皮肤本身就很美的话，再加上身材，我简直就喜出望外了。

他一遍又一遍地画她头部的侧面像，用铅笔和水彩仔细描画她穿着吊带晚礼服在长沙发上休息的画像，用油彩画了她干杯的一幅画像和这个姿势的侧面像。1883 年夏，萨金特从戈特罗在布列塔尼的乡间别墅写信告诉沃农·李，说他"正努力要画出绘画对象身上那种不可描绘的美和慵懒"。

他和阿梅莉·戈特罗都是美国人，都有自己的雄心。他们相见的那一年，一家社交杂志注意到了巴黎的"美国佬"正越来越受到关注："他们中有像萨金特先生这样摘走我们奖牌的画家，也有让我们的美女失色的漂亮女人——戈特罗夫人……"如果说是美国人的身份总是让他们出名的话，那么最重要的是他们都是很出色的。

萨金特在完成了初步的准备之后，就离开了布列塔尼，去了尼斯。每年他都要去看看父母，他们秋天就要搬到佛罗伦萨去了。

费兹威廉·萨金特在给费城的一个弟弟的信中说："他的生活很快乐。"

他似乎受到尊敬，乃至钦佩和热爱（根据一切迹象），这都是由于他的才华和成功，还有他的人品。他热爱他的工作，而且从中得到了不菲的收入。他在各个国家旅行，既得到了绘画所需的素材，又收获了生活的保障，还有健康和快乐。他态度和蔼，平易近人，到哪里都受到欢迎。他长相帅气，善于弹钢琴、跳舞和交谈，等等，等等。简言之，他迄今为止，给我们，他的父母，带来了很大的满足……

在1883年到1884年的那个冬天，萨金特从左岸搬到了塞纳河对岸的贝尔蒂埃街41号的一个新的画室，在当时蒙梭公园附近的时尚地区。这里的工作间装修优雅，有舒适的软椅、波斯地毯和与新工作台相配的帷幕，靠墙摆着立式钢琴。就是在这样的工作间里，他给戈特罗夫人画了全身像，整个期间他处于一种他自己称为"可怕的焦虑状态"。

她身着黑色缎料长裙，和黑色低胸天鹅绒背心，肩膀裸露，只有两根细细的装饰吊带，双肩后仰，头大幅度向左侧过，完全突出了美丽的头部侧影。左臂放在髋部，左手抓着裙子，右手奇怪地转向了后面，扶在边上的桌子上，发髻高挽，上面有小的钻石头饰。

这个姿势明显是摆出来的，而且只能保持很短时间，一个生来就会摆姿势的人也坚持不了多久。在深黑色衣服的映衬下，她上了青白色粉底的肌肤显得更加显眼的怪异。在一次画像过程中，她右肩上的吊带滑落到了胳膊上，萨金特让她就保持那样。

和平时的画法不同，他一遍又一遍地修饰画面，让其边缘更加清晰。他告诉一个朋友：

> 有一天我对画不大满意，在原来暗黑的背景中加入了一道淡淡的玫瑰色。我把画倒过来看，到工作室的另一端看，端起来看，大有改进。模特的优雅突出了不少。

戈特罗夫人一次又一次地摆姿势后，看了在他的笔下画像是怎么画成的，她的母亲也偶尔在场。对于画像有什么意见的话，没有什么证明她们提出了异议。

卡罗勒斯·杜兰过来看了看，他告诉萨金特可以完全自信地把这幅画交到沙龙画展。萨金特还没有那么大把握。

另一个来看了画的人是亨利·詹姆斯。詹姆斯也很喜欢这位年轻的画家，把他称为在法国"法裔美国人中唯一的重要产品"。不过，据詹姆斯私下对一个朋友说，他对戈特罗夫人的画像只是有"一半的喜欢"。

1884 年巴黎沙龙画展在 5 月份一个美丽的早晨开幕了。展品摆满了工业宫 31 个大展室，让穿得齐整光鲜的前来参加画展的人群兴奋不已。在巴黎的美国画家数量很多，他们把参加沙龙画展看作是事业成功的重要部分。因此，他们的数量在参展画家中占第二位，仅次于法国画家。对于萨金特来说，这是他连续第六年参加沙龙画展了，每一次都给他带来更多的欢呼。

每面墙上都挂满了画。阿梅莉·戈特罗的画像的位置很理想，挂在了 31 号厅，正是眼睛的高度。开门还不到一小时，它就成了讨论的话题。

萨金特的朋友拉尔夫·科提斯第二天写给父母的信中，详细记录了他所见到的这件事情的始末，及其对萨金特的影响。对作为艺术家的萨金特来说，这次画展是生日还是葬礼，科提斯也说不清楚。

> 沿香榭丽舍大道前行，栗子树鲜花盛开，"全巴黎的人"都出来了。身着漂亮服装的人比划着，笑着慢慢走向了"艺术中的艺术"画展。15 分钟之内我就见到了无数的熟人和陌生人都在说："戈特罗的画像在哪里？""快去看看。"

科提斯这天前的晚上见过萨金特。他写道："他很担心很紧张，不过昨天所见到的情况远远要大于他担心的程度。整天都有人在画像前大惊小怪。"

> 几分钟之后，我发现他躲在了门后，避免见到那些面色沉重的朋友们。他带我沿走廊去看这幅画，我对颜色有些失望，她看上去颜色有些陈腐。所有人都在嘲笑："这就是'美人'呀！""太可怕了！"后来一个画家惊叹道："风格完美、大胆！""多好的画呀！"

在一个裸体作品都很常见的画展中，穿着黑色晚礼服的戈特罗夫人被认为是淫秽色情的。

"全巴黎"所不能接受的是公然自我的不得体风格——浓重的粉底，

奇怪、傲慢的姿势，低领服装。法国有社会地位的妇女是不会这样庸俗地打扮的。

"整个上午都是玩笑、嘲讽和激烈的争论。"科提斯在信中继续写道，"可怜的约翰满是伤感。"这种乱七八糟的谈笑持续了一天。到了傍晚，对于这幅画的意见有了转变，有行家说："惊人之作!"

"我和他回了家，"科提斯继续说，"待在他那里。后来他去看波伊特一家了。"戈特罗夫人和她母亲来到了工作室，"以泪洗面"。科提斯"一直待到她们走"。但等萨金特回来后，艾夫诺夫人又回来了，"大闹了一场"。她说："全巴黎都在嘲笑我的女儿。"如果画还继续展出的话，她就会"羞愤而死"。

萨金特显然是在推托，告诉她，他也没办法，要撤下画来是不符合沙龙画展的规矩的，而且他是按照阿梅莉真实的穿着画的。

"为他的事业辩护，使得萨金特感觉好了一点儿。"科提斯写道，"我们昨晚一直谈到了1点钟。我感觉他从未受过如此打击。"评论基本分为三类：有人反对戈特罗夫人的袒胸露背；有人讨厌她皮肤的颜色；有人看到了画法的"现代性"，为萨金特的勇气叫好。

《纽约时报》否定了这幅画，说是远低于萨金特平常水准的"漫画"，"人物的姿势很怪，发蓝的色彩糟透了"。伦敦的《泰晤士报》只说这幅画"很有意思"。法国的批评家路易·德·富尔科在《美术报》上写文章说，这是刻画人物的经典之作。他写道，应当记住，在"这种人身上，一切都和自我崇拜有关，而且俘获她周围男人的欲望强烈"。

> 她生活的唯一目的就是通过手段获取让人难以置信的技巧
> 来塑造自己和展示自己，并收获虚荣……

萨金特在巴黎已经生活和工作了整 10 年。在这期间，他得到的只有钦佩和赞誉，从未见到过否定的评论和温和的批评，更别说公开的嘲讽了。他画的戈特罗夫人实际上是经典作品，并在后来得到了认可。他对此耿耿于怀，把画改名为《某夫人》，把从肩上滑落的吊带重新描绘，让其恢复到恰当的位置。几年之后，萨金特将这幅油画以 1000 美元的价格卖给大都会博物馆时，说这也许是他做过的最好的一件事。

　　他和阿梅莉·戈特罗再无接触，即使后来她改变了对画的看法，并表达了自己以此为荣的态度。

　　尽管萨金特遭受了沉重的打击，并对所发生的事情很生气，但对自己的能力和雄心并没有怀疑，继续作画。他觉得自己该换换环境了，便按照原来就想过的计划去了伦敦。他 1884 年 5 月离开巴黎，一直到 12 月才又返回。

三

　　这段时间，萨金特一直在画他的西班牙舞蹈、波伊特的女儿们和《某夫人》。与此同时，巴黎还有一个早已开始、规模前所未有的以女性为主题的作品一直在创作中。

　　法国送给美国的巨大礼物《自由女神》，已经在夏塞勒街戈蒂埃工作坊的加日院子里的脚手架中越来越高地站立起来了，直到高过了房顶。现在雕塑师奥古斯特·巴托尔迪史无前例的创作展示在所有人的眼前了。

　　她的铜板皮肤上的第一个铆钉，1881 年就开始铆了。法国钢铁结构建筑大师古斯塔夫·埃菲尔设计了塔身和精巧的桁架结构，作为内部的骨架。有了内部骨架的支撑，这个巨大的女神不断长高。到 1884 年春，工程已经进展到了她高举的火炬的顶端，已经高出了街面 151 英尺。

对于那些已经习惯了奇观的巴黎人来说，她也是一个惊人的奇观。她的外观大家都知道，就不多介绍了。整个巨大的结构很快就会拆成一块块的，运往美国。

摄影师架起了三脚架和相机，来记录她在巴黎街区竖起的奇景。法国画家维克多·达尔戈，用画笔记录下了街上的人们伸着脖子看最高处的胳膊和火炬，在那上面，工人们还在工作，在天空的映衬下看起来就像是小斑点一样。

拆卸工作于 12 月份开始，每一块都标了号，装了 200 多个木箱，通过铁路运到鲁昂，再装到法国的战船"伊瑟尔号"上，于 1885 年 5 月 21 日起航。

自由女神要在小百德娄岛上立足的基座，由第一个在巴黎美术学院上学的美国建筑师理查德·莫里斯·亨特设计。亨特设计的基座高 89 英尺，这样矗立在纽约港的自由女神和其火炬就有 240 多英尺高。

在雕像还没有上路跨越大西洋之前，巴黎就有消息相传，说土木工程师埃菲尔在孕育更加大胆的工程，要为 1889 年的世界博览会建造一座高近 1000 英尺的锻铁塔。以前从未有人有过此想法。巴黎圣母院塔相比之下，只有 226 英尺高；世界上最高的石头建筑华盛顿纪念碑，高 555 英尺，略高于埃菲尔为博览会建议的塔高的一半。

铁塔将矗立在战神广场，即原来的阅兵场。从 1867 年以来，每届博览会都在这里举行。埃菲尔估计这个项目的成本是 500 万法郎，约 100 万美元。

尽管大多数巴黎人拥护这个想法，反对意见也立即冒了出来。这个塔被人宣称为过于大，太危险，也太难看，是不能接受的"一项工程"。据说"和美国人的品味相似（不大高）"。

在过去 20 年中，自从内战结束后，美国的工程和建筑伟业一直吸引着世界的目光。在密西西比河上建了第一座大桥。这是一座建在圣路易斯的钢铁和石头结构的铁路桥。这种桥是史无前例的，设计者是詹姆斯·布车南·伊兹。新完工的布鲁克林大桥是世界上最大的悬索桥，它第一次展示了钢缆的使用。

另外，美国发明成了各地的话题，很快成了欧洲生活的一部分，就像摩尔斯的电报那样。巴黎特别受到了影响。亚历山大·格雷姆·贝尔的电话于 1876 年发明，托马斯·爱迪生的电灯于 1879 年发明，还有他的发电系统也很快出现了。1880 年巴黎将近 500 个电话"用户"，到 1883 年的时候就超过了 2000 户。巴黎歌剧院和圣拉扎尔火车站已经把汽灯换成了电灯。

法国在科学技术方面也很先进，有无数的发明。比如，在水下作业使用沉箱的技术，这项技术在建造布鲁克林大桥时就采用了。有这样的背景似乎不该反对埃菲尔先生建塔。实际上，这与人们对工业和技术不断蚕食艺术的生存空间有关，人们害怕这样一个庞然大物的介入会把巴黎的美破坏殆尽。

多数人的理解是这座塔不会永久存在，会在将来的什么时候拆除。1886 年秋，政府的委员会投票批准了这项工程。1887 年初，第一阶段的建设工作在战神广场展开，可以看到其基础已经打下。在这个基础上伸出了四个有角度的腿，将来的塔就会由它们来支撑。这四条腿圈起来的面积就有足足两英亩半。那些反对建塔的人更加气愤了。他们眼看着几百年的艺术和建筑的辉煌、他们热爱的巴黎的整个人文气氛受到了毁灭性的威胁，他们国家光辉灿烂的历史和文化就要被一个钢铁怪物给蒙上阴影了。他们问，这座塔有什么用？

《时代报》刊登了一个由50位著名的法国文学艺术家签名的请愿书，他们非常生气，其中包括歌剧院的建筑师夏尔·加尼埃、画家厄尼斯特·梅索尼埃、作曲家夏尔·古诺、作家小仲马和莫泊桑。

> 我们，作家、画家、雕塑家、建筑师和忠实地热爱着巴黎整体美的人们，见不得巴黎的美遭到破坏。看到法国的品味遭到侵蚀，看到法国的艺术和历史遭到攻击，我们气愤地强烈抗议在我们首都的中心竖起埃菲尔塔这个无用的怪物。公众的常识和正义感都促使我们反对建起这样一座"巴别塔"。

请愿者说，即使是"像美国那样的商业国家"也不想建这样一个建筑。

作为回答，埃菲尔问道，金字塔不就是因为其艺术价值而让人魂牵梦绕吗？"这座塔将是人类建造的最高建筑，为什么在埃及受人景仰的东西到了巴黎就被看作是丑陋和荒唐的呢？"对于其艺术价值的问题，埃菲尔说，塔本身会有自己的美。

他也感觉到大多数的法国人还是支持这个工程的。他们把它看作是这个国家从1870年"溃败"之中复苏的一个耀眼的象征。在不到20年的时间，在第三共和国的领导下，国民收入几近翻番，工业产值是原来的三倍。人们的共识是，即将到来的1889年博览会就是要对现在取得的成就庆祝，同时也是对法国大革命百年的纪念。

法国不断取得的成就似乎是没有穷尽的，但是发展不会一帆风顺。

最近从巴拿马传来消息说，费尔南德·德·雷赛想在那里像以前一样，挖一条类似苏伊士运河那么成功的运河，但现在计算下来成本要远远高于原来的预算。

不过要说到有人能代表法国成功的天才的话，古斯塔夫·埃菲尔就是一个合适的人选。埃菲尔原来反对巴拿马运河的计划，而现在他要为这个工程设计水闸了。这个消息一宣布，人们对巴拿马运河的热情一下子就恢复了。没有哪个法国的土木工程师能让人们如此信任，继续建造铁塔的决定在很大程度上也是基于他的名气的。

埃菲尔出生和生长在第戎，在中央艺术和制造学院接受了教育。到1887年时，他已经是法国的建筑大师了。毋庸置疑，他是工业时代的一个工程天才，特别以建造了史无前例的加拉比高架桥而闻名——400英尺的拱形桥体凌驾于特吕伊尔河上。近30年，他建造的铁路、车站和桥梁遍及法国、欧洲，甚至还到了俄罗斯和中国。他建造的工程从未失败过。

他知道，建造这样一座高塔所要对付的首要问题就是风，成型的设计就是要回答这个问题。法国伟大的建筑师、早期的钢铁建造专家亨利·拉伯卢斯特说过："在建筑上，建筑的形式一定要和其功能相一致。"（在巴黎学习过的美国建筑师路易斯·萨利文后来简要地表述为"形式符合功能"。）

塔要建三层，一旦开工，就以惊人的速度长高。其批评者更为其外观感到吃惊。它被称为"金属蜘蛛网"、"让人窘迫的丑陋"和完全的"粗俗"。一位数学教授经计算预言，到748英尺的高度时，塔就会倒塌。还有人强调说，无论如何，到博览会的时候它是完不了工的。

到4月，它已经建到了第一层平台，在189英尺的高空建了一个观光平台和四个餐厅；到 9 月，建到了第二层平台，高 379 英尺，从这个平台上，巨大的塔尖要一直刺向天空，建筑工人全天候施工。

到 1889 年 3 月，塔完工了，不仅仅工期比原计划的提前了，而且还早于为博览会建设的任何建筑。在 3 月 31 日，星期天，埃菲尔和一个 10 人组成的代表团爬了 1170 个台阶，把一面巨大的三色旗挂在了塔的顶端。

站立在 3 月的劲风中，埃菲尔告诉人们："要永远记住，我们，工程师们和工人们，共同努力，就是要表明，法国在世界上仍然占有重要的地位……"

《费加罗报》的一位记者从塔顶上报道，巴黎从这里看上去像一个小道具。

约翰·辛格·萨金特自从离开巴黎之后，已经回来过 7 次，到尼斯去看父母。他放弃了自己在巴黎的工作室，并在伦敦的泰特街设立了新的工作室。这个工作室原来属于詹姆斯·麦克内尔·惠斯勒。在伦敦，他继续不懈地努力，取得了出色的成就。

以天生的友善态度，他交了许多新朋友，如亨利·詹姆斯、罗伯特·路易斯·史蒂文森和美国画家埃德文·奥斯丁·安比。这些朋友在他的一生中，都对他有很大影响。

萨金特到伯恩茅斯史蒂文森家给他和家人画像之后，史蒂文森同时也代表了自己的妻子写道："我们都喜欢上了他。"史蒂文森继续说，开始时感觉萨金特似乎有点儿"爱显摆"，但仔细观察之后发现他是"一个迷人、单纯、聪明、诚实的年轻人"。至于画像，史蒂文森认为有些"诗意，但过于儒雅"。

在萨金特看来，史蒂文森是他见过的"最富于激情的人"。萨金特希望再次给他画像，问他是否下次还可以再来画。这次画的是身材瘦高的史蒂文森走过一间屋子的姿势，身着黑色天鹅绒夹克，捻着长长的胡子，好像沉浸在思考中。在画面的右边，他的美国夫人范妮懒懒地坐在后面背景的沙发上，裹着一块闪光的印度披肩。史蒂文森觉得她像个幽灵。他夫人喜欢这张画，她写道："每个人可能都有'正襟危坐'的肖像，但没人有这样的画像，这就像一盒珠宝一样。"

史蒂文森描述萨金特工作时的姿态，说："走来走去地谈话是他的主要动作。"萨金特一手拿调色盘，一手拿画笔，先看看画的对象，然后走到画布旁，就像决斗一样，迅捷地涂抹几下，退后，再看看，然后一遍遍地过来，同时嘴里不停地说着。

萨金特曾计算过，这样每天在工作室来回走动，一天要走 4 英里。他每天就是工作、工作。工作是他的生活方式。他的朋友埃德文·安比说："约翰每天不想别的，他总是努力、再努力……他完全是真挚和认真的。"

他画室内画、室外画、肖像、风景画。一次往返法国，他去基韦尔尼，画了一幅莫奈在树林边作画的景象。他在一个雄心勃勃的画面上又一次选择了儿童作为题材，他按照当时流行的一首歌给这幅画命名为《康乃馨、百合、百合、玫瑰》。他绘画的时候嘴里正好哼着这首歌。画面上的两个英国小姑娘穿着夏装。她们正在公园黄昏的暮光中点亮一盏纸灯笼。她们是一位画家朋友弗莱德·巴纳德的女儿。萨金特的灵感来自于一天傍晚在泰晤士河上见到的情景。这幅画他花了很长时间才完成。因为他坚持只在黄昏，光线合适的时候画。而这每天只有 20 分钟左右。许多人认为，这是他迄今为止最好的画。

随着他的名声远播，画画的佣金也很多。他还像以往一样经常旅行，行李中总带着书。据说没人像他那样带那么多书。如果他这段时间对历史感兴趣，他就选择介绍同一历史时期的好几本书；如果说是小说，他就带上同一个作家的几本书。他喜欢法国文学，特别是伏尔泰、巴尔扎克、福楼拜、司汤达。他读书的速度很快。

1887年9月，他登上了一艘驶往波士顿的汽船，要到那里去画像。他第一次在波士顿的圣堡陶釜俱乐部举行了个人画展，展品包括他的《艾尔加里奥》（或《西班牙舞蹈》）和《埃德华·达利·波伊特的女儿们》。在纽约，斯坦福·怀特请客，奥古斯塔斯·圣高登斯和其他"巴黎的老同学"举杯给他接风。到1889年初，他准备好了6幅作品，参加世界博览会。

19世纪80年代，在巴黎工作和学习的美国艺术家比以往更多，而且新来的几乎一色全是年轻人。弗兰克·本森、丹尼斯·邦克、威拉德·迈特卡尔夫、埃德蒙德·塔贝尔、约翰·特瓦奇曼、查尔德·汗萨姆和罗伯特·亨利，全都二十几岁，都报名进入了朱利安美术学校。这是巴黎最受欢迎的艺术工作室，有近600名学生。美国女学生中有玛丽·费尔查尔德、爱伦·德伊·黑尔、安娜·克拉姆克、伊丽莎白·努尔斯、赛西莉亚·鲍和克拉拉·柏拉·欧文。

一群有抱负的摩门教年轻画家从犹他州来，他们把自己叫做"艺术传教士"，许多人也都报名进入了朱利安美术学校。他们的花费由后期圣徒基督教会承担。他们将以绘制盐湖城教堂的壁画作为回报。他们的一个领导、特别有才华的名叫约翰·哈芬的画家说，他们的动机是相信"最大限度地发掘天才是我们对主的责任"。

虽然没有精确的数字，但是当时在巴黎学习艺术的美国学生肯定超过了千人。从他们当时和后来所写的来看，几乎都对有来到巴黎学习的机会感到兴奋，而且比以往任何时候都更加努力。

安娜·克拉姆克是一位小个子的年轻女士，由于小时候受了伤，走路的时候得挂一根棍，也是罗道夫·朱利安工作室女生班的学生。她是旧金山的孩子，从小就知道本赫著名的绘画作品《马市》。本赫是她的偶像。现在在艺术工作室，她听到朱利安说："你们要做好准备，和男生比一比。"他说，人没有理由不能成功，即便成为罗莎·本赫也是可能的。"1898 年，本赫就让克拉姆克给她画了像。

赛西莉亚·鲍来自于费城，也报名来到了朱利安美术学校。她觉得尽管从这里学到了不少东西，但这却是第二位的。她写道："对于在巴黎的学生们来说，重要的价值在于地方本身。"

他们许多人像玛丽·卡萨特一样，受到了印象派的巨大影响。威拉德·迈特卡尔夫、约翰·特瓦奇曼和查尔德·汗萨姆都成了著名的美国印象派画家。汗萨姆和约翰·萨金特一样，也到巴黎的大街上去画这个城市。在画《大奖日》的时候，他说："我在画日光。"他画了凯旋门附近的一个场景。他画了巴黎圣母院、塞纳河边的冬天和香榭丽舍的《四月阵雨》。后来被问到他当时最大的乐趣是什么，他说："在巴黎到处走走。"

像前几代的雄心勃勃的学生一样，许多人花时间到卢浮宫去临摹。他们开始时觉得这是一件不能安心的事情。许多人像罗伯特·亨利一样，一在伦勃朗的作品前摆上画架之后，就觉得大家都在看他。他之前都没有见过伦勃朗的作品，更别说临摹了。

克拉拉·柏拉·欧文从她旁边人的绘画中找到了自信。她给芝加哥

416

的母亲写信说："我看到在卢浮宫临摹的人们画得都不是太好，我知道，我能画得比他们好……"

她没有报名去艺术工作室学习，而是把所有能抽出来的时间都花在了去卢浮宫或卢森堡公园的画廊画画。她在 12 月的一天傍晚，给母亲写信说："天太短了，一周周过得飞快，时间太紧，我想做的事情一半都没做完。也许是我想做的太多了。"

她特别喜欢到卢森堡博物馆去画画，注意到"我们在那里用功的好处越来越多……"

> 只想一下他们给那里保暖，给人们提供画架和凳子，为你保管画，而且一切都是免费的，除非你有心给钱。

她原来觉得可能会想家的，但是没有。"我太忙了，顾不上想家。"

1885 年，约翰·特瓦奇曼该离开巴黎，航行回国了。他写道："我不知道用什么可以代替每周去卢浮宫的活动……也许爱国主义。"

罗伯特·亨利在他的"日志"上重重地写道："巴黎！我们来了！""我们感到一种说不出的热切……"

亨利是一个瘦高的纽约人，21 岁，很有才华。他和其他四位美国学生在右岸的理什朗街的一家公寓租了房子。房间需要上一段旋转楼梯到五楼。他 1888 年 9 月 26 日搬进去之后，写道："到处都是灰尘。"

> 我们下力气用肥皂打扫了卫生，厨房的红色瓷砖发亮了，一切就绪，可以把小铁床、带草垫的椅子和其他的家具搬进去了，我们很快整理好了……

安顿下来之后，有一种愉快的感觉，我们终于有了自己的房子了！自己的小铁床！

无论是跳蚤，还是他们笨拙的法语，都不会让他们烦恼。"别人也都承认同样的事实（法语说不好），我们都笑自己陷入尴尬的情景。"

每天早晨朱利安美术学校的画室是那么拥挤。这意味着你要想看看模特——"美女"，得争抢位置。学校强调先掌握素描，然后再学油画。

"开始——不好——线条太硬表现不出来。"他记录了一天的用功。然后日子轻松了。

朱利安请全体的客——都去饭店，通常吵吵嚷嚷，热闹非凡，葡萄酒，共有 200 人。离开饭店，人群排成了队，勾肩搭背，顺圣德尼大街走、拦车、嬉笑……都上气不接下气，回到画室，模特也和我们在一起，脱衣服，又恢复了用功……

在 1888 年圣诞节给父母的信中，亨利写他受到了表扬。看到自己的作品挂到了画室的墙上，当然是让人鼓舞的。但他们也不要期望值过高，他还得努力。

自从到了这里，我开了眼界。要成功，眼前有很多的高山要爬，困难重重……不过我下定了决心，一辈子都会奋斗不休的。

还有一天他写道："谁不想来巴黎学艺术呢？"

1889 年 5 月 5 日夜晚，就像大家一样，亨利和朋友们被全城的喧嚣惊醒。大街上灯火通明，到处载歌载舞，这是博览会开幕式的前夕。他第二天写道：

> 彩旗飘扬，河岸、桥上，到处是人群……船上都彩灯一片，树上……到处悬挂着中国灯笼……

四

尽管有对埃菲尔塔的批评，尽管许多展览都推迟了开幕，尽管年初遭到了费尔南德·德·雷赛巴拿马运河公司倒闭的打击——这个巨大的"巴拿马气泡"的破裂让几十万的法国投资人受到了影响，尽管无数人不知疲倦地预测说这次博览会不可能赶上上几次博览会；但 1889 年的世界博览会还是到那时为止规模最大的、最好的、盈利最多的、最让人高兴的世界盛会。

从 5 月 6 日开幕，到六个月后，11 月 6 日闭幕，人数超过了预计，超过了历届的盛会。第一天，50 万人从 22 个入口拥入；到 11 月为止，总数是 3200 万人。大约有 15 万美国人参加了盛会，据《美国文摘》所说，他们，还有数十万的外国人和千百万的法国人给"巴黎下了一场前所未有的金钱雨"。

城市从未像现在这么干净诱人，杜勒里宫的废墟终于清走了。成千上万的电灯泡照亮了埃菲尔铁塔，每天晚上都会有喷泉表演，由电灯照得五彩斑斓。

除了这座塔之外，还有那么多建筑是让人想象不到的庞大。用钢铁和玻璃构建的机器宫，是在一个大屋顶下覆盖的最大的空间。它的长度超过了铁塔的高度，所使用的钢铁重量也超过了铁塔的重量。

参展的美国机械产品包括巨型的蒸汽机和气泵，大部分在运转着，还有剪草机和打字机，在巴黎这还是新鲜东西。一位纽约的糖果制造商用巧克力制作了一个米洛的维纳斯全身像。

仅托马斯·爱迪生的个人发明就占了美国在机器宫展位的三分之一。爱迪生发明的器具清单上列了 493 项，这些都展示了美国人的创造性。没有任何其他国家有爱迪生这样耀眼的明星。《纽约时报》报道："埃菲尔铁塔在外面的风采和爱迪生在里面的风采交相辉映。爱迪生和别人相比就是埃菲尔铁塔，其个人的重要性远远地高过了其他的任何个人……"爱迪生每出现在一个地方，周围都挤满了他的崇拜者。他有时不得不躲几天，躲开人们的视线，到一位美国画家朋友——亚伯拉罕·安德森的工作室去。安德森利用这个机会给他画了像。

在机器宫展出的许多新产品中有一个小的四轮汽车，是由一种新的汽油发动机——一种双气缸内燃机驱动，是德国工程师和发明家戈特利布·戴姆勒的发明。许多人认为这只是个玩具。一位《小报》的作者看了一会儿后，写道："在这个不显眼的角落里……技术革命的种子正在发芽。"

在美术馆展出的作品超过了 6000 件，使其成了除卢浮宫之外在一个地方的最大的艺术品聚集地。美国的作品有 572 件，在绘画和雕塑的数量上仅次于法国。

托马斯·埃金斯、赛西莉亚·鲍、沃特·盖伊、埃德温·阿比、威尔·娄、西奥多·鲁宾逊、安娜·克拉姆克、詹姆斯·卡洛尔·贝克维斯和奥登·威尔都参展了。威廉·麦利特·切尔斯展出了八幅画，是美国画家中最多的。肯杨·考克斯参展的一幅画是奥古斯塔斯·圣高登斯在做威廉·麦利特·切尔斯的一个浮雕像。

乔治·希利的利藤勋爵的画像和萨金特的《埃德华·达利·波伊特的女儿们》挂在一面墙上。大家各抒己见。罗伯特·亨利在日记中写道："约翰·萨金特的小姑娘们的画像……更好。"

一位从堪萨斯来的年轻美国人叫约翰·道格拉斯·帕特里克，也是朱利安美术学校的学生，他的画引起了一阵轰动。这是一幅巨大的黑色画面，题为《野蛮》，画的是一位巴黎的车夫在用棒子野蛮地殴打他的一匹马。这是他和其他的美国学生见到的一幕，他们都觉得震惊。确实，一个美国政府委员会提交的关于博览会的报告中，对巴黎的一切几乎都是赞美的，除了出租马车的车夫"无限制的粗野"，还有对马匹的虐待。

"野牛"比尔·考蒂带着他的巡回演出团"西部狂秀"来了。演出团里有牛仔、印第安人、马和明星演员"小神枪手"安妮·奥克雷，在巴黎引起了一场自"拇指汤姆"、乔治·坎特林和他的印第安人以来所没有过的轰动。表演在凯旋门以外的纳伊公园的露天剧场举行，吸引了源源不断的热情的人群。"野牛"甚至还让罗莎·本赫给他画了一幅像，画中他骑着最喜爱的大白马。

另外，不断有庆祝游行的队伍在展会附近的大道上来回巡演，也让许多观众大饱眼福。

不过，没有任何一样可以比得上埃菲尔铁塔能象征博览会的辉煌。其现代成就和进步的主题，自始至终吸引着人群。和博览会本身一样五彩缤纷，铁塔被漆成了五色，底部是深色，像铜一样的颜色，到上面是金黄色。对于波士顿记者所写的，它值得被列入"世界奇迹"，没多少人有异议。

人们排队好几个小时，等待上塔。到博览会结束，卖出了 1968287 张票，花 40 美分上到第一层，60 美分上到第二层。这带来的收入超过了 100 万美元，等于建塔的全部成本，这还不包括在第一平台上的生意火爆的餐厅收入。

对于上塔的美国人来说，一件重要的事是，可以乘坐纽约奥的斯电梯公司的一种设备上到第一平台。这种设备与其说像电梯，还不如说更像直立的过山车。

对铁塔的厌恶没有消失，不过淹没在了公众拥护的声音中了，没有什么能比爱迪生的赞誉更能肯定其价值了。爱迪生在之前就已经上过几次塔了，8 月 16 日那天他又和一群朋友上塔。在塔上的一个餐厅吃饭时，有人在饭桌上小觑这个塔，不过是一个建筑师的作品。爱迪生立即反对，他说，这座塔是一个"伟大的构想"，"埃菲尔的荣耀在于想法的宏大，更在于有胆量实现自己的想法"。他补充说，他喜欢法国人，"他们有宏大的设想"。

那年夏天，在巴黎的富有显赫的美国人中，有亨利·O. 汉弗美尔和他的夫人——以前的路易西娜·爱尔德，还有他们的三个孩子。他们来看世博会，同时还有一个重要的任务，就是来购买艺术品。亨利——朋友们管他叫哈利，被认为是当时一个出色的企业家，刚组织了第一个美国糖业托拉斯，迅速地增加了原来就很大的家业。他现在收藏绘画，他和路易西娜都认真地喜欢艺术。在他们位于第五大道正在建造的新大厦里，墙上有的是地方，可以悬挂好多画。

对于路易西娜来说，回巴黎很兴奋的一部分原因是要见到玛丽·卡萨特，并向她介绍自己的丈夫。

后来，路易西娜写道，这次会面在她的脑海里的印象是"不可磨灭的"。她和哈利来到了马里尼昂街 10 号，玛丽和她的父母在那里住了两年了。她发现玛丽的一条腿骨折了，卧床不起。"她的马在香榭丽舍大街的便道上滑了一下，她摔骨折了。"她写道，玛丽还是那么"亲切和热情"。

> 很难表达我们的友谊意味着什么。既有友好，又有知识和艺术，从我第一次见到卡萨特小姐起，她就是我的顾问和导师。

路易西娜宣称，自从到巴黎之后的几天，她已经和哈利买了一些古斯塔夫·库尔贝的风景画。玛丽赞成地说："库尔贝是位了不起的人！"

有了玛丽给他们"瞭望"，汉弗美尔夫妇买了雷诺阿、莫奈、塞尚、毕沙罗和德加的作品，还有几幅卡萨特自己的作品。

自从 1882 年莉迪亚去世后，玛丽的工作衰落了，她的生活更加与世隔绝。他们一家人搬到了更小的公寓。因为父亲越来越瘸，风湿病和其他的疾病越来越严重；玛丽虽然还开着画室，但是她觉得越来越没有心情工作了。

另外，还有经济方面的担忧，有时玛丽的弟弟亚历山大寄点儿钱来帮忙。卖出作品去变得越来越重要了。"玛丽得去画室工作，但精神不佳，抑郁有些发作。"她父亲一次写道，"我想每个艺术家都有点儿抑郁症。"

他发现她在许多事情上"可悲地缺乏理智"，而且"不幸的是，她越是缺乏理智，她母亲越支持她"。他向亚历山大抱怨说："这是女人的天性，她们在反对男性上达成同盟，而且特别固执地坚持己见……有时候她们让我恼火透了……"

玛丽坚持他们要去伦敦旅行，父亲反对，因为她病得很严重。另外，他哪里也不愿意去。后来他告诉亚历山大，玛丽过海峡时难受得厉害，下船得由人抬下去。"她太倔了，无可救药……"

玛丽告诉亚历山大，她非常担心母亲和她的头痛，她没心情画画、干任何事情："不断的担忧让我失去了干任何事情的心情。"试了在柏尔希茨长住，但对母亲的健康也没有什么效果。

玛丽的画还和以前一样，几乎都是文雅的女士——《在茶桌旁的女士》《整理头发的女孩》。唯一例外的是，1885年亚历山大他们来法国的时候，画的一幅亚历山大和儿子罗伯特的像。

1886年，法国画商保罗·杜兰·鲁尔在纽约安排了第一届印象派画展。她的一些画和德加、马奈、莫奈、毕沙罗、莫里索和雷诺阿的画一起展出。在博览会上，没有见到她的什么作品。当时在有关艺术界的文章和谈话中，她的名字很少被提及。

1889年，博览会那年，她和汉弗美尔一家重逢之后，玛丽·卡萨特又开始了一个主题——母亲和孩子。她在这个题材上画了很多年，出了许多她最好的、有名的作品。

贝尔妲·莫里索自从生下了女儿后，在母亲与孩子的题材上已经画了10年了。卡萨特虽然从未做过母亲，但把全身心都投入到了这个主题。就像她第一次发现印象派一样，她又开始活起来了。

约翰·萨金特在世博会上展出了六幅作品。在所有的肖像画中，波伊特的女儿们是最引人注目的。一群群人聚在画前，还常返回来看，被其神秘的气氛所吸引，同时也被其中的温暖和活力所吸引。

一位批评家给《纽约时报》写稿说："在海外的美国画家中，萨金特很明显是最出色、最有创新意识的，他不知道如何平庸。"由于他展示的作品，萨金特在33岁时得到了展会的金奖并授勋。《某夫人》引起的波澜也和对埃菲尔铁塔的反对声一样，大部分都风平浪静了。

对于萨金特来说，这样的荣誉比一般理解的要意义大得多。这年年初，他父亲在英国的伯恩茅斯去世了。沃农·李写道，费兹威廉·萨金特"最后被病痛折磨得残破沉默了，最后的日子很难熬"。约翰·萨金特很少得病，不懂对别人要有耐心，但他一直忠实地和父亲在一起，一直照顾他。她写道："我永远也忘不了工作一天之后，约翰会带着父亲离开餐桌，和他一起坐着，直到上床休息。"

同时，他一直在努力地工作。他又兴奋地定下了一个野心勃勃的肖像画计划，有机会可以把内心的东西用画笔自由地表现出来。他去看了《麦克白》的首演，由英国著名演员亨利·欧文和艾伦·泰丽主演。当艾伦·泰丽出场的时候，有人听到萨金特轻声赞叹道："哇！"

她穿着耀眼的绿、蓝、金三种颜色相间的飘逸长袍，萨金特就照此画了出来，在悲剧中她加冕的那一刻，头上真的戴了一个金光闪闪的王冠。他深深地感到了音乐、书籍和伟大戏剧的不朽的力量。于是，他竭尽全力在他最严肃的作品中，努力去表达内心深处对于生活的感受。

他选择了一个大画面——有意思的是几乎和《某夫人》的尺寸一模一样，把艾伦·泰丽上了粉底的脸画成了很苍白的颜色。对画面没有再加工，他以自己自然的才华和迅捷自信的笔法表现出了她的表演带给他的最大的享受，一气呵成。她从9岁登台，现在处于事业的巅峰，就像金光闪闪的王冠所象征的那样。他和她都需要把这一点表达清楚。

这幅画是他唯一的真正的戏剧作品，无疑把萨金特对她剧中艺术表现的热爱——她的巅峰时刻，加上他的艺术功力，表现得淋漓尽致。

这幅作品的出色立即就得到了认可，1889 年 5 月在伦敦的新美术馆展出。评论家在伦敦《泰晤士报》上说，站在它前面就"一起进入了一个新的世界"。

> 画家有意选择了一种服饰，可以把他的能力最大限度地发挥出来……这一刻表现出来强烈的情感，就是最大胆的艺术手法也难以表现……人物的面部那死人般的颜色表现出了野心和罪恶这两种最强烈的情绪的爆发把道德甩到了一边。

《泰晤士报》说，这幅画肯定是今年人们谈论最多的话题，同时"也绝对是我们时代最野心勃勃的画作"。

第十四章　再见了，巴黎！

来到这里是一种神奇的经历，许多地方都让你感到惊奇，其中之一就是发现我在多大程度上是美国人。

——奥古斯塔斯·圣高登斯

一

没有人特别注意这个小个子老先生，他和一位年轻的女士在和平街上和王宫花园散步。没有人转头，没有人认出他来，回应他那很有特点的微笑。

在国内，在波士顿，人人都知道他是谁。在伦敦，近几周他在宴会上成了关注的焦点。首相、公爵、侯爵和文艺界的著名人士，像罗伯特·勃郎宁和奥斯卡·王尔德，见了他都会热情地打招呼。王家医学院特地为他举行了纪念仪式。他接受了英国三个最有名的大学——牛津、剑桥和爱丁堡的荣誉学位。

不过，在他所热爱的巴黎，他知道，没有一个人认识他。他写道："和我们最亲近的人就是旅馆的人。"考虑到他平易近人的外貌，这是可以理解的。

1886 年盛夏，77 岁的老奥利弗·温德尔·霍姆斯先生在他寡居的女儿艾米莉陪伴下回到了欧洲，进行他的故地重游之旅。50 年前，他离开了路易·菲利普和弗朗索瓦·基佐时代的法国。他早年在巴黎的波士顿同行和"医学生"、诗人、作家现在几乎都去世了。梅森·沃伦、查尔斯·萨姆纳、拉尔夫·沃尔多·爱默生，甚至托马斯·阿博顿和亨利·朗费罗都已经去世了。那些和他一起听杜沛伊特朗讲课，随传奇性的路易大夫去一起查房的朋友，仅剩下亨利·鲍迪奇了。

现在在巴黎唯一熟悉的面孔就是卢浮宫的那些画作了。尽管开始的时候也很难看到熟悉的东西，它们都又经过了重新的安排。"不过我看到它们的时候，我似乎觉得它们都在向我打招呼，就像见到了老熟人一样。温顺的《漂亮的园丁》还是像小绵羊一样……提香的戴手套的年轻人，还和我过去敬仰的一样平静自信。"

他和艾米莉在巴黎只待了一周。她去购物的时候，他就到医学院附近走走。他很高兴地发现在王子街住过的房子还没有变化，只是临街的那间改成了一家商店。他很想走进去问讯问讯，但还是克制了自己的冲动。"要是店主认识我 50 年前的老邻居贝尔特朗先生或他的两位夫人怎么办呢？我还参加过他第一位夫人的葬礼，第二位夫人的婚礼呢。"

霍姆斯从王子街走了不远，到了先贤祠。他说，他不是来瞻仰那宏伟的建筑的，也不是来怀念那些伟大的人物的，他是来看莱翁·傅科那著名的钟摆的。"我想了很多关于傅科的伟大实验，这是科学上记录的一项最崇高的对物理事实的形象演示。"它还在那里，一个重物悬挂在从穹顶垂下了 300 英尺的绳上，来回摆动，用它那变化的方向来证明地球的自转。

在巴黎，霍姆斯医生只想见一个人。他决定亲自到路易·巴斯德在沃克林大街 14 号的办公室，进行一次事前没有通知的拜访。"我递进了我的名片……他立即就出来招呼我。我告诉他，我是一位美国医生，只想来见见他，握握他的手，没有别的。"

霍姆斯回忆起从他学习开始到现在这几十年来，巴黎发生的变化，感觉法国在科学研究上有了很大的进步。他当学生时听诊器还是个新鲜的东西，显微镜更是从未被他们的医学教师提及过。

让他感叹的并不只是他学生时代的社会早已成为过去，也不仅是他同时代的美国同事没剩多少人了，而是现在在巴黎的美国学生数量相对少了。很大的原因是由于他们这代人从巴黎带回去了很多知识和经验，美国的医学教育也取得了长足的进展，到巴黎学习已经不再是很有优势的事情了。那些想要在医学领域出类拔萃的人，在国内就可以接受很好的培训了。

正值夏季，巴黎的大部分都很静。晚上，霍姆斯觉得太累，不想去剧院了。看一看塞纳河上美丽的桥梁也是一种享受。他写道："没有什么比这些桥，看起来变化更小了。"新桥在他看来和当初一模一样，引发了不少旧时的回忆。

在当年他最喜欢吃早餐的普罗科普餐厅停下来，他看到餐厅的面貌大有改进。他要了一杯咖啡，坐下来想象着很久以前伏尔泰和那些杰出的人物在此相会的情形。

"不过对我来说，我似乎能看见我早年的朋友和伙伴们都活蹦乱跳地出现在我的眼前，都还那么年轻。"他不需要追到佛罗里达去寻找彭斯·狄·雷翁的不老泉。它就在这里，在巴黎。

霍姆斯重游巴黎后的第三年，就是1889年博览会召开的那年，奥古斯塔斯·圣高登斯也回到了巴黎。他待的时间也不长。他是独自一个人来的。他说自己并不想看博览会或特别要见某个人，只是想来"重新体味一下我学生时代的生活和环境"。

他不怎么和人交往，没有住在旅馆里，而是住在左岸的"一个小屋"里。这是一个朋友，也是原来的助手，雕塑师弗莱德里克·麦克莫尼的工作室公寓。至于他对巴黎的印象，他仅提到了其"雄伟、巨大"；关于他对博览会的看法，他只是说"太复杂了，激起了那么多的名利虚荣，我不能深陷进去……"

给他留下最深印象的可能是，他第一天早晨在"小屋"窗户下面小公园里看到的景象。从一个门冲着公园的工作室里走出了一个和他年龄差不多的人，"一个老家伙"，穿着睡衣、拖鞋，抽着烟斗。

> 他费力地走过小路，到了一片花圃处，那显然是他个人的财产，非常细心地用一个小巧的喷壶浇着水。不一会儿，另一个老头也从另外一个门口出现了，穿着裤子和拖鞋，他也蹒跚着走向了自己的那一小片地。

他想这样的"老家伙们"很可能就是他年轻时在美术学院的同学，他们在这拥挤喧嚣的巴黎满足地侍奉着自己的花圃。"从那平静的烟斗中冒出的青烟，在绿色中超然地看着一切，和周围融为一体。"他羡慕那种和谐以及他们的满足。

据他的家人说，圣高登斯1889年感觉"很有必要"到巴黎去旅行，看看这座城市在干什么，"以开阔艺术视野"。这可能是真的。不过，他还有自己私人的原因，人们后来才知道。

大批有抱负的美国画家、雕塑家和建筑师不断拥向巴黎。他们中有的人会在美国成为显赫的名家。

莫利斯·普兰德伽斯特是波士顿杂货商的儿子，于1891年坐一条运牛的船渡过了大西洋，报名进入了朱利安美术学校。三十几岁的约翰·怀特·亚历山大也在同一年和他的妻子到了巴黎住下。不久，他画的大幅显眼的美女图就得到了广泛的认可。詹姆斯·厄勒·弗雷泽童年的大部分时间都是在南达科他州的牧场上度过的，父亲是铁路工程师。这位有才华的年轻人开始在巴黎美术学院学习雕塑，后来被圣高登斯"发现"。

亨利·O.泰纳是个高个子，有教养，是朱利安美术学校唯一的一名美国黑人学生。他生于匹兹堡，父亲是非洲卫理公会主教教会的牧师。他曾是费城的宾夕法尼亚美术学院唯一的黑人学生，在托马斯·埃金斯的指导下学习。他也于1889年从美国航行到了巴黎，不过他只想在巴黎作短暂逗留，然后去罗马学习。他写道："奇怪的是，到巴黎一周之后，我竟觉得这里的条件我非常喜欢，结果是……把要去罗马学习的计划完全忘记了……"

在左岸的一家餐厅，新到巴黎后不久的泰纳，在一天早晨遇到了罗伯特·亨利。他们是第一次见面，发现彼此都上过宾夕法尼亚美术学院，于是开始了一段友谊。亨利写道："他很谦虚……并不以自己的个子大而觉得比别人强，他很好相处。"他帮泰纳在朱利安美术学校"起步"。

泰纳的花费由美国国内的一位白人牧师和他的妻子哈兹威尔提供，再加上他起航之前得到的75美元的佣金。他第一年在巴黎的花费是365美元，他仔细地记了下来。除了没多少钱之外，他的法语也不好。

泰纳以前从未见过和听到过像美术学校这样的喧闹，他以前也从未

431

见过这么烟雾缭绕的房间，并在这里面呼吸。他生动地记录下了他学生时代的体验。

> 窗户从来不打开，在冬天刚开始的时候就已经钉死了。五六十人在这样的屋子里抽两三个小时的烟，烟雾让后排的人几乎看不见模特。

在任何时候他都没有因为自己的肤色而让人看不起，在费城情况可不总是如此。只有几家饭店不大欢迎他，不过他知道，这是因为他不喝酒。"在我去的那些便宜的饭店，他们不愿意接待那些不喝酒的客人。在食物上他们没有什么利润……所以我是不受欢迎的，有时被迫换到别的饭店去。"

在巴黎也经常见到学生的家长，他们想有机会看看自己孩子的新生活，同时自己也来享受一点儿巴黎的生活。如果经济宽裕的话，这是抵制不住的诱惑，这种体验的影响也是深远的。

《大西洋月刊》的前主编、小说家威廉·迪恩·豪威尔斯的儿子约翰在巴黎美术学院学习建筑。他到巴黎很开心，受到巴黎精神的鼓舞，并借此机会见到了许多老朋友，像詹姆斯·麦克内尔·惠斯勒等人。惠斯勒在巴克街上的季节性住所，成了有共同思想和爱好的美国旅法人员见面的场所。那次在惠特勒公园的聚会上，有人看到约翰独自一人站在那里很是伤心，他刚接到了消息，必须回国，因为父亲病危。

一位年轻的美国人感到有些不对，过来和约翰说话。约翰突然转过身，把手搭在年轻人的肩膀上说："你还年轻，年轻——享受青春和生活吧。"

享受生活，这不是错，无论你做什么，好好活。在这里我
意识到，我没有享受生活，但已衰老。晚了，时光已流逝，我
已失去了机会。你还年轻，享受生活！

几年之后，这个年轻人，乔纳森·斯特吉斯，把这件事告诉了亨
利·詹姆斯。他强调约翰说话时的激情和认真。这成了詹姆斯另一部以
巴黎为背景的小说《大使》中的精华，小说中的主角，在激动的时候几
乎一字不差地说了同样的话。

乔治·希利还住在20年前和路易莎在拉罗什富科大街建起的宽敞舒
适的家里。他的生活节奏慢了下来，每天去画室工作一会儿，还步行到
三一教堂听弥撒。在上山回家的路上，他走得要慢多了。大家庭让希利
愉快，1891年圣诞节日记中的一段写道：

我的孙子乔治·德·迈尔来到画室说，他们都在等我。圣
诞树上的灯都已点亮，被约50个孩子围着，他们的脸上透着欢
欣。客厅里都是人。这实在是人所见到的最美的画面了。

希利是19世纪30年代那批满怀希望航行来到法国的有志美国青年
中最后一个留在巴黎的。距他从波士顿出发到巴黎几乎过去57年了。当
年他没什么钱，也不会说法语，在巴黎举目无亲。

他对这座城市的喜爱超过了任何时候。尽管他在那里住了那么长时
间，但他从来都是把自己当作一个美国人的。"他对法国和法国人的爱从

未让他作为一个彻头彻尾的美国人的事实有丝毫的改变。"他的孙子德·迈尔写道。

1892 年，希利决定离开。3 月，他和妻子路易莎起航回国，在芝加哥度过了余生。

二

奥古斯塔斯·圣高登斯一家于 1897 年 10 月到达巴黎，准备无限期居住。他不仅仅是取得辉煌成功的榜样，也是不懈努力和超级天才得到认可和回报的典范。他 51 岁时成了美国重要的雕塑家，受到了同行的赞誉和尊敬，不断参与国家的重要工程。结果他也致富了，几乎可以肯定他最好的作品会经受得住时间的考验，成为美国艺术的最高成就。

自从 1880 年法拉格特雕像揭幕以来，他的活儿从来没断。在马萨诸塞的斯普林菲尔德一个公园里，他的作品《清教徒》是一个铜铸的迈着大步的英雄形象，似乎体现了 17 世纪新英格兰新教徒全部的勇气和热忱。

1887 年，他在芝加哥林肯公园揭幕的林肯站立沉思的塑像上，捕捉到了任何其他塑像都没有表现出的这位伟大奴隶解放者的深刻思想。

在华盛顿洛克刻里科公墓亚当斯的塑像屈身坐着，这是圣高登斯最让人不解的神秘之作，引发人们对其意义的无尽猜想。

可以形成对照的是《博爱之神》，一位刻在墓碑上的长着翅膀的庄严的天使把纪念碑高举过头顶。还有他那漂亮的弓箭手《戴安娜》，他的塑像中唯一裸体的，高 13 英尺，高高地站立在斯坦福·怀特设计的纽约麦迪逊广场公园新建的 32 层高塔顶端。

许多人觉得最好的是波士顿的另一座内战纪念雕塑，它首次把美国黑人作为英雄来表现。肖的纪念像是一个巨大的铜顶雕像，在马萨诸塞州议会对面的波士顿公地的边上，是为了纪念马萨诸塞54军团的英勇和牺牲而作。这是联邦军队中第一支黑人部队，他们中的大多数成员，包括罗伯特·古尔德·肖上校都在1863年查尔斯顿港万格纳要塞的战役中牺牲了。

肖骑在马背上，和士兵们一起前进，他们的脸上写满了无畏。每张脸都生动独特，其整体效果超过了国内的任何纪念雕刻。圣高登斯从未在一件作品上花过这么大的精力。他用了整整14年才取得了自己满意的效果。1884年签的合同，直到1897年5月31日才揭幕。

那年春天，哈佛大学校长查尔斯·爱略特在授予圣高登斯荣誉学位时说："奥古斯塔斯·圣高登斯是一个雕塑师，他的艺术取之于自然，又为自然添彩，赋予荣誉以不朽，把有限的生命花在了塑造无限的荣耀上。"

空闲时，他刻了无数的浮雕像，有罗伯特·史蒂文森、考纳利亚斯·范德比尔特、画家威廉·麦利特·彻伊斯和肯芸·考克斯、他的儿子赫马·圣高登斯，还有约翰·辛格·萨金特的妹妹范厄丽特——雕像中的她在坐着弹吉他。这是圣高登斯所有浮雕像中最漂亮的作品之一，作为回报，萨金特给小赫马和他的母亲画了一幅像。

圣高登斯曾一度在纽约艺术生联合会任教师。1893年在芝加哥哥伦比亚博览会担任雕塑顾问，和萨金特及埃德文·安比一起合作，帮忙建成一幅雕塑壁画。这是为位于考普雷广场三一教堂对面的新波士顿公共图书馆而作。这个图书馆的建筑师是查尔斯·麦克吉姆，他的灵感来源于巴黎的圣热纳薇也芙图书馆。

最近，作为圣高登斯纪念内战主要贡献的高潮，纽约市请他塑一座威廉·特库姆塞·谢尔曼将军的骑马像，要放在第五大道和 59 街相交的中央公园入口处，工作已经开始。

19 世纪 90 年代，圣高登斯在纽约有四个工作室。他和古熙在西 45 街的一处新址过着相当气派的生活，并在新罕布什尔的考尼斯买了一处乡村别墅。

让人意想不到的是，在这忙忙碌碌之中，他突然宣布要搬到巴黎去了，谢尔曼的工作将在那里继续进行。

他后来的解释是："我觉得不断的劳累让我紧张，我对美国完全没什么好感了。"干什么都觉得不对，只有"离开纽约讨厌的噪音、尘埃和喧嚣"，最让他受不了的是他位于 36 街和百老汇交界的主工作室外的噪杂。

······高高路面上的油溅到了下面人的身上，疯狂的电车添加了音乐，急救车呼啸而过，像魔鬼般的锣声，好像要把车里濒死的人震死一样。不时有发疯的救火车叮叮当当地冲过，火、烟、混乱、灰渣。

除了他自己的病痛之外，1885 年古熙还流了一次产。他的父亲在长期的病痛折磨中去世了。他的朋友罗伯特·路易斯·史蒂文森 47 岁就死于结核病。

这位苏格兰作家对圣高登斯来说变得很重要了。史蒂文森的书，从《新一千零一夜》开始，就让他"兴奋不已"。他来这里五次让圣高登斯给他雕像。在纽约一家旅馆，身患重病的史蒂文森撑在床上，一边抽着烟，一边写着，他们一直谈论着各种话题。圣高登斯带来了小赫马，来见这位著名的作家，后来给他制作了无数的浮雕和大像章。

弟弟路易斯·圣高登斯还是他的左膀右臂，但精神崩溃了。路易斯说是由于工作室"高度的压力"。路易斯后来写道："奥古斯塔斯走向了越来越大的荣耀，而路易斯却走到了疗养院。"奥古斯塔斯也说，路易斯开始"显示出他那过人的精力耗尽了……"

圣高登斯承认，他确实得了很严重的抑郁症。他写道："我病了""精神糟透了""萎靡不振"，古熙也得了同样的病。

流行的医学名词说是"神经衰弱"，症状表现为"无名火"和"病态恐惧"，经常是"中年男人"常患的疾病，失眠、"消化不良"——都是由神经衰竭引起。一篇当代医学文章说：

> 一种深度疲惫感……感到浑身无力，好像全身要散架一样……这种疲惫感尽管确切地说不是平常意义上的疼痛，然而在许多情况下比疼痛要厉害得多。可能会在没有征兆的情况下突然发作……病人有时感觉好像就要死了似的……

百年之后给出的定义是"身心疲惫综合征，通常由焦虑和抑郁引起……"

在圣高登斯大约回巴黎时候照的照片上，他确实显得很疲倦，看上去有些痛苦不堪，也显得比他的实际年龄要老。他本来就瘦，现在几乎是憔悴了，一头浓密的头发大部分花白了，短短的山羊胡子几乎全白了。威廉·迪恩·豪威尔斯描述说他的脸像"疲惫的狮子"。

他的儿子赫马后来说，纽约消耗了他的生命，父亲"由于劳累过度，余生受到了损害"。不过，赫马坚持说，他父亲的病不是他回巴黎的原因。

完全相反，他知道他的艺术已经到了关键时期……只有在巴黎，他才能置身于他当代的艺术家中，把他的作品摆到世界上最挑剔的观众眼前，一下子弄清楚作品的优劣所在。

无疑这是正确的，从圣高登斯后来所说的许多话中可以看出，他是同意这种说法的。不过同时也似乎是他成功本身给事情增加了复杂性和责任，这一切给他带来了压力。

19 世纪 80 年代，就在法拉格特纪念塑像成功之后，圣高登斯和漂亮的瑞典年轻女模特有了一段恋情。后者为裸体的《戴安娜》做模特，很可能也为《博爱之神》做模特，其名字是阿尔博蒂娜·哈尔格仁。不过，圈内人们都叫她戴维姐·克拉克。

人们对她的情况知之甚少。1889 年夏天，她生了一个男孩，起名路易斯，这似乎和圣高登斯那年夏天去巴黎有关。他回来之后，在辛辛那提的瑙勒敦为她和孩子单独建立了一个家庭。据信，他后来为孩子提供抚养费。

据猜测古熙很快就知道了，不过没有人了解内情。关于这件事可能的详情是在圣高登斯夫妇去世后的近 50 年，在新罕布什尔的一位名叫弗兰西丝·格里姆的 92 岁的女人那里得到的。她曾是这位雕塑家晚年的助手和传说的知己。她告诉当地的一家报纸说，圣高登斯曾有过"许多恋情"，但对待戴维姐的事情上他是"疯狂地爱上了她"。她说的话中有多少是事实，有多少是这位老妇人的想象，不得而知。不过很清楚，她说古熙得知这件事之后，古熙和古斯就不在一起生活了，这是完全错误的。

随着年龄的增长，古熙的耳聋和由此产生的孤独感越来越重。她忍受的身体和精神上的病痛即使不比他大，起码也和他一样。她背痛，伴随着耳聋的肯定还有不断的耳鸣。有人觉得她不可爱，就像以前斯坦福·怀特在巴黎时那样，并把她的病痛说成是癔病，但从未见圣高登斯写过或说过一句对她批评的话。

她开始把很多时间花费在了旅行上，到新斯科舍和百慕大的健康温泉旅行。她究竟是因为健康原因还是为了从紧张的婚姻关系中放松一下，也同样不清楚，也许两者兼有。

圣高登斯长时间保守个人隐私。他的不忠不是什么光彩的事情，他圈子里的朋友像弗莱德里克·麦克莫尼斯和斯坦福·怀特都结了婚，都是"好色之徒"。他们喜欢谈论他们的风流韵事，圣高登斯很反感。

他和古熙的婚姻受到了很大伤害，她肯定有一种被骗和失落感。他也很难过，对自己的过错和给她造成的伤害很后悔，充满了自责。他在一张没有标日期的便条中诚挚地说，他依然爱着她。这是他们之间发生事情的仅存的直接证明。

  女性的甜美和善良对男人极具吸引力，对人性弱点的原谅和大度让人可爱。麦克莫尼斯夫人和怀特夫人都对他们丈夫的出格行为采取了更加宽容的态度，这反过来让她们的丈夫对她们更加尊重。尽管和别人相比我的过失并不严重，这也让我的心里经受了你想象不到的痛苦。

  你是一位高贵的女人，古熙，我对你的爱、敬佩和尊重超过了你的想象。我们都很难过，为了我们在这个世界上心灵都能得到平静，我请求你不要降低你在我心目中的地位。

古斯

他觉得爱和勇气是生活中"伟大的事情"。他无疑在她的身上看到了这两种品质。

1897 年 10 月，芝加哥的一个纪念基金会同意支付圣高登斯 10 万美元，再塑一座林肯的塑像，并提前支付了一大笔钱。这个月，他、古熙和赫马就出发去巴黎了。

他们在香榭丽舍附近找到了一间合适的公寓。赫马上了巴黎的中学，准备报考哈佛。圣高登斯在左岸来来回回"疯狂地"搜寻之后，在卢森堡公园附近的巴尼奥街 3 号找到了一个他所需要的工作室，还有他在田园圣母街的老工作室，他称之为一个"在巴黎偏僻的角落里唯一让生活有价值"的地方。

他并没有像想象的那样在巴黎过平静的生活，或者像他看"老家伙"浇花时想的那样去享受平和的生活。他不是那样的人，他有许多工作要做，要塑谢尔曼，雇人、征集设备。

这是一个巨大的雕塑，力图表现谢尔曼骑着马走在队伍的前面，由长着翅膀、手里拿着棕榈枝的胜利女神引领。谢尔曼没戴帽子，披着披风。马、骑手和女神都镀上金色，高 13 英尺。

1864 年下半年，谢尔曼"从亚特兰大向海边"进军，60000 人的联邦军队越过佐治亚那些毁掉的城镇、种植园、铁路、工厂等一切，行进了 300 英里。24 年后，当时住在纽约的谢尔曼同意让圣高登斯给他塑像。圣高登斯在塑一个半身像的时候，不止十几次地对照谢尔曼本人创作，以把这个半身像作为大型雕塑的观摩对象。那离谢尔曼去世只有几年。

快要完工了，完成了的头像不大好看，忧郁、满脸胡子、还有雀斑。

440

这似乎是一张战争的恐怖面孔，可以说是一张疯狂的面孔。

圣高登斯厌恶战争，厌恶战争对人们造成的伤害。谢尔曼同意这个观点，他在一次规模很大的公开演讲中说："我厌倦和讨厌战争，它的荣耀只是妄想……战争是地狱。"

在圣高登斯出发去巴黎之前已经制作了胜利女神的几个半身塑像和试样。为他做模特的是 24 岁的年轻女士名叫海娣·安德森，来自南卡罗来纳。他说她是"我见过的最帅气的模特……"没多少人知道她是个美国黑人，但圣高登斯和周围的人知道。让她作为胜利的联邦军队指挥官的引路人似乎很合适。

圣高登斯在塑像时，她的年轻和漂亮是无可置疑的，特别是她和谢尔曼脸上表情的对比。她的表情中没有喜悦，没有胜利的荣耀，她的眼睛睁得大大的，嘴也张得很大，就像着了魔一样。

至于谢尔曼的马，圣高登斯选择了一匹当时有名的、健壮又善于跳高的，名叫昂特里傲的马。为了赋予作品力度，他知道他必须把马的力量表现出来。

在巴黎他组织了全班人马，为了给这样一个大规模的工程找一个足够大的工作空间。他在巴尼奥街 3 号的工作室不仅仅是一间屋子，而是三间房子。他把其中两间之间的墙打倒，房间就通了。这作为主工作室，小的那间是他自己的私人工作室。最终，他招了 15 个人。

一位美术学院学雕塑的学生名叫詹姆斯·厄拉·弗雷泽运气很好。他生长于南达科他州的一个牧场。来到巴黎时他带着一个自己做的小雕像，叫做《穷途末路》——一位印第安人无精打采地骑着他的小马。看了这个之后，圣高登斯告诉他："你塑造的不是一个人，而是一个民族。"立即就给了他一份工作。

赫马·圣高登斯后来写道，工作室里"乱哄哄的状态"可以和纽约时期"有一拼"，而且还是"经常的"。

除了谢尔曼之外，圣高登斯还在制作另一个版本的《博爱之神》，靠在另一面墙上。他总爱不厌其烦地多次重复一个主题，每次都要有所突破。有一次他说过："我每制作一个雕塑，要制作17个样品。"

不断有朋友来看，就像在纽约和以前在巴黎一样，他不得不停下手中的活儿来接待。新助手弗雷泽记得，小个子詹姆斯·惠斯勒戴着高帽，穿着大衣出现在门口，他是"一个爱指手画脚的小个子"，当时工作正在紧要关头，而有了他，圣高登斯就无法工作了。

约翰·辛格·萨金特来谈论波士顿公共图书馆壁画的事，他正在伦敦绘制。"他是个大个子。"圣高登斯写到萨金特时说，"我实际想的不仅这些，我想表达的是，他是个好人。"

古熙似乎经常来来去去，就像在家一样，到圣莫里兹、埃克斯莱班和其他地方的温泉疗养地去。从他们之间留存下来的为数不多的几封信中，很难知道她去了哪里，有多长时间离开家。不过，他们确实不断地写信，总是说爱着对方（赫马·圣高登斯后来解释说，他父母之间"最有价值的信件"毁于1904年新罕布什尔工作室的火灾中）。

圣高登斯还不断遭受阵阵的严重抑郁的折磨。他"严重的精神抑郁"在冬季发作得更加厉害。不过总会过去的，"我现在感觉很好了，"谢尔曼进展"非常顺利"，他在1898年初向她写信报告说。在信的结尾，他写道："爱你的古斯，对你的爱超过了你所想象和我能用语言表达的。"

随着春天的到来，他感觉好了，工作也进展得更好了。巴黎的确有他所希望的效果。

他给最喜欢的外甥女罗丝·尼考斯写信说："巴黎的经历，随着我艺术上的进步，对我来说是一件大事。我的所有盲目似乎都被冲走了，现在可以清楚地看清自己的位置。"他想"取得高水平"的愿望很强烈。

随着大工作室中全身塑像的进展，圣高登斯现在把精力集中在了自己小工作室里的样品和细节上。透过墙壁，他可以听到干活的工人们的喧嚣。而他们在他心情好的时候，可以听到他像学生时代一样唱起歌来。詹姆斯·弗雷泽记得，他仍然有一副"神奇的嗓子"："我相信他可以去大都会唱浮士德的男中音和低音部分，并能受到欢迎。"

那年夏季末，他在给"亲爱的老伙计"的一封信中，圣高登斯告诉威尔·娄，回到巴黎是一段"美好的经历"，他发现了许多惊人的方面，其中之一就是"发现我在多大程度上是美国人"。

他接着说："我属于美国，那是我的家乡……"他在纽约不能忍受的东西，现在成了他向往的东西，他对想家丝毫不加掩饰。

　　……高高路面上的油和灰溅到了下面傻瓜的身上，电车、电报杆、天际，所有的一切对我来说都很亲切，更别提投机的朋友、迷人的景色，还有泥土的气味，那是美国特殊的气味……

"到我来这里之前，我觉得好像在雾中工作，我不知道自己的位置。现在迷雾驱散，我看清楚了自己脚下的路。"

　　我现在有了一种奇特的自信感觉，在以前从未有过这种感觉（不过，也许意味着我不知天高地厚了），同时对我们国内的事业有一种敬佩。事实上，我回去之后会成为一个热血澎湃的爱国者的。

他接着补充道："然而这里是一个神奇的地方，就像一个微笑的美女一样极具诱惑力。我想我回去的话，就又会想回来。"

这封信的日期是 1898 年 9 月 2 日。仅 10 天之后，他又给罗丝·尼考斯写信，不过这次是关于"对生活和工作的厌倦感"。9 月 23 日，他又写信说，在"阴郁的日子里工作到很晚之后，在这个大工作室，灯光把摇曳的巨大阴影透射到墙上，让人伤感"。

新年之始，他向古熙汇报说，生活很充实。他承认尽管"另一阵可怕的抑郁……很严重，我感觉可能自己随时都会哭出来"。另一天，他说感觉"像只斗鸡"。

接下来，他相信自己病得很严重，直到一位医生告诉他，只是轻度的神经衰弱，心脏没有毛病。他的抑郁依然随着冬去春来而消退。

他回忆说："我开始以一种年轻时从未想象过的方式来欣赏巴黎。巴黎的春天很美，有两三周那里生活的激情和欢快尽情挥洒着，那里的人比我们都懂得欣赏生活。"

工作的压力不断加重，马和骑手的石膏像已经在沙龙艺术展上展出了，而在巴尼奥街工作室的工作并不比在纽约开始的时候少。看到巨大的马和骑手全部出现在了眼前，这让雕塑师重新一样又一样地开始考虑，好像没有什么满意的地方。他得先修改这个，再修改那个。几个月前，谢尔曼的披风需要修改。古熙给赫马写信说："你父亲……又重新制作谢尔曼的披风，我一直在做很多的小披风。"披风的问题还在让他烦恼，别人说已经很完美了，这似乎对他没什么影响。

法拉格特的腿曾一度让他头疼，现在，石膏像马的左后腿不小心弄坏了。圣高登斯派人去纽约复制原始泥塑像的腿，尽快带回，那人回来时把腿拿错了。

他在给赫马的一封信里描述了在要把马送到沙龙艺术展的日子里，巴尼奥街 3 号像"疯人院"的气氛："11 个铸模匠，在他们的疯老板——你那杰出的父亲的带领下通宵达旦地工作。哇噻！我有时哭，有时笑，有时连哭带笑，然后冲到大街上去嚎叫。反复如此。"

到 4 月底，像塑好了，在战神广场的沙龙展会上就位了，其位置远远优于圣高登斯希望的位置，摆放在了公园的中央。他告诉古熙："谢尔曼的位置是荣誉的位置，我太高兴了，无论白天还是黑夜，随时都会跳起吉格舞来。"

他觉得需要出去走走了，于是和古熙一起去了西班牙。

在那些对谢尔曼和胜利女神赞不绝口的人中，有美国著名的历史学家亨利·亚当斯。他觉得塑像的魅力太大了，几乎每天都要来看看。不过，亚当斯对雕塑家的感情是迥异于别人的，因为圣高登斯的亚当斯纪念雕塑所取得的效果。

是他们共同的朋友约翰·拉·法日，让亚当斯雇用圣高登斯来塑像纪念亚当斯的妻子克拉沃——她是 1885 年在华盛顿自杀的。她患抑郁症，吞下了她用来修描照片的氰化钾。

亚当斯在纽约见到了圣高登斯。当时圣高登斯正在给一个年轻的助手当模特，头上顶了一块印第安地毯。亚当斯告诉雕塑家他心目中的雕像大概应该是什么样子的。他要求人物的性别特征不要太明显，他想要塑像传达一种完全的宁静，不想刻上名字之类的任何东西。他中间不会来看的，只等成品做好之后再看。然后他就离开了，到日本和太平洋岛屿旅行去了，带着拉·法日作为旅伴。

塑像摆放在了洛克刻里科公墓，亚当斯第一次见到就十分满意。他写道："人物整个的意义和感觉就在于其普遍性和无名。"他把它命名为《上帝的平和》。

亚当斯博士在巴黎的时间不短，他宣称他不喜欢这里，不过总是由于这样或那样的原因不断地回来。这一次他住在里沃利大街的布莱顿宾馆，他发现巴黎令人惊讶地让他喜欢。几位美国朋友在城里，每天就是买书、阅读、记笔记，要进行一个中世纪大教堂的项目。即使是夏季的炎热似乎也对他们没有影响。

他给他的朋友、美国驻英国大使约翰·海伊写信说："巴黎让我欣喜。不是那种想象的欣喜，而是它的与世隔绝的平静吸引着……在生命即将到头的年月，人所得到的那种隐士般的平静。我思考着所有事情的好处……"

亚当斯知道圣高登斯在巴黎很高兴，就去请他吃饭，并"冒险"到了他的工作室"拉他出来到布洛涅森林去散步"。

亚当斯比圣高登斯大10岁，5.4英尺高，比圣高登斯矮了整6英寸。圣高登斯还是满头浓密的头发很有特色；亚当斯，用他自己的话来说是"非常——非常的秃顶"。他们在一起对比明显，人们完全看不出一个是美国总统和外交官的后裔，另一个是移民鞋匠的儿子。

这位雕塑家虽然才华横溢，但谈论起他的工作却很"不善言谈"。而亚当斯对他的工作很感兴趣，他喜欢把圣高登斯和其他艺术家进行比较。亚当斯写道：

别人——亨特、理查森、约翰·拉·法日、斯坦福·怀特，都说起来滔滔不绝，只有圣高登斯从不谈论或争论他工作的激情或赋予他作品形式的观点等东西。

亚当斯觉得这种思想的简单有些"过分"，尽管他意识到了雕塑家的身体不好，那个夏天情绪低落。而亚当斯本人也在接受着抑郁的折磨，他们不是理想的谈话伙伴。

圣高登斯觉察到了亚当斯觉得他思想较为贫乏，他在给古熙的信中暗示了这一点。当时古熙在波士顿，和她弥留之际的母亲在一起。

他告诉她，他把旧信撕掉了，它们看起来太"无聊"，唯一"可读"的就是她的字迹。"显然，我只善于用铜来表达思想。总想得到近在眼前，却伸手不及的东西让我发疯。"

在给威尔·娄的一封信中，他毫不犹豫地表达了他的情感，深入地谈了他对法国的热爱。不过也说，他在巴黎只打算待到1900年博览会。他也说到自己曾"病得严重"，现在懂得了什么是神经衰弱："那很可怕，我现在从心底可怜那些以前我看作是患有'想象疾病'的人。"

从他手中留存下来给弟弟路易斯的一张便条上可以知道，他的情妇戴维妲·克拉克带着他们的儿子路易斯来过巴黎，而她不喜欢法国，想回去。至于她待了多长时间，她是自己的原因来的还是他邀请的，在什么地方住的，她和孩子什么时候离开的，都不得而知。

古熙11月12日回到了巴黎。她给赫马写信说：

你父亲的情况没什么改变，也许和我离开时相比，不那么紧张了，他还在钻研胜利女神，即便是工作室也没有多大变化……我到

447

这里四天了，就去了红山的铜铸厂三次，因此，你看，我没什么时间干别的……

她两周后又向赫马报告说："你父亲成了法兰西学院的成员。这是很大的荣誉，比授勋的荣誉还大……大得多。"

"你父亲很爱你，希望你一切都好，他正在他的信上签名。我还给怀特、麦克吉姆……等人写信……"

巴尼奥街3号的中心工作就是对"大"谢尔曼进行精细加工。马扬起的左后腿仍然是问题不断，总是下坠，尽管助手们不断地填补裂缝。圣高登斯说看起来比例不对，助手们说一切都没问题，是按计划进行的。他还是坚持说不对，于是测量了一下，结果是那条腿长了3英寸，还得返工。

这个工程期间，他开始了给波士顿公共图书馆入口处做模型。这个工程把他的弟弟路易斯也叫来了。路易斯要雕塑两个大的大理石狮子，在主门的里面，站在那里守卫着大理石台阶。他时断时续地给在巴黎的哥哥古斯工作，仍然在和抑郁及酗酒斗争。不过他很有才华，没有人比古斯更了解他了。古斯依然信赖他并支持他。

在工作室里，古斯个人的主要任务是在给胜利女神的形象做最后的加工，他觉得作品的效果可能主要就得看胜利女神的形象了。很长时间，他给古熙写信说："我在进行胜利女神的最后部分。"

10月下旬，古斯又觉得得休息一下了，他邀请了两个法国朋友一起去看著名的亚眠大教堂，在巴黎以北索姆河边。他特别想去看看其正西方门廊里的雕像，这些雕像被认为是最伟大的哥特式雕塑。

他知道亨利·亚当斯对此感兴趣，于是邀请他一起去。他开始非常喜欢亚当斯了，由于他很爱挑剌的做派和对大部分人的蔑视。亚当斯公开地表示不喜欢他的祖国的许多方面，正好是古斯感觉自己比以往都爱国的时候。亚当斯讨厌银行家、强盗般的贵族和愚蠢粗俗的政客，在华盛顿他的周围这些人比比皆是。他是个反犹主义者，尽管随着时间的推移，他放弃了这一点。那些了解他的人都知道，在他这些表面之下，他有多么的善良和聪明。后来在一个浮雕漫画中，古斯把亚当斯刻画成了一只豪猪——"豪猪诗人"，来表现这个人的"表面刺，内心柔"。

100 多年前，亚当斯的曾祖父约翰·亚当斯独自一人在巴黎的一张书桌旁，写下了他生活目的的阐述，这在家族中流传了下来，作为一种家训。

> 我必须研究政治和战争，就是为了让我的孩子们能自由地来研究数学和哲学。我的孩子们应当研究数学、哲学、地理、自然、历史、造船学、航海、商业和农业，目的是让他们的孩子们有权利研究绘画、诗歌、音乐、建筑、雕塑、编织和陶瓷。

为此，亨利·亚当斯撰写了一部具有里程碑意义的多卷本《美国历史》，覆盖了杰斐逊和麦迪逊执政时期，当时和后来的人认为是写得最好的美国历史。现在他在努力写中世纪的历史。

法国的大教堂对亚当斯的影响，就像多年前查尔斯·萨姆纳第一次见到里昂大教堂一样。他的旅行和为写书进行的研究已经让他成为了这个题目的权威，而对于圣高登斯来说，这一切都还很新鲜。

亚当斯选择了去看圣米歇尔山和夏特尔大教堂，开始把建筑看成是特定时代能量的表现。他猜想中世纪的能量就是圣母马利亚形象的力量，而当代的能量就是发电机的力量。

在 12 世纪和即将到来的 20 世纪之间，他并不费力地就认识到了他所希冀的东西。他在给朋友伊丽莎白·加迈伦的信中说："每天都打开新的视野，我们前进的速度越来越快，以至于让我这 12 世纪的大脑头晕目眩，我闭着眼睛吊在传输带上。"

仅在 10 年前还被看作是玩具的汽车，现在在整个巴黎到处都能看到和听到。1891 年，一位自行车制造商阿尔芒·珀若造出了第一辆法国汽车。到 1895 年路上已经有了 200 多辆珀若汽车了，还有路易·雷诺制造的汽车。仅在 1900 年的一天，巴黎就有 50 名"驾汽车者"由于超速被抓。

对于亚当斯来说，他和圣高登斯在亚眠的日子是他后来称为的"教育"，不过不是因为大教堂。他在他的自传性的《亨利·亚当斯的教育》中写道：

> 直到他们发现自己真的在研究西门处的雕塑时，亚当斯才想到，按照自己的目的，对他来说，在场的圣高登斯要比大教堂本身有趣得多。

至于圣高登斯的两个法国朋友，对亚当斯来说是过于资产阶级了，他们不管干什么都"像死人一样循规蹈矩"。

亚当斯总结说圣高登斯是一个文艺复兴时代的人，是本韦努托·切利尼的天然之子，切利尼曾在米开朗基罗的手下工作。而和他形成对照的是亚当斯本人，"一个波士顿的典范"，不是出于遗传，而是出于好奇，开始像切利尼一样思考了。

站在亚眠的圣母像前，亚当斯觉得她对他来说"不仅仅是力量的来源"；而对于圣高登斯来说，她只是"品位的通道"。亚当斯写道，这位雕塑家并不觉得她是一种力量，"仅仅是反映了情感、人类的经验、美、纯洁……"

亚当斯以后总结道，作为力量的象征，圣高登斯"本能地选择了马"，这在谢尔曼的塑像中表现得很"明白"。"无疑谢尔曼也感觉到了马的力量。"不过当时，在给伊丽莎白·加迈伦的信中，他说亚眠的大教堂对于圣高登斯来说是"一种新的生活"，它"征服了他"。

三

不出所料，1900 年的世界博览会几乎为每个人都提供了任何想要的东西。这是世界上最大的盛会，占地近 250 英亩。在塞纳河的两岸，还有一段美国的电动人行道，人们在上面走，这是以前从未见过的。一座亚历山大三世新桥，耀眼地架在塞纳河上，和其他的桥一样漂亮，只用一个拱面就把两岸的会场连接了起来。新巴黎地铁系统的第一部分开放了，还有一个大的摩天轮，是模仿 1893 年芝加哥哥伦比亚博览会上乔治·范里斯建造的，当时曾引起一时轰动。当然，还有一直受人欢迎的埃菲尔铁塔，由于很受欢迎，所以一直没有拆掉。

一般的门票不贵，相当于 11 美分，上塔的人数远远超过了 1889 年的纪录，有 5000 万人次穿过了上塔的门。

公众的反应好声一片，大西洋两岸报纸和杂志赞扬连篇，美国的报纸描述了大批"精神抖擞，衣着光鲜"的人来到了巴黎，和耀眼的电灯一起为巴黎增辉。《科学美国人》杂志把新建的亚历山大三世桥称为已建成的最漂亮的桥。

有人失望，有人不赞同，有些观众说："太大了，要干的太多了。"在一些知识分子看来，整个盛会不过是"令人厌恶的乱哄哄的集市"，不过是民族主义的令人恶心的陈列。难免有些长途旅行来到此地的人感到失望。有人听到两个美国中西部人的谈话，表达了一些有代表性的看法：

> 第一个芝加哥人说："比不上芝加哥世博会。"
> 第二个芝加哥人说："当然比不上，从芝加哥来之前我就知道了。"

亨利·亚当斯最反对的是到处都是美国人。他写道："整个美国都来巴黎了，我得躲着他们。"

另一项纪录是有40多个国家参展。美国的产品和发明吸引了许多人的注意。美国的机械、农业设备、照相机，甚至是加利福尼亚葡萄酒都得了大奖和金牌，奖牌数仅次于法国。

亚当斯不会不参与的，一天他与一位从华盛顿来的朋友塞缪尔·皮尔波因特·兰利观看了机器宫。兰利是史密斯索尼亚学院的院长，亚当斯很佩服他。十多年了，兰利一直在实验飞行他的重于空气的机器，当时这个领域是很受人嘲笑的。他使用了轻型蒸汽机实验，取得了很大的成功。他实验用的"空气船"看上去像长了4个翅膀的巨大蜻蜓。1896年有一个依靠自己的动力在3000英尺的高空飞过了珀特马克河，另一个飞行超过了4000英尺的高度，这是历史上超过空气重量的机器首次自由飞行。

兰利是亚当斯在法国"教育"的另一部分。他领着亚当斯，没看大部分的工业展，直接来看"动力"展。"他主要的兴趣是可以让他的'空气船'飞起来的新发动机。他教给亚当斯异常复杂的新戴姆勒汽车发动机的工作原理。"亚当斯听得如坠云里雾里。

他们从内燃机展厅走到了一个大厅，亚当斯"开始觉得 40 英尺的发电机就像一种精神力量，有点早期基督徒对十字架的感觉"。

美国艺术展（亚当斯和兰利没有花时间看）展出了许多在巴黎学习过的美国年轻人的作品。这是他们第一次在国际大展上崭露头脚。索西丽亚·鲍、罗伯特·亨利、亨利·O. 泰纳和他们这一代其他人的作品，和那些已经成名的美国大师温斯洛·赫马、托马斯·埃肯斯及詹姆斯·惠斯勒的作品摆在了一起。玛丽·卡萨特的一幅母亲和孩子的绘画，约翰·辛格·萨金特最近的几幅肖像画都参展了。

这次没有见到其作品展出的是乔治·P. A. 希利。他于 1894 年在芝加哥去世。从 1855 年起，每届巴黎博览会都有他的作品，共有 14 幅作品参过展。

与法国和欧洲其他国家的画家，如卡罗勒斯·杜兰和埃德加·德加等一起参展的有西班牙 19 岁的画家巴勃罗·毕加索。

画和雕像都陈列在了专门为这次博览会建造的大宫殿里，完全依据"美好时期"（指第一次世界大战前的安定时期）的精神建造的，坐落于亚历山大三世新桥和香榭丽舍之间。对于所有进入的人来说，第一眼看到的就是在一层巨大的空间里，在一个巨大的玻璃和钢铁凉棚上倾泻下来的灯光照耀下，从头到尾摆满了各式各样的雕塑，这是这次盛会的奇观之一。

对于圣高登斯来说，他从来没有在这样的场合展示过自己的作品。

虽然他对这么多作品"乱七八糟"地摆放在一起比较烦，但是他知道在一个地方见到这么多艺术精品是前所未有的事情，而且以后这样的机会也不会多。如果耐下心来，进入到由"各种姿势的胳膊、腿、脸和躯干"组成的迷宫里仔细观察的话，有许多"非常出色"的作品在里面。

他参展的主要作品有 4 件——谢尔曼将军和胜利女神、肖的纪念雕塑、《清教徒》和《博爱之神》。这其中，骑着马的谢尔曼将军是最高的。另外，他的 14 件浮雕肖像复制品也参加了展出，包括威廉·迪恩·豪威尔斯和罗伯特·路易斯·史蒂文森的。

综合考虑他的作品，圣高登斯得了大奖。《博爱之神》被法国政府买走，放在了卢森堡博物馆。有一件事，只有几个人看到，但对他来说意义非凡，有人见奥古斯特·罗丹在肖的纪念雕塑前站住，摘下帽子露出脑袋致敬。

圣高登斯对罗丹的感情很复杂，他喜欢他早期的作品。赫马·圣高登斯记得和他父亲站在罗丹著名的《巴尔扎克》雕塑前，听父亲说这座雕像给他的印象是"摇曳烛光的效果"。不过，罗丹依然是法国最伟大的雕塑家。他当众对一位美国人致敬，对圣高登斯来说，这也是一生中值得纪念的一个伟大时刻。

正当圣高登斯在这里得意洋洋的时候，灾难降临在了他的头上，古熙出发去美国安排他们回国的事宜。1900 年 6 月下旬，古斯突发严重胃痛。他去了巴黎最好的三个医生，都立马告知他小腹的肠子里有一个肿瘤，必须马上手术。

他几乎一下子被可怕的想要自杀的抑郁所打倒，如果末日到了，也得让他选择一下时间呀，生活一下子变得不可忍受了。那些和他一起在巴黎的人，没有一个人像詹姆斯·弗雷泽那样整天和他在一起，并很关心他，注意到了他的心情变化的。弗雷泽对圣高登斯患癌症的事情一无所知，只是对他越来越不好的精神状态关心。几年之后，弗雷泽回忆写下了当时所发生的事情和圣高登斯所说的话。

弗雷泽那年6月的一天早晨来巴尼奥街3号的自己的大工作室，突然，圣高登斯冲了进来，径直进了他自己的小工作室。然后，弗雷泽就听到了圣高登斯工作室外面的门开了，猛地摔上，接下来一切都静了下来。

约一个小时之后，圣高登斯又回来了，让弗雷泽进他办公室，他有些事情必须告诉他。

弗雷泽写道："我进去，注意到他的脸色不对，很激动……"圣高登斯开始说：

> 我刚经历了很不平常的事情……现在看来，我病得很严重，必须回家手术。我很焦虑，几夜都没睡着了。
>
> 今天早晨我突然决定我要结束这一切。我今天早来这儿的时候，是打定主意要跳进塞纳河的。从这里离开，我顺着雷恩街跑着，抬头看建筑时，似乎上面都写着大写的黑色大字——"死亡——死亡——死亡"，在所有的建筑上都写着……
>
> 我跑着——非常匆忙，到达河边，上了桥，低头看水面，我看到了明亮的阳光下的卢浮宫，一下子，一切都变得美丽了。卢浮宫美极了，比我之前见过的任何时候都美。
>
> 我不知道是奔跑还是匆忙让我改变了心绪，也许是卢浮宫

建筑的美丽和塞纳河的波光粼粼——不管是什么，我一下子觉得沉重和黑暗从我心头抹去了，我高兴了，发现自己在吹着口哨。

弗雷泽写道："他仍然很激动和高兴，我觉得他度过了可怕的危机，安全了。"圣高登斯说，是巴黎——巴黎的晨光、从艺术桥上看下去塞纳河的波光、巴黎的建筑，救了他。

圣高登斯于 1900 年 7 月中旬离开。离开之前先到巴尼奥 3 号对谢尔曼和胜利女神进行了最后的交代，他坚持要在巴黎铸铜。

在成千上万的美国人坐船去看博览会的时候，圣高登斯起航回国。他病得很严重，由一个医生相伴。古熙在纽约接船，他们径直去了波士顿，住进了马萨诸塞总医院，做了第一次手术。第二次是在同年 11 月份。

随后，在新罕布什尔的考尼士家里待了下来，古熙竭尽全力照看他的身体。他又建立了一个工作室，继续工作，尽管放慢了速度。

1901 年新年到了，这标志着 20 世纪的开端。春天来了，博览会过去了，冬天也过去了。巴黎又恢复了往常的面貌，一切都是那么美丽四射。

据报纸上报道，香榭丽舍和布洛涅森林"大多都泛出了新绿"。天气晴朗，气温合适，栗树白花盛开，"全世界"都出来到街上和公园散步，或者心满意足地坐在室外餐厅"享受那有名的小吃"。白天长了，让傍晚的散步更加悦人。

歌剧院里，古诺的《浮士德》、瓦格纳的《唐豪瑟》正大受欢迎。

美术学院里，纪念奥诺雷·多米埃的首次画展吸引着大批的人们，让那些刚发现多米埃的美国艺术生"每日都云集在那里"。

一位美国年轻的演员以希腊和佛罗伦萨舞蹈在维利埃大道上一家排练房"崭露头角"，23 岁的伊莎多拉·邓肯和母亲及兄弟姐妹一起在前一年到的欧洲。他们来到了巴黎，非常兴奋，她和学艺术的哥哥早晨 5 点就起来到卢森堡公园跳舞。

"我们没钱……但我们什么都不缺。"她回忆说。

新世纪对于他们和他们这一代人会怎么样，还无法预知。而现在他们在巴黎了，这就足够了。

尾　声

谢尔曼纪念塑像到 1903 年才揭幕。奥古斯塔斯·圣高登斯从手术中恢复之后决定，谢尔曼雕像和胜利女神像还得进一步修饰。在弟弟路易斯、詹姆斯·弗雷泽和 10 个左右的助手的帮助下，他又在新罕布什尔的考尼士继续"最后加工"。

他和古熙建立的家以他父亲法国的出生地命名，叫做阿斯佩，位于康涅狄格河上游开阔的山坡上，西面是连绵不断的阿斯库特尼山，一直延伸到河对面的佛蒙特州。这是新英格兰风景最优美的地方，顺河而上就是汉诺威和达特默斯学院。

古斯让弗雷泽负责建一座仓库大的工作室，他和古熙要继续努力把早已开始的工程进行完。他们要把一座老客店改造成舒适的家。外面，古斯难免进行一些建筑上的改造；里面，客厅摆放上了他们结婚时的椅子、台灯，墙上挂了两幅古熙画的在赫歇尔街 3 号公寓里的内景图。

古斯惊讶地发现他喜欢住在农村，非常喜欢在户外，甚至在冬天也一样。

当然，和原来一样，工作是第一位的。

对谢尔曼的工作还有很多的细节，比如马笼头上的缰绳。纽约的石膏像运到了新罕布什尔，然后对加工的地方制模，运到巴黎；在巴黎，铜铸的工作还在进行中，主要就是换部件的工作，不过这又花了一年的时间。

最后铜像完成，从法国运来，放在了工作室外面的草坪上，在这里手工镀上金色。

到了在纽约揭幕的那天上午，1903 年 5 月 30 日，纪念日，古斯和古熙选择坐在了最不引人注目的地方。

成千上万的人聚集在了第五大道和 59 街的大军广场上，旌旗飘扬，军乐队、各界要人、讲演，高高在上。位于一座查尔斯·麦克吉姆设计的高 11 英尺的基座上的谢尔曼金光闪闪，骑着马，披风飞扬，由高举棕榈枝的金色的胜利女神引导，面向南方。

《纽约时报》报道："雕塑家没有参加仪式，当他和圣高登斯夫人被从不起眼的地方发现之后，许多人围着祝贺……"

1904 年，大火焚毁了考尼士的工作室；1906 年，古斯的老朋友和合作者斯坦福·怀特被谋杀了，他是被之前一个情妇艾沃琳·奈斯比特发疯的丈夫开枪打死在麦迪逊花园广场的。这对古斯打击很大，他的健康和体力持续衰退。

新的工作室建成了，工作还在继续。

"我们还没有死，天哪！对吧！"他在一个晴朗的春天写信给埃德文·阿比："如果你看到我在这里的家，你会觉得我死了，尽管我现在正在耀眼的阳光下的一个长沙发上伸懒腰。我会一直坚持着，直到最后蹬腿，这是唯一要做的，我的意思是，工作……"

他做了很多浮雕肖像、半身塑像和雕像。应西奥多·罗斯福总统的邀请，他为美国的金币雕刻了图案。古熙对他悉心照料，满足他的需求，让他舒服，甚至超过了以往。她还记账，处理塑像复制品的销售，理财。

他最后做的浮雕肖像是她和他心爱的狗的侧影。（她在巴黎时极力反对他养狗，现在不反对了。）他把狗脸雕刻得非常像他画的自己的卡通像，仔细看的话，会发现他在古熙的袖子上刻上了一颗心。

到 1907 年夏天，很明显，他进入了弥留之际。

6 月下旬，一个叫亨利·赫林的助手描述，圣高登斯非常虚弱。由于病痛，他每天得被背进工作室。一旦坐到他的工作台前，他脸上的痛苦和焦虑消失了。赫林还写了圣高登斯夫人，描述了她对丈夫的尽心，整个过程"非常真挚、美丽"。

傍晚时分，赫林经常和圣高登斯夫妇、赫马和一位保姆一起用餐。圣高登斯喜欢别人说，他听着。赫林写道："不时地，他会让我们大声些，以便让夫人听见，她比以往更加难以听清了，可怜的女人，她也坐在那里一声不出，和她年轻时的爱人一起坐着。"

1907 年 8 月 3 日傍晚，59 岁的圣高登斯在考尼士家中死于癌症，只有医生在床前，古熙在门外等着。据说医生告诉她的时候，她晕倒在地。

至于后来戴维妲·克拉克和儿子路易斯的情况，没有什么消息。

古熙活到了 1926 年，大部分的时间都在思念着丈夫，欣赏着他的作品。1919 年，按照她的意愿，他们在考尼士的家变成了圣高登斯纪念馆，由新罕布什尔州管理。后来，一直到现在，成了国家公园管理部门的财产。

赫马·圣高登斯先是当作家，又到百老汇剧场做导演，在匹兹堡的卡内基学院做了 28 年的艺术指导。

约翰·辛格·萨金特虽然还住在伦敦，并在那里有工作室，但是他在美国的时间越来越多了，好像在为自己年轻时期进行补偿一样。他经常往来英美两国，创作波士顿公共图书馆的壁画。同时也画肖像，包括一幅西奥多·罗斯福的全身画像。不过，他花了越来越多的时间用油彩和水彩画风景画，在缅因、佛罗里达和落基山画。

他得到通知说英国要给他授勋，他谢绝了，说这不可能，因为他是美国人。萨金特从未结婚，也没有停止绘画，直到 1925 年 4 月 14 日夜在伦敦家里死于心脏功能衰竭，享年 69 岁。死时眼镜推到了额头，旁边放着一本翻开的伏尔泰的《哲学词典》。

玛丽·卡萨特比萨金特晚一年去世，1926 年 6 月 14 日死于她在巴黎以北布福莱纳的别墅里，享年 81 岁。

她住在法国，不愿到任何其他地方，甚至经历了第一次世界大战。她一直作画，直到由于白内障而失明。由一位忠实的女伴玛蒂尔德·瓦莱相伴，卡萨特在公园里找到了乐趣。她养了 200 多种菊花，每天坐着她的 1906 年的雷诺敞篷车兜风。

在她去世前的几个月，一位年轻得多的名叫乔治·比道的美国画家被请到她的布福莱纳做客，比道的画受她的影响很大。他到了之后，玛蒂尔德·瓦莱告诉他，卡萨特小姐不能陪他进餐了，不过她之后会在房间见他。

他发现她支撑在床上，"几乎完全失明"而且"非常虚弱"，但她开口说话时，整个屋子都是她"电流般的活力"。

她说很遗憾不能和他一起就餐，不过希望他喜欢玛尔戈红葡萄酒，这是她弟弟 15 年前给她的一箱酒中的最后一瓶。

"卡萨特小姐讲话和平时一样，她的大脑很灵活……她那虚弱的身体内依然包含着巨大的勇气和热情……"

致　谢

我首先要感谢麦克·希尔，感谢他为此书所做的不懈的研究、收集到的丰富资料，还有他那永远的乐观。我之前的三本著作中，他的工作也至关重要。他在国会图书馆打开了从未有人打开过的埃利胡·沃什波恩的全部日记。

我的女儿多莉·劳森在出处注释方面做了大量的编辑工作，并校对了书稿，对她的工作我非常感谢。还非常感谢莫丽莎·玛柴蒂，她打印整个手稿并几经修改，还帮助整理信件，制作出处、注释和插图。

我还特别要感谢我的女婿梯姆·劳森。他是一位很有天赋的艺术家，他陪我到波士顿、纽约、芝加哥还有新罕布什尔州国家历史纪念地的圣高登斯纪念馆，从专业经验和知识方面提供了宝贵的意见。

在巴黎，白特塞·巴蒂为研究提供了帮助，她和她的丈夫麦克·巴蒂对巴黎发表了很多见解，她有着 30 年的法语教学经验，对巴黎的见解很有价值。对此，我非常感谢。

在书的创作过程中，我有幸从约 32 个机构收集资料，得到了许多人的帮助，听取了他们的意见，他们慷慨地付出了时间。书中任何资料的不准确都是我的责任，不是他们的责任。

我特别要感谢国会图书馆手稿阅览室主任杰弗里·弗兰纳里的热心帮助，还有国会图书馆的杰拉德·加沃特、格兰特·哈里斯、卡洛·阿姆布拉斯特、杰罗摩·布鲁克斯、诺尔曼·切伊斯、伊丽莎白·法森和埃利文·费利克斯；国家历史纪念地的圣高登斯纪念馆的管理员亨利·J. 杜飞，他比任何人都了解圣高登斯；美国艺术泰拉基金会的伊丽莎白·肯尼迪，她安排我们私下看到了当时在芝加哥存放的塞缪尔·摩尔斯的《卢浮宫大画廊》，还阅读了我第一稿中有关这幅画及其故事的叙述，并提出了意见；波士顿艺术博物馆资深馆长埃里卡·E. 赫什勒，亲切地引领我参观了博物馆收集的玛丽·卡萨特和约翰·萨金特的作品，还带我到非展区参观了爱德华·D. 比奥的巴黎水彩画；耶鲁大学美术馆的召科·雷诺和海伦·库柏提供了指导和意见；马萨诸塞历史协会的彼德·德鲁米，从他那里我总能学到有价值的东西；波士顿图书馆的斯蒂芬·Z. 诺南科，他给我放映了查尔斯·梅伊对其乘气球从巴黎逃脱的精彩影像；考克兰艺术馆的萨拉·坎什和贝斯·舒克；波士顿公共图书馆的贝斯·普林道尔；哈佛医学院康特维图书馆的杰克·艾科特；伊萨贝尔·斯图亚特·卡登纳博物馆的詹妮佛·M. 迪普里基奥；爱玛·薇拉德学校的南希·伊安纽西；达特默斯学院罗纳图书馆的特殊收藏部主任杰伊·萨特菲尔德；安德鲁·杰克逊总统和乔治·潘恩法官家乡博物馆的主任霍华德·J. 吉特泰尔和奥菲利娅·潘恩，他们慷慨地安排了我们在当地的旅行；美国国务院的收藏经理李恩·特纳；史密森学会美国艺术档案馆的玛丽莎·布尔高颖、玛格丽特·左拉、温蒂·赫洛克·贝克和丽莎·柯文；马萨诸塞州乔治·华盛顿剑桥总部朗费罗故居的吉姆·希亚和安妮塔·伊斯利尔；宾夕法尼亚大学牙科学院图书馆的帕特·海勒；盐湖城基督教后期圣徒教会图书馆的埃尔德·马丁·金森；国家艺术馆的南希·安德森；缅因州利沃摩尔的沃什波恩·诺兰德生活历史中心的南希·德林克维因和珍·考比·摩尔斯；参议院图书馆办公室的戴安娜·斯科瓦拉、斯科特·斯特朗和默林达·史密斯；史密森学会美国艺术博物馆的威廉·特鲁艾特纳；得克萨斯大学美国历史中心的斯蒂芬妮·马尔莫罗斯；底特律历史研究会的亚当·拉威尔；还有老朋友，美国参议院前历史学家理查德·A. 贝克和弗吉尼亚历史协会前任主任查尔斯·布莱恩。

我还要感谢以下部门员工的友好协助：耶鲁的贝奈基图书馆；纽约历史学会；哈佛霍顿图书馆；波士顿艺术委员会；波士顿范内尔大厦；弗吉尼亚州弗雷德里克斯堡玛丽·华盛顿大学辛普森图书馆；弗吉尼亚大学的阿尔德曼图书馆；巴黎的国家图书馆和圣吉纳维芙图书馆。

我非常想表达谢意的还有埃德·威斯，他给我介绍了音乐和路易斯·莫尔茹·高特肖克的故事；雕塑家劳伦斯·瑙兰，他在工作室给我介绍了大型雕塑的制作过程和困难；罗伯特·P. 劳伦斯博士、瑞安·奥邓内尔、亚瑟和吉姆·格林内尔、安娜·西蒙奈特、左·基尔、克科·科尔希、詹姆斯·A. 珀克科、邓尼·达罗沙、卡伦·奥格登、大卫·安柯顿、汤姆·福德、詹姆斯·希明顿、威廉·马圭尔博士；巴黎的艾丽丝·朱乌、弗莱德和玛丽·瑟希尔·斯特里特、威力知沃尔斯书店店主奥黛尔·海利尔、有历史意义的卢浮宫宾馆员工安吉尼斯和劳伦·坡皮尔，特别是服务台职员卡莫娄·赫尔盖拉，还有前美国驻法大使克莱格·R. 斯坦普顿和多拉希·W. 斯坦普顿在巴黎的热情接待和关于圣奥诺雷区41 街美国使馆的故事。

再次感谢以下读了我的手稿并提出宝贵意见的人：约翰·曾特雷、斯蒂文·巴克雷、埃德华·卡普兰博士、威廉·B. 麦克库拉夫博士、小菲利普·W. 皮尔斯伯里、佛莱德·皮茨曼博士、罗伯特·杜兰和乔治·科奇兰。

对西蒙·舒斯特出版公司的编辑迈克尔·柯达和工作人员卡洛兰·瑞狄、乔纳森·卡普、伯勃·班德、大卫·罗森泰尔、朱丽亚·普罗萨、杰祺·索尔和吉普赛·达·西尔瓦，还有设计本书的安密·希尔，设计封皮的温德尔·米纳，我只能强调说，我是多么愉快和他们共事，我是多么有幸能得到他们的支持和友谊。

再次专门感谢版面编辑弗莱德·威尔玛，感谢他高超细心的编辑工作，还有在英语和法语方面所花费的时间。校对吉姆·斯道勒、约翰·摩根斯坦恩、比尔·莫勒斯基和泰德·兰德里，还有编索引的克里斯·卡鲁斯都是这个团队的成员。

对我的文学代理人莫顿·L. 詹克娄非常感激，从我们的第一次谈话开始，他就对此书表现出了热切关注。

我的家人再次充当了第一批读者，和我几年来随着工作进展不断谈论的倾听者。女儿玛丽莎·麦卡洛和儿子基尔佛雷连续细读了草稿的每一章；大卫整个过程都提出了精辟的评论；比尔陪伴我到巴黎的历史遗迹来回进行考察。

我的夫人罗莎莉·巴尼斯·麦卡洛是第一批读者中的第一个，她提出了最好、最明智的建议和鼓励。我特别要感谢她。

大卫·麦卡洛

2011 年 1 月 24 日